竞技体育发展之路

——走进美国

池建 著

人民体育出版社

前 言

翻开现代奥运会的历史，美国在参加的25届奥运会中，有15届位居金牌榜第一，特别是从1996年亚特兰大奥运会开始，连续4届稳居奖牌榜首位，成为当之无愧的体育强国。

与其他国家一样，体育是美国民族文化一个重要的组成部分。但美国体育与其他地区相比却有很大的不同，脱胎于殖民地的美国，无论是当年的“五月花”，还是著名的黑人“解放运动”，都是以自由和推崇个人英雄为发展动力。在竞技体育战略选择上，同样构筑了一个具有美国特色的、以人为本、以学校为中心的竞技体育体系，该体系在“非职业”的奥运时代发挥了巨大的作用。随着奥运会及其他体育赛事职业运动员合法化的进程，美国竞技体育体系中融入了职业体育的元素，以四大职业体育联盟为标志的美国职业运动员逐渐成为国际大型赛事美国代表队的中坚力量，像美国男篮“梦之队”就是以NBA职业球员为主要班底组成，他们把美国体育带到了世界巅峰。

与此对照，依托竞技体育的举国体制以及政府的巨大投入，我国在竞技体育领域同样取得了重大的突破，已经步入竞技体育强国之列，但投入与产出失调、运动员再就业困境以及后备人才断层等一系列问题始终没有得到根本的解决。

“一个只有200多年历史的移民国家，一种政府里没有常设体育机构的社会管理性体育体制，一个以学校体育为核心的竞技体育人才培养机制何以在竞技体育领域取得如此辉煌的成绩？”这些疑问一直是我重点关注和思考的课题，也成为我主要的研究领域。特别是在1999年至2002年我在美国密歇根大学和圣何塞大学做高级访问学者期间，有机会与美国体育进行了密切接触，获得了大量第一手的信息资料，并深刻体会到美国竞技体育体系架构的核心元素。回国后，整理出版了我的第一本有关美国竞技体育的专著《美国大学竞技体育管理》。

近几年，美国大学竞技体育一直是我国竞技体育人才培养研究的热点，研究成果不断涌现，但是，针对美国竞技体育体系的整体构架——即由美国中学体育、美国大学体育及美国职业体育三个层次构成的美国竞技体育系统的研究成果仍未见到，这也使我有了进一步研究和解构美国竞技体育的想法与冲动。

经过近两年时间的准备，这本《竞技体育发展之路——走进美国》顺利结稿，本书从竞技体育的视角出发，系统剖析了美国竞技体育体系的3个核心构成——美国中学体育、大学体育以及职业体育，全面阐述了美国中学体育、大学体育、职业体育的基本管理制度和运作模式，进而概括和归纳了美国竞技体育系统的成功经验及存在的问题。

在本书即将出版之际，感谢蔡有志、米靖、苗向军、刘云等同志在本书资料搜集与整理方面付出的劳动；感谢致力于美国竞技体育研究的同仁与读者；感谢读者和朋友对此书的关心；诚恳希望各位同行和读者对本书提出宝贵意见。

池建

2008年8月于北京

目　录

第一篇 绪论

第一章　美国竞技体育系统构成

美国是当之无愧的竞技体育强国，在其参加的共计 25 届现代夏季奥运会中，15 次位居金牌榜首位，8 次位列第二，2 次位列第三；在奖牌榜上，13 次位居榜首，11 次位列第二，1 次位列第三，从未掉出过前三位，1996 年以来连续四届名列奖牌榜首位（表 1–1）。美国之所以取得如此辉煌的运动成绩，与其特有的竞技体育系统结构密不可分。

表 1–1　美国参加历届夏季奥运会成绩表

时间	届次	举办地	金牌	银牌	铜牌	奖牌总数	金牌榜名次	奖牌榜名次
1896	1	雅典	11	7	2	20	1	2
1900	2	巴黎	19	14	14	47	2	2
1904	3	圣路易斯	78	82	79	239	1	1
1908	4	伦敦	23	12	12	47	2	2
1912	5	斯德哥尔摩	25	19	19	63	1	2
1916	6	1916 年第 6 届奥运会因第一次世界大战未能举行						
1920	7	安特卫普	41	27	27	95	1	1
1924	8	巴黎	45	27	27	99	1	1
1928	9	阿姆斯特丹	22	18	16	56	1	1
1932	10	洛杉矶	41	32	30	103	1	1
1936	11	柏林	24	20	12	56	2	2
1940	12	第 12 届东京奥运会（1940 年）因第二次世界大战未能举行						
1944	13	第 13 届伦敦奥运会（1944 年）因第二次世界大战未能举行						
1948	14	伦敦	38	27	19	84	1	1
1952	15	赫尔辛基	40	19	17	76	1	1
1956	16	墨尔本	32	25	17	74	2	2

1960	17	罗马	34	21	16	71	2	2
1964	18	东京	36	26	28	90	1	2
1968	19	墨西哥城	45	28	34	107	1	1
1972	20	慕尼黑	33	31	30	94	2	2
1976	21	蒙特利尔	34	35	25	94	3	2
1980	22	第22届莫斯科奥运会受1979年12月苏军入侵阿富汗影响美国未参加						
1984	23	洛杉矶	83	61	30	174	1	1
1988	24	汉城	36	31	27	94	3	3
1992	25	巴塞罗那	37	34	37	108	2	2
1996	26	亚特兰大	44	32	25	101	1	1
2000	27	悉尼	37	24	31	92	1	1
2004	28	雅典	36	39	27	102	1	1
2008	29	北京	36	38	36	110	2	1

美国竞技体育管理体制是典型的社会管理型体制，其政府的各个部门没有专门负责管理体育的机构，政府不制定体育政策，而且极少直接资助体育。美国“总统健康与运动委员会”实际上只是一个促进大众体育的咨询机构，真正管理体育的是名目繁多的社会体育组织，这些组织在结构上呈现多样化特征。

美国竞技体育分为业余和职业两大部分。业余部分以大学竞技体育为主体，美国大学竞技体育同时也是美国竞技体育的主体。中学竞技体育是美国大学竞技体育的输送主体。在职业体育领域，最为著名的四大职业体育联盟：NFL、MLB、NBA、NHL。NCAA的优秀球员是美国各大职业体育联盟的后备队，而部分NHFS的运动天才也可直接进入各职业队。美国竞技体育的基本组成见图1-1。

美国奥委会被指定为协调机构，除了选拔组织奥运会代表团外，对其他体育组织不具有支配控制的权力。各单项协会负责各自的运动项目，奥委会通过与各单项协会的合作及为各单项协会提供支持和资助，共同完成参加奥运会、泛美运动会等大型赛事的任务。在这一点上，美国奥委会的座右铭是：以单项协会为伙伴，以运动员为中心，以教练员为动力，以运动成绩为导向。美国的职业体育由俱乐部管理，如美国职业橄榄球、篮

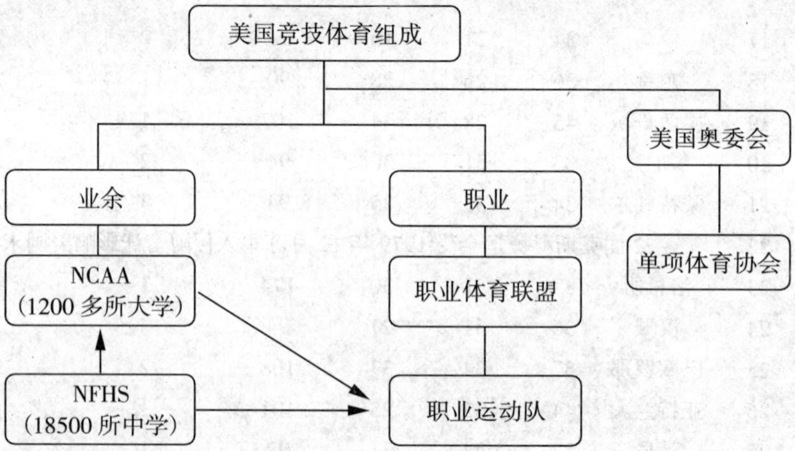

图 1–1　美国竞技体育基本组成

球、棒球和冰球四大运动项目，分别由各自的俱乐部联盟负责管理，与政府没有关系。大学体育和中学体育则属于业余体育的范畴，由大学体育联合会（NCAA）和国家高中协会联盟（NFHS）管辖，所以用社会办体育来形容美国对体育的管理，特别是对竞技体育的管理非常贴切。

社会管理型的体制有利于发挥社会各方面的积极性，也有利于在各体育组织内部进行不受外界干扰的有效管理，但在全局上缺乏有力的协调和统一。

第二章　美国奥委会

美国奥委会（the United States Olympic Committee），是国际奥委会承认的负责美国境内所有与奥林匹克相关活动实施的主管机构。美国奥委会雏形初现于1894年，当时还是一个小型团体。1896年为代表美国队参加第1届现代奥运会成立了非正式的美国奥委会。直到1921年，该团体制定了章程和相关细则，正式成为一个组织，定名为美国奥林匹克协会（American Olympic Association），1961年更名为美国奥林匹克委员会。根据国会颁布的《业余体育法》规定，美国奥委会具有以下职能：

第一，美国唯一监督和管理奥运会及泛美运动会比赛项目相关事宜的体育组织，在国际体育活动中代表美国。

第二，拥有承认国家级奥运项目和泛美运动会运动项目协会的权力。

第三，排他性的拥有在美国使用国际奥委会和美国奥委会标志，以及“奥林匹克”“奥运会”等词汇的权利。

第四，通过所属体育组织推动美国大众体育发展的职能。

近几年来美国奥委会的领导层和内设机构变动比较频繁，目前美国奥委会的管理层由董事会、办公室、4个委员会以及2个理事会构成（图1-2），下设8个职能部门和4个训练基地，工作人员总计约500人。8个职能部门分别为运动成绩服务部（Sport Performance Services）、体育合作部（Sport Partnerships）、国际竞赛部（International Games）、国际事务部（International Affairs）、市场开发部（Marketing）、财务和行政管理部（Financial Administration）、法律部（Legal）和新闻媒体部（Media）。4个训练基地分别位于科罗拉多州的斯普林斯（高原训练）、纽约的普莱西德湖（冬季项目）、加利福尼亚州的圣迭戈（夏季项目）和北密歇根大学（正式名称为教育中心）。另外还有几个“卫星训练中心”（例如帆船训练基地），属于美国奥

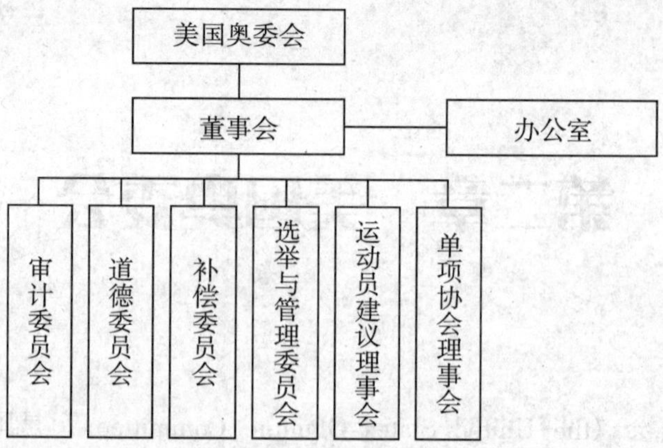

图 1-2　美国奥委会组织结构图

委会的合作伙伴。每年，美国奥委会的训练基地为大约 2500 名运动员、教练员提供服务，在奥运会举办的前一年，人数将会更多。

运动成绩服务部下设教练员培训、体育科学、运动医学、运动员发展（包括后备人才培养、运动员就业计划、教育等）和训练基地等部门，主要任务是为提高运动成绩提供保障和服务。该部门是美国奥委会下属机构中人员最多的部门，共 200 多人。

体育合作部下设 5 个部门，分别与 45 个全国性体育组织联系，负责帮助制定发展计划、检查协调工作并根据各项目情况给予经费资助。该部是美国奥委会最有钱的部门，2001~2004 年度计划筹款 1.5 亿美元，另外由市场开发部提供 0.3 亿美元，合计 1.8 亿美元支持各项目的发展。

国际竞赛部主要负责美国奥委会参加或举办奥运会、泛美运动会等重大国际综合性运动会的组织工作。

美国奥委会除了完全市场化运作并能够筹措大量资金外，另一个非常重要的特点就是其任务目标、工作部署、机构设置和经费安排真正体现了以奥运战略为重点，将几乎全部的人、财、物和全部的时间精力都用于备战奥运会等重大国际赛事。美国奥委会每名工作人员的名片上都印着同一句话："不是每 4 年，而是每一天（It's not every four years，it's everyday）。"充分概括了其指导思想。

第三章　单项体育协会

美国共有45个单项体育协会（National Governing Body，简称NGB），其会员身份由美国奥委会确认。各单项协会负责美国各个运动项目在美国的开展，与美国奥委会一起组织参加奥运会、泛美运动会以及各类国际体育竞赛，在整个美国竞技体育系统中承担着重要的角色。其权限和责任主要包括以下几个方面：

A. 在国家单项协会或残疾人协会中建立一套工作方法，来保证每四年一次的国际赛事、奥运会、泛美运动会、残疾人运动会的连续性。

B. 建立一个书面程序，以协会委员会的认同为依据，为奥运会、泛美运动会和残疾人运动会的运动队公平选择运动员、教练员、运动队的队长。在经委员会批准后，由奥委会的主席来颁布，并尽快通知相关人员。

C. 为奥运会、泛美运动会、残疾人运动会的代表队选择适合的比赛时期和地点。

D. 对奥运会、泛美运动会、残疾人运动会中由奥组委提名的教练员、队长和其他运动队官员进行任命。

E. 为奥运会、泛美运动会、残疾人运动会的参赛队员推荐一个可行的训练计划。

F. 建立一个为上述体育运动发展的规划。

G. 阐明并且提出一个为项目的发展、运动队准备、运动队选择和运动交流的费用等方面的预算。

H. 推荐一个使用美国奥委会训练中心的实施纲要。

I. 筛选和推荐运动员参与奥委会提供的就业工作计划。

J. 为运动员推荐美国奥委会的医疗奖学金计划。

K. 以书面的形式提名某人为奥委会的常务委员会委员。

L. 满足奥委会主席对各单项运动项目的要求，并在以下每个方面为奥运会、泛美运动会、残疾人运动会的参赛队提供服务。

——服装、供应和设备；

——食宿；

——医疗和训练服务；

——比赛门票；

——交通。

M. 参加国际单项体育组织的活动，并且执行各自协会的职责。

N. 发布和各运动项目有关的运动员的信息。

O. 向美国奥委会呈交单项体育协会的组织结构，并且执行它在奥运会、泛美运动会、残疾人运动会的职责。

P. 在奥委会联络代表评估和认同提议之前，批准或通过所有的比赛项目。

Q. 采纳并且承认奥委会的选举程序，并选举其代表参加奥林匹克大会。

第四章 大学体育组织

美国大学生运动员的运动成绩在全世界有目共睹，整个国家的竞技体育体制以学校为中心，是美国竞技体育体制最显著的特点。因此，美国大学体育组织是美国竞技体育系统的重要组成部分，承担着承上启下的桥梁作用，既是优秀运动员培养的高级阶段，又是美国职业体育人才资源的基地。美国大学校园拥有良好的训练设施和高水平的教练员，为大学生运动员取得优异成绩奠定了物质基础，同时，高效率、科学化、规范化、系统化的管理机构和规章制度也是美国大学竞技体育发展的重要体制保障。

大学生体育联合会（The National Collegiate Athletic Association，简称NCAA）是美国大学竞技体育的管理机构，它属于自发性、非官方性质的社会群众团体。NCAA 成立于 1906 年，1950 年后逐步发展壮大，目前拥有 1200 多所大学、联盟和单项协会的成员，也是美国规模最大、职能最广、会员最多的体育管理机构。NCAA 在 22 个项目中设冠军 87 个，每年大约有 44900 名男女运动员参加各个项目的比赛。如今的 NCAA 已发展成为招收、管理大学生运动员，对校外资助、奖学金、电视转播、学术资格等一系列涉及大学生运动员的事务进行管理的非营利性实体。

NCAA 的基本目的："全国体育竞赛计划从根本上讲是教育体系的一部分，其主要目的是使校际体育运动纳入教育体系之中，使体育运动真正成为大学生活的一部分，从而使大学体育竞赛与职业体育完全分离。"

具体内容将在第三篇详细阐述。

第五章 中学体育组织

美国的中学为美国大学乃至职业体育联盟输送了大量优秀的竞技体育人才，像 NBA 中的科比、詹姆斯等著名球星都是直接来自于高中，而绝大多数的高中运动员则进入大学继续其竞技体育生涯。因此，中学可以称之为美国竞技体育的后备人才基地，它是美国竞技体育系统中重要组成部分。

自从 1920 年以来，全美高中协会联盟（The National Federation of State High School Associations，简称 NFHS）一直负责组织和管理全国高中校际间以教育为基础的体育与艺术活动，这些活动使学生终生受益。通过强化意识、提供支持，改进参与体验，建立统一的标准和规则把握未来的发展方向，来帮助这些活动的参与者。

NFHS 的总部设在印地安纳波利斯，它为全国 50 个州以及哥伦比亚特区的高中运动与艺术协会提供服务。NFHS 为高中学生制定和出版 16 个运动项目的竞赛规则，并激励和支持诸如演讲、戏剧、辩论和音乐等活动的开展。目前，NFHS 为全美 18500 所高中和 1100 多万高中生提供有关运动与艺术领域各具特色的指导和帮助。

有关美国中学竞技体育管理等具体内容将在第二篇中详细阐述。

第二篇 中学竞技体育

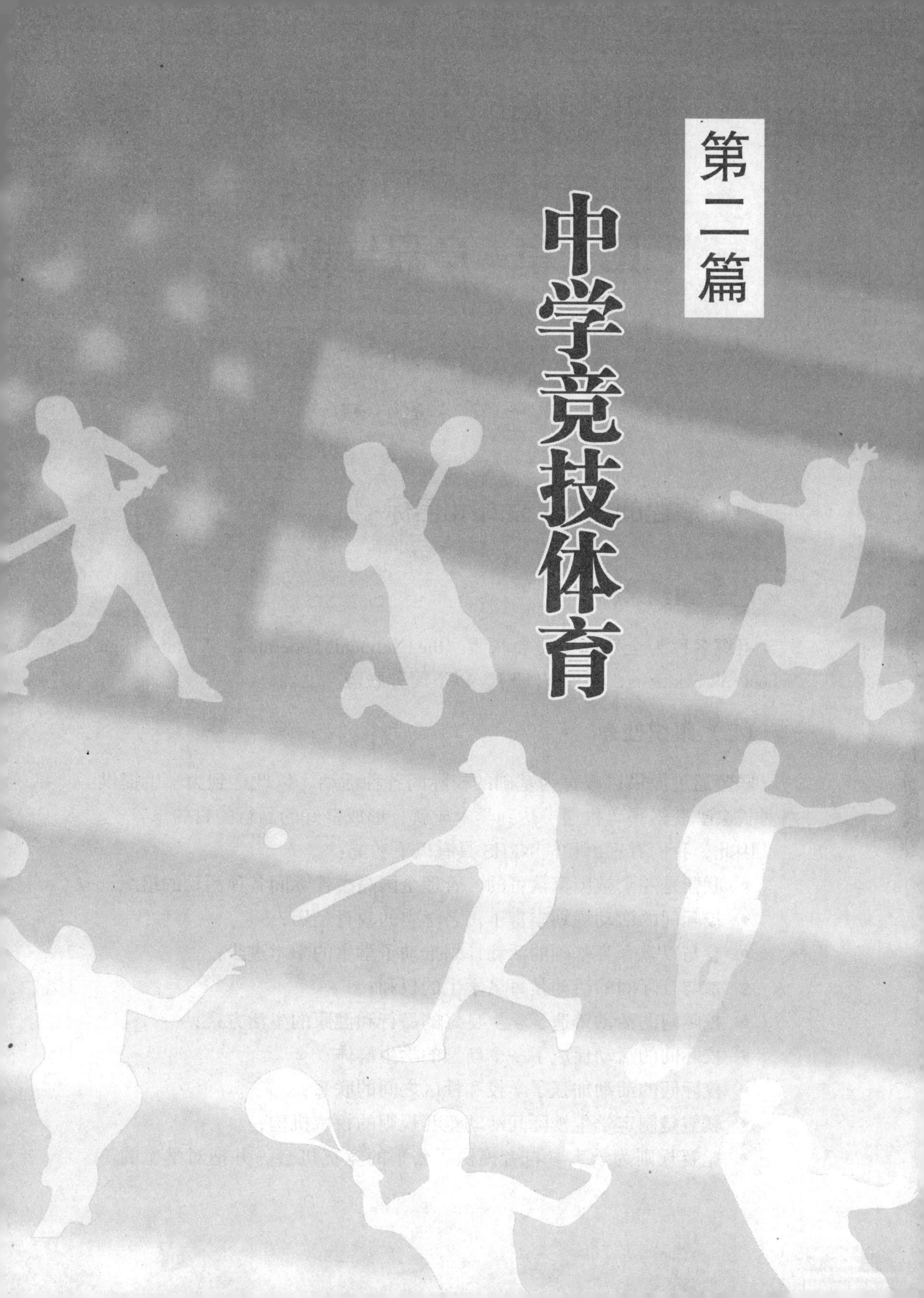

第一章 章程与规定

第一节 章 程

一、联盟的名称、使命和目标

（一）组织名称

组织名称为全美高中协会联盟（the National Federation of State High School Associations，简称 NFHS），以下简称联盟。

（二）组织使命

联盟通过提供以教育为基础的校际间各种活动，以此达到为学生提供各种机会、获得平等机遇、达到学术成就、形成良好的品行的目的。

因此，我们有理由相信 NFHS 具有以下功能：

- 联盟是一个被国家认可的、管理全国高中校际间各项活动的组织；
- 校际间的活动规划丰富了每名学生的教育经历；
- 参与以教育为基础的活动计划推动了学生的学术进步；
- 参与校际间的活动是每名学生的权利；
- 校际间的活动铸造了学生良好的品行和健康的生活方式；
- 校际间的活动促成了一个新型的学生群体；
- 校际间的活动加强了学校和社区之间的联系；
- 联盟是制定学生校际间活动竞赛规则的权威机构；
- 竞赛规则为学生参与者提供了公平的竞赛机会，并把对学生的不利影响降到最低；

- 州与州协会之间的合作实现了个体与集体利益的双赢；
- 为校际活动的管理者、教练员、指导者提供高质量的培训，促进校际活动教育目标的实现；
- 为校际活动的竞赛官员和裁判员提供培训，提高校际活动的竞争性。

（三）组织目标

NFHS 将要实现的目标：

- 为联盟的成员及学生提供各种校际间的竞赛活动，并予以保护和强化；
- 提升校际体育与其他活动的教育价值；
- 在联盟各成员的共同决策下，以国家级的标准来管理各项校际活动；
- 基于会员、相关的专业组织及其下属成员的利益，对他们的会议、出版物和一些其他活动进行资助；
- 提高校际间体育和其他活动的管理效率；
- 为校际间的体育及其他活动编制、出版竞赛规则；
- 设立并保留校际间体育活动的竞赛纪录、良好的传统和珍贵的遗产，为从事于校际体育活动管理与指导的成员和专业人士提供计划、服务、资料等帮助；
- 作为全美高中校际体育及其他活动的信息库；
- 发现与校际体育运动相关的需要和问题，努力工作，找到解决途径。

二、会员资格

（一）具有投票权的成员（以下简称正式会员）

NFHS 的正式成员必须是各州高中体育及其他活动协会，成为正式成员必须经过以下程序：

- 征得全国大会的同意后向 NFHS 董事会提出申请；
- 申请中必须包括该协会的章程和有关附则；
- 申请协会必须是一个被该州多数高中认可的校际体育管理和协调

机构；

- 申请协会须采取并同意遵从 NFHS 制定的章程与制度；
- 须经过在全国大会中三分之二的 NFHS 委员会成员同意。

（二）附属成员

附属成员拥有参与会议和活动的权利，但没有投票、选举或任命任务的权利。成为附属成员须至少满足以下条件之一：

- 必须是其他国家的高中校际活动协会；
- 必须是在正式会员服务的一个州内负责发起、管理、监督和发展校际艺术或其他非体育活动的专业教师协会或高中协会组织，还要提供正式会员在该州内对该协会组织的校际活动没有管理权的证明，并提供该州正式会员同意该协会成为附属会员的材料；
- 联邦政府部门的负责管理国内外高中体育或其他活动的下属机构；
- 被所在州多数高中认可为该州校际体育或其他活动的组织管理者，并被该州正式会员同意成为附属会员的协会组织；
- 属于所在州的初中体育或其他活动协会，并被该州正式会员同意成为附属会员。

（三）年费

正式会员和附属会员的年费标准由全国大会确定，每年财政年度的 8 月 1 日后开始缴纳，最迟不能迟于 9 月 30 日。

三、组织结构

（一）管理结构

为了充分体现地域代表性，将全国划分为 8 个区

1 区——东北区：康涅狄格州、缅因州、马萨诸塞州、新罕布什尔州、新泽西州、纽约州、罗德岛、佛蒙特州；

2 区——中东区：特拉华州、哥伦比亚特区、肯塔基州、马里兰州、俄亥俄州、宾夕法尼亚州、弗吉尼亚州、西弗吉尼亚州；

3 区——南区：亚拉巴马州、佛罗里达州、佐治亚州、路易斯安那州、密西西比州、北卡罗来纳州、南卡罗来纳州、田纳西州；

4 区——中区：伊利诺斯州、印第安纳州、衣阿华州、密执安州、威斯康星州；

5 区——中西区：堪萨斯州、明尼苏达州、密苏里州、内布拉斯加州、北达科他州、南达科他州；

6 区——西南区：阿肯色州、科罗拉多州、新墨西哥州、俄克拉荷马州、得克萨斯州；

7 区——西区：亚利桑那州、加利福尼亚州、夏威夷、内华达州、犹他州；

8 区——西北区：阿拉斯加州、爱达荷州、蒙大拿州、俄勒冈州、华盛顿州、怀俄明州。

经正式会员书面要求，理事会可以根据地理、历史和人文偏好等情况向全国大会建议对分区作出调整。正式成员也可以根据《规定》中的立法程序提出修正案，根据《章程》的要求，任何对分区调整的建议必须经过全国大会表决，经三分之二以上代表同意才能通过。

（二）全国大会

（1）目标和权力

全国大会是全美高中协会联盟的立法机构，有权颁布《章程》和其他规定的修正案，并执行在此规定的其他任务。

（2）组成

全国大会由每一正式会员派一名代表组成，这名代表由正式会员的理事会或国家委员会选出。

（3）条件

对代表没有特殊限制或要求。

（4）会议

全国大会每年召开 2 次正式会议，其余会议经 20%以上的正式成员申请，由大会主席决定。大会召开地点由理事会决定，书面提案必须在开会前 30 日由各正式会员协会的执行理事提交。

(5) 非正式会员参会

所有正式会员单位的理事会及其执行机构的成员都可以参加全国大会并参与讨论；全国校际体育管理者协会、教练员协会、官员协会、音乐协会、演讲辩论和戏剧协会和短跑协会的主席、附属会员的代表也都可以参加全国大会并参与讨论。

(6) 法定人数

法定参会人数不能多于正式会员的数量。

(7) 会议规则

会议规则采用新颁布的“罗伯特”规则。

(8) 选举权

每个正式成员在大会的每项表决中有一票投票权，该投票权由各成员的代表或替换代表行使，不允许委托代理。

(9) 权力和责任

- 发布成员年费标准；
- 在夏季大会上选举出大会理事会；
- 在夏季大会上选举出大会常务理事会；
- 颁布章程和规定的修正案；
- 批准会员资格申请；
- 通过决议；
- 收取报告；
- 对理事会工作提出建议。

(三) 理事会

1. 目标和权力

理事会是全美高中协会联盟的管理和运行机构，负责解释协会章程和规定，履行协会章程和规定赋予的工作，作为决策机构负责对协会管理过程中出现的问题作出解答和最终决定。理事会对协会的日常事务负责，被授权雇用一名执行官、多名助理和其他需要的雇员来处理协会的日常事务，并为他们提供必要的办公环境。

2. 组成

理事会的12名成员由全国大会选出，候选人必须是正式会员的州协会的理事会理事或执行官。12名成员组成如下：

- 8个分区每区一名；
- 将8个分区分成4组，分别是1和4、2和6、3和7、5和8，每组再产生一名代表。

3. 任职资格

每一名理事会理事必须是所在正式成员协会现任的理事会理事或协会首席执行官。对于理事会理事当选后是否停止担任所在州协会的理事会理事或首席执行官的情况，按如下规定办理：

- 如果理事会理事因死亡、退休、无能力、辞职或改变常住地而到所在分区之外等原因，停止作为一名州协会的理事会理事或首席执行官，正式成员协会有权重新提名替换人选，在夏季全国大会上选举通过后，在剩余任期内成为理事会理事。
- 如果理事会理事终止州协会工作的原因在前述条款之外，该理事会理事代表该分区继续履行职责，直到4年任期届满。

4. 选举

理事会理事在夏季全国大会上选举产生。理事会理事中必须包括女成员和少数民族代表。

① 候选人

每个分区都有机会推荐一名理事会理事候选人，候选人要得到基层的认可，投票包括推荐过程。

② 投票

任何一名候选人只要得到多数票即当选，如果理事会中某一个席位没有得到多数票，选择得票最多的2位候选人进行第二轮投票。

③ 票数相等

如果票数相等，进行第二轮投票，如果继续相等，抽签决定。

5. 交错任期

每名分区代表的任期为 4 年，代表的任期是交错的，每年的夏季年会有 2 名分区代表的任期结束。大区代表的任期也是 4 年，任期也是交错的，每年的夏季年会有 1 名大区代表的任期结束。每名代表只能连任 1 届，1 名代表不能既代表分区又代表大区。

6. 官员

协会官员包括主席和选举主席，选举主席由理事会在理事会理事中选举产生。执行官作为永久的财务秘书，完成理事会交办的工作。

7. 会议

理事会每季度召开一次会议，会议的时间、地点由理事会确定。特别会议经 3 名以上理事会理事书面申请，并经主席批准召开。

8. 权力

理事会处理协会的日常事务，执行协会章程和其他规定。

9. 责任

- 为协会的正常运转提供办公环境，雇用一名执行官和其他雇员；
- 为全职雇员提供和实行一份在职和退休的福利计划；
- 批准年度预算，接受定期财务报告，回顾年度审核结果；
- 检查投资和管理资金；
- 设立常设委员会，包括法规委员会和特别委员会；
- 制订、发布、出版规则和与其他立法机构联系的程序；
- 全部或部分接收、批准或否决竞赛规则委员会发布的规则变更；
- 监测会员违反章程和规定的行为，并对违反规定的行为给予谴责、察看（以观后效）、暂时取消职务、开除等认为合适的处罚；
- 制定国际和州际竞赛的政策、程序、标准和申请样式；
- 接收和批准常设委员会、特别委员会、执行机构和州协会提交的政策和计划；

- 颁布决议；
- 履行协会章程和规定赋予权力和职责，包括解释《章程》和《规定》；
- 与其他非营利专业组织建立互惠合作关系，促进合作双方目标任务的实现。

（四）上诉委员会

1. 目标和权力

对理事会及成员单位违反《章程》和《规定》的行为给予处罚的事项进行复查。

2. 选举程序

- 上诉委员会的8名委员由全国大会选出，候选人必须是正式会员的州协会理事会理事或执行官。8个分区每个分区产生1名上诉委员会委员，每名上诉委员会委员的任期为4年，每年的夏季年会有2名上诉委员会委员的任期结束。每名上诉委员会委员只能连任1届。对理事会委员的选举规定对上诉委员会委员的选举同样适用。现任理事会理事不能被选为上诉委员会委员。上诉委员会委员如被指定为理事会理事，将失去上诉委员会的位置。
- 经5名以上上诉委员会委员同意才能听取任何上诉，经上诉委员会投票通过，才能对上诉事项进行处理。在上诉委员会的每次会议前要选举出主席，主席在上诉委员会委员中产生，并主持上诉委员会会议。
- 任何上诉委员会委员不得听取有关成员协会的雇用关系或管理机构职位争夺的上诉。

3. 上诉

任何成员按照章程的规定被处以开除、暂停或其他处罚，可以按下列规定提起上诉：

- 在处罚决定发布之日起30日内，被处罚成员要通知执行官，该成员要上诉；

- 在10日内，执行官要对上诉委员会开会聆听上诉作出安排；
- 在20日内，上诉委员会要聆听上诉，经上诉委员会同意可以再延长10日；
- 在30日的聆听期限内，上诉委员会必须呈递书面决定，上诉委员会可以坚持、撤销、变更或修正理事会的决定。

4. 程序

上诉委员会必须对上诉程序作出规定。

第二节 规 定

一、全国大会

（一）议程

议题可以由正式成员单位、理事会、主席、选举主席或执行官提交。对《章程》和《规定》的修正案议题必须依《规定》中的立法程序提交。其他议题必须在正式会议前90天内向大会提交书面材料。上述议题经大会主席在会前同意后加入大会议程。

（二）表决

每个正式成员单位只能派一名代表参加表决，计为1票。

（三）生效

大会表决事项的生效采用简单多数原则。

二、理事会

（一）议程

议题可以由正式成员单位、理事会、主席、选举主席或执行官提交。

议题必须在正式会议前 14 天内提交书面材料。上述议题经大会主席在会前同意后加入会议议程。

（二）表决

每名理事会理事（包括主席）享有 1 票表决权。

（三）生效

理事会表决事项的生效采用简单多数原则。

（四）电话会议和传真

在符合法定人数的情况下，电话会议和传真的表决结果有效，所有表决结果必须做正式记录。

（五）预算

在每年的夏季会议上，理事会要通过下一财政年度的预算，每个财政年度从 9 月 1 日开始，翌年 8 月 31 日结束。理事会必须决定执行官的工资和所有协会工作人员工资的预算。执行官对总部所有工作人员负责，依照理事会通过的工资预算为工作人员发放工资。

（六）预算发布

预算通过后，文件要立即送往各成员单位。

（七）雇用执行官

理事会应雇用一名执行官，执行官应对总部的日常管理工作负责。在理事会通过的预算范围内雇用工作人员，遴选申请者，解雇或罢免工作人员。另外，执行官必须注意，雇员的工资由他确定，但他自己的工资则由理事会确定。执行官同时也是协会的财务秘书。

（八）成立委员会

理事会要建立联盟的所有委员会，并为立法委员会、特别委员会等常设委员会委任委员。

（九）指定和任命委员会委员

每年的夏季大会前，各委员会委员的任命形式会告知所在区所有正式成员单位。每个任命的背景资料会在理事会会议前交给每位理事。委员会应在夏季大会期间或在会后合理的期限内尽快任命。特别委员会的任命或委员会委员的更替，可以在其他会议上决定，或邮寄投票。理事会应决定各委员会的主席。

（十）委员会委员的离职和更替

理事会有权因缺席或其他合适的原因撤换委员会主席和委员。委员会委员因死亡、辞职或离职等原因，理事会应在期限内指派替换者。

三、立法

（一）修正案

协会《章程》和《规定》的修正案必须在全国大会上以 2/3 的多数通过。通过颁布联合治理法案接受《章程》和《规定》的修正案。

（二）修正案程序

修正案由正式成员单位的首席执行官代表管理机构或理事会提出，书面提案应在大会开始前 90 天提交给执行官，大会开始前 60 天执行官要将该提案送各正式成员单位的首席执行官，修正案必须被表决，协会《章程》和《规定》的修正案在大会通过后，8 月 1 日起生效，或者经提交修正案的正式会员单位同意后 30 日内生效。

紧急状态下，理事会可以根据本人判断提交一个修正案，用确认函的形式表决，达到本《章程》规定的法定人数的 2/3 即生效，到下一次正式大会为止，该修正案要提交大会正式表决。

（三）决议

决议是决议机构（全国大会、理事会）观点、主张的正式表达。它可以是一种对规则的看法，赞成或反对。决议不是联合治理法案，也不会成为《章程》或《规定》的一部分。决议经简单的多数表决通过。

四、官员

（一）头衔

协会官员包括主席、代理主席和财务秘书。

（二）主席

主席主持全国大会和理事会，受理事会领导履行其他职责。

（三）代理主席

代理主席在主席缺席时主持全国大会和理事会，受理事会领导履行其他职责。

（四）财务秘书

财务秘书负责保存联盟的行政和财政记录。

（五）官员选举

在每年的夏季会议中，将在所有成员任期超过 2 年的理事会成员中选举出一名代理主席。

（六）任期

主席或代理主席将依次各执政一年，且不允许在四年的任期里再次当选，除非为了填补其他主席留下的空缺。

（七）正式继任

每年夏季会议结束后，将由代理主席继任主席一职。

（八）特殊继任

如果主席的职位由于死亡、辞职或其他情况而空缺，代理主席将立即继任主席职务，直到该任期结束。

（九）代理主席的特殊竞选

如果代理主席的职位由于死亡、辞职或其他情况出现空缺，理事会将在下一届常规会议或特殊会议中从其任职超过一年的成员中选举新的代理主席，如果新主席胜任该职，可在下一年的任期中再次被选为代理主席。

五、常设委员会

（一）规则委员会

1. 目标和权利

每个规则委员会负责制定、实施和颁布本项目规则及变更事宜。但规则变更必须以保持该项目的优良传统、鼓舞体育精神、减少运动伤害为原则。

2. 构成

每一个规则委员会（足球规则委员会除外）最多只能包括 11 名成员，每 8 个大区将分别任命其中的 1 名成员。主席将由大多数人选举产生，此外，再各任命 1 名成员。橄榄球规则委员会成员来自于：联盟教练员协会 1 名代表、联盟官员协会 1 名代表以及所有联盟属下开展橄榄球项目的正式会员中各 1 名代表构成。

3. 顾问

顾问（医务人员、律师）在主席的谨慎考虑下和行政官员的赞同下以非投票成员的身份出席和参加规则委员会会议。

4. 委员会行动

所有规则变动以及其他的建议由委员会投票决定并实施。

5. 规则评估委员会

规则评估委员会由专业人士组成，它享有规则的解释权。各项目规则委员会在修改规则前必须向规则评估委员会提交建议稿，规则评估委员会将从规则的适宜性、各学校和各州协会的财政状况、联盟政策的一致性、出版样式等方面对该提议进行全面的评估，并以书面形式向理事会提出同意或其他的意见和建议。

（二）其他常务委员会

理事会可以根据需要随时建立新的常务委员会，以此研究、评估并解决有关校际体育活动的问题。

六、特殊委员会

理事会可以随时建立特殊委员会，以此研究、评估校际体育活动的有关问题，并及时作出回应。

七、辅助的专业组织

（一）目的与权力

理事会可随时建立专业协会服务于校际体育活动领域专业工作的需要。该协会拥有权力并遵从理事会最后的决定，由它举办的活动将会增加校际体育活动以及成员们的利益。

（二）政策与程序

每个组织将建立成员标准、组织结构、使命阐述、计划过程，预算过程和预期设计等，并保证至少每年（或如果理事会有指示将更加频繁）向理事会提交报告，并在委员会的最后授权下管理各项事务。

第二章　全美高中协会联盟的起源与发展

NFHS是一个由成员自行管理的非营利合作机构，包括50个州及哥伦比亚特区高中运动与艺术协会。此外还有8个校际协会，如加拿大行政区的阿尔伯塔、英国的哥伦比亚、马尼托巴、新不伦瑞克、新斯科舍、安大略湖、魁北克和塞斯喀彻温都是NFHS的成员。另外，作为其独立的协会还有关岛校际体育运动协会、克鲁斯校际体育运动协会、圣托马斯和圣约翰校际协会、密歇根州校际法医协会、威斯康星州高中法医协会、威斯康星校音乐协会、佛罗里达校音乐协会和衣阿华高中音乐协会、衣阿华女子高中运动联盟等教育活动倡导部门等。

联盟通过国家办公室，把联盟的市场运作、各种会议以及校际活动的教育功能有效地整合在一起。

第一节　全美高中协会联盟的起源

1920年3月，伊利诺伊州高中体育运动协会主席L. W. SMITH邀请了来自衣阿华州、伊利诺伊州、威斯康星州、密歇根州和印第安纳州的代表们在芝加哥进行会晤，大家就关于高中运动竞赛的非学校赞助等共同关注的热点问题进行了讨论。在明确了提倡中学生选手更应具备团结协作精神的宗旨下，出席的代表们创立了中西部州际高中体育运动协会联盟，目的在于保障隶属于各类州际协会高中选手的利益并推动业余体育运动的发展。会后，来自衣阿华州的George Edward Marshall被推举为首选董事。

1921年伊利诺伊州、印第安纳州、衣阿华州、威斯康星州和密歇根州成为中西部州际高中体育运动协会联盟的特许成员。与此同时，其他州的高中协会也纷纷表达了参与的兴趣。1923 年，该组织正式改名为全美高中协会联盟。联盟迅速扩大，职责范围也越来越广，负责解决竞赛及组织管理中一系列的所有问题。

1930 年，联盟拟订了草案及相关政策，严格控制州际间体育赛事的批准权，会员达到 28 个。1940 年，联盟行政委员会的格局重组，满足了独立组织雏形的需求，并制定了批准州际间赛事的相关政策。来自伊利诺伊州的 H.V.porter 被任命为联盟的首选行政部长，会员发展到 35 个。同时联盟与其他的体育运动组织建立起友好合作关系，得到相互认可与支持。

上世纪 50 年代到 60 年代期间，联盟开展调查工作，收集各种高校运动员、竞赛管理及运动规划经费的信息与资料，并通过与运动管理者和竞赛官员的合作，进而提高对竞赛的控制，加强与各方的协作。1958 年，H. V.porter 离任，Clifford B. Fagan 被任命为行政部长，1969 年，该联盟发展到 50 个州际协会，哥伦比亚地区协会也于同年加入。

1970 年，联盟名称中取消“运动”这一术语，建立了处罚制度并将其纳入规划范围之内，为各项目（男女体操、排球、游泳、摔跤、足球、垒球、田径、曲棍球和冰球等）制定规则并于同年由联盟高中体育运动董事颁布。同时涉及的领域还包括：校际体育运动管理期刊、国家校际体育运动管理协会、员工管理及讲演 / 音乐 / 话剧 / 讨论方面的服务、国家高中体育记录册以及篮球规则委员会。1977 年 Clifford B. Fagan 退休，BriceB. Durbin 继任为行政部长。1979 年，办公地点从伊利诺伊的 Elgin 迁至密苏里州的堪萨斯市。

上世纪 80 年代标志着 NFHS 的进一步发展。规则的宣传、相关文件的解释以及媒体刊物的数量在这一时期持续增长。十年间，联盟开展了国家高中学校活动周，参与成员包括国家联邦校际教练员协会、国家联邦校际官员协会、国家高校体育明星协会、国家联邦官方设备中心、国家联邦校际音乐协会、国家联邦校际研讨会及部分高校的教练员和官方人员。1980 年早期，NFHS 成为唯一国家议题选举会赞助者，并开展了国家教育计划，旨在预防学生使用毒品、酒精和烟草。此外，NFHS 发表了体育精神的相关规则。

上世纪 90 年代，NFHS 继续为其成员提供广泛的质量服务。以保证高水平活动的开展，其创办成员包括国家联邦校际体育精神协会、国家高校公开研讨会、国家通讯卫星电话会议，其讨论议题包括规则解析、医疗健康探讨、艾滋病与体育以及其他与其成员相关的内容。

1990 年，联盟校际教练员协会开始实施一项 5 年的教育计划，其涵盖了三类课程：执教原则、体育急救防护和体育中的违禁药物。从 1993 年起，NFHS 目标计划开始实施，其目的在于解决联盟的非盈利身份，同时，目标计划也拓展到健康生活方式的领域，提供给其成员的规划和服务数量始终保持着实质性的增加。1993 年，召开了有关健康医疗议题的国家电话会议，并在密苏里堪萨斯州大学电视广播室对全国进行了实况转播。同年，协会执行官 BriceB. Durbin 离任，执行委员会任命 Robert F. Kanaby 为其继任者。

之后几年间，NFHS 全体成员批准了一项关于少数民族和女性参与联盟委员会的决议；建立 NFHS 信托公司，为联盟提供更多的财政支持；此外，NFHS 为其成立 75 周年的纪念日开展了庆祝仪式；第一届全国高中研讨会召开，来自肯塔基的 Alvis Johnson 被任命为 NFHS 第一位美籍的非洲总裁。

1995 年，第一个规则解析讨论会以电信会议形式召开，体育医疗咨询委员会也同期建立。1996 年，NFHS 工作手册中对联盟的使命、章程和制度进行了新的表述，NFHS 基金会由此成立；为教练员和工作人员提供的季刊出版（它们分别是 NFHS 教练季刊和工作人员季刊），来自密苏里州的 Becky Oakes 成为 NFHS 的第一位女性总裁。而且，首个三年战略规划开始实施。

1997 年，在纽约举行的新闻会议上，NFHS 成为体育公民意识联盟（Citizenship Through Sports Alliance）的主要会员，教练员可以通过学习体育和美术课程以强化公民意识，并建立了公民意识委员会；高校 / 学院关系委员会、市场营销委员会也陆续建立起来；全国教练员与裁判员会议议程重新设立。1998 年，第一届由 NFHS 和美国业余体育联合会（Amateur Athletic Union，简称 AAU）之间的会议开幕；面向各州协会官员的职业发展规划随即展开。1999 年，NFHS 理事会将男子曲棍球项目列入正式比赛项目。2000 年 1 月，NFHS 将其国家办公室从密苏里州的堪萨斯城迁至印第安纳州印第安纳波利斯。

2000 年，NFHS 承办了第一个女子体育日午餐盛宴，该盛宴成为每年印第安纳波利斯的一项盛会，同时还举办了国家“瘦身计划”研讨会。2001 年，NFHS 举办了第一次学生领导力会议，出版了第一部《体育医疗手册》并分发给 19000 个高等院校。2002 年，NFHS 批准了新三年的战略计划，并与 rawlings 公司、世界拉拉队协会达成市场合作协议，协议发布联合声明，坚决反对把高中运动员作为盈利工具。

2003 年，NFHS 与特奥会展开合作，并在印第安纳波利斯召开了第三届国家学生领导会议并推出涉及网络课程的 NFHS / ASEP 官方培训计划，另外，NFHS 还在印第安纳波利斯召开了全国高中体育部长高级峰会。

2004 年，NFHS 与 ASEP 合作，并在 NFHS 教练员培训计划下开展网络课程服务。2005 年，NFHS 开展年度最高峰会并解决其日益蔓延的赌博问题，在摔跤项目中达成颇具历史意义的“瘦身计划”，开展了第四个三年战略规划，表决了新一轮的任务与信念目标，并开展“类固醇警惕行动”——包括制作手册、海报和 DVD 并分发给 16000 多所学校。

作为 2005 年“警惕类固醇行动”的进一步延伸，2006 年，NFHS 发布了两个有关反对使用类固醇的公告，两个发扬体育精神的公告以及发给各州协会的 DVD 短片。同年，NFHS 还与 T—MOBILE 达成赞助协议，赞助男、女篮球邀请赛，教练员培训计划也正式推行。

2007 年，NFHS 出品了三部关于风险管理的 DVD，并推出新的“HIGH SCHOOL TODAY”来替换“NFHS NEWS”。NFHS 网络版的教练培训计划在 1 月问市，综合的课程版本也在 6 月发行。目前，将近 40 个州协会正在使用 NFHS 教练培训计划。2006 年末，第一届 T—MOBILE 篮球邀请赛在西雅图和华盛顿举行，第四届学生领导力会议在印第安纳波利斯召开。

第二节　联盟的理念及其参赛资格

一、联盟的理念

联盟校际活动的宗旨在于推动完美的中等教育理念。它是一种社会力量，是在教育的氛围中锻造学生的身心及情感成长中的价值观与成就感。

参与活动能够加强学生的社会责任感，通过校际活动获得的教育经历可以使学生更好地认识、学习和掌握影响其成为良好公民诸多因素。学生对其学校和队友所承担的责任感也使他们充分认识到自身的价值，体验体育精神，加强自我奉献和乐观主义精神。作为参与者，他们学会了将他人利益摆于己前、乐于接受他人、自尊自律，以及在为群体或集体目标履行义务的过程中培养独立思考的能力。同时，在活动过程中，他们学会了竞争，学会了为竞争做准备等对于青少年成长至关重要的品质。

联盟会员的任务在于保证使学校投资的竞赛项目成为社区、联盟、地区及州的教育计划中的一个重要组成部分，在竞赛管理规则的约束下，通过各成员的共同协商，联盟将继续发展和壮大。进而，联盟的成员将继续为越来越多校际活动的参与者（学生）提供更多的机会和支持，其核心任务是保持并提高高中校际活动的水平，并在活动中不遗余力地管理和指导所参与的成员学校。

联盟坚信，在任何情况下，保持与其他业余或专业运动员的教育和非教育组织良好的合作关系至关重要。这种良好的关系可以保证计划实施的完整性，参与者资格的合法性，并有益于所有参与的组织及个人。联盟会员的首要任务是通过校际间的体育及其他活动促进学生身心健康，增加幸福感，培养道德理念，并以保持公平竞争和公民意识为最高理念。

教育的主要任务之一是教授参与者必要的技能，以使参与者有能力为社会做出毕生的贡献。体育与艺术活动是青少年感受社区归属感的一个重要渠道，因此，这类活动也成为培养学生公民意识的有效途径。

二、参赛资格的基本规定

为便于管理指导比赛和管理运动员，联盟对于参赛资格作了基本规定。

年龄限制：

建立统一的参赛年龄标准，如果采用特殊的年龄要求应提前通知各会员。确保学校参赛资格标准相同，提倡竞赛机会均等、公平竞争，鼓励年轻和缺乏比赛经验的运动员上场，为更多的学生提供参赛机会，不允许“红衬衫队员”上场比赛（注：为保护受伤运动员身体健康情况，在该年度里他们可不参加比赛，比赛时间可格外增加一年，但严禁弄虚作假，由于这类运动员穿红衬衫训练，由此得名），避免给运动员施加过大压力，减少参赛中伤病风险。

注册：

从在校高生中选拔运动员，发扬忠诚精神，避免运动员职业化；允许部分公立学校学生参与校际比赛以此获得毕业学位所需要的体育学分。保证注册学生运动员既能遵循学校的参赛计划，又能在规定的时间段里顺利毕业，并向学生重点强调学校的教学任务。

参赛次数限制：

不允许学生推迟或中断他们的高中教育，不允许学生为了提高竞技能力和运动技能而每年只注册一个学期，提倡公平竞争；降低源于不公平竞争所带来的风险，要重点强调学校的教学任务。确保参赛资格的平等，保证各学校之间的公平竞争。为每个学生提供相同学期的比赛机会，以此相应地增加参加校际比赛的学生数量。要避免教练员或赞助商通过不正当的方式吸引学生运动员参加各种竞赛，从而影响学生的正常学习。同时，要防止出现年长学生运动员替换年轻运动员达到不公平延长高中比赛生涯的现象。

转学学生：

预防学生为了比赛目的而在赛季转学这种现象的发生，以此保证各学校运动水平的相对稳定，达到维持各成员学校之间的团结、和谐关系的目的。

要坚持“学生参加家长所居住地区的比赛”的基本原则。预防学生为了其他目的而在赛季前转学，减少招收新运动员的几率，遏制从高水平学生运动员身上牟利等不良现象。

不允许外国学生参赛，但不包括已经参与某个已定的国外交流计划且已列入国际教育交流标准委员会批准名单的学生。

学业：

高中阶段培养目标是为成为一名合格的国家公民做准备。校际间的比赛活动也是课堂教育的一种扩展，适当的学术标准能够帮助学生运动员在运动竞赛及学术两方面实现双赢。此外，参加校际间的活动可以促进参加者的学业进步。总体来说，学业标准提升了教育标准，强调参与体育及其他活动的教育价值，并最终使校际间活动成为一种提高课堂教育工作的催化剂。

非学校举办的比赛：

不允许高中生参加非学校举办的比赛，这是对学生运动员的一种保护。一方面，这样的限制避免了学生运动员由于这类比赛后勤保障的不足而导致意外伤害的风险；另一方面，也避免了学生参加这类比赛而造成的缺课现象，消除学生参加校外比赛而带来的额外压力。

赛前评估：

在 NFHS 运动医学咨询委员会的建议下，董事会声明：为了保证训练及比赛的安全，必须对学生运动员进行赛前身体评估。NFHS 认为，考查学生运动员的评估程序应该不少于三年修订一次，并由特别成立的运动医学咨询委员会，或者儿科、外科及心脏病学的医生来负责完成。评估的内容主要包括学生运动员的肌肉与骨骼状况、心血管以及发育成熟度状况等。

业余运动员：

发扬贵在参与的精神，保证比赛的业余性质，鼓励学生为身心健康、为社会谋福利而参加体育比赛，而非追求经济利益。

附件：与职业棒球的协议

全美高中协会联盟与职业棒球的协议自 1944 年起就已生效。现在的协议是在原有基础上进行了小幅的修改，协议具体内容如下：

对中学生运动员的要求

(1) 中学生运动员不得与职业或业余联赛俱乐部签订合同，即使签订在学生高中毕业之前也无效，这种限制主要还是考虑到运动员的年龄以及参赛的数量问题。

(2) 未经允许任何学生不得参加任何形式的选拔赛，除非所在学校的校长（没有被大型或小型俱乐部雇用）以书面的形式允许他们参加这类选拔赛。

(3) 任何违反上述规则而制定的合同应被宣布无效，并且违反规定的俱乐部将被罚款 500 美元，三年内不得签订运动员，期限应从违反合同公布之日起，此外，相应官员和管理者也应受到以上惩罚。

(4) 此规则适用于美国 50 个州所有在校高中生。

第三节 全美高中协会联盟关于限制全国锦标赛举办政策的历史

1934 年 2 月 26 日，经全美高中协会联盟全国大会全体会员讨论决定，拒绝批准举行全国锦标赛。联盟执行委员会必须按照全国大会的决议行事，虽然有一些尝试，去推动某个全国范围的比赛，但至今未有一项全国锦标赛得到批准。究其原因，部分高中校长认为在联盟和各州协会中已经有了足够多的比赛，如果再举办更多的比赛，会使得联盟和州协会延长赛季以及安排季后赛，将造成比赛数量的增加而减少学生运动员的学习时间。此类事件对多所学校的影响比一所学校的影响大，因为只要一所学校被允许延长赛季或参加州际比赛，会迫使其他学校也要求这么做，来保证公平竞争。

有关是否批准全国锦标赛的政策在 1977 年 7 月 9 日被全美高中协会联盟重新审议，全国大会在竞赛规定的修正案中重申："任何高中全国锦标赛不能被批准。"然而，在接下来的威斯康星州密尔沃基竞赛委员会会议以及其他联盟会议上，这项提议又被重新提起和讨论。

一项举办全国锦标赛的方案曾在 1978 年 1 月 1 日的全国大会上以 24 对 18 的投票结果通过，并提交 1978 年 8 月的会议讨论。一项在 1979 年举办高尔夫、网球和田径全国锦标赛的计划，于 1978 年 2 月被理事会发给各会员单位，以便各会员单位有足够的时间讨论。1978 年 7 月 7 日，在盐湖城举行的全国大会上以 27 对 17 的投票结果使该计划推迟一年。在 1978—1979 学年，就"是发展非学校主办的全国锦标赛，还是发展更健康的学校主办的全国锦标赛"问题，全美高中协会联盟在当地、州和国家层面上征求校长和校董事会的意见。

1979 年 7 月 7 日，在马萨诸塞州剑桥举行的全国大会上，夏季举办高尔夫、网球和田径全国锦标赛的计划被提交表决，结果以 38 对 9 票被否决。

联盟有关全国锦标赛的声明

全美高中协会联盟不支持也不批准学校组队参加由媒体或其他组织举

办的全国体育锦标赛。全美高中协会联盟申明，企业、营利组织或其他组织邀请学校或运动员代表不同的州参加比赛，不管协会是否批准该项活动，都建议被邀请的学校和运动员在参加前认真考虑。

联盟支持和鼓励州协会举办由高中或运动协会参加的高水平比赛。

大学招生

《NCAA 招生指南》是美国大学生体育联合会出版的一本手册，概述了招生规则和奖学金计划。为了便于阅读，将招生与奖学金计划联系到了一起。每位高中管理者和体育部长都应必备，以便于指导运动员完成大学学业。另外，NCAA 还出版了名为《你是否适合参加大学体育运动》的小册子，介绍了 NCAA 内部的选择程序。

与 NCAA 一样，美国校际体育管理协会（the National Interscholastic Athletic Administrators Association，简称 NIAAA）也出版了名为《大学录取大学生运动员及其家长指南》，讲述了高中生如何做好准备，被选择的大学录取的程序，以及如何在大学完成学业等内容，同时，该手册还包括 NCAA 和 NAIA（美国大学校际体育协会）的资格审定、大学体育运动的应对策略、招生信息以及如何准备体育履历等项内容。

全明星赛和季后赛

全美高中协会联盟一开始就声明，选拔高中生参加全明星赛或季后赛会带来潜在的弊端。全国大会鼓励制订严格的规定，避免高中生无限制地参加橄榄球季后赛、全明星赛和慈善义赛。1947 年夏天通过了一个议案，强烈反对类似的比赛。

1948 年的全国大会又进行了重申。

1978 年，全美高中协会联盟、美国大学生体育联合会、美国大学校际体育协会、美国初级大学体育协会发布了关于发展全明星比赛的联合声明，内容包括：

全美高中协会联盟、美国大学生体育联合会、美国大学校际体育协会、美国初级大学体育协会对发展全明星比赛表示关切。

参加全明星比赛会使学生运动员减少学习时间，尤其在高年级，会造成学生运动员达不到学校要求的上课出勤标准。因此，全明星赛会影响学生学习的动力，并对学生运动员升入大学产生影响。而且，在多数情况下，这些全明星赛的主办者比学生运动员获得了更多的利益。

本声明旨在鼓励高中领导者为所有学生制订合理的学业要求标准，而不必过多考虑学生运动员对体育的兴趣。

高中领导者可以考虑提高参加全明星赛的要求，来解决学生运动员非正常学习时间减少问题。这样的行动与联盟“保证体育作为高中教育计划不可分割的一部分”的目标是一致的。

因此，全美高中协会联盟、美国大学生体育联合会、美国大学校际体育协会、美国初级大学体育协会鼓励高中管理者拒绝在学年中安排全明星比赛，支持高中管理者减少全明星比赛的开发项目。

第三章　全美高中协会联盟的服务

第一节　服务纲要

全美高中协会联盟既是活动的服务者又是组织管理者。在为各州协会服务的前提下，还肩负着指导州际比赛的任务。以下是 NFHS 的一些服务计划，各种活动和服务的详细信息包含在 NFHS 活动与服务手册中。

NFHS 官方协会：官方教育大纲、保险、全国奖励计划、全国高中联盟官方季刊；

NFHS 教练员协会：保险、全国奖励计划、NFHS 教练员培训计划、NFHS 教练员季刊；

NFHS 道德协会：全国会议、保险、全国奖励计划、NFHS 教练员季刊；

NFHS 音乐协会：保险、全国奖励计划、出版物；

NFHS 演讲、辩论和戏剧协会：保险、全国奖励计划、出版物。

NFHS 组织的全国会议包括：

夏季会议、冬季联盟理事会会议、橄榄球规则会议、法规会议、NFHS 峰会、演讲、辩论和戏剧指挥会议、全国辩论主题选拔会、年度音乐会、艺术类会议（如演讲和辩论顾问委员会会议、全国辩论主题选拔等）。

NFHS 合作伙伴：

教育领导社团、全国校际间比赛管理者协会、全国学校运动协会、全国高年级大学生运动协会、全国校际运动协会、美国奥林匹克协会、各单项体育协会、青少年运动组织、全国中级教育协会、全国初级教育协会、女子运动基地、运动商品制造协会、全国运动商品组织、全国运动商人协会、职业运动组织、国会 / 联邦机构、全国音乐协会、全国演讲和辩论协会、全国精神组织、全国运动医学组织、运动联盟成员组织等。

NFHS 合作伙伴计划：

教育服务：公民道德与体育道德相关材料及训练；教练员培训计划，联盟裁判员培训计划，全国高中活动周，辅导课活动研究，网站（www.nfhs.org）等，宣传健康生活方式计划，兴奋剂教育等。

出版物：今日高中、NFHS 音乐协会杂志、辩论教育家、辩论季刊、球场和运动场图示指南、NFHS 运动医学手册、大学生运动员指南、赛前大会设施、NFHS 手册、全国高中运动记录册、NFHS 统计员手册。

职业协会服务：保险福利、风险管理、教育计划、在线服务（测试 / 注册等）。

全国计划服务：安全/损伤预防资料（收藏和分发）、赛场 / 运动场管理计划、州际法规计划、国际法规计划、年度高中运动参赛调查、辅导活动价值的调查与研究。

各运动项目服务：

棒球：规则手册、案例选集、裁判员手册、简化 / 图示规则手册、细目规划、幻灯片、翻译人员会议、相关考试。

篮球：规则手册、案例选集、官方手册、手册、简化 / 图示规则手册、细目规则、幻灯片、规则变化公告、翻译人员会议、相关考试。

曲棍球：规则手册、相关考试。

橄榄球：规则手册、案例选集、官方手册、手册、简化 / 图示规则手册、主题规则、幻灯片、裁判变化公告、安全公告、翻译人员会议、相关考试。

男子体操：规则手册（在 CD 中）、第一部分考试。

女子体操：规则手册、幻灯片、翻译人员会议、相关测试。

冰球：规则手册、相关测试。

男子长曲棍球：规则手册 / 案例选集、相关考试。

足球：规则手册、案例选集、裁判员手册、幻灯片、翻译人员会议，相关考试。

短跑：规则手册、翻译人员会议、相关考试。

游泳、跳水、水球：规则手册、幻灯片、翻译人员会议、相关考试。

田赛、径赛和交叉区域：规则手册、案例选集、官方手册、翻译人员会议。

排球：规则手册、案例选集 / 官方手册（结合）、幻灯片、规则变化公告、翻译人员会议、相关考试。

摔跤：规则手册、案例选集 / 官方手册（结合）、幻灯片、规则变化公告、议员会议、相关考试。

第二节　保障与雇用政策

一、保障政策

（一）联盟将为其现任或曾经任职的官员、董事、员工、委员会成员、代表以及与联盟有关的企业代理人、投资合伙人等其他人员提供全方位的保护，只要他们具备良好的个人品行，没有违背联盟的利益和违法行为。

（二）联盟可为从前或现任董事、官员、职员、委员会成员、联盟的代表以及与联盟有关的组织、合作伙伴、投资商等组织的代表购买保险。

（三）联盟在国家单项体育协会（NGBS）的代表也享受同样的保障。

（四）保障政策在 1992 年 8 月 15 日后生效，并由联盟董事会或继任者决定或调整修改或终止。

二、雇用政策

全美高中协会联盟在不考虑性别、种族、肤色、国籍、宗教、年龄及身体条件的情况下，雇用、招募和晋升工作人员时遵照 1964 年实施的公民权利法案，同时参考 1991 年美国残疾人法案及其他法律、规章和条例。

第三节　规则制订

除橄榄球外，其他运动项目规则委员会的职位均在联盟首席执行官监督下由全美高中协会联盟理事会设置。每一个运动项目的规则委员会中有一名分区代表，规则委员会建立起轮换制度，即授权各分区可轮换其在各规则委员会的代表。轮换制度使更多的人参与规则制订工作，获得规则制订经验。另外，这些规则委员会还有一些正式委员由裁判协会和官员协会任命。每个规则委员会有一名不轮换的主席，以保证在一个特定领域责任的连续性。规则委员会委员的任期为 4 年，每年会在每两个分区中任命一名新委员。每个规则委员都与其他主要规则制订组织保持密切联系，以使校际活动的规则与单项协会的规则一致。

虽然没有要求所有的州协会使用全美高中协会联盟规则，但大部分州协会在大多数的体育活动中使用全美高中协会联盟规则。如果一个州在某体育项目规则委员会中有代表，就必须在这个体育项目中严格遵守所有的规则，因为是他们的代表制订了规则。如果规则中有选项，该州可以指定使用其中之一，并继续在规则委员会中保持席位。总的来说，全美高中协会联盟规则将重点放在降低风险、保持攻守平衡、保持有争议运动项目的传统和提高竞赛管理的效率。同时，全美高中协会联盟提供了范围广泛的规则解释服务，例如：规则解释会议、视频、考试等，以提高裁判员、官员和运动员对规则的理解水平。

足球规则委员会与其他规则委员会不同，它采用每州一票制来进行运作，不采用该规则的州除外。

国内活动的批准

校际活动应服务于教育目标。为此，对学生可能参加的任何一项活动学校有责任先进行调查。有时，附加的调查和监督可以在委员会、区、州或国家层面上被要求实施。为公平和有效率地在各层面上进行“调查和监督”，决策者制订了批准程序，该批准程序的目的包含下列内容：

(1) 满足一个或几个学校的传统或经验的特殊要求。

(2) 推动学生和运动队使用的竞赛规则的发展。

(3) 鼓励对竞赛活动进行良好管理。

(4) 增加了一项“应有的勤勉”的内容，鼓励依从州协会的规则和规定。

(5) 保护学生运动员的福利。

(6) 保护会员学校既有的运动项目，从而使更多学生运动员有机会在校际竞赛活动中获益。

(7) 有助于减少过多的比赛。

(8) 有助于使各项活动保持一致性。

(9) 有助于保护学生免受剥削。

州际活动由全美高中协会联盟批准，有助于提高财务透明度，公平对待每一所参赛学校。

国际活动的鼓励

全美高中协会联盟支持通过体育促进国际交流并建立友好关系。组织国际活动必须向全美高中协会联盟递交正式申请，按程序由理事会批准。

第四节　竞赛审核

联盟的每一名正式成员在参加下列比赛时都要接受联盟的监督与审核：

共同承办的比赛：由学校社区以外的组织（大学、公园、公司）与学校共同资助和承办的任何比赛，另外，由某一名正式成员学校或某一州协会单独资助和承办的比赛也必须接受联盟的监督与审核。

非相邻州之间的比赛：如果所有参赛的学校都来自于与主办州相邻的州，那么不管参赛学校的数量，都不需要接受联盟的监督与审核，也不需要 NFHS 官员进行评判。各州协会通过联盟办公室对州内校际间的比赛进行审核，这些比赛包括：

A. 八个以上学校参加，并且其中至少有一个学校不与主办州相邻；

B. 五个或五个以上的州，其中至少有一个州不与主办州相邻。

涉及相邻州际的竞赛以及所有不需要联盟审核与监督的其他州际竞赛，都将由州际协会按照自己的程序进行审核。

每个正式成员将赞同和接受由联盟对比赛的审核，同时，正式成员有权拒绝国外学校的参与，但只要两地往返车程不超过 600 英里，本国的两个或三个学校与来自加拿大和墨西哥的一个或多个学校举行的竞赛可以不受此约束。

董事会将建立和颁布政策、程序、标准和申请表用于审核本国和国际的竞赛。任何锦标赛、会议或其他赛事没有权利审核并授予或决定某项全国的个人或团体冠军头衔，但对残疾人比赛冠军的授予不需要联盟的许可。

如果某项比赛违反了联盟的相关政策和规定，正式成员单位将不允许其成员学校参加。

第五节　全美高中协会联盟奖励计划

卓越奖

卓越奖是全美高中协会联盟最高奖励，授予那些为协会、国家级活动中作出贡献或在全国高中活动中赢得尊重的个人。同时也考虑获奖者在社区、州和地区活动中的表现。

历年获奖者名单（略）。

美国传统奖

美国传统奖授予在国家级活动中作出主要财务或实物贡献的个人或组织。

历年获奖者名单（略）。

全美高中协会联盟嘉奖

全美高中协会联盟嘉奖授予在专业组织中作出贡献的个人。如体育部长、教练员、官员、音乐裁判员和教师、演讲、戏剧、辩论教师和道德教师。

历年获奖者名单（略）。

杰出服务奖

杰出服务奖授予那些在特定比赛项目或其他活动中作出长期杰出贡献的个人。

理事会成员奖

为了纪念在全美高中协会联盟所做的工作，每年退休的理事会成员会得到理事会成员奖。

卸任主席奖

比尔·瑞德获得了卸任主席奖，以纪念他在2006—2007年在全美高中协会联盟所做的主席工作。

国家高中名人堂奖

国家高中名人堂奖授予进入名人堂的个人，名人堂建立于1982年，2003年开始，从事艺术类活动的个人也被允许进入名人堂。

名人堂监督和遴选委员会负责每年选出工作突出的运动员、教练员、官员、艺术教练员等进入名人堂。其主要的标准是高中的工作经历，但在其后生涯中的贡献也给予适当考虑。表彰活动在每年的夏季大会上进行。

第三篇 大学竞技体育

第一章 美国大学竞技体育的宏观管理体制

第一节 美国大学竞技体育的价值与意义

美国大学生运动员的运动成绩在全世界有目共睹，整个国家的竞技体育体制以学校为中心，是美国竞技体育体制最显著的特点。美国大学校园拥有良好的训练设施和高水平的教练员，为大学生运动员取得优异成绩奠定了物质基础。著名篮球运动员乔丹、田径运动员刘易斯等一大批闻名遐迩的体坛天才，都是通过大学阶段的培养，最终步入职业体育，并取得辉煌成绩的。在历届奥运会中，美国代表团的许多运动员也都来自于美国的各所大学。

美国高校竞技体育所取得的辉煌成就不仅体现在高水平竞技体育人才的层出不穷，更体现在其切实实现了竞技体育和高等教育的有机结合。在条件均等的情况下，美国高校大学生运动员的毕业率多年来一直超过普通大学生的毕业率，这足以表明美国高校对大学生运动员的培养理念——高超竞技运动能力、学术水准、道德规范的均衡与同步发展。

美国大学开展校际体育竞赛已超过百年的历史，它经历了由校际间自发的竞赛活动到目前非常完备的竞赛组织体系的演变。第一次有历史记载的美国大学校际体育比赛是1852年哈佛大学和耶鲁大学两校间的划船比赛。大学生体育联合会（The National Collegiate Athletic Association，简称NCAA）是美国大学竞技体育的管理机构，它属于自发性的非官方性质的社会群众团体。其前身为全美大学校际体育联合会（Intercollegiate Athletic Association of the United States，简称IAAUS），是为减少大学橄榄球比赛的严重暴力行为和伤害事件，规范校际间的竞赛活动而于1906年3月31

日成立的，当时共有成员62个。因此，有专家称“橄榄球”为NCAA之父，“高等教育”为NCAA之母，① 正是两者在特定时间和环境下的有机结合，催生了NCAA这一目前全美最具影响的大学竞技体育管理机构。1910年IAAUS正式更名为NCAA，它的总部位于印第安纳州首府印第安纳波利斯。除NCAA外，还有如大学校际体育竞赛联合会（The National Association of Intercollegiate Athletics，简称NAIA）等一些规模较小的大学校际体育组织和团体。

“美国大学校际体育竞赛活动之所以得以发展和完善，大学校际体育竞赛已被纳入学校教育之中是重要的原因之一，学校把开展校际体育竞赛看做是向学生及教职工提供参与和观赏体育竞赛的一种文化娱乐途径。同时，学校也把校际体育竞赛当做提高学校声誉，吸引学生与社会资助的一个重要方面。”② 美国的高教体制虽有较强的松散性，各高校都有制定本校政策的权利，但在竞技体育人才培养体系上，却又具有很强的系统性和单一性。它以学校为中心，依靠小、中、大学的业余训练来形成整个训练的一条龙体系，通过健全的组织管理机构，运用法律手段，制定规章制度管理大学生体育，并利用奖学金吸引优秀体育人才，是一个良性的、可持续发展的竞技体育人才培养体系。

美国发展竞技体育的成功经验有许多值得我们借鉴和深思之处，尽管头绪很多，但主体脉络十分清晰，就是体育与教育的有机结合，保证运动员在思想品德、学术水准和竞技水平方面全面发展，为竞技体育寻找到可持续发展的道路。美国大学体育联合会宪章特别强调：“不允许把运动员视为获胜的工具，必须保证运动员的学业，保证运动员的身心健康，运动员享有接受大学教育的任何权利、享有应有的待遇，参加体育运动、接受体育教育只是大学教育经历的一个组成部分。”该条款为发展大学的竞技体育奠定了法律依据。

---

① Kay Hawes. The History of the NCAA. 1999.

② 金玉. 美国大学校际体育竞赛管理的启示 [J]. 体育科学，1997（1），23.

第二节　美国大学竞技体育管理体制

一个国家的大学竞技体育管理结构是其竞技体育管理体制的具体体现，没有科学的管理体制，就没有科学的管理结构。大学竞技体育管理体制是实现该国大学竞技体育目的、任务的组织基础，没有合理、高效管理体制的正常运转，任何大学竞技体育目标的实现、体育制度的落实和体育规章的执行都是一句空话，是难以完成的。[①]

大学竞技体育管理体制是指一个国家组织管理大学竞技体育运动的各种机构、各项制度和准则的总称。它包括三个组成部分：一是大学竞技体育的组织机构，即大学竞技体育的管理机构的设置；二是这些竞技体育管理机构的职责、权力、利益的划分，以及处理它们相互之间关系的准则；三是各大学竞技体育的管理制度。

由于美国政府中没有负责管理体育的职能部门。因而，大学生体育联合会（简称 NCAA）也就成了美国全国规模最大、职能最全、会员最多的体育管理机构，在美国具有广泛的影响力。它从性质上既不属于政府职能部门，也不能划入类似于我国的事业单位，它的性质在美国被定义为非营利性的社会团体。它既不通过直接行政手段，也不是通过对各高校体育团体或体育协会进行大量繁琐的间接行政干预来控制高校体育运动竞赛的运行，而是借助法律程序和规范的宏观约束手段或经济的增长幅度及参数等手段来进行调节和管理。

NCAA 的基本目的："全国体育竞赛计划从根本上讲是教育体系的一部分，其主要目的是使校际体育运动纳入教育体系之中，使体育运动真正成为大学生活的一部分，从而使大学体育竞赛与职业体育完全分离。"该组织既不隶属于各级政府，又独立于美国奥委会和各单项职业协会之外。

① 凌平. 中美高校大学生体育运动竞赛管理体制的比较 [J]. 体育与科学，2001 (3).

第三节　NCAA 的组织机构和职能

美国是一个普及大学教育的国家，大学生体育联合会在组织全国比赛中发挥了重大的作用，从某种意义上讲，就其规模和社会影响方面，大学生体育联合会在美国的影响力并不亚于美国职业联盟的单项协会和美国奥委会，美国大学开展的校际体育是美国高等教育中不可缺少的一个方面，它具有独特的魅力和不可替代的地位。美国大学生体育联合会组织机构框架如图 3-1 所示。

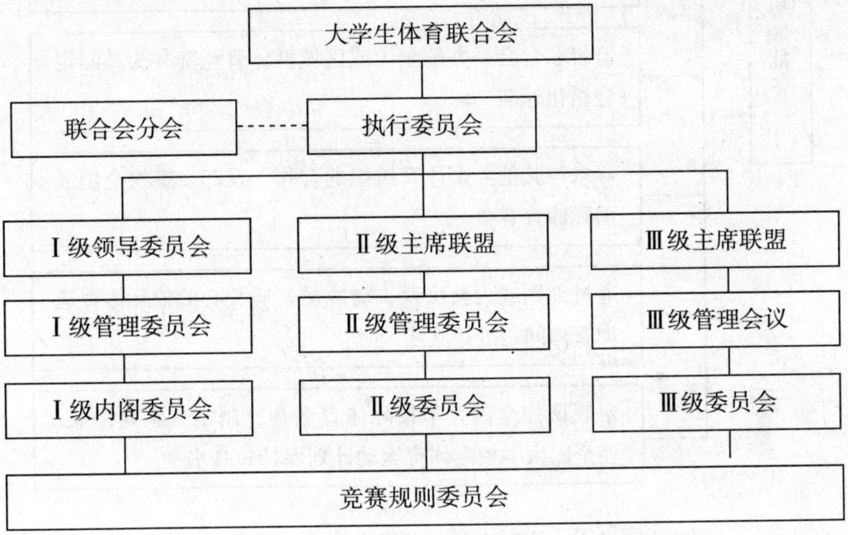

图 3-1　美国大学生体育联合会组织机构框架图

美国大学生体育联合会下设执行委员会，负责联合会的具体工作。执行委员会下设Ⅰ级领导委员会、Ⅱ级主席联盟和Ⅲ级主席联盟，分别管理各级别的具体工作。联合会内部还设有管理、纪律、规则等事务的分会。美国大学生体育联合会的主要职能如图 3-2 所示。

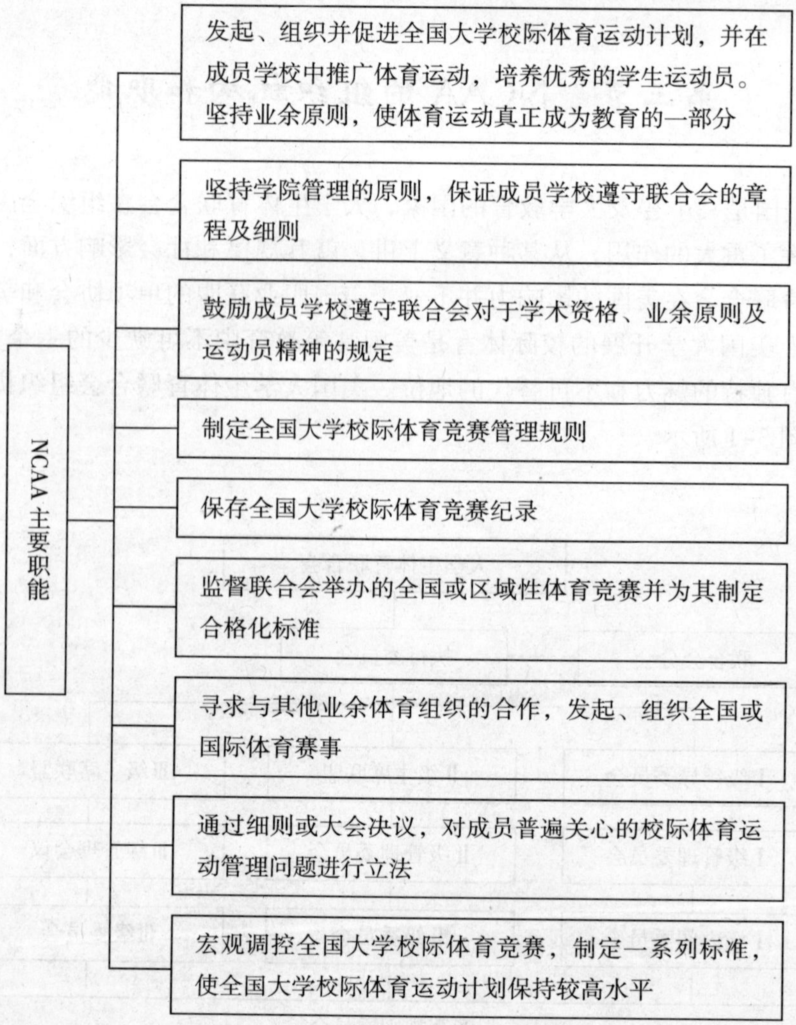

图 3–2　美国大学生体育联合会主要职能

一、NCAA 执行委员会

执行委员会负责具体管理，执行委员会Ⅰ级委员代表由Ⅰ级领导委员会指派，执行委员会Ⅱ级委员代表由Ⅱ级主席联盟指派，执行委员会Ⅲ级委员代表由Ⅲ级主席联盟指派。执行委员会成员的任期，由本部门推荐时申请，如有意外，均由各级别委员会自行解决。

（一）执行委员会人员构成

执行委员会主席在执行委员会成员中选举产生，执行委员会主席任期2年。执行委员会人员构成如图 3-3 所示。

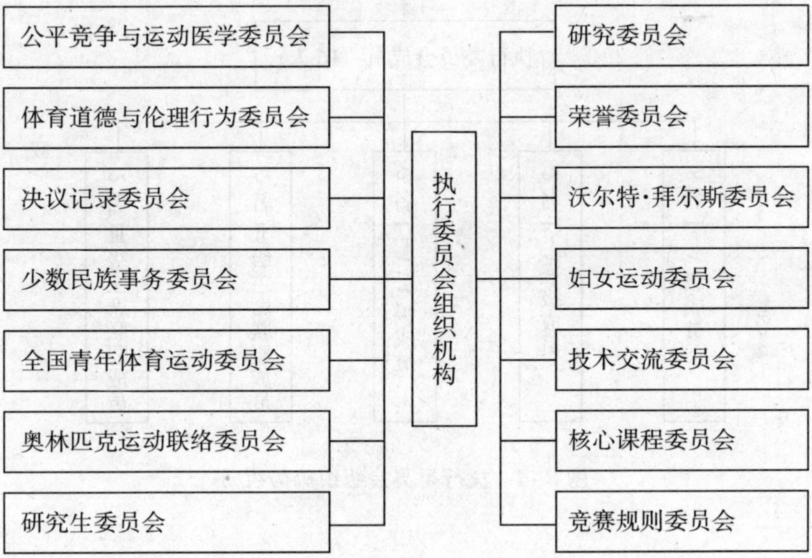

图 3-3　执行委员会人员构成

执行委员会由 20 名委员组成。联合会主席与Ⅰ级、Ⅱ级、Ⅲ级管理委员会主席共 4 人为执行委员会的常委，负责日常事务。其余 16 名委员需投票选出，执行委员会的 16 名委员组成情况为：8 名Ⅰ-A 级领导委员会的成员；2 名Ⅰ-AA 级领导委员会的成员；2 名Ⅰ-AAA 级领导委员会的成员；2 名Ⅱ级主席联盟的成员；2 名Ⅲ级主席联盟的成员。

（二）执行委员会组织机构

执行委员会组织机构由公平竞争与运动医学委员会、荣誉委员会、决议记录委员会、少数民族事务委员会、全国青年体育运动委员会、奥林匹克运动联络委员会、研究生委员会、研究委员会、体育道德与伦理行为委员会、沃尔特·拜尔斯（Walter Byers）委员会、妇女运动委员会、技术交流委员会、核心课程委员会和竞赛规则委员会构成（图 3–4）。

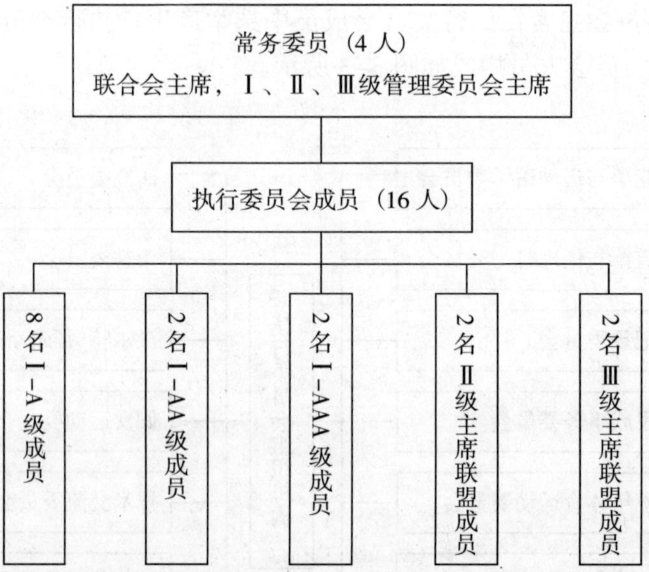

图 3–4　执行委员会组织机构组成

（三）执行委员会主要职责

1. 联合会财政预算和财政管理，任免联合会的首席执行官；
2. 对联合会进行战略性全局指导；
3. 对联合会重大问题进行决策；
4. 代表联合会处理内部与其他联合会之间的重大问题；
5. 解决联合会内部纠纷；
6. 每年至少召开一次各级别负责人管理全会；
7. 每年至少召开一次各级别管理委员会的会议；
8. 对联合会规章制度提出修正提案，组织全体成员投票表决重要立法；
9. 召集全体成员对有悖于联合会宗旨、基本原则的任何提案和行为投票表决，2 / 3 以上即被废除、拒绝；
10. 召集年会或特别会议；配合联合会的大病医疗保险计划等联合会

内部计划。

二、Ⅰ级领导委员会

Ⅰ级管理机构下设领导委员会，由18名成员组成（其中1名首席执行官）。为了确保Ⅰ级领导委员会成员组成的性别和种族的相对平衡性，领导委员会的成员中，至少应包括1名少数民族人士和1名女性代表。

（一）Ⅰ级领导委员成员组成

包括11个联盟各1名首席执行官，分别是大西洋海岸联盟、大东方联盟、大十联盟、大十二联盟、大西部联盟、US联盟、中部联盟、西部区联盟、太平洋10联盟、东南联盟、西部运动联盟。

在以下20个联盟中，选出7名首席执行官。这20个联盟分别是美国东部联盟、大西洋10联盟、天空联盟、大南部联盟、殖民地运动员联盟、常春藤联盟、大西洋运动员联盟、中部联盟、中东运动员联盟、中西校际联盟、密苏里峡谷联盟、东北联盟、俄亥俄峡谷联盟、爱国联盟、南部联盟、南部大陆联盟、西南运动员联盟、太阳带联盟、穿越美国运动员联盟、西海岸联盟。

（二）Ⅰ级领导委员会主要职责

1. 制定总原则；
2. 制定战略性计划；
3. 制定管理细则和规章；
4. 制定工作细则和制度，授予管理委员会限制立法权利；
5. 授权管理委员会有权以它认为合理的方式处理特殊事情；
6. 批准、修正或废除管理委员会的行为；
7. 确保管理委员会成员和其他每一管理机构成员中性别和种族的多样性，定期改选其内部各机构成员以达到性别、种族的平衡，成员人数不变；
8. 批准年度预算；
9. 审批联合会内部开支与工资发放的规则；
10. 审批有关锦标赛管理的规则；

11. 监督执行委员会关于首席执行官的任免。

（三）选举与任期

Ⅰ级领导委员会成员由其所代表的联合会选出，委员会在提名、选举其代表时应充分考虑其内部成员的性别、种族的平衡。为保证领导委员会内部成员的性别、种族多样性，选举时应综合考虑以下原则：

1. 领导委员会的成员选举应与各级别联盟内部选举相配合，以保证足够的多样性（性别、种族等）。

2. 领导委员会应监督各级别联盟的选举，如有任何破坏多样性的选举结果，领导委员会应及时纠正。

3. 如二次选举的结果仍不令人满意，领导委员会应责成其级别内部各联盟在其首席执行官委员会上对其成员多样性、资格、意愿做出报告。报告应提交由四名选出的高级成员组成的分委员会（两名来自Ⅰ-A级，Ⅰ-AA级和Ⅰ-AAA级各选出一名）。分委员会将对报告进行研究，做出正确选择。

4. 各联盟的选举结果和过程均应记录在案，为将来的选举提供借鉴和参考。

Ⅰ级领导委员会成员任期4年，不许连任。Ⅰ-AA级与Ⅰ-AAA级成员任期由其各自的级别联盟决定，一般不超过4年。如需连任，连任时间不能超过2年。所有成员的任期记录每年应提交大学生体育联合会，并在全国大学生体育联合会年鉴上刊出。各联盟有权在一个任期内替换其领导委员会代表。Ⅰ级领导委员会的主席人选，应从其成员中选出一名主席，任期2年，不得连任。

三、Ⅰ级管理委员会

Ⅰ级管理委员会由49名成员组成，其中应包括运动管理人员（教练员、助理教练员、高级妇女管理人员、联盟管理人员）、教职工运动代表(the Faculty Athletics Representative 简称FAR)、学院主管体育运动部的行政人员，负责行政监督、预算、选举监督、制定战略规划等任务。在管理委员会人员构成中还应注意保持种族、性别的多样性。其成员应至少包括

20%的少数民族和35%的男性或女性。

（一） I 级的管理机构

I 级的管理机构如图 3-5 所示：

领导委员会（18 名成员）

I 级管理委员会（49 名成员）

下列组织构成管理委员会

行政委员会	成员委员会
行政监督委员会	选举监督委员会
财政委员会	战略计划委员会
管理委员会	

I 级联合会分会报告管理委员会

I 级运动员资格认证委员会	少数民族事务委员会
I 级橄榄球事务委员会	研究生奖学金委员会
荣誉委员会	研究委员会
I 级违规委员会	I 级学生运动员咨询委员会
I 级违规申述委员会	沃尔特·拜尔斯奖学金
决议记录委员会	妇女运动委员会

图 3-5　领导委员会成员图

（二） I 级管理委员会的职责

1. 领导委员会批准后，制定执行细则与制度；
2. 执行领导委员会的指示；
3. 对领导委员会提出合理化建议；
4. 解释执行细则；
5. 给领导委员会提出确保其合理管理的建议；
6. 监督其分支机构；
7. 任命分支机构首席执行官；

8. 监督、批准强制方案的实施程序；

9. 向领导委员会提出关于锦标赛管理、财政、竞赛、学术管理的合理化建议；

10. 经领导委员会批准后，管理财政预算；

11. 对领导委员会首席执行官的人选提出合理化建议；

12. 配合领导委员会的战略性计划；

13. 研究并确定大学体育运动的发展趋势与存在的问题；

14. 对联合会内部活动做出评价；

15. 配合联合会内部的研究委员会；

16. 配合联合会的少数民族计划，关心少数民族学生运动员的事务；

17. 关注妇女体育运动，尽可能地提供女运动员参加成员学校、大学生体育联合会、全国比赛的机会。

（三）选举与任期

管理委员会成员由各联盟选举产生，联盟提名并选举其在管理委员会的成员代表。Ⅰ-A 级成员任期 4 年，不得连任；Ⅰ-AA 级、Ⅰ-AAA 级代表任期由其各自的联盟掌握，一般不超过 4 个连续年，4 年期满后，连任期不得超过 2 年。所有任期记录均应上报领导委员会，并在联盟年鉴与新闻上发布。Ⅰ级管理委员会选举过程中应充分考虑成员的多样性。选举程序如下：

1. 各联盟在选举管理委员会成员时应与其他联盟相互交流、配合，以确保管理委员会成员的多样性。

2. 领导委员会对选举过程应进行监督，如有违背多样性的结果，应予以纠正，责成其再选举，监督其结果。

3. 如再次选举的结果仍然违背多样性的原则，领导委员会应在这一年度内在这一级别的联盟中指定 4 位管理委员会代表，其中应包括 1 名妇女代表，1 名少数民族代表。

4. 所有大学生体育联合会的选举过程与结果均应记录在案，以备总结出最注重多样性的联合会，以及最积极争取多样性的联盟。这一记录对各联盟将来所获得的选举机会会产生影响。

(四) Ⅰ级内阁委员会

Ⅰ级内阁委员会（Division Ⅰ committees & cabinets）由26~34名委员构成，Ⅰ级内阁委员会包括若干个专门委员会，其中规则委员会和体育运动委员会受内阁委员会的直接领导，Ⅰ级内阁委员会接受管理委员会的领导，管理委员会受董事会的监督。内阁委员会的主要职责是制定发展战略、了解学业进展情况、负责大学生运动员的资格审核和运动员申诉、财务管理、接受企业赞助和组织冠军赛。

第四节 大学体育联盟

“大学体育联盟”是以地理位置为界，由办学规模相近、学术水平相当的若干所大学组成的，以比赛为主要活动的竞赛联盟。根据美国大学生体育联合会宪章规定：大学体育联盟必须有6个以上的学校参加，不足6个成员学校的体育联盟，不被美国大学生体育联合会承认。美国大学生体育联合会共有体育联盟130个，其中Ⅰ级的大学有51个联盟，Ⅱ级大学有24个联盟，Ⅲ级的大学有55个联盟（表3-1）。联盟是组织美国大学校际比赛的核心部分，大学校际竞赛绝大多数是在联盟内部进行。

表3-1 NCAA联盟分布表

级别	Division Ⅰ	Division Ⅱ	Division Ⅲ
联盟数量	51	24	55

“大学体育联盟”的立法和规章制度必须与大学生体育联合会的宪章保持一致性，各联盟在不违背联合会宪章的前提下，可以根据各自情况，通过立法和制定规章制度，对本联盟所管辖的学校之间的比赛进行管理，通过投票表决确定赛事的组织方法。有些联盟的规定比联合会宪章更为严格苛刻，如常春藤联盟，由美国东北部的哈佛大学、哥伦比亚大学等美国超一流的名牌大学组成，因为重视学术声誉，为了确保学生质量，该联盟明确规定，成员学校不能对大学生运动员提供奖学金，这也是在美国超一

流的大学并没有表现超一流的运动成绩的原因所在。

本节选取两个有代表性的联盟——大湖区十强联盟和美国东部联盟分别对其发展、功能、取得的成绩和管理模式作进一步的分析。

一、大湖区十强联盟

美国“大学体育联盟”的各个联盟虽然由不同的学校组成，但在联盟的性质、组织结构、工作内容和竞赛安排上则大同小异，笔者对大湖区十强联盟进行剖析，旨在能更进一步了解“大学体育联盟”的全貌。

大湖区十强联盟是 NCAA Ⅰ级内部的大学体育联盟之一，联盟成立于 1896 年，迄今为止已有 100 多年的历史，由美国中部、中西部 11 所全美著名的大学组成，它的成员共同承担科研任务，研究生、大学生的教育和职业培训，并共享一切公共服务及设施。校际间体育竞赛对整个联盟起到了重要的作用。“十强联盟”建立以来，始终坚持以公平性、竞争性以及严格的学术要求对待大学生运动员，并强调学术水平的首要地位。

（一）大湖区十强联盟的历史沿革

大湖区十强联盟不仅在美国大学范围内，乃至在美国整个社会都具有广泛的影响。“十强联盟”每年一度的橄榄球比赛，吸引了无数的观众，每次比赛观众少则 5 万人左右，多则达 10 万余人，如果没有亲临现场，比赛的火爆程度简直令人难以置信。我国目前竞赛活动组织较为成功的是足球甲 A 联赛，观众的上座率远远不及美国“十强联盟”内部的年度比赛。以下是对美国大湖区十强联盟的组织结构进行的简单剖析。

1895 年 1 月 11 日，中西部的 7 所大学校长在芝加哥集会，讨论校际体育运动的管理及规则。这次集会是在普杜大学（Purdue University）校长詹姆士·斯马特的召集下召开的，并确立了校际体育联盟的制度与原则，这也就是后来所说的“十强联盟”。在那次会议上，基本勾画出了体育联盟的蓝图，并对学生运动员的学术要求作了严格规定。

那次会议的确缓解了很多当时的问题，尤其是缓解了学生运动员参加职业比赛的尖锐矛盾。这为后来的大学生体育联合会的业余原则奠定了基础。11 个月之后，7 所大学的代表隆重集会，正式成立了“校际体育运动代表联盟”，即大湖区十强联盟。

7 所大学就是以上所提到的芝加哥大学、伊利诺伊大学、密歇根大学、明尼苏达大学、西北大学、普杜大学和威斯康星大学。印第安纳大学、衣阿华州立大学于 1899 年加入，俄亥俄州立大学于 1912 年加入。芝加哥大学在 1946 年退出，1949 年密歇根州立大学加入，形成现今的“十强联盟”。1990 年 6 月 4 日，经主席委员会投票通过，潘司州立大学（Penn State University）正式加入“十强联盟”。现在大湖区十强联盟由以下 11 所全美著名的大学组成（表 3–2）。

表 3–2 “大湖区十强联盟”成员表

英文名称	中文名称	英文名称	中文名称
Illinois University	伊利诺伊大学	Indiana University	印第安纳大学
Iowa University	衣阿华州立大学	Universityof chigan	密歇根大学
MichiganState University	密歇根州立大学	Minnesota University	明尼苏达大学
Northwestern University	西北大学	Ohio State University	俄亥俄州立大学
Penn State University	潘司州立大学	Purdue University	普杜大学
Wisconsin University	威斯康星大学		

早在 1906 年，联盟就针对学生运动员规定了严格的入学资格审查制度、转学的具体要求以及代表学院参赛的资格认证。1900 年之前，橄榄球和棒球是联盟内最受欢迎的项目，而且在其锦标赛上也都曾取得过很好的成绩。如今，“十强联盟”已拨款 6300 万美元用于资助 7000 名学生运动员参加 25 项锦标赛，男子 12 项，女子 13 项。其中，既包括校园流行的橄榄球和篮球，也包括排球、高尔夫球、体操等项目。

（二）大湖区十强联盟比赛项目设置

大湖区十强联盟设置的主要比赛项目有越野跑、曲棍球、橄榄球、足球、女子排球、篮球、游泳和跳水、摔跤、健美操、室内田径、棒球、高尔夫球、室外田径、赛艇、垒球、男子排球。根据项目特点和季节的变化，分别在秋季、冬季和春季举行（表 3–3）。

表 3-3 大湖区十强联盟项目设置表

秋季	冬季	春季
越野赛	篮球	棒球
曲棍球	游泳和跳水	高尔夫球
橄榄球	健美操	曲棍球
足球	室内田径	赛艇
女子排球	摔跤	垒球
		室外田径
		男子排球
		橄榄球

（三）大湖区十强联盟在雅典

大湖区十强联盟有着悠久的体育传统和雄厚的竞技体育实力。这使得他们的教练员和运动员有机会代表各自的国家或地区参加四年一届的竞技体育盛会——奥运会。在 2004 年雅典奥运会上，共有 68 名来自十强联盟的教练员和运动员参加了 14 个项目的比赛，取得 5 枚金牌，2 枚银牌和 1 枚铜牌的优异成绩。各成员学校的参赛人数见表 3-4。

表 3-4 大湖区十强联盟雅典奥运会参赛人数表

学校	参赛人数	学校	参赛人数
伊利诺伊大学	7	印第安纳大学	8
衣阿华州立大学	4	密歇根大学	15
密歇根州立大学	1	明尼苏达大学	7
西北大学	1	俄亥俄州立大学	11
潘司州立大学	6	普杜大学	2
威斯康星大学	6		

（四）大湖区十强联盟赞助商和经营商品

“十强联盟”合作伙伴所发起并资助的计划有：“十强联盟”城内阅读计划、国外篮球旅行、赛季后锦标赛或联赛。所有的计划或活动都具有以下特点：采用十强联盟标志进行推广、在所有的十强联盟的出版物及赛事门票上做广告。“十强联盟”当今的合作伙伴有：COOPER TIRES，SCUDDER INVESTMENTS，7-UP，WORLDSPAN，GATORADE。

大湖区十强联盟经营的商品种类繁多，有T恤、帽子、文具、运动装、宠物玩具等。在这些商品表面都有各个大学的校名或标志，或者是大湖区十强联盟的名称和标志。也有纪念各个学校取得冠军的各种小纪念品，这些商品设计新颖、别致，有很强的纪念意义，非常吸引顾客的注意。图3-6中列出了一些大湖区十强联盟的商品。

图3-6 “大湖区十强联盟”经营商品图

二、美国东部联盟

美国东部联盟成立于1979年，直到1988—1989学年，它只组织了一项联盟的锦标赛——男子篮球。但从那时起，联盟进行了一系列的改革，建立了新的联盟办公室，雇用了专职的联盟执行专员（Commissioner），联盟的竞技运动成绩和学术水平取得了显著的进步。目前，联盟共由10所成员学校构成（表3-5），开展了22项联盟体育竞赛，是NCAA开展体育项目最广泛的成员之一。在2003—2004赛季，共有12支本联盟的运动队进入到NCAA全国冠军比赛。

表3–5　美国东部联盟成员构成表

英文名称	中文名称	英文名称	中文名称
University at Albany	奥尔巴尼大学	University of Maryland, Baltimore Co.	马里兰大学
Binghamton University	宾汉顿大学	University of New Hampshire	新汉普郡大学
Boston University	波士顿大学	Northeastern University	东北大学
University of Hartford	哈特佛德大学	Stony Brook University	斯托尼布鲁克大学
University of Maine	缅因大学	University of Vermont	佛蒙特大学

美国东部联盟强调校际体育竞赛是大学生校园学习、生活经历的一项重要活动。充分挖掘这种活动的意义和价值，对于代表所有大学生的大学生运动员来说是至关重要的。大学生运动员之所以能够代表全体大学生必须满足以下要求：一是大学生运动员达到与普通大学生同等的学术标准；二是学校要承担和履行相应的责任。每一名参与大学竞技体育的成员应在任何时间、地点保证诚实守信，展示出良好的体育精神，只有这样，大学的竞技体育、所有的大学和参与大学竞技体育的成员才能真正体现公平竞赛的尊严和健康的竞技体育的崇高标准。

作为一个运动联盟，它的任务是为竞技体育提供一个展示的平台，即在大力发展高水平竞技运动的同时，强调大学学术活动的诚实。这些体育竞赛活动是以体育精神、良好的道德行为和对对手的理解和关爱为基础，由竞技体育的管理者、教练员和运动员共同参与完成的。

在 NCAA 章程的指导下，美国东部联盟努力树立自己的形象，遵守 NCAA 的规定，吸收更多的成员学校，充分利用一切资金，制定详细、恰当的竞赛计划；致力于保持和发展广泛的体育竞赛计划，参与其中的运动员、教练员、支持者和管理者将从中受益；联盟也努力在良好的氛围中开展工作，这种良好的氛围将有利于增进支持学校发展的所有人员的友情，有利于调动他们积极的参与意识，有利于更有效地解决存在的问题。美国东部联盟的管理章程简介如下：

（一）名称和目的

联盟的全称为美国东部联盟。目的是通过联盟这种形式组织学校间的体育竞赛，这种竞赛是与各成员学校的尊严和办学目的相一致的。联盟的所有成员把校际体育竞赛看做是一种有价值的教育经历。联盟通过组织体育竞赛来增进大学生运动员的身体健康，促进学术进步，培养良好的道德素养。

（二）联盟成员的权利和义务

1. 成员资格。必须是 NCAAI 级的成员，并遵守 NCAA 的所有章程和规定。

2. 责任。作为联盟的成员必须满足以下条件：

(1) 追求、保持高标准的学术成绩和学术公正。

a. 大学生运动员作为大学生的一部分，与所有大学生有同等的入学标准。

b. 希望所有的大学生运动员都能毕业（达到或超过大学生平均毕业率）。

c. 重视少数民族学生的毕业率问题。

d. 尽量减少因训练、比赛所造成的缺课现象。

e. 继续加大对大学生运动员文化学习的支持力度。

(2) 期望大学生运动员、教练员和体育管理者能成为大学生和社区的榜样和楷模。

(3) 保持广泛的、公平的体育竞赛计划。

(4) 努力保证校际间的体育竞赛是校园生活不可或缺的一部分，是对大学教育经历的一项积极的贡献。

3. 每个成员学校有一票的投票权。

4. 参与联盟比赛。

每一个成员学校都要参加由联盟运动系主任理事会组织的联盟比赛，这种联盟比赛只要经三分之二以上的成员学校投票同意即可组织。每个院校必须参加至少两项男子集体、两项女子集体、两项男子单项和两项女子单项比赛。

（三）联盟的管理

联盟的管理应以联盟章程、操作法规、行政管理法规、体育法规为基础。联盟是 NCAA 的一员，NCAA 的所有法规和规则都必须遵守，除非联盟的要求比 NCAA 更严格。联盟的管理结构如图 3-7 所示。

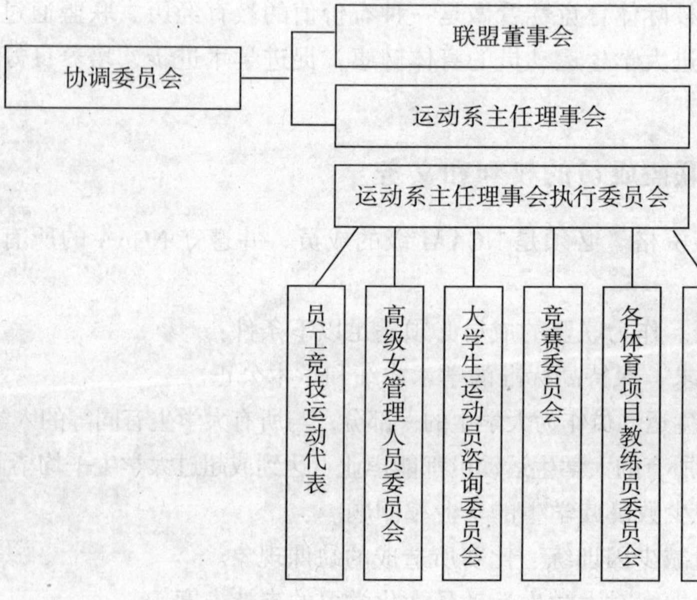

图 3-7　美国东部联盟管理结构图

1. 联盟董事会

（1）职责：联盟的管理权授予联盟董事会。它是最高的权力机构，负责联盟的全面管理。

（2）组成：各成员学校的 CEO（首席执行官）。每一名成员都有一票的投票权。

（3）义务：提出和制定联盟总体的发展方向和策略，批准联盟章程、法规的补充和修改，审批成员学校的资格，审批每年的经费预算，雇用、评价和监督联盟的执行专员（Commissioner），保留监督、检查运动系主任理事会工作的权利。

（4）权力：董事会对联盟的所有事务和财产拥有绝对的权力。董事会有权接受来自社会的任何形式的捐助、拨款，包括钱、物、动产或不动产及各种服务。董事会有权收取成员学校的入会费。

（5）补偿：董事会成员没有固定的工资，但可以适当地得到一些出席会议的补偿。

2. 运动系主任理事会

（1）组成：各成员学校的运动系主任。

（2）职责：包括建立管理联盟体育竞赛的政策；建议联盟章程和操作法规的修改和补充；批准联盟行政管理法规的改变；接受联盟内其他委员会和教练员组织的建议和监督；向联盟董事会提出关键的、重要的发展建议。

（3）补偿（同联盟董事会规定）。

3. 协调委员会

（1）组成：协调委员会由 4 名成员组成，2 名成员学校校长，2 名校运动系主任。其中两人必须是联盟董事会和运动系主任理事会的主席，联盟董事会的主席也是该委员会的主席。

（2）职责：包括检查和建议有关联盟经费预算的问题；协调联盟董事会和联盟运动系主任委员会的工作；发现对联盟发展有重要影响的、应该引起联盟董事会重视的问题。

4. 下属委员会

运动系主任理事会有权根据需要建立相应的委员会来更好地管理和运作联盟。每一个下属委员会可以采用不同的管理原则和程序。每一个联盟的下属委员会至少应有一名来自成员学校的代表。美国东部联盟运动系主任理事会的下属委员会包括：

(1) 竞赛委员会。由来自所有成员学校运动系主任指派的代表和联盟运动系主任理事会的代表组成。

(2) 员工竞技运动代表委员会。

(3) 高级女管理人员委员会。

(4) 大学生运动员咨询委员会。

(5) 特别委员会。

(6) 各体育项目教练员委员会。

5. 联盟董事会和运动系主任理事会的会议

(1) 固定会议。

联盟董事会每年举行一次固定会议；运动系主任理事会每年三次固定会议，一次在秋季、一次在冬季，另一次在春末或夏初（常与联盟年会合在一起开）。

(2) 特殊会议。

只要各委员会多数的成员提出开会的要求，这种会议就可以举行。

6. 联盟的工作人员

(1) 联盟运动系主任理事会执行委员会。

该委员会共有委员 5 名，4 名来自联盟运动系主任理事会，分别是主席、前任主席、副主席和普通成员。另一名是成员学校的教职工运动代表（the Faculty Athletics Representative 简称 FAR）。

(2) 工作人员的任期和职位轮转。

除了成员学校的教职工运动代表以外，委员的任期是四年，每位委员在自己的职位上工作一年，然后向着主席职位轮转，主席任期结束的同时，一名新委员成为普通委员。

(3) 成员学校教职工运动代表。

成员学校的教职工运动代表从各院校的教职工运动代表中选出，任期两年。

(4) 人员构成要求。

① 联盟的运动系主任理事会在执行委员会中拥有四票表决权。

② 充分考虑性别、种族和区域差异。

③ 联盟的执行专员以无投票权的方式参与执行委员会的工作。

(5) 主席。主席主持运动系主任理事会的所有会议。主席有权召集理事会的会议，并在每年的年会上做联盟和理事会全面的工作报告。

(6) 副主席。在主席缺席时履行主席的职责。

(7) 联盟执行专员。联盟雇用一名专门的工作人员（Commissioner）作为联盟的主要行政管理官员。他是联盟法规、协定的主要执行者，是联盟执行委员会的一名无投票权的成员。他研究联盟的各种问题并提出相应的建议和意见；推进联盟的健康发展；实施长期的教育计划以促进学习成绩的进步、体育精神的发扬和对竞技运动价值的理解；努力使公众了解激励联盟竞技运动发展的道德规范和崇高的理想；提议召开会议；执行联盟董事会、运动系主任理事会和协调委员会委派的任务。

(8) 秘书或财务主管。

① 作为秘书的职责。执行专员承担着秘书和财务主管的职责，他要参加联盟的、董事会及理事会的所有会议并履行以下职责：准确做好联盟的业务会议记录；记录联盟的会员；在每年的会议或特别会议之前通知所有的会员单位；在年会上汇报联盟会员的会员资格。

② 作为财务主管的职责。执行专员也是社团资金的保管员。执行专员要接受所有的社团资金，并以联盟的名字储存在指定的银行或信托公司里，并做好准确的收支记录。所有的债权和抵押必须经过联盟的主席和财务主管共同签字才合法有效。他可以在董事会的授权下，根据联盟的利益需求，执行和实施法律文书。在董事会每次固定会议上，或在任何会议中被要求时，财务主管做出全面的联盟财务报告。财务主管有权签发联盟任何帐户的支票或雇用其他人去做这件事情。

(9) 执行委员会的权力。

执行委员会拥有联盟运动系主任理事会的权力。

① 修改联盟的条款。

② 采取措施增进各成员的融合与团结。

③ 建议各联盟成员解散或者重组联盟。

④ 修改联盟的操作法规。

(10) 每年的财务审计。

协调委员会有权监督、检查每年的联盟账目，批准预算，并在年会上将收支报告呈交给各成员学校。

7. 联盟办公室的结构

(1) 场所：办公地点由联盟董事会决定。联盟所有的资料应保存在办公室内。

(2) 联盟工作人员：联盟雇用一名执行专员和多名工作人员。其中执行专员由董事会确定，其他人员由董事会或执行专员确定。这名执行专员被任命为首席行政管理官员。这些人员的工资将作为联盟经费预算的一部分。

8. 体育行为管理

(1) 行为：每一个成员学校有责任保证所有学校竞技体育的参与者，包括运动员、教练员，在代表所在院校参加校际体育竞赛时表现出良好的行为规范。

(2) 不良行为包括：

① 任何攻击或侮辱工作人员、对方的教练员或运动员的行为。

② 任何故意煽动参与体育竞赛的人员或观众的不良情绪，导致暴力的行为。

③ 任何针对工作人员、对手或观众使用淫秽的手势，亵渎或过分挑衅性的语言或行为。

④ 任何从事招生工作的人员向未来的大学生运动员、他的家长、教练员及其他有关人员过度诋毁、贬抑其他招生学校。

⑤ 任何人公开、过度地批评任何比赛的官员、联盟的官员、其他成员学校及其人员的行为。一旦这种行为发生，当事人将受到停赛一场的处罚。

⑥ 联盟的执行专员有权对类似事件的发生进行调查，并根据联盟的法规做出适当的惩罚。

(3) 不良行为的处罚。

对于不良行为的发生，联盟的执行专员有权在调查之后作出处罚。如果这种行为发生在联盟冠军赛中，竞赛委员会将有权进行处罚。

(4) 处罚的申诉。

① 在处罚决定发出后，如果被处罚人或学校感到受处罚不公正，他有权在 48 小时内通过联盟的执行专员向执行委员会提出申诉。

② 执行委员会将召集一个质询会，给被处罚人或学校申辩的机会。根据质询的结果，执行委员会可以重申、撤销、减轻或加重处罚，并以书面形式把这个决定下发给当事人。这个决定是最终决定，不能再次申诉。

③ 如果被处罚人或学校是 5 名执行委员会成员的所在学校，或者是在一名执行委员会成员缺席的情况下，为了公平起见，联盟执行专员将任命另外一名人员代替。

④ 申诉费由申诉学校支付，除非这样的申诉导致联盟承担支付责任。

第五节　NCAA 成员学校

一、NCAA 成员学校等级划分标准和类型

（一）NCAA 成员学校等级划分标准

为了避免不同规模和档次学校的同场竞技，从 1973 年开始，NCAA 划分为三个级别，我们通常所提到的 NCAA 比赛，一般指Ⅰ级的比赛，Ⅰ级由全美 377 所规模较大的大学组成。Ⅰ级院校还根据橄榄球运动水平划分为Ⅰ-A、Ⅰ-AA 和Ⅰ-AAA 三个级别。NCAA 对各级别学校的标准有严格的规定。

表 3-6 中列出了三个级别学校的划分标准。

Ⅰ级学校标准为：学校必须有 14 支代表队，男女项目各半，或者是 6 支男子项目代表队、8 支女子项目代表队，项目的性别比例基本保持均衡，学校大学生运动员总数中男女性别比例也要基本相等。还对比赛对手的选择提出了具体要求。要有 1/3 以上的主场比赛。橄榄球比赛对场地有特别要求，即主队必须有能够容纳 30000 名观众的体育场，主场比赛的观众人数应平均在 17000 人以上。或者是在过去四年的比赛中，平均比赛观众人数应在 20000 人以上。Ⅰ级学校除常春藤联盟、爱国者联盟、军事院校

表 3–6 NCAA 成员学校等级划分标准

内容	Ⅰ级学校	Ⅱ级学校	Ⅲ级学校
项目设置要求	7男7女或6男8女，男女必须有2个以上的集体项目	4男4女，男女必须有2个以上的集体项目	同Ⅱ
竞赛安排	除橄榄球、篮球外，其他项目必须全部在本级别内比赛	橄榄球、篮球比赛必须有50%以上的比赛在同级别或上一级别进行	同Ⅱ
橄榄球比赛	划分Ⅰ–A级、Ⅰ–AA级和Ⅰ–AAA级三个层次	没有划分	同Ⅱ
观众要求	橄榄球主场的场地容量应为30000人以上	没有划分	同Ⅱ

外，全部向运动员提供奖学金并对运动员奖学金的发放有具体要求。

Ⅱ级学校标准为：Ⅱ级学校比Ⅰ级的影响力要小，共有309所大学，在运动项目设置上，Ⅱ级学校要求是4个男子项目（或混合）和4个女子项目，包括橄榄球，所有的比赛全部有季后赛。对于橄榄球和男、女篮球来说，50%以上的竞赛对手必须是Ⅱ级学校和Ⅰ级学校的运动队。对于其他项目则无此特别规定，同时对于比赛场地的选择也没有专门的规定。大部分项目对运动员提供奖学金。许多运动员在申请学校时由于不知道Ⅱ级大学同样提供奖学金，往往忽略了Ⅱ级大学，在奖学金资助上，其实Ⅱ级的许多学校和Ⅰ级是相同的。

Ⅲ级学校标准为：Ⅲ级大学属于一些比较小的学校，大多数是私立学校，共有491所。Ⅲ级大学不对运动员提供专门的奖学金，有时提供一些特殊的专项资助。学生运动员入学的条件与普通大学生相同，没有给予专门的优惠。但如果报考人具有一定的运动才能，同样能引起学校的重视，在招生录取中会起到重要作用。在运动项目设置上，Ⅲ级学校与Ⅱ级的学校基本相同，一般至少要组织4个男子和4个女子运动项目的训练和竞赛，其中男女各需要有2个集体项目，并且每个赛季男女至少各有1个项目参加比赛。每个运动项目每年必须达到最低限度的运动竞赛要求，所有的竞赛项目全部属于冠军赛。

（二）NCAA 成员学校类型

目前，美国大学生体育联合会（NCAA）由 1263 所美国大学组成，加入 NCAA 的成员学校，根据其在联合会内部的地位分为正式成员、临时成员、成员联盟、附属成员和通讯成员五类。具体成员构成见表 3-7。

表 3-7 NCAA 成员学校构成表

	Division Ⅰ				Division Ⅱ	Division Ⅲ	总数
	Ⅰ-A	Ⅰ-AA	Ⅰ-AAA	总数			
正式成员	117	118	91	326	281	421	1028
临时成员			1	1	4	12	17
有投票权的成员联盟	11	12	9	32	23	44	99
无投票权的成员联盟		2	16	18	1	14	33
通讯成员							14
附属成员							72
总数							1263

注：此数据截至 2004 年 12 月 1 日。

正式成员（Active Member）。四年制的大学或学院以及两年制的高级学院，通过条款中的常规程序，经当地联合会授权机构批准可成为正式成员。正式成员可以参加全国锦标赛，具有法规订立的投票权及其他一些联合会章程或细则规定的权力和义务。运动联合体指一个成员学校与另外的成员学校或非成员学校的联合（不得超过一个非成员学校），经管理委员会三分之二以上成员批准即可。联合体的学生运动员，只要符合联合会的要求，即可参加联合会的锦标赛或其他赛事。NCAA 的正式会员首先应该按照 NCAA 制定的章程和法规对其竞技运动项目进行规划和管理；其发展规划应该反映创建和保持高标准的个人荣誉；合格的学历和公平竞争。其次要符合 4 项运动项目和 3 个赛季比赛的要求，即会员组织应该资助并管理一支学校的代表队，它的规模至少应该不小于 4 支由男子组成或由男女混合组成的不同项目的运动队和 4 支完全由女子组成的不同项目的运动队，并且至少有 1 支男子项目或男女混合组成的项目和至少 1 支女子项目要参加每个赛季的比赛。NCAA 的正式会员如果不能达到联合会所要求的学术水平或运动水平，或不能遵循会员应尽的义务和条件，或不能遵循 4 个运动项目和三个赛季的要求，或有一年没有缴纳会费，或没有恰如其分地陈述运动员资格并提供证明，有三分之二会员参与并投票通过的处罚决议，在年会中可执行暂停、中止或降为通讯会员或其他处罚。

临时成员（Provisional Member）。四年制的大学或学院以及两年制的高级学院经过适用于正式成员的当地的联合会授权机构批准，成为正式成员必须先成为临时成员，临时成员可以定期收到联合会的印刷品及宣传品，并可以享受到章程及细则所规定的一些权力。临时成员的期限为 4 年。在预备期的第一和第二年间，临时会员应该严格地遵循 NCAA 的法规和章程。在预备期的第三和第四年间，会员组织应该按照 NCAA 制定的宪章和法规对其竞技运动项目规划进行管理。在第四年年末，临时会员可以申请成为正式会员。

成员联盟（Member Conference）。指几个成员学校结成联盟，并在联盟内部组织一项或多项锦标赛（竞赛规则可依据联合会的比赛规则）。成员联盟除了不能够参加全国锦标赛外，享有与正式成员相同的权力。但每一个会员联盟至少要有 6 个成员才具有全票特权，否则只有半票权力。另外，一些适用特别标准的成员联盟在权力及立法方面会有所不同。

附属成员（Affiliated Member）。属非盈利组织，它在联合会内部的作用和目的直接与锦标赛相关。条款对附属成员进行了详尽的规定。它被授权参加所有 NCAA 的年会，但在联合会会议中不具有选举权，但享有章程和细则规定的其他一些权力。

通讯成员（Corresponding Member）。属非盈利组织或联盟，它不具有成为正式成员、成员联盟、附属成员和临时成员的条件，但可以收到联合会的出版物及宣传品。通讯成员除收取联合会出版物外，不具有任何联合会规定的成员的权力，包括无权使用联合会的名称、会徽和徽标。

二、NCAA 成员学校地理区域划分

由于美国地域辽阔，东部和西部地理位置相差甚远，即使同一级别的大学，因距离原因也很难经常性地在一起比赛。为此，三个大级别根据大

学所在州的地理位置，又划分出了 8 个地理区，即地理 1 区、地理 2 区、地理 3 区、地理 4 区、地理 5 区、地理 6 区、地理 7 区和地理 8 区，每个地理区平均 6 个州，最少的地理区有 3 个州，最多的地理区有 11 个州和 1 个特区（表 3–8）。

表 3–8　NCAA 成员学校地理区域划分

地理区	州		
地理 1 区（6 个州）	Connecticut(CT)康涅狄格州	Maine (ME)缅因州	Massachusetts (MA)马萨诸塞州
	Vermont (VT)佛蒙特州	New Hampshire (NH)新罕布什州	Rhode Island (RI)罗德岛州
地理 2 区（5 个州）	Delaware(DE)特拉华州	New Jersey (NJ)新泽西州	Pennsylvania (PA)宾夕法尼亚州
	West Virginia (WV)西弗吉尼亚州	New York (NY)纽约州	
地理 3 区（11 个州 1 个特区）	Washington(D.C.)华盛顿	Alabama (AL)亚拉巴马州	Florida(FL)佛罗里达州
	Georgia (GA)佐治亚州	Kentucky (KY)肯塔基州	Louisiana (LA)路易斯安那州
	Maryland (MD)马里兰州	Mississippi (MS)密西西比州	North Carolina(NC)北卡罗来纳州
	South Carolina(SC)南卡罗来纳州	Tennessee (TN)田纳西州	Virginia(VA)弗吉尼亚州
地理 4 区（6 个州）	Illinois (IL)伊利诺伊州	Indiana (IN)印第安纳州	Michigan(MI)密西根州
	Wisconsin(WI)威斯康星州	Minnesota (MN)明尼苏达州	Ohio(OH)俄亥俄州
地理 5 区（7 个州）	Iowa(IA)衣阿华州	Kansas(KS)堪萨斯州	Missouri(MO)密苏里州
	South Dakota (SD)南达科他州	Nebraska (NE)内布拉斯加州	North Dakota(ND)北达科他州
	Oklahoma(OK)俄克拉荷马州		
地理 6 区（3 个州）	Arkansas (AR)阿肯色州	New Mexico(NM)新墨西哥州	Texas (TX)得克萨斯州
地理 7 区（6 个州）	Arizona(AZ)亚利桑那州	Colorado(CO)科罗拉多州	Idaho(ID)爱达荷州
	Wyoming (WY)怀俄明州	Montana (MT)蒙大拿州	Utah(UT)犹他州
地理 8 区（6 个州）	Alaska(AK)阿拉斯加州	California(CA)加利福尼亚州	Hawaiian(HI)夏威夷州
	Washington (WA)华盛顿州	Nevada (NV)内华达州	Oregon(OR)俄勒冈州

不同地理区由于所包含的州的数量不同，地理面积不同，所拥有的大学数量也不尽相同，如表 3–9 所示，地理 1 区有大学 104 所，地理 2 区有大学 229 所，地理 3 区有大学 219 所，地理 4 区有大学 166 所，地理 5 区有大学 74 所，地理 6 区有大学 70 所，地理 7 区有大学 36 所，地理 8 区有大学 78 所。

表 3-9　不同地理区域学校数量表

学校	级别 I				级别 II	级别 III	各区总数
	I -A	I -AA	I -AAA	总数			
地理 1 区	1	14	5	20	14	70	104
地理 2 区	9	34	17	60	48	121	229
地理 3 区	31	34	22	87	80	52	219
地理 4 区	23	7	14	44	26	96	166
地理 5 区	9	6	6	21	33	20	74
地理 6 区	14	14	6	34	24	12	70
地理 7 区	13	6	2	21	14	1	36
地理 8 区	14	7	10	31	24	23	78

只要得到 NCAA 执委会多数票同意，正式成员学校可以改变其行政归属，但要在 NCAA 年度文件中注明。

第二章　美国大学竞技项目设置

美国大学校际间的比赛分为冠军赛和联盟内部的常规赛两大赛。冠军赛一般属于全国性质的比赛，各个项目通过联盟内部的选拔，联盟比赛中获胜的队有资格代表联盟参加更高一层的比赛，直至参加全美大学生的决赛。橄榄球、篮球、冰球每年都举行这种性质的比赛，每年度决赛阶段的比赛在全国范围影响很大，关注对象不仅局限于大学生，而是整个社会。联盟内部的常规赛是每年在各个联盟内部举行的比赛，虽然是年度的常规赛，同样受到广泛的欢迎（特别是橄榄球比赛）。

第一节　美国大学生体育联合会的项目设置

一、联合会项目设置

美国大学生体育联合会的比赛按照运动项目的季节特点，把比赛项目分为秋季项目、春季项目和冬季项目三大类，根据项目的季节特点合理安排全年竞赛日程。

从表 3-10 可以看出，美国大学生体育联合会共设置 24 项竞赛，其中秋季的比赛项目有 6 项：越野赛、曲棍球、橄榄球、足球、女子排球和男子水球。冬季的比赛项目有 9 项：篮球、击剑、健美操、冰球、射击、滑雪、室内田径、摔跤、游泳和跳水。春季的比赛项目有 9 项：棒球、高尔夫球、长曲棍球、赛艇、垒球、网球、室外田径、男子排球、女子水球。考虑到竞赛市场的要求，有些项目因性别不同被划分到不同的季节中，如排球，女子排球属于冬季项目，而男子排球则属于春季项目。有些项目的比赛因场地的不同，同样被划分到不同的季节中，如田径，室内田径属于冬季项目，而室外田径则属于春季项目。

表 3-10　美国大学生体育联合会竞赛项目设置表

秋季	冬季	春季
越野赛	篮球	棒球
曲棍球	击剑	高尔夫球
橄榄球	健美操	长曲棍球
足球	冰球	赛艇
女子排球	射击	垒球
男子水球	滑雪	网球
	游泳和跳水	室外田径
	室内田径	男子排球
	摔跤	女子水球

此外，各大学在运动项目设置上，主要依据自己学校的特点和传统而定。一般将运动项目划分为三类，橄榄球属于第一类。橄榄球在美国大学竞技项目中享有独尊的地位，大学体育收入的 80%来自橄榄球，这就是为什么在Ⅰ级内部，进一步划分Ⅰ-A 级、Ⅰ-AA 级和Ⅰ-AAA 级三个级别的原因所在。篮球、棒球、冰球属于第二类，这类项目在校园内很受欢迎，有很好的市场，处于自身赚钱养活自己的地位。最后一类观赏性不高，但为了满足项目设置的数量要求，或者应付教育法关于性别比例的需要而设置，如联邦 9 号法令关于男女平等的规定，大学运动队男子运动员的人数和女子运动员的人数要基本相等，因此，项目布局上必须考虑这一要求，这类项目依靠自身难以生存发展。

二、男子比赛项目

美国大学生体育联合会年度比赛项目还进一步划分为男子比赛项目、女子比赛项目、混合比赛项目和新设女子比赛项目四类。各类比赛项目的参加人数和比赛队数差异较大。

表 3-11 显示，在 2000—2001 赛季 NCAA 参加男子竞赛项目的队伍有：越野赛 841 支、长曲棍球 207 支、橄榄球 618 支、足球 730 支、水球 46 支、篮球 992 支、击剑 36 支、冰球 131 支、射击 7 支、滑雪 42 支、室内田径 545 支、摔跤 235 支、游泳 381 支、棒球 860 支、高尔夫球 721 支、网球 771 支、室外田径 655 支、排球 82 支。男子参赛队伍以篮球队居首位，共有 992 支篮球队，其次分别是棒球、越野跑和足球，参加比赛的队分别是 860 支、841 支和 730 支。

表 3-11　2000—2001 赛季 NCAA 各级别男子竞赛项目参赛队伍统计表

各级别	Ⅰ	Ⅱ	Ⅲ	总计
棒球	284	233	343	860
篮球	321	289	382	992
越野跑	302	226	313	841
击剑	20	2	14	36
橄榄球	236	155	227	618
高尔夫球	285	183	253	721
体操	21	1	2	24
冰球	59	6	66	131
长曲棍球	55	30	122	207
射击	4	0	3	7
滑雪	12	8	22	42
足球	198	171	361	730
游泳	149	51	181	381
网球	277	178	316	771
室内田径	248	103	194	545
室外田径	270	148	237	655
排球	22	19	41	82
水球	23	6	17	46
摔跤	90	41	104	235

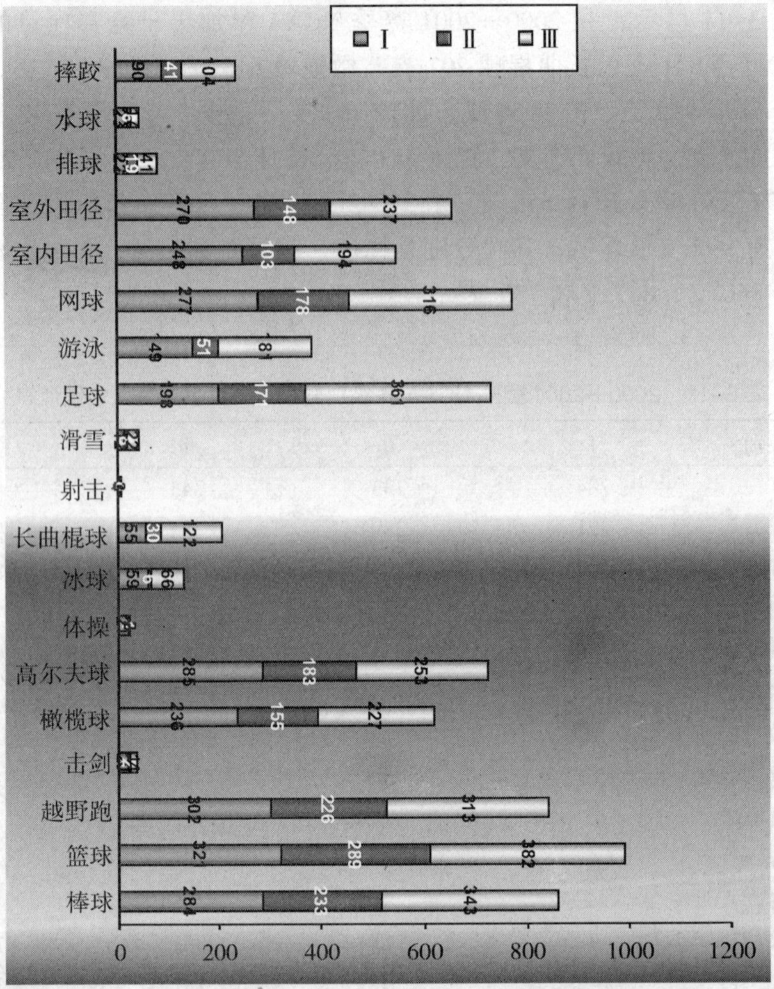

图 3-8　2000—2001 赛季 NCAA 男子竞赛项目参赛情况图

三、女子比赛项目

表 3-12 显示，在 2000—2001 赛季 NCAA 参加女子竞赛项目的队伍有：越野赛 911 支、长曲棍球 233 支、足球 851 支、水球 49 支、篮球 1021 支、击剑 44 支、冰球 61 支、射击 12 支、滑雪 46 支、室内田径 583 支、游泳 466 支、高尔夫球 410 支、网球 888 支、室外田径 687 支、排球

976 支、曲棍球 245 支、体操 90 支、赛艇 136 支、垒球 874 支。女子参赛队伍同样以篮球队居首位，共有 1021 支篮球队，其次分别是排球、越野跑和网球，参加比赛的队分别是 976 支、911 支和 888 支。

表 3-12　2000—2001 赛季 NCAA 女子竞赛项目表

各级别	Ⅰ	Ⅱ	Ⅲ	总计
篮球	318	289	414	1021
越野跑	318	252	341	911
击剑	25	2	17	44
曲棍球	74	25	146	245
高尔夫球	199	80	131	410
体操	67	7	16	90
冰球	28	1	32	61
长曲棍球	71	26	136	233
射击	10	0	2	12
赛艇	81	14	41	136
滑雪	14	9	23	46
足球	274	199	378	851
垒球	246	251	377	874
游泳	181	65	220	466
网球	311	216	361	888
室内田径	273	109	201	583
室外田径	282	157	248	687
排球	308	272	396	976
水球	26	8	15	49

四、混合比赛项目

表 3-13 显示，2000—2001 赛季 NCAA 男女混合竞赛项目有越野跑、击剑、高尔夫球、射击、滑雪、游泳、网球和室外田径，共有队伍 80 支。射击和高尔夫球队最多，分别是 33 支和 24 支。

表 3-13　2000—2001 赛季 NCAA 男女混合竞赛项目参赛队伍表

	越野跑	击剑	高尔夫球	射击	滑雪	游泳	网球	室外田径
Ⅰ		1	5	21			1	
Ⅱ	2	1	5	2	1	1	2	1
Ⅲ	9		14	10	1	2		1
总计	11	2	24	33	2	3	3	2

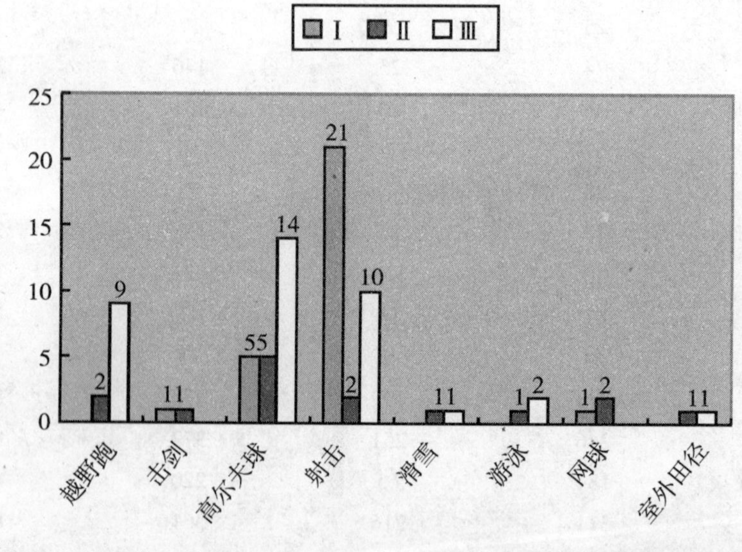

图 3-9　2000—2001 赛季 NCAA 男女混合竞赛项目参赛队伍图

五、新设女子比赛项目

从表 3-14 可以看出，2000—2001 赛季 NCAA 新设女子竞赛项目有射箭、羽毛球、保龄球、马术、软式排球和花样游泳 6 项，共有队伍 104 支。

表 3-14　2000—2001 赛季 NCAA 新设女子竞赛项目表

	射箭	羽毛球	保龄球	马术	软式排球	花样游泳
Ⅰ	3	0	22	9	7	5
Ⅱ	0	0	2	3	0	0
Ⅲ	0	3	1	24	21	4
总计	3	3	25	36	28	9

第二节　美国大学生体育联合会的竞赛制度

一、美国大学竞技体育的竞赛概况

美国大学竞技体育经过百年历史的发展，建立起了一套完善的竞赛制度。在美国大学竞技体育的竞赛中，竞赛类型多，大体上分以下几类：

第一类，全国锦标赛，是美国大学竞技体育最高级别的锦标赛（有些项目是季后赛）。这类比赛是专为那些最好的成员学校的运动队设立的，它是国家水平的比赛。

第二类，联盟内学校间的比赛。由各联盟负责组织联盟内成员学校的比赛，确定竞赛办法，举办联盟锦标赛。

第三类，区域联盟之间的比赛。由于美国 NCAA 下属许多联盟，这些联盟之间又可按照 NCAA 的章程、管理法规来组织联盟之间的竞赛。

第四类，与校友队之间的比赛。这是为募集经费举办的比赛。因为 NCAA 成员学校每年接受校友们的资助，所以这些大学每年都举办一次与校友之间的体育竞赛。

另外，一些大学为了筹集更多的体育经费，经常与其他大学组织一些邀请赛、友谊赛性质的体育竞赛以获得更多的经费。

在美国 NCAA 中每学年都要举办上述几种比赛。有些集体项目实行了联赛制；有些项目则采用单项运动会的赛会制。但无论采用哪种形式，美国大学竞技体育的竞赛种类和数量都是比较多的。表 3-15 是 1999—2000 学年 NCAA 各项目竞赛次数，其中棒球有 56 场，篮球有 28 场，橄榄球有

表 3-15 1999—2000 学年 NCAA 举办竞赛的次数

项目	最多竞赛场次	竞赛期限	项目	最多竞赛场次	竞赛期限
女子射箭		15	女子保龄球		26
女子羽毛球		15	击剑		7
棒球	56		场地曲棍球	20	5
篮球	28		高尔夫球		24
越野		7	男子冰球	34	
橄榄球	11		女子冰球	34	
体操		13	女子划艇		20
游泳		20	垒球	56	
足球	20		田径		18

注：竞赛次数不包括最后由 NCAA 组织的大学锦标赛和季后赛

11 场，田径有 18 个竞赛日期。

本文通过随机抽样查询了哈佛大学和阿拉巴马大学两所大学男子越野赛的参赛情况，以便更好地了解各大学非集体项目的竞赛情况。

表 3-16 和表 3-17 是哈佛大学和阿拉巴马大学 2002 年男子越野赛的参赛情况。从这两所大学男子越野赛的竞赛安排中可以看出，美国各大学参加体育比赛的次数较多，两所大学仅在 2002 年就要参加 7 次男子越野赛，这一数据有可能比我国大学生运动员在四年中参加校级以上比赛的总次数还要多。另外还可发现美国大学比赛的种类多，有传统性运动会、大学之间对抗赛、邀请赛、联盟区域锦标赛、NCAA 锦标赛等，竞赛日期一般安排在周末。

表 3-16 哈佛大学 2002 年男子越野赛竞赛安排

星期	月	日	对手	竞赛性质
6	9	14	布朗大学	对抗赛
6	9	28	爱奥那大学	邀请赛
6	10	5	耶鲁大学	/
5	10	11	TBA	新英格兰锦标赛
6	10	19	TBA	NCAA 全国预赛
5	11	1	TBA	/
6	11	16	TBA	NCAA 地方赛

表 3-17　阿拉巴马大学 2002 年男子越野竞赛安排

星期	月	日	竞赛	地点
5	9	6	贝尔蒙特开创者运动会	纳什维尔
5	9	20	克里姆森传统运动会	塔斯卡卢萨
6	10	5	印第安纳邀请赛	印第安纳
6	10	19	辣椒邀请赛	费耶特维尔
1	11	4	SEC 南部锦标赛	盖恩斯维尔
6	11	16	NCAA 南部赛	诺克斯维尔
1	11	25	NCAA 锦标赛	/

关于集体项目，本文选择杨斯敦州立大学的橄榄球和女子篮球来分析其竞赛数量。因为集体项目在美国大学竞技体育中一般实行联赛制，可以反映联赛项目的竞赛情况。

表 3-18 和表 3-19 是杨斯敦大学（Youngstown state university）男子橄榄球 2002—2003 赛季常规赛、女子篮球 2001—2002 赛季参加竞赛的情况，男子橄榄球队在一年中总共参加了 11 次比赛（除 NCAA 全国锦标赛），女子篮球共参加了 28 次比赛。

表 3-18　杨斯敦州立大学男子橄榄球 2002—2003 赛季常规赛竞赛安排表

对手	地点	月	日	星期	输赢
宾夕法尼亚克拉里恩大学	主	8	28	3	/
马萨诸塞州尼斯大学	主	9	7	6	/
西肯塔基大学	客	9	21	6	输
西南密苏里州大学	客	9	28	6	/
印第安纳州大学	主	10	5	6	/
佛罗里达大西洋大学	客	10	12	6	赢
爱荷华州北方大学	主	10	19	6	/
西伊利诺伊大学	客	10	26	6	输
南伊利诺伊大学	主	11	2	6	/
伊利诺伊州大学	客	11	9	6	/
桑姆佛德大学	主	11	23	6	/

表 3-19　杨斯敦州立大学女子篮球 2002—2003 赛季竞赛安排表

对手	主客场	月	日	输赢	比分
保龄大学	主	11	17	输	61–71
肯特州大学	主	11	24	赢	79–64
阿克伦城大学	客	11	28	赢	70–47
芝加哥州大学	客	12	1	输	49–69
巴法罗大学	客	12	5	输	53–63
西伊利诺伊大学	客	12	8	输	54–73
瓦尔帕莱索大学	客	12	10	输	55–77
罗伯特莫里斯大学	客	12	16	赢	99–81
托莱多大学	客	12	22	输	72–88
奥克兰大学	客	12	28	输	56–81
克利夫兰州大学	客	1	3	输	71–80
巴特勒大学	主	1	5	赢	75–67
底特律大学	主	1	10	赢	66–57
伊利诺伊劳来大学	客	1	13	输	68–81
芝加哥伊利诺伊大学	客	1	17	赢	64–56
威斯康星大学	客	1	21	输	48–76
赖特大学	主	1	24	赢	87–61
伊利诺伊劳来大学	主	1	26	输	57–58
芝加哥伊利诺伊大学	主	1	28	赢	77–62
印第安纳大学	主	1	31	赢	81–62
密尔沃基大学	客	2	2	输	46–100
克利夫兰州大学	主	2	7	赢	82–74
巴特勒大学	客	2	9	赢	62–52
底特律大学	客	2	11	输	69–82
威斯康星大学	主	2	14	输	55–72
密尔沃基大学	主	2	21	输	46–67
赖特大学	客	2	24	赢	87–66
伊利诺伊劳来大学	客	2	28	输	60–76

从以上美国大学竞技体育竞赛情况的分析，可以看出美国大学校际体育竞赛类型多，比赛数量多。其主要原因是形成了完善的校际体育竞赛体系，从全国性来说有 NCAA 主办的全美大学锦标赛，从地域性来说有联盟

之间的竞赛；从学校来说有大学之间的竞赛，在各个层次都能举办多种多样的竞技体育比赛。另外，竞赛数量多也反映出美国大学能获得足够的经费来组织这些比赛，这些经费来源主要是通过社会赞助、电视转播、广告收入和门票收入等途径。

二、全国锦标赛

目前，NCAA 组织管理着 23 个运动项目、88 个全国锦标赛，每年的参赛总人数达到 40600 人以上。

美国高校的全国锦标赛始于 1883 年的网球联赛。1921 年，NCAA 正式开始管理这项比赛，同年，NCAA 全国田径锦标赛正式举行。从1957—1973 年，NCAA 一直开展着 10 个项目的全国锦标赛。由于 1973 年的成员学校结构重组，不同级别（I、II、III 级）的全国锦标赛开始举行。1978 年，橄榄球项目正式列入 I-AA 级的全国锦标赛之中。在 1981 年全国女子锦标赛也开始开展起来。

如今，NCAA 共开展 10 项不分级别的全国锦标赛，其中包括三项男子比赛、四项女子比赛和三项男女混合比赛。在分级别的全国锦标赛中，I 级有 26 项（男子 13 项，女子 13 项），II 级 25 项（男子 12 项，女子 13 项），III 级 27 项（男子 13 项，女子 14 项）（表 3-20）。

NCAA 锦标赛的组织管理通常是在各级别锦标赛 / 竞赛内阁（the Championships / Competition Cabinet）所制定的竞赛政策指导下，由内阁下属的运动委员会（The governing sports committee）统一管理和监督。然后，运动委员会将任命一个竞赛委员会（The games committee）（在我国通常称为竞赛组委会）来实际管理和组织各项锦标赛。运动委员会有权向 NCAA 锦标赛内阁推荐锦标赛举行的场所和日期，由 NCAA 锦标赛内阁来决定。但对于棒球、篮球、曲棍球、橄榄球、冰球、长曲棍球、足球、垒球和排球等项目的全国锦标赛，运动委员会可以自己确定比赛场所和日期，而不用得到各级别锦标赛 / 竞赛内阁的批准。一般情况下，比赛应该在学校或教育机构的场馆内举行。但如果场地器材不符合要求，也可以选择校园以外的场馆举行。如果承办锦标赛的院校中大学生运动员的资格不符合 NCAA 的规定，竞赛委员会将重新考虑承办院校的承办资格。竞赛委

表 3-20　NCAA 全国性大学生锦标赛竞赛项目表

<table>
<tr><td></td><td colspan="2">男子</td><td colspan="2">混合</td><td>女子</td></tr>
<tr><td>全国锦标赛</td><td colspan="2">体操、排球、水球</td><td colspan="2">击剑、射击、滑冰</td><td>体操、水球、保龄球、冰球</td></tr>
<tr><td></td><td colspan="3">男子</td><td colspan="2">女子</td></tr>
<tr><td>I 级锦标赛</td><td colspan="3">棒球、篮球、越野、橄榄球、高尔夫球、冰球、长曲棍球、足球、游泳跳水、网球、室内田径、室外田径、摔跤(共 13 项)</td><td colspan="2">篮球、越野、场地曲棍球、高尔夫球、足球、垒球、游泳跳水、网球、排球、室内田径、室外田径、长曲棍球、划船(共 13 项)</td></tr>
<tr><td>II 级锦标赛</td><td colspan="3">棒球、篮球、越野、橄榄球、高尔夫球、曲棍球、足球、游泳跳水、网球、室内田径、室外田径、摔跤(共 12 项)</td><td colspan="2">篮球、越野、场地曲棍球、高尔夫球、足球、垒球、游泳跳水、网球、排球、室内田径、室外田径、长曲棍球、划船(共 13 项)</td></tr>
<tr><td>III 级锦标赛</td><td colspan="3">棒球、篮球、越野、橄榄球、高尔夫球、冰球、长曲棍球、足球、游泳跳水、网球、室内田径、室外田径、摔跤(共 13 项)</td><td colspan="2">篮球、越野、场地曲棍球、高尔夫球、足球、垒球、游泳跳水、网球、排球、室内田径、室外田径、长曲棍球、划船、冰球 (共 14 项)</td></tr>
</table>

员会还有权限制大学生运动员的参赛人数、进入场地的人数，或拒绝某些不合理的申请和要求。对于那些收入低于支出的锦标赛来说，举办场所地理位置的选择更加重要，大体上采取“就近”原则，以减少大多数参赛院校的旅途开支。

绝大多数的美国大学全国锦标赛采用国际或美国通用的竞赛规则，但也有一些项目除外，如 NCAA Ⅰ级的篮球锦标赛就采用 NCAA 所特有的竞赛规则，这样做的目的是使比赛能更好地体现大学生运动员的特点和精神。此外，NCAA 对锦标赛的医务监督、大学生运动员的保险、奖励和处罚及商业开发等许多与竞赛有关的事务都制定了相应的政策和条例，以此保证整个锦标赛的顺利举行，更好地为大学生运动员和各成员学校服务。

三、NCAA Division Ⅰ篮球联赛赛制

NCAA 开展项目众多，但从项目的社会影响和经济效益上看，橄榄球

和篮球无疑是 NCAA 的重点项目。为了更好地了解 NCAA 比赛的竞赛制度，我们选取美国 NCAA Ⅰ篮球联赛作为个案来分析。

NCAA Ⅰ篮球联赛（以下简称 NCAA 联赛）是目前世界上历史最悠久和运作最完善的大学生篮球联赛，已经形成了一套成熟和科学的赛制，它分为常规赛和全国锦标赛两部分。

（一）常规赛（Regular season game）

常规赛是 NCAA 的基层预赛，也是各院校参加的主要比赛。从时间跨度上看，整个赛季从每年的 11 月中旬到翌年的 3 月底共历时 136 天，其中常规赛直到 2 月底才结束，占据了整个赛季的绝大部分时间；从比赛场次上看，以 2001—2002 赛季 NCAA Ⅰ级冠军马里兰大学为例，整个赛季共参加 39 场比赛，其中常规赛就达 33 场，从中可以看到 NCAA 对作为联赛基础的常规赛的重视程度。同时，为了达到成员学校的资格要求，NCAA 规定每支球队每年参加的大学校际比赛不得少于 25 场，而且至少 1 / 3 的比赛应在自己的主场进行，[1] 否则将失去参赛资格，因此几乎所有的常规赛都采用主客场赛制，参赛院校既可以与本联盟内（Conference）的球队比赛，也可以与本联盟以外的球队比赛，比赛场次多，时间跨度大。常规赛比赛成绩好的球队可以代表自己所属的联盟参加全国锦标赛，也称做“64 强赛”。之所以称做“64 强赛”，是因为该锦标赛确定由 64 支球队来参加，而之所以选择 64 支球队，而非更多或更少，主要基于以下考虑：是否能够为比赛提供有效的管理和监督，是否给各队充分的参赛机会，是否保证比赛的质量，是否合理利用和管理经济资源。

（二）全国锦标赛

美国的 64 强赛在每年的 3 月份进行，精彩激烈的比赛吸引着整个社会的关注，因此，在美国又有“疯狂的三月”之称。2004 年 3 月 25 日美国《世界体育周报》的一则新闻对美国 NCAA 64 强赛的经济、社会影响作了精彩的报道：三月的篮球属于 NCAA。圣路易斯地区的一家财经媒体透露，本周末 NCAA 男子第一分区圣路易斯的一场比赛将为该地区带来

[1] 2001~2002 NCAA Division I Manual[J]：331 http://www.ncaa.org.

1310 万美元的收入。这家媒体预计，将有 4.5 万名球迷抵达圣路易斯，他们将在住宿、饮食和旅游方面花费 750 万美元。在内华达州（美国唯一一个除赛车和回力球之外可以进行体育赌博的州），13 万家旅馆被篮球赌博者预订一空，其中有相当一部分人是竞猜 NCAA 比赛的。在过去的 15 年中，NCAA 比赛的影响越来越大，已经成为内华达州体育竞猜不可缺少的项目。拉斯维加斯的一家旅行社表示，普通的周末，到拉斯维加斯的游客有 26 万人左右，而 3 月份的周末，人数可以达到 27 万。预计到 4 月 5 日之前，内华达州的合法赌博收入将达到 8500 万美元，比超级碗还要多出 500 万美元。

NCAA 的全国 64 强赛对参赛院校有一系列严格、复杂的选拔和安排对阵图的程序，共分为三个步骤：首先是根据东、西、南和中西四个分区的教练员咨询委员会（Coaches regional advisory committee）的推荐和球队常规赛的表现由篮球委员会选拔出 64 强。具体讲，获得 64 强资格有两种途径：一种是取得“自动标”（automatic bid）资格（自动参赛资格），任何球队，不论其常规赛战绩如何，只要能取得所属联盟举办的锦标赛冠军，就可以直接以“自动标”资格进入 NCAA 全国锦标赛（64 强赛）。当然，对于成为“自动标”资格的联盟还要满足一定的条件，一是该联盟必须组织 6 个以上运动项目的联盟比赛；另一个是该联盟必须有 6 个成员学校开展这些项目，也就是说保证有高水平的代表队。对于没有举行自己联盟锦标赛的联盟，则联盟内常规赛成绩最好的球队视同具有“自动标”资格。由于 NCAA Ⅰ级有自动标资格的联盟共有 32 个，因此每年固定的有 32 支球队能以“自动标”资格参加一年一度的 NCAA 全国锦标赛。另一种参加 NCAA 全国锦标赛的途径叫做“一般标”（at large bid）资格——除去 32 个“自动标”参赛资格以外剩余的 32 个参赛资格。这部分参赛资格确定需要一套严格的程序，由篮球委员会最终裁决。首先通过“表现排行指数”（Ratings Performance Index，简称 RPI）将参加 NCAA Ⅰ级篮球联赛的球队的表现给于量化，然后依据得分高低排列出顺序，其计算标准分为三部分：（1）一支球队对Ⅰ级球队的胜率，占总分的 25%，对Ⅱ级和 III 级的球队的战绩不计算在内；（2）一支球队的总胜率，也叫赛程强度（schedule strength），占总分的 50%；（3）一支球队对手的胜率，也就是对手的赛程强度，占总分的 55%。从另一方面讲，球队的表现排行指数不但衡量一支球队的整体胜率，更重视球队的非联盟赛程，一支球队一个赛季的赛程安排直接关系到该球队能否进入到64强赛，胜率很高但对手太弱同样不能得到篮球委员会的认可。例如，1999—2000赛季，衣阿华大学队取得了20多场常规赛的胜利，但因其联盟外比赛对手太弱，最后只能参加NIT邀请赛；相反，佛罗里达州立大学队尽管只有13胜17负的战绩，但其对手多是强队，因而得以搭上“一般标”的末班车而获得参加全国锦标赛的资格。①

一旦64支球队被确定，还需要篮球委员会对所选拔出的球队进行投票，运用类似于越野赛的记分系统（Cross country system）进行“蛇型”排列（S-curve ranking），并排出1~64名，最后是把64支球队分成16个等级，依次安排到相对固定的64强对阵图（图3-10）内进行单淘汰比赛。

图3-10 NCAA 64强对阵图

① 凌平. 中美高校体育管理比较研究［M］. 杭州：浙江大学出版社，2003.

在确定64强对阵以后，比赛场地的申办和选择同样需要遵循一系列的原则：一是要保证有高质量的、可靠的设备器材和良好的食宿条件；二是该赛区有获得经济利润的潜力；三是该场地有着悠久的承办比赛的历史和办好比赛的潜力；四是适宜的地理位置，降低参赛球队的旅行支出。如果没有院校提出申办请求，篮球委员会将给最高排名的院校主场特权；同样，如果比赛没有利润可言，主要根据地理位置的因素来考虑最后的比赛地点。

这种赛制的优点是显而易见的，首先联赛的参赛名额相对较多，也不存在联盟参加64强赛的名额限制，只要球队成绩好，同一联盟可以有多支球队进入64强赛，这样在一定程度上避免了强队不能进入全国比赛的情况；其次，所有比赛的淘汰制使比赛更加刺激、充满悬念，增加了球队进入下一轮比赛的机会。第三，球队不允许主场作战的规定保证了比赛的公平，避免了人为因素的干扰。第四，区域划分相对松散。尽管NCAA联赛也分成四个分区，但并不是所有的球队都在自己的自然区域内比赛，为了避免强队提前相遇，或如果一个联盟有三支球队进入64强赛，它们将被分在不同的区域，[1] 像2000—2001赛季64强对阵表中前四名种子队中的伊利诺伊大学和密歇根州立大学就来自中西区的同一联盟——“十大联盟”，因此其中的密歇根州立大学不得不被安排到南区参加比赛，[2] 这样使各分区之间可以更多的交流、切磋，提高了比赛的吸引力。另外，为了体现公平、公正、合理，NCAA赛制还规定：同一联盟的球队、常规赛相遇过的或上一年联赛相遇过的球队将尽量避免在第一、二轮比赛中再次相遇，所有球队不准在自己的主场进行比赛，而那些不得不离开本区的球队将在不违背相关原则的前提下被尽量安排在靠近本区的赛区比赛等等。但是，这种赛制也存在一些不可避免的缺陷，如选拔和安排对阵图的程序复杂，比赛的偶然因素大，离开本区的球队的开支加大等等。

通过了64强赛的四轮淘汰赛后获胜的四支队伍来参加NCAA的四强赛（Final four），竞赛方法仍然采取淘汰赛，一场定胜负，比赛地点也实

---

[1] 2002 Division I man's basketball championship handbook [M]:12~104.

[2] 2001 Division I man's basketball championship brackte [M]:12~104.

行申办制，但不允许主场作战。而且，为了避免两个分区的球队在半决赛中年年火并，四个分区每年都以西区为中心，东、中西、南三区按顺时针方向进行轮转，从而增加了各分区之间交流与学习的机会。这种竞赛方法简单、明了，对各队来说机会均等，充满悬念，能充分调动观众的参与热情。当然，这种赛制的偶然因素也相对较大，对球队技战术、心理素质的要求也相对较高。

第三节　美国大学生体育联合会参赛人数

美国大学体育非常发达，参与大学体育竞赛的各级别运动员人数众多。其中Ⅰ级学校有男子运动员 85494 人，女子运动员 60570 人，运动员总数为 146064 人；Ⅱ级学校有男子运动员 47501 人，女子运动员 30549 人，运动员总数为 78050 人；Ⅲ级学校有男子运动员 78278 人，女子运动动员 57683 人，运动员总数为 135961 人；三个级别中男子运动员共 211273 人，女子运动员 148802 人，运动员总数为 360075 人（表 3–21）。

表 3–21　各级别大学生运动员人数统计表

级别	男子	女子	总数
Ⅰ	85494	60570	146064
Ⅱ	47501	30549	78050
Ⅲ	78278	57683	135961
总数	211273	148802	360075

一、NCAA 冠军赛人数

NCAA 冠军赛的参加人数非常多，这就保证了比赛的质量和数量。1981—2001 年 NCAA 冠军赛参加的人数变化见表 3–22。

从表 3–22 中看出，1981—2001 年 NCAA 冠军赛参加人数男子总数 3799333 人，平均每年 189966.65 人，人数最多的是 1999—2000 赛季为

表 3-22　1981—2001 年 NCAA 冠军赛参加人数及变化率

赛季	男子	变化率	女子	变化率	总数	变化率
1981–1982	167055		64390		231445	
1982–1983	176882	5.85	78027	21.18	254849	10.11
1983–1984	186008	5.20	82449	5.67	268457	5.34
1984–1985	197446	6.15	89062	8.02	286508	6.72
1985–1986	196437	–0.51	92192	3.51	288629	0.74
1986–1987	187561	–4.52	89640	–2.77	277201	–3.96
1987–1988	176396	–5.95	88266	–1.53	264662	–4.52
1988–1989	178520	1.20	90180	2.17	268700	1.53
1989–1990	175539	–1.67	88206	–2.19	263745	–1.84
1990–1991	182833	4.16	92472	4.84	275305	4.38
1991–1992	183672	0.46	94920	2.65	278592	1.19
1992–1993	184735	0.58	97978	3.22	282713	1.48
1993–1994	191225	3.51	102994	5.12	294219	4.07
1994–1995	186606	–0.02	107605	1.04	294211	1.00
1995–1996	206366	1.11	125268	1.16	331634	1.13
1996–1997	199375	–0.03	129295	1.03	328670	–0.01
1997–1998	200031	1.00	133376	1.03	333407	1.01
1998–1999	207592	1.04	145832	1.09	353424	1.06
1999–2000	208481	1.00	146617	1.01	355098	1.00
2000–2001	206573	–0.01	149115	1.02	355688	1.00

208481 人，人数最少的是 1981—1982 赛季为 167055 人。女子总数为 2087884 人，平均每年 104394.2 人，人数最多的是 2000—2001 赛季为 149115 人，人数最少的是 1981—1982 赛季为 64390 人。男女总数 5887217 人，平均每年 294360.85 人，人数最多的是 1993—1994 赛季为 355688 人，人数最少的是 1981—1982 赛季为 231445 人。人数变化趋势见图 3-11、图 3-12。

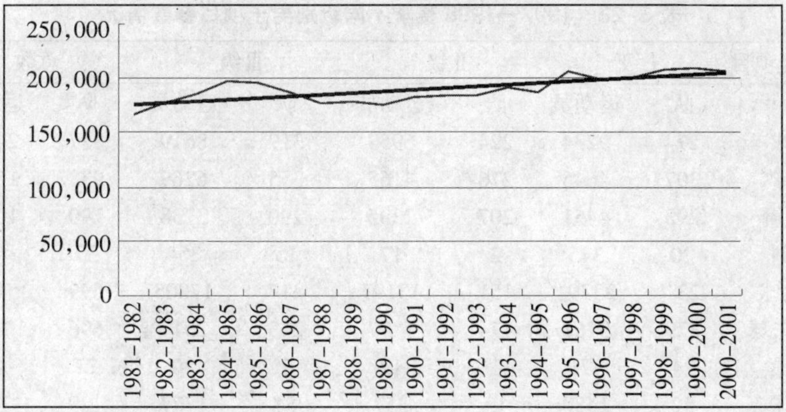

图 3–11　1981—2001 年 NCAA 冠军赛男子参加人数及变化率

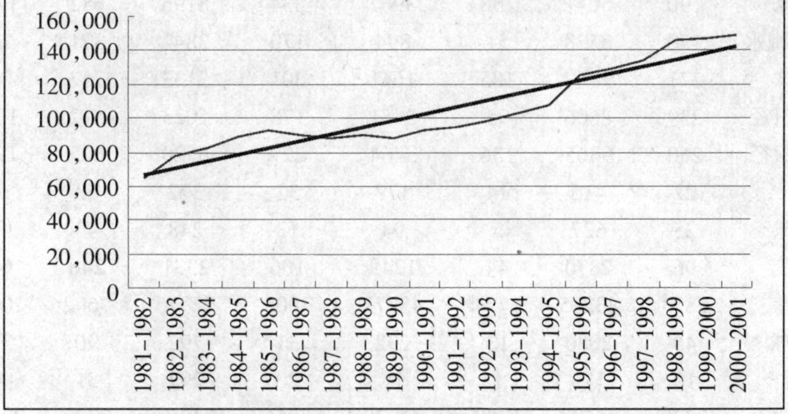

图 3–12　1981—2001 年 NCAA 冠军赛女子参加人数及变化率

二、不同级别参赛队伍和人数

表 3–23 为不同级别比赛的统计数据，统计结果表明，1997—1998 赛季男子项目参赛运动队伍共有 7723 支，总人数 203686 人。

如果按参赛项目的队数进行统计，排列在前三位的项目是篮球（938 支）、越野跑（790 支）和高尔夫球（696 支）；排列在后三位的项目是软式排球（31 支）、水球（43 支）和排球（68 支）（图 3–13）。

表 3-23　1997—1998 赛季不同级别男子项目参赛情况

冠军赛项目	Ⅰ级		Ⅱ级		Ⅲ级		总数	
	队	运动员	队	运动员	队	运动员	队	运动员
棒球	274	9234	224	6953	319	8619	817	24806
篮球	307	4645	276	4165	355	6269	938	15079
越野赛	293	4451	207	2335	290	3738	790	10524
击剑	20	345	2	17	15	254	37	616
橄榄球	231	23791	151	13197	217	17805	599	54793
高尔夫球	279	3161	174	1797	243	2517	696	7476
体操	24	371	1	12	2	20	27	403
冰球	52	1480	13	357	64	1777	129	3613
长曲棍球	51	2040	30	886	105	2928	186	5855
射击	28	213	1	7	11	118	40	339
滑雪	11	173	7	98	21	263	39	534
足球	190	5041	158	3967	334	8196	682	17204
游泳、跳水	150	3588	51	894	170	2842	371	7324
网球	271	2867	185	1641	301	3133	757	7642
室内田径	239	8606	95	2461	178	5023	512	16090
室外田径	260	9365	136	3464	229	6520	625	19349
排球	22	416	14	177	32	372	68	965
水球	25	627	5	94	13	248	43	969
摔跤	96	2870	44	1249	106	2331	246	6450
小计	2823	83285	1774	43771	3005	72975	7602	200031
保龄球 *	46	2080	13	292	31	792	90	3164
软排 *	10	179	1	15	20	297	31	491
总数	2879	85544	1788	44078	3056	74064	7723	203686

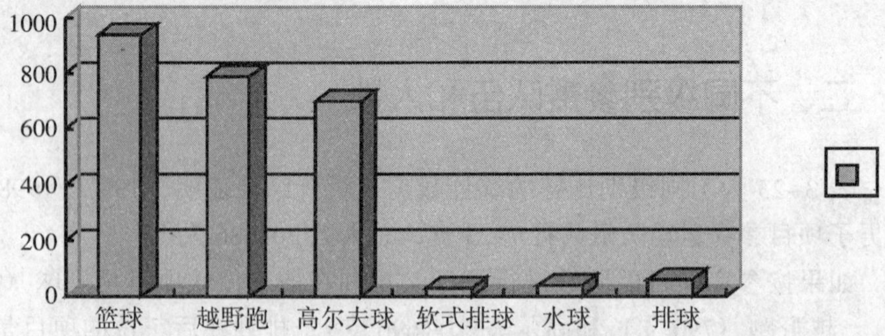

图 3-13　按参赛项目的队数计算的前 3 位和后 3 位项目

按参赛项目的人数进行统计，排列在前三位的则是橄榄球（54793人）、室内外田径（35439人）和足球（17204人）；后三位是软式排球（491人）、排球（965人）和水球（969人）（图3-14）。

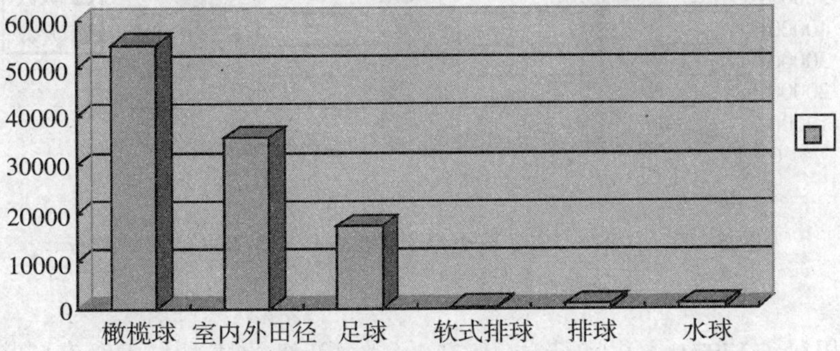

图3-14　按参赛项目人数计算的前3位和后3位项目

尽管橄榄球在队数排位上未列为前三名，参赛队伍只有599支，但在参赛人数上处于绝对领先的地位，参赛人数比排列在第二位的室内田径（16090人）和室外田径（19349人）相加的35439人，还多出近2万人。这与橄榄球项目的特点有关，每个大学橄榄球队的运动员数量一般都在百人以上，按照美国大学生体育联合会颁发奖学金的要求，橄榄球队运动员可以获得奖学金的人数高达90人。所以，仅对参赛队数的统计，还不能准确客观地反映美国大学体育比赛的普及程度。

以不同级别的竞赛规模进行分析，Ⅰ级的参赛运动员人数最多，1997—1998赛季男子项目参赛队伍和人数分别是2879支运动队，共计85544人。与人们常规的认识不同，Ⅱ级男子项目参赛队伍和人数并不是处于第二位，1788支队伍、44078人在三个级别域中规模最小，这一现象的原因有待于进一步的调查。Ⅲ级在参赛队伍数量上甚至超过了Ⅰ级，共有3056支队伍参加了1997—1998赛季男子项目的比赛，但在参赛运动员的数量上只有74064人，低于Ⅰ级的85544人（图3-15）。

通过不同级别参赛项目和运动员人数进一步分析。Ⅰ级参赛队数最多的是室内外田径赛，共有499支队伍，以后依次是篮球（307支）和高尔夫球（279支），按运动员数量统计前三位依次为橄榄球（23791人）、室

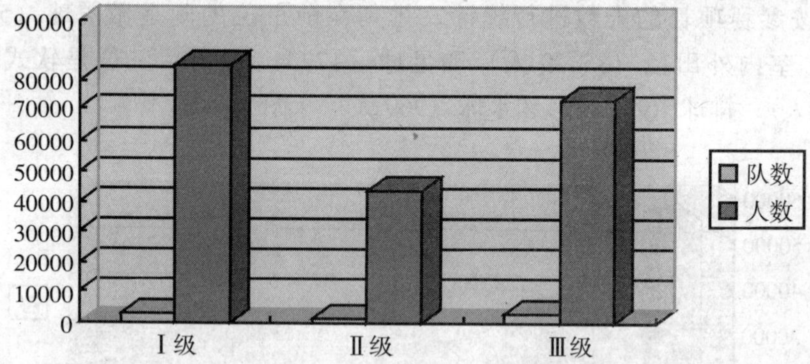

图 3-15　1997—1998 赛季男子项目各级别参赛队数和人数图

内外田径（17971 人）和棒球（9234 人）。Ⅱ级的情况与Ⅰ级有一定的差异，按参赛队数统计，前三位依次是篮球队（276 支）、棒球队（224 支）、网球队（185 支），按运动员数量统计最多的也是橄榄球（13197 人），第二位是棒球（6953 人），第三位是篮球（4165 人）。Ⅲ级参赛最多的队分别是篮球队（355 支）、足球队（334 支）和棒球队（319 支），参赛人数第一位的依然是橄榄球（17805 人），棒球（8619 人）和足球（8196 人）分别排在第二和第三位（表 3-24、表 3-25）。

表 3-24　各级别参赛队数前三位的竞赛项目表

各级别	Ⅰ级			Ⅱ级			Ⅲ级		
	室内外田径赛	篮球	高尔夫球	篮球	棒球	网球	篮球	足球	棒球
数量	499	307	279	276	224	185	355	334	319

表 3-25　各级别参赛人数前三位的竞赛项目表

各级别	Ⅰ级			Ⅱ级			Ⅲ级		
	橄榄球	室内外田径	棒球	橄榄球	棒球	篮球	橄榄球	棒球	足球
人数	23791	17971	9234	13197	6953	4165	17805	8619	8196

从以上分析可以看出，橄榄球不仅是美国大学校际比赛的第一体育运动，而且在美国的职业体育运动中同样排在第一位。人们甚至认为在美国如果不喜欢橄榄球运动，不懂得橄榄球的运动规则，就等于不了解美国文化，就不能真正地融入到美国社会中。作为一名大学生更是如此，如果一名美国大学生不喜欢橄榄球运动，不懂得橄榄球的运动规则，他就不懂得美国大学的校园文化。李方在《点击美国》“民间文化采风”这一章节里，对在美国看橄榄球比赛是这样描述的：

“放眼望去”比赛场面激烈，对抗性极强，而场下的情景更令人惊诧——场边替补队员各有七八十名之多，其中还有手持对讲机的人在遥控指挥。环场一周，还有四五个“拉拉队”，或“艺术体操”，或“美洲舞蹈”，或身扮两队的吉祥物“大乌龟”与“大棕熊”，在管乐队的伴奏下，在手持纸喇叭的呼号声中，载歌载舞。尽管场上比赛激烈，但“拉拉队”同样吸引着观众的目光。当然，马里兰大学是主场，占尽天时地利人和，声势浩大，球赛也占了上风。忽听礼炮轰响，原来主队进球了。此前客队也曾进球却未闻炮声，显然主、客场有别。当然，观众也好，运动员也好，都没有“骂人”“打架”或“投饮料瓶”的。

两局比赛结束，中间有一段休息时间，运动员与“拉拉队”都退场，接着呼啦啦从坐席上下来七八支百人左右的军乐队，演奏了一组不同风格的乐曲，乐队队员变换着队形，还穿插着旗手的艺术表演。全场气氛再次达到高潮。

最后两局比赛更为激烈，结果是马里兰大学以 11 比 8 获胜。在胜利的气氛中，双方运动员友好致意。此刻，运动场的上空忽如白昼，四束礼花腾空而起，全场人群再度欢呼雀跃，而比赛结果似乎无人再去关注了。真没想到，周末看一场校际橄榄球比赛，却亲身感受到一次美国“民间的盛大节目”，一次“大众情绪的投入与宣泄”，一次体育、音乐、舞蹈、诗歌（两队助威的口号都是节奏鲜明、合辙押韵）的“文化展示与传播”。

第三章　美国大学的运动成绩与场地设施

美国大学校际间规范的竞赛制度和管理方法，为美国大学生运动员取得优异的成绩奠定了坚实可靠的基础。如印第安纳大学的篮球队，犹他大学的游泳队，休斯敦大学的田径队在世界上都是一流水平。美国大学生运动员是代表美国参加奥运会的主要运动员，历届奥运代表团的运动员构成，90%以上是从大学直接选拔出来的。许多著名高校，例如斯坦福大学，从1912年就开始参加奥运会。从那以后,他们的学生总共获得过168枚奥运会奖牌,其中金牌96枚,银牌40枚，铜牌32枚。加利福尼亚大学洛杉矶分校（UCLA）的学生中也不乏体育高手。在雅典，他们总共获奖牌19枚，其中金牌8枚，银牌3枚和铜牌8枚。奖牌总数排列全美大学第二位，仅次于田纳西大学(21枚奖牌)。如果作为一个国家参赛，UCLA在雅典奥运会的奖牌榜上将名列第14位。在1996年亚特兰大奥运会上享有“美国英雄”美誉的女子体操4枚金牌获得者凯莉就是该校的二年级学生。其他的如南加州大学，有史以来也获得过199枚奥运奖牌,其中金牌95枚；耶鲁大学一共有116名学生参加过奥运会,得过87枚奖牌,其中金牌49枚。还有像印第安纳大学、加利福尼亚大学伯克利分校等在奥运会上也都不同程度地为美国做出过贡献。为了能更为直观、具体地了解美国大学竞技体育的概貌，笔者选择斯坦福大学、密歇根大学和加利福尼亚大学洛杉矶分校三所一流的美国大学，对这三所大学的项目设置、奥运成绩和场地设施一一进行简略介绍。

第一节　斯坦福大学

一、大学简介

斯坦福大学（Stanford University）是美国最著名的大学之一，建于

1885 年，原名小李兰德·斯坦福大学。位于加利福尼亚的硅谷地区。校园及周边绿化大得惊人，优美的环境在欧美大学中屈指可数。斯坦福大学在校生约有 1.5 万人，研究生就有 8000 人，教职工加起来约 1 万人。斯坦福大学是私立大学，与哈佛等著名大学一样，属于美国的“非营利性组织”。

学校内的教堂

新闻学院教学楼

虽然不是“常春藤盟校”的成员，但凭借学校的人才优势和丰富的资金、设备条件，斯坦福大学在科学研究方面取得了十分突出的成绩。斯坦福大学在美国名牌大学历年的排位榜上都是名列前茅，甚至有几次荣登榜首。

斯坦福大学一直都以商科、高科技科学及工程系闻名于世，其他热门学科还有英文、历史、生物、经济、法律、医学和政治，等等。另外，斯坦福大学在电视、电台、摄影和排版排字科技方面，也有不俗的成绩。

学校对校际体育运动和竞赛也很重视，是大学体育联合会的成员学校。各种运动项目都能在斯坦福校园内找到。刚落成不久的体育中心有 26 个网球场，2 个体育馆，1 个 18 洞的高尔夫球场和 4 个游泳池。

二、项目设置

斯坦福大学是世界著名的私立大学，不仅在学术方面举世瞩目，在竞技体育领域同样取得了优异的成绩，这也得益于竞技体育项目在校园的广泛开展。目前，斯坦福大学共开展 31 项（男子 16 项、女子 17 项）竞技运动项目（表 3–26），也是美国大学中开展运动项目最多的院校之一。

表 3-26　斯坦福大学竞赛项目设置表

	男子(16)	女子(17)
项目设置	篮球、足球、棒球、赛艇、游泳、跳水、越野跑、击剑、网球、橄榄球、高尔夫球、田径、排球、体操、水球、航海、摔跤	足球、篮球、垒球、赛艇、越野跑、击剑、游泳、跳水、花样游泳、曲棍球、网球、田径、高尔夫球、排球、体操、长曲棍球、水球、航海

三、运动成绩

雄厚的经济实力，优良的竞技体育传统，高质量的体育设施，以及竞技运动项目的广泛开展，使斯坦福大学的竞技水平在全美大学中名列前茅。

在国内的比赛中，共获得集体项目全国冠军 99 个，NCAA 冠军 89 个，个人项目全国冠军 382 个，具体获冠军情况见表 3-27。

表 3-27　斯坦福大学在美国全国性比赛中获冠军情况表

冠军类型	获冠军次数
全国冠军	99
NCAA 冠军	89
NCAA 男子冠军	57
NCAA 女子冠军	32
个人项目 NCAA 冠军	382
集体项目 NCAA 冠军(自 1980 年以来)	71

在国际比赛中，斯坦福大学同样取得了令人瞩目的成绩。以奥运会成绩为例，斯坦福大学在历届奥运会上为美国赢得了巨大的荣誉。从表 3-28 可以看出，斯坦福大学的学生代表美国国家队或世界其他国家的国家队参加奥运会，特别是最近几届奥运会的获奖情况：2004 年雅典奥运会上，有 42 名斯坦福大学的教练员和运动员参加，共获得 17 枚奖牌，其中金牌 3 枚，银牌 7 枚，铜牌 7 枚；2000 年悉尼奥运会上，斯坦福大学有 34 名运动员和教练员参加，共获金牌 4 枚，银牌 3 枚，铜牌 3 枚。1996 年亚特兰大奥运会，斯坦福大学有 49 名运动员和教练员参加，其中包括女子篮球队、男女游泳队 3 名主教练，获 16 枚金牌，1 枚银牌和 1 枚铜牌。1992

年的巴塞罗那奥运会上，斯坦福大学有 28 名运动员和教练员参加，共获得 19 枚奖牌，包括金牌 10 枚，银牌 4 枚，铜牌 5 枚。如果斯坦福大学代表一个国家参加巴塞罗那奥运会，在世界上将排在第 13 位。

表 3–28 斯坦福大学近几届奥运会奖牌榜

	1992 年	1996 年	2000 年	2004 年
金牌	10	16	5	3
银牌	4	1	2	7
铜牌	5	1	2	7
总计	19	18	9	17

四、场地设施（从左上到右下依次为篮球馆、橄榄球场、摔跤馆、田径场）

图 3–16 斯坦福大学场地设施图

第二节　密歇根大学

一、大学简介

密歇根大学（University of Michigan）属男女同校的州立大学，建于 1817 年，拥有校友超过 40 万人，是全美最大规模的校友会组织，在这些校友中，有一位总统（福特）、三位最高法院大法官、五位诺贝尔奖获得者，其中丁肇中是典型的密歇根大学代表，他从该校分别获得学士、硕士和博士学位，还有一位著名校友就是歌星麦当娜。密歇根大学是美国十佳综合性大学之一，也是世界上主要的研究性大学之一。大学总部设在安纳堡（Ann Arbor），学生总数有 3.7 万人；位于 Dearborn 及 Flint 的分校则有 1.5 万名学生。该大学每学期共开办 5600 种学士及研究学位的科目，课程选择富有弹性。密歇根大学校园占地 2842 英亩（1 公顷——10000 平方米=2.4711 英亩），其中安纳堡本部占地 2600 英亩，200 多幢建筑物，600 多万册藏书，9 个博物馆，7 家教学医院，几百个实验室及研究所，以及 1.2 万台微机。根据《美国新闻杂志 2000 年》的报道，密歇根大学不仅是美国中西部 10 大名校中排名第一的大学，也是美国名列前茅的公立大学。在大学体育运动方面密歇根的表现也很突出，它的橄榄球、游泳等项目在 NCAA 全国锦标赛中多次获得冠军。

二、项目设置

作为著名的十强联盟的成员学校，密歇根大学有着良好的体育传统，共开展12个男子项目和13个女子项目（表3-29）。

表3-29　密歇根大学竞赛项目设置表

	男子(12)	女子(13)
项目设置	篮球、棒球、越野跑、橄榄球、高尔夫球、体操、冰球、足球、游泳、跳水、网球、田径、摔跤	篮球、越野跑、曲棍球、高尔夫球、体操、划船、足球、垒球、游泳、跳水、网球、田径、排球、水球

三、运动成绩

密歇根大学作为一所全美排名前十位的综合性大学，在竞技体育领域的成绩同样突出，自1900年以来，共获得36个集体项目和252个个人项目的全国冠军，集体项目冠军见表3-30。

表3-30　密歇根大学获全国冠军情况表

运动项目	获冠军次数	获冠军时间(年)
棒球	2	1953 1962
男子篮球	1	1989
曲棍球(女子)	1	2001
橄榄球	11	1901 1902 1903 1904 1918 1923 1932 1933 1947 1948 1997
男子高尔夫	2	1934 1935
男子体操	3	1963 1970 1999
冰球(男子)	9	1948 1951 1952 1953 1955 1956 1964 1996 1998
男子网球	1	1957
男子田径	1	1923
蹦床	2	1969 1970
男子游泳和跳水	18	1927 1928 1931 1932 1934 1935 1936 1937 1938 1939 1940 1941 1948 1957 1958 1961 1995

四、场馆设施

图 3-17　密歇根大学场地设施图

第三节　加利福尼亚大学洛杉矶分校

一、大学简介

鲍威尔图书馆、 罗伊斯音乐厅

加利福尼亚大学洛杉矶分校（University of California at Los Angeles，简称 UCLA）建于 1919 年，位于加利福尼亚州（简称加州）的洛杉矶市，是一所世界闻名的美国公立高等学府，是加州大学系统中规模最大、科目最齐全的分校，在很多方面都超过了加州大学伯克利分校。洛杉矶分校共设有 13 个学院，有 23 个科学研究机构，有一流的科研教学设施，聚集着一批在国际上享有很高知名度的学者，同时每年还有大批访问学者来到这里，是一个名流汇集、科研成果层出不穷的地方。学校设有近 100 个本科专业，半数以上可以授予硕士、博士学位，其中人类学、艺术、化学、土木工程、古典文学研究、计算机科学、经济学、电气工程、英语、地理学、德语、历史学、语言学、数学、机械工程、音乐、哲学、西班牙语、心理学、生理学、统计学、动物学等学科具有极强的实力，在美国大学相应领域排名中均居前 20 名。在大学体育运动方面也很突出，是大学体育联合会的成员学校。

二、项目设置

UCLA 是 NCAA Ⅰ级太平洋十强联盟（Pacific-10 Conference）的成员学校，开展以下竞赛项目（表 3-31）。

表 3-31 加利福尼亚大学洛杉矶分校竞赛项目设置表

	男子(10)	女子(12)
项目设置	棒球、篮球、高尔夫球、越野跑、足球、橄榄球、网球、田径、水球、排球	篮球、越野跑、高尔夫球、体操、划船、足球、垒球、游泳、跳水、网球、田径、排球、水球

三、运动成绩

UCLA 作为全美著名的公立大学，也同样拥有优良的体育传统和杰出的运动成绩。在国内比赛中，UCLA 在许多运动项目上获得过全国冠军，尤其是在男子篮球、男子排球、男子网球、垒球、女子体操等项目上更是成绩突出，详细情况见表 3-32。

在雅典，UCLA 成为美国表现最出色的大学之一。在获奖牌人数上（19 人）以及参赛运动员、教练员数量上（56 人代表美国参赛，13 人代表其他国家），UCLA 排名全美第一。共获奖牌 19 枚，其中金牌 8 枚，银牌 3 枚和铜牌 8 枚。奖牌总数排列全美大学第二位，仅次于田纳西大学（21 枚奖牌）。如果作为一个国家参加比赛，UCLA 在雅典奥运会的奖牌榜上将名列第 14 位。

从历史上看，自 1920 年以来，共有 443 名 UCLA 的运动员或教练员参加奥运会，获得过 214 枚奖牌——106 枚金牌，54 枚银牌和 54 枚铜牌。而且，每一届奥运会都有 UCLA 的运动员参加。自 1932 年以来，每一届奥运会 UCLA 都收获了金牌（1980 年莫斯科奥运会除外：美国没有派队参加）。表 3-24 列出了 1988 年汉城奥运会以来 UCLA 参加奥运会比赛的获奖牌情况。

表 3–32　加利福尼亚大学洛杉矶分校获全国冠军情况表

运动项目	获冠军次数	获冠军时间（年）
男子篮球	11	1964 1965 1967 1968 1969 1970 1971 1972 1973 1975 1995
女子跳水	2	2001 2003
女子排球	3	1984 1990 1991
垒球	10	1982 1984 1985 1988 1989 1990 1992 1999 2003 2004
男子高尔夫	1	1988
男子体操	2	1984 1987
女子田径	5	1982（室外）1983（室外）2000（室内）2001（室内）2004（室外）
男子网球	15	1950 1952 1953 1954 1956 1960 1961 1965 1970 1971 1975 1976 1979 1982 1984
男子田径	8	1956 1966 1971 1972 1973 1978 1987 1988
女子体操	5	1997 2000 2001 2003 2004
男子游泳	1	1982
男子足球	4	1985 1990 1997 2002
男子排球	18	1970 1971 1972 1974 1975 1976 1979 1981 1982 1983 1984 1987 1989 1993 1995 1996 1998 2000
男子跳水	8	1969 1971 1972 1995 1996 1999 2000 2004
女子高尔夫	2	1991 2004

表 3–24　加利福尼亚大学洛杉矶分校近几届奥运会奖牌榜

	1988 年	1992 年	1996 年	2000 年	2004 年
金牌	17	8	12	8	8
银牌	4	2	2	5	3
铜牌	1	6	7	4	8
总计	22	16	21	17	19

四、场地设施

垒球场

游泳池

网球场

田径场

棒球场

玫瑰碗橄榄球场

高尔夫球场

篮球馆

图 3–18　加利福尼亚大学洛杉矶分校场地设施图

第四章　美国大学竞技体育的内部管理体制

美国大学竞技体育内部管理体制是指在美国国家相关体育法律、法规和NCAA章程的指导下，美国各大学组织和管理大学内部与竞技体育相关的事务的各种机构、各项制度和准则的总称。其健全和完善程度对于各院校竞技体育的发展来说至关重要。因此，分析和研究美国大学竞技体育内部管理体制有助于全面了解美国大学竞技体育发展的规律，更好地借鉴和学习其优点和长处，促进我国大学竞技体育的发展。

第一节　美国大学内部管理体制

美国大学竞技体育内部管理体制是美国各大学内部管理体制的重要组成部分，其建立和发展必然会受到大学内部管理体制的制约与影响。

美国的大学虽然就其种类、办学目标来说是多种多样的，但其管理组织有着比较多的共同点。即无论是公立、私立，规模大小，大多数大学的管理组织都由大学董事会、管理部及教授会或大学评议会三大部分构成。[①]

一、董事会

董事会是大学行政组织系统的最高层，美国几乎每一所大学都设有董事会。美国大学的董事会主要由校外人士组成，多为政府官员、企业领导

① 张宝泉．美国大学的管理机构及管理机能［J］．外国教育研究，1998（2）．

人、教育界名士或社会名流。董事会更多地代表公众利益，对学校实行公正、客观、有效的领导，同时又保护学校不受来自校外的不适当的政治和思潮影响。董事会的规模因学校的规模、性质和任务不同而相差悬殊，少则不超过十人，多则几十人。为了争取资助，董事会的规模现在正变得越来越大。董事长及董事均实行任期制，一般任期为 3—5 年，可以连任，但都有任期限制。董事会一般设一名主席，一名或几名副主席。董事会的职责主要包括:

1. 确定学校的性质、目标和任务；
2. 任命校长，协助校长开展工作并对校长的工作进行评价；
3. 制定学校的长期发展计划；
4. 保障足够的资源；
5. 审批教育计划；
6. 沟通学校与社会的关系；
7. 保障学校的自治；
8. 裁决校内申诉；
9. 评价董事会的工作。[①]

二、管理部

大学的管理部也称为行政机关，实际上是大学管理机构的中枢组织，主要由校、学院和系三级管理机构构成。校级的管理主要由校长和副校长负责。校长是最高行政长官。因为大学的最高管理机关是董事会，而董事会权限的多半都下放给校长执行。因此，一般美国大学的校长，掌握着有关大学管理的最强有力的权限，大学的命运决定于校长的能力。校长负有大学管理的全部责任，对董事会负责、统辖教授会并发挥着教授会与董事会之间的联络的机能。由于校长职责众多，特别是规模较大的大学，通常要设置辅助校长职务的极充实的机构。大学校长的职责概括起来包括以下几点:

1. 确定目标；
2. 确定发展重点；

---

① 魏贻通. 民办高等教育研究 [M]. 厦门：厦门大学出版社，1992.

3. 建立或修改组织机构；

4. 建立有效的助手班子；

5. 筹集、分配和重新分配经费；

6. 处理非常规事件；

7. 处理与董事会、教师、学生、职工、校友及其他外部组织的关系。

除第5点外，其他职责可以由校长和其他人共同承担，但不能完全交由下级人员去做。除去上述一般职责外，大学校长还应该负责：信息交流、建立奖惩制度、创造有利于学校工作的气氛、保证学校是一个完整的整体、处理学校中的各种矛盾、保证学校的自主权和教师的学术自由、保证有满意的短期或长期效果等。大学一级行政领导者下面，设有负责处理各方面具体事务的办公室，各办公室主管直接对校长或分管副校长负责，每一个办公室根据需要雇用若干名精通业务的职员，这样就构成了一个行政组织体系。以美国洛杉矶加州大学为例，1位校长之下，共有10名副校长；每位副校长之下，通常设有2~5位助理副校长；每一位助理副校长主管一个办公室。行政副校长是比较重要的副校长，负责处理全校行政管理方面的事务，他有5名助理行政副校长，分别主管负责校区安全、设施管理、财务、人事和经营业务。为防止滋生官僚主义，各高校根据实际需要制定规章制度，对行政人员的服务宗旨、身份、岗位设置、职责分配、工作时间、付酬政策、效益评估、怨诉、安全、健康和人身保险等一系列事项进行严格界定，以便对每一位行政人员的工作效能进行有效的监督和评价。

大学之下是学院，如文理学院、医学院、法学院、商学院、工学院、教育学院等。几乎所有学院的院长都是任命的而不是选举产生的。每位院长都配有若干位负责教学、科研或学生工作的院长助理或其他辅助人员。每个学院都有代表学者和学生群体的组织，如由全体教师组成的教师会，由教师代表和学生代表组成的改革委员会、课程委员会、评估委员会、晋升委员会以及学生会等。这些机构的意见有的属于必须执行的正式决策，有的则是供学院参考的咨询性意见。学院一般形成这样一种权力模式:行政机构控制预算，教学人员监督课程，双方联合负责学生工作。

大学组织的最低一级单位是系。系首先是一个社团，即由某一学科或领域的学者组成的教学科研团体，同时系又是最基层的行政单位。系在教师晋升、新教员的聘用、教学计划的确定、科研项目的申请与实施等方面具有主要的发言权，但往往并非由系主任个人决断。有些问题，系主任必须同其他教师商议，甚至必须同全体教学人员商议，并要遵照少数服从多数的原则进行决策。各大学选择系主任的方式不尽相同，概括起来大致有三种途径:行政领导任命，教师选举，以及上述两种的折衷办法——由系里提出候选人名单，由校级行政机构从中指定。最后这种办法是平衡教师利益和管理机构利益的一种方式。大部分情况下，美国大学的系主任由那些享受“终身制”的教师轮流担任，但要经过全体教师选举的程序。

三、教授会或大学评议会

与政府、军队、公司等社会组织不同的是，行政权力并不是在大学组织结构的各个层次上都占据主导地位。事实上，在大学中存在着一种建立在学科基础之上的无形力量，这种力量对大学事务有强大的影响，我们把它称之为学术权力。这种权力的代表就是教授会或大学评议会（University Council），它是教师在学校层次参与学校重要学术问题决策的机构，也是教师参与管理大学事务的主要方式。在不同的大学，教授会或评议会的地位和作用有所不同，依各大学章程和学校管理传统而定。一般来讲，教授会或大学评议会的职责主要包括决定课程计划，确定本科生和研究生的录取标准和学位标准，决定校内各种教学、科研设施的使用，制定教师人事政策，编制学术规划，等等。评议会或教授会通常都设立各种常设委员会，分别处理各种学术事务，如全校必修课委员会、学术规划委员会、科学研究委员会、教学工作委员会、教育政策委员会、研究生工作委员会、本科生招生委员会，等等。此外，临时性的特殊问题，则组织特设委员会负责处理。任务完成后，委员会随即撤消。总的来讲，在学术水平较高的大学，学校的教学、科研及其他有关学术工作主要由教授会或评议会审议并作出决策。教授会或评议会的地位较高，作用较大。前加州伯克利大学校长田长霖教授曾说过，加州大学（伯克利）获得成功的原因之一就是教授会力量强大，“哪个大学教授会力量强大，哪个大学就会成为知名大学”。

综上所述，美国大学的这种以董事会为核心的管理体制对于更好地管理大学，更充分地发挥大学的功能，培养更多对社会有用的人才奠定了良好的基础。

第二节 美国大学竞技体育的内部管理体制

美国大学竞技体育的内部管理体制分为独立型的管理体制和非独立型管理体制两种。① 独立型的管理体制由校长或主管副校长直接管理，非独立型的管理体制则由分管竞技运动的系主任负责。独立型的管理体制和非独立型的管理体制在组织机构、横向关系、评价标准和经费管理上均存在着差异。

独立型管理体制和非独立型管理体制是美国大学管理竞技体育的两种主要方式。在独立型的管理体制中，学校的竞技体育受校长或副校长的直接领导，也就是我国大学管理体制的流传术语“直属机构”，非独立型管理体制由分管竞技运动的系主任负责，两种体制的不同，反映了学校对竞技体育的重视程度，重视竞技体育的学校一般都采用独立型管理体制，相反则选择非独立型管理体制（表 3–25）。

表 3–25 美国高校高水平运动队课余训练内部管理体制表

类型	独立型的管理体制	非独立型的管理体制
领导	由校长或副校长直接管理	由分管竞技运动的系主任负责
组织机构	由许多运动队共同组成校内的竞技运动体系，有人称为“大学体育局”	有单独的竞技运动管理机构，聚集多方面人员共同管理，如竞技运动理事会
与学校其他部门的关系	自成体系，与其他学术团体和体育教学毫不相关，有较大的独立性	将竞技运动作为一个学术团体，与其他学术部门和学科有同等或平级的地位
制定目标依据和评价标准	运动成绩是衡量运动队最有效和制定目标的最重要指标	运动成绩不作为对运动评价的唯一标准
经费的管理	高水平运动队活动经费大多数能依靠比赛来维持，有较大的经费控制权	一方面由运动的比赛收入来解决，另一方面由校方的教育经费来解决

① 林志超，任景岩. 中国高校体育改革回顾与展望［M］. 北京：北京体育大学出版社，2001，124.

在管理机构的设置上，独立型管理体制由许多运动队共同组成校内的竞技运动体系，有人称为“大学体育局”“校代表队”，国内的学者有时还译成“运动系”，独立型管理体制的管理机构自成体系，与其他学术团体和体育教学毫不相关，有较大的独立性。非独立型管理体制虽然也有单独的竞技运动管理机构，聚集多方面人员共同管理，如竞技运动理事会，但总体上给人的感觉是管理机构比较松散，管理人员的配备采用专职和兼职相结合的办法，只是将竞技运动作为一个学术团体，与其他学术部门和学科有同等或平级的地位。

运动成绩是评价独立型管理体制工作最重要的指标，这类学校十分重视学校代表队的参赛成绩，有些学校形成了自己的传统优势项目，如印第安纳大学的篮球队，犹他大学的游泳队，休斯敦大学的田径队，这些队的比赛都会引起全校师生乃至毕业校友的关注，每当校代表队取得好成绩时，校园内就会出现节日般的热闹场面。在非独立型管理体制的学校中，运动成绩不作为评价的唯一标准，因而，学校对代表队运动成绩的关注程度也就大打折扣了。

在经费管理方面，独立型管理体制的学校，其高水平运动队活动经费大多数能依靠比赛来维持，有较大的经费控制权。一般规律是，七成以上的学校，靠橄榄球项目赚钱，篮球和棒球项目也能获得一些利润，但远远比不上橄榄球，其他项目基本上是不赚钱甚至是赔钱的。非独立型管理体制学校的经费来源，一方面由运动的比赛收入来解决，另一方面由校方的教育经费来解决。独立型管理体制和非独立型管理体制的异同分别见图 3-19 和图 3-20。

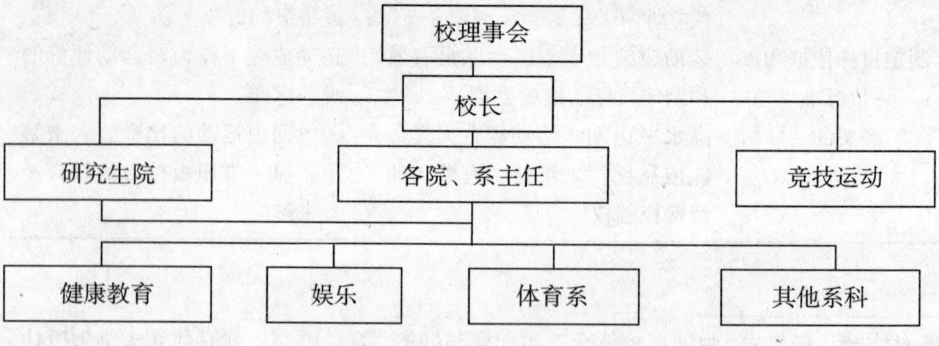

图 3-19　美国高校高水平运动队的独立型内部管理体制

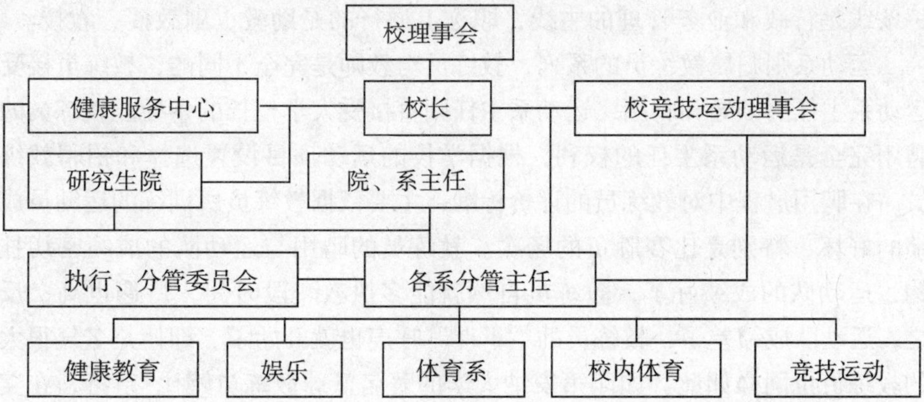

图 3-20　美国高校高水平运动队的非独立型内部管理体制

第三节　运动系与体育系

国内学者，在介绍美国体育时，较为流行的译法是将 Athletic 译成运动，Athletic Department 译成运动系，美国各大学的网站也将 Athletic Department 作为自己学校的主要机构，在网页的第一项或者第二项进行介绍。准确地讲 Athletic Department 所译的运动系，与我国目前高等体育院校设置的运动系是完全不同的两个概念。美国大学的 Athletic Department 的准确含义，应该是我国大学目前的"校代表队"。而体育系的英文名称种类更多，在美国大学没有统一规范的要求，最新创造的被认为"学术味"很浓的英文提法是 Kinesiology，密歇根大学的体育学院英文名称是 Division of Kinesiology。圣何塞州立大学（San Jose State University）体育系英文名称是 Department of Human Performance，俄亥俄大学体育系英文是 College of Health and Human Services。总之，"运动系"的译法只有一种，而体育系的译法则多种多样。

从以上的解释中，我们可以知道运动系和体育系是两个完全不同的概念。每所优秀大学基本上都有运动队。即使是有体育系的大学，体育系与运动队也是完全分开的。不仅表现在是两个独立运作的系统，各自行使着自己的职能，就是在业务上也基本上处于隔绝的状态。体育系的教师属于教学系列，业务上接受系主任的领导，系主任、学院院长和主管副校长这一条线是行政和业务管理的主线，职称上通行的是助教、副教授、教授。

运动系则归属教练员的系列，教练员与教师是完全不同的，教练员接受运动系主任的领导和聘用，运动系主任则直接受大学校长的领导。教练员的聘用完全是运动系主任的权利，根据学校的运动项目设置选择和招聘教练员。在聘用过程中对教练员的评价标准，主要依据教练员所训练的运动员成绩的好坏，特别是比赛胜负的场次。教练员的聘用与运动队的成绩密切挂钩，运动队的成绩好了，教练员自然就能多执教一段时间，待遇也高；反之，运动队成绩差了，教练员的"下课"呼声也就开始了，即使是名气很大的教练员也同样如此。如印第安纳大学的著名篮球教练员鲍比·奈特，在美国乃至世界篮坛都享有盛名，但因该校篮球队的成绩一度不佳，鲍比·奈特又与队员之间发生了冲突，因此被校方解雇。当此消息被新闻界披露后，社会反响很大，当地的大学联名呼吁印第安纳大学留下鲍比·奈特，但是校方决心已下，已经成为不能挽回的事实。因此，许多高校在与新聘教练员所签订的聘用合同书上往往没有具体的任期年限，这几乎成为了一种惯例。

如果说在运动系和体育系的高等学校中二者之间发生了联系，也只表明个别教练员到体育系兼一些课程，一般来讲是术科的课程，而且兼职的工作也是面向全社会招聘。教练员通过招聘进入大学体育系教课，体育系的学生到运动队实习，做一些辅助性的工作，如给教练员当助手，负责某方面的统计；运动医学专业的学生可以为运动员提供康复性治疗。总之这种联系不是一种必然的，而是自发产生的，不受任何规律制度的制约和约束。

第四节　大学生运动员的学籍管理

作为一名美国大学生体育联合会（NCAA）的大学生运动员，一旦被大学录取，他们在上大学、修学分的学习过程中，与其他的普通专业的学生在要求上完全相同，学校不会因为他们是运动员，或是优秀运动员而在学习标准上给予任何优惠。美国大学之所以对大学生运动员的学术发展如此重视，主要与 NCAA 的基本目标是一致的，即保证大学校际竞技体育竞赛是大学教育的一部分，大学生运动员是大学生整体不可分割的一部分，以此把大学体育与职业体育彻底区分开来。

但是，考虑到大学生运动员的实际情况，学校对他们也采取了一系列与普通大学生相比有所不同的特殊补偿措施，这就是学校为运动员配备了专门的文化学习指导教师，以帮助运动员解决学业上的问题。文化学习指导教师的职责是，根据运动员入学时的文化程度、所修专业的特点和参加比赛的时间，指导他们的课程选择。对于普通大学生而言，课程选择的主导权完全由学生自己决定，每名学生完全可以依照个人的兴趣、爱好和需求进行选课。而大学生运动员则必须在文化课指导教师的督导下进行学习。为了帮助大学生运动员在较高的训练要求和较多的比赛任务下，达到学校学术标准，完成学业，减少学生运动员因学业原因的淘汰率，许多大学都投入专门的资金和人员来从事这项工作。例如，UCLA 有 4 个全时工作人员，每年花费 200 多万美元，专门负责了解和处理与学生运动员学习有关的事情，例如提供咨询、安排课外辅导老师等。

严格的学籍管理主要体现在以下几个方面：

一、大学生运动员与普通大学生的毕业率一致

根据 NCAA 章程的规定，运动员的毕业率与该校普通大学生毕业率必须基本一致，招收运动员的学校应能保证运动员的毕业率，运动员与普通学生在毕业率上不能存在差别。当学习和比赛发生冲突时，校方对学生的解释是，大学生运动员的身份应把大学生放在首位，运动员的身份次之，因为从他们身份的称呼上已经表明了这一点，大学生在先，运动员在后。从运动员的成材走向上可以更进一步认识大学生运动员，大学生放在首位，运动员身份次之提法的科学性。

毕业率可反映出大学生运动员的学术水准和学业完成状况。根据 NCAA 公布的 2003 年各成员学校毕业率统计数据，1997 年秋季学期入学的 NCAA 大学生运动员至 2003 年 8 月为止平均毕业率为 58%，普通大学生平均毕业率为 56%。不同级别成员学校大学生运动员的毕业率虽存在部分差异，但都与各成员学校普通大学生的毕业率十分接近（表 3–26）。[①]

① NCAA 毕业率统计以 6 年为一个统计周期，例如：2003 年毕业率指 1997 年秋季学期入学学生至 2003 年 8 月的毕业率。本统计中大学生运动员指基于其运动能力获得过经济资助的大学生运动员。

表 3–26　2003 年 NCAA 各成员学校大学生运动员与普通大学生毕业率对比统计

成员学校类型	大学生运动员毕业率（%）	普通大学生毕业率（%）
I 级成员学校	62	60
II 级成员学校	53	46
III 级成员学校	58	63
平均	58	56

根据 1990—2003 年 NCAA 的毕业率统计数据，NCAA I 级成员学校中多年以来大学生运动员的毕业率一直略高于普通大学生，普通大学生 1990—2003 年的平均毕业率为 56%；大学生运动员的平均毕业率为 58%（表 3–27）。大学生运动员的毕业率和普通大学生的毕业率如此之接近，甚至略高于普通大学生，充分说明美国大学生运动员的身份首先是大学生，学业和学习占有非常重要的地位，美国大学生运动员具有相当的学术水准。正如 NCAA 所称“明星运动员同时也是明星大学生”。

表 3–27　1990—2003 年 NCAA I 级成员学校大学生运动员与普通大学生毕业率统计

年份	大学生运动员毕业率（%）	普通大学生毕业率（%）
2003	62	60
2002	62	59
2001	60	58
2000	58	56
1999	58	56
1998	58	56
1997	57	56
1996	58	56
1995	58	57
1994	58	57
1993	57	56
1992	57	55
1991	52	54
1990	52	53
平均	58	56

二、规范奖学金发放

美国大学的奖学金制度历史悠久，奖学金名目和种类繁多，并与其他经济资助制度结合，形成了美国大学完善的大学生经济和财政资助制度与体系。要了解大学生运动员的运动奖学金，首先需对美国高校奖学金有概略的了解。

从一定意义上讲，大学生资助政策的建立与演化，是与大学教育的发展相并行的。如果说欧洲大学生资助政策起步于近代中世纪大学的诞生，则美国的大学生资助政策应渊源于哈佛学院，事实也的确如此。美国学者芬斯克曾用一天二十四小时来比喻美国高校学生资助政策的发展。私人和学校机构对学生的资助从一天的零点开始直至早晨、中午和晚上。1643 年莫尔松女士在哈佛学院用 100 英镑设立美国第一笔奖学金作为开端，在这一天约 3 / 4 的时间中，学校通过私人的捐赠和赞助以及一部分学费的再分配，自己设立并管理着奖学金或助学金；到了晚上约 7:30，各州的学生赞助项目开始登场，尤以 1919 年纽约州的大规模综合性资助计划为标志；在一天结束前的一个半小时出现了联邦政府的资助计划，即 1944 年的“军人调整法” (简称“GI bill”)；而在子夜结束前的 35 分钟，“基本教育机会助学金”计划、“校园工读”计划和“担保学生贷款”计划等出现了。学生贷款诞生在最后时刻。到一天结束之际，联邦、州和高等学校在资助学生中所承担的份额大大改变：90%的资助来自公共资金，而公共资金在此十年前为 65%，二战前则为零。在公共资金中，联邦政府的资助份额达到 90%，州政府提供 10%。私人和学校的资助尽管仍很重要，但与公共资金的资助相比则已微不足道。

纵观 20 世纪世界各国大学生资助方法，从学生本人是否获得资助资金可把它分成直接资助和间接资助。直接资助中又包括赠予性资助与推迟付费资助：赠予性资助（Gifted Aid）指由出资人将奖金无偿给予大学生的资助，主要有奖学金、助学金、勤工助学、教育凭单（教育券，Education Voucher）等形式。推迟付费性资助（Delayed Paymentaid）指先资助上学，待毕业后用未来收入偿还成本的资助，如贷学金、大学毕业生税、雇主资助等形式。间接资助主要是通过学校、社会与家长来实施的。如对家长提供津贴、减税；如通过社会所提供的优惠交通、医疗、保险服务等。除直接与间接资助外，学杂费减免堪称介乎其间的资助办法，而像一些私立大学的学费折扣也可归入此类。据1996年一项对147所美国私立大学和学院的研究报告显示，在不同类型的美国私立学校中均存在大范围的学费折扣现象，1994—1995学年折扣率为28%。

美国的混合资助模式突出表现为资助方式、资金来源、资金资助方向的多元化。据美国《高等教育纪事》1999—2000年度统计报告，1999年美国人口2.7亿，有各类高校4096所，有各类注册大学生14,367,520人，其中本、专科生12,326,948人，研究生1,742,260人，专业学位攻读者298,312人。1998—1999年大学生资助情况如下:资助总金额为641.24亿美元，资助来源、资助总额、占总额的百分比各为联邦政府457.7亿，占71.69%；州政府39.66亿，占6.18%；学校和其他奖学金122.09亿，占19.05%；私人部分贷款19.79亿，占3.08%。政府共资助499.36亿美元，占总金额的77.87%，其中联邦占政府资助的87.32%。由于美国教育权在州，大学逾4000所，且有公立与私立两类，有上自一流研究型大学，下至两年制社区学院或初级学院，中至四年制文理学院，各种各样的联邦、州、学校和社会资助项目数以千计。

在此，我们主要探讨一下联邦层次的大学生资助问题。在资助方式上，联邦层次首先有三大奖学金计划，主要用来奖励优秀学生或师范生。一是“罗伯特·伯德荣誉奖学金计划”，二是“全国科学基金会奖学金计划”，三是“保尔·道格拉斯师范教育奖学金计划”。这三类被称为“不以经济需要为本的资助（non-needbasedaid)”，其他如“全国公共卫生奖学金”“国家军事奖学金”，其条件是学生成绩优异，不以家庭经济状况为基准，但名额与金额有限，如“全国科学奖学金计划”每个国会议员区设两个名额，最高金额为一年5000美元。联邦资助的主体是八个“以经济需要为本”（financial need-based）项目，其中包括两个助学金计划、五个贷款计划和一项校园工读计划。两个联邦级的助学金项目为“佩尔助学金”和“教育机会补充助学金”。“佩尔助学金”（Pell Grant）的前身是根据《1965年高等教育法》始设的“教育机会基本助学金计划”，这是美国目前最大的助学金项目，其发放对象为低收入家庭的大学生；“教育机会补充助学金”计划（Supplement Educational Opportunity Grant，简称

SEOG)，原称教育机会助学金，资助目标是“特别困难的学生”，20 世纪 90 年代资助总额约为“佩尔助学金”的十分之一左右，如 1998—1999 年度“佩尔助学金”与“教育机会补充助学金”分别为 72.42 亿和 6.14 亿美元。五个贷款计划为“帕金斯贷款计划”“斯坦福贷款计划”“学生家长贷款计划”“学生补充贷款计划”和“联邦直接学生贷款计划”。“帕金斯贷款计划”（Perkins Loan），它由 1958 年《国防教育法》确立，原名为“国防贷款”，从 20 世纪 80 年代起改名为“帕金斯贷款”，它以校园为基础，联邦政府把奖学金拨给学校，由高校充任贷款机构，其宗旨是“为了国家利益，资助贫困学生，造就国家所需专业人才”，该贷款学生在学期间由政府付息，毕业后十年内还清，在各项贷款中利息最低。“斯坦福贷款”（Stanfford Loan）原名“国家担保贷款”，1988 年为表示对议员罗伯特 T. 斯坦福的敬意而改名。这是目前美国最主要的学生贷款计划，约占联邦学生贷款总额的六分之五。它也是美国目前最大的大学生资助计划，每年资助额占全国资助总额的三分之一以上。其资助对象为“有经济资助需要的学生”（students with financialneed），它包括“贴息贷款”和“无贴息贷款”两种，由商业银行系统将钱贷给学生，由各州教育担保机构代表政府担保，最长偿还期为十年，利息高于“帕金斯贷款”。“大学生家长贷款计划”（PLUS）和“学生补充贷款计划”（SLS）由政府提供担保，由银行或其他金融机构将款贷给有良好商业信誉的大学生家长，年最高贷款额为“教育成本”减去“借款人子女所获资助额”之差额，利率属于所谓市场最惠利率。“联邦直接学生贷款计划”（Federal Direct Student Loan）是根据 1993 年国会通过的《学生贷款改革法》，从 1994 年开始实施的，采取独特的联邦教育部拨款给大学，学生从大学贷款，毕业后向联邦教育部还贷方式。在时任教育部长的赖利（Richard.w.Riley）看来，这种直接贷款“将会大大降低拖欠偿还率，并有利于管理”，又据美国国会预算委员会的估算，如果此贷款计划实施顺利，联邦政府每年可节约资金 43 亿美元。“工读计划”（work-study program），它产生于“向贫穷宣战”的 20 世纪 60 年代，依据《1964 年经济机会法》而设，并根据《1965 年高等教育法》从经济机会署转归教育署管理，它为需要经济帮助的大学生提供校园和社会的公共服务机会。据统计，1964—1965 年约有 11.5 万学生在 1095 所学校中参与“工读”，而政府为此开支近 3300 万美元，1981—1982

年联邦政府支出高达近 6.7 亿美元。90 年代克林顿政府推出的“社会服务计划”亦属此类，它旨在降低贷款拖欠率，克服经济困难，鼓励学生通过参与社会服务获取报酬，报酬可以以现金方式支付，也可充抵贷款。

NCAA 作为美国高级竞技体育人才的培养和产出基地，也通过设立专门的针对运动员运动才能的运动奖学金来吸引优秀竞技体育人才。NCAA 的 I 级和 II 级成员学校基本都设有运动奖学金，III 级成员学校不设运动奖学金。部分联盟的大学不允许设立运动奖学金，如著名的常春藤联盟。根据 NCAA 的有关统计数字，NCAA 各成员学校运动奖学金设立和发放总额每年大约 10 亿美元，每年有超过 126000 名大学生运动员获得此类奖学金。大学生运动员的奖学金主要由学校支付，各大学招募运动员主要依靠运动奖学金吸引优秀的体育人才，但 NCAA 在政策上对学校奖学金的颁发进行宏观的控制，对大学各运动队队员提供奖学金有严格的规定，每个项目运动员获得奖学金的人数有具体的规定，防止因奖学金的多少，造成运动员流向的失控，运动项目的竞争出现失衡的现象。对橄榄球和篮球两个最有影响的项目，运动员获得奖学金的人数定额最高分别为 95 人和 15 人，田径项目虽然涉及 40 多个小项，但奖学金的定额只有 20 人，其他项目的定额情况见表 3–28。

表 3–28　不同运动项目的运动员获得奖学金的人数标准

运动项目	人数标准
篮球	15
橄榄球	95
女子网球	8
男子网球	5
田径	20
棒球	13

运动员可分为享受奖学金与不享受奖学金两类，一流的公立大学均设有运动奖学金，吸引具有运动才能的运动员，代表本校参加各种比赛，为学校争得荣誉。私立大学则根据学校的不同状况，对待体育奖学金发放采取不同的态度，斯坦福大学利用运动奖学金吸引了大批优秀运动员，使该

校的运动成绩在美国超一流大学中名列前茅，常春藤联盟的大学则规定不允许设立运动奖学金。

奖学金分为享受全奖、享受半奖和甚至更少的范围。划分依据是学校对不同项目的重视程度，学校的重点项目，奖学金的投入力度大；学校的一般项目，奖学金的投入力度次之；有些项目则不设立奖学金，如水球、游泳、高尔夫球等项目，由于自身不具备商业价值，商家投入的热情不高，但属于学校开展的项目，运动员愿意自费参加。据统计，一般大学约有70%的运动员享受奖学金，Ⅰ级大学运动员享受奖学金的几率，高于Ⅱ级大学运动员享受运动奖学金的几率。

除各成员学校独立设立和颁发的各类运动奖学金外，NCAA也设有专门面向全体大学生运动员的奖学金，目的是为大学生运动员从事运动训练提供经济资助。另外还设立和提供专门助学金来支持大学生运动员接受教育和获得发展。NCAA设立的奖学金和助学金主要包括以下几个项目：

年度毕业生奖学金

NCAA每年颁发174个毕业生奖学金，男、女毕业生各占一半名额。该项奖学金授予在学业和运动竞技上取得卓越成绩，并正处在5年大学生运动员资格最后一年的大学生运动员，以表彰其取得的辉煌成就。

拜尔斯奖学金

拜尔斯奖学金是为纪念前NCAA首任全职执行董事沃尔特·拜尔斯(Walter Byers)而于1987年设立的。该奖项授予在学术上取得杰出成就的男、女大学生运动员各2名。拜尔斯奖学金每年颁发一次，奖金数额为每人21000美元。

少数民族和女性学生保障与提升计划

该计划每年为少数民族和女性大学生运动员提供奖学金和工作实习岗位。

学位完成计划

该计划为已经超过大学生运动员资格年限的大学生运动员提供继续完

成学业的经济资助。

NACC 设立的奖学金和助学金的颁发须经过严格的资格审查，并由有关的委员会具体负责组织和实施。据 NCAA 官方公布的数据，其每年颁发的各类奖学金和助学金总额为 239.2 万美元（表 3–29）。通过设立专门的奖学金和助学金进一步丰富和完善了以各成员学校设立和颁发的运动奖学金为主、多种资助方式为辅的针对大学生运动员的"资助包"，对大学生运动员完成学业并在竞技体育上取得优异成绩提供了具有多样选择性的经济资助和保障体系。

表 3–29　NCAA 年度奖学金颁发情况统计表（单位：美元）

奖学金与助学金名称	颁发数额	金额	总额
年度毕业生奖学金	174	6900	1200000
少数民族和女性提升计划	26	6000	156000
拜尔斯奖学金	4	21500	86000
学位完成计划	不定	不定	950000
总计			2392000

三、统一的学分要求

NCAA 对大学生运动员在毕业学分要求及学期最低学分要求上与普通大学生没有任何区别。大学生运动员必须是正式注册的全日制学生，每学期选修课课程的学分不得少于 12 学分，大学生运动员的学籍管理被纳入学校的总体管理之中。统一的学分要求包括三层含义：

第一，大学生运动员必须完成 NCAA 规定的获得比赛资格的学分，达不到学分要求的不能参加任何校际体育竞赛。运动员在校的学年成绩不能低于所在学校普通学生的平均成绩。

第二，大学生运动员代表学校参加 NCAA 比赛的合法身份只能保持 5 年，其间可以代表学校参加 4 个赛季的比赛。

第三，大学生运动员要达到攻读学位所要求的学分，才能获得毕业证书。

四、严格训练时数

为了真正贯彻以学为主的方针，保障大学生运动员的学习，NCAA 章程强调：不允许把运动员当做获胜的工具，必须保证运动员的学业。根据章程的指导思想，章程对一些具体问题作了十分明确的规定。运动员在校学习期间，每天参加训练的时间和其他用于体育活动的时间不得多于 4 小时，每周的时间不得多于 20 小时；每周必须保证一天的闲暇时间，学校不得安排任何与训练和体育活动有关的事情。

美国各大学为了能够保证运动员的学习质量，真正以学为主，只能把训练安排在下午；上午学习的黄金时间，全部让位于文化课学习，保证学生以充沛的精力进行学习。根据一项对东部常春藤联盟的调查（Ivy League），该联盟高校平均训练时间和次数分别为 3.65 小时 / 天和 5.3 次 / 周。

五、规定比赛场次数

美国高校的竞技体育十分重视运动员实际比赛能力的培养，比赛和训练有机地结合在一起，大学生的比赛活动十分频繁，除了 NCAA 的比赛外，各州、县、市、地区也经常性的组织各种名目的比赛，通过比赛检验训练水平。为了使学生的学习得到保障，NCAA 章程规定了不同运动项目每年参加比赛的最多竞赛场次，如Ⅰ级、Ⅱ级、Ⅲ级成员学校，参加棒球比赛每年不得超过 56、56、50 场，田径比赛每年竞赛的天数不得超过 18、18、22 天。表 3-30 是 NCAA 对 2002—2003 学年Ⅰ级各项竞赛项目比赛的最多场次和天数的具体规定。

表 3-30 NCAA2002—2003 学年Ⅰ级各项比赛的最多场次和天数规定

项目	比赛场次	比赛天数
女子射箭		15
女子羽毛球		15
棒球	56	
篮球	28	
女子保龄球		26

越野跑		7
女子马术		15
击剑		11
男子长曲棍球冠军赛	20	
女子长曲棍球冠军赛	20	
其他竞赛		5
橄榄球	11	
高尔夫球		24
体操		13
冰球(男子、女子)	34	
男子长曲棍球		17
女子长曲棍球冠军赛		17
女子长曲棍球其他竞赛		5
射击		13
女子赛艇		20
滑雪		16
足球　冠军赛	20	
其他竞赛		5
垒球	56	
女子软排		15
游泳		20
女子花样游泳		15
女子手球		20
网球团体赛		25
单打和/或双打		25
		7
田径(室内和室外)		18
男子排球　冠军赛		28
其他竞赛		4
女子排球　冠军赛		28
其他竞赛		4
水球(男子、女子)		21
摔跤		16

六、大学生运动员的专业选择特点

在大学生运动员的专业选择上，由于很难收集到美国全国范围内的整体情况，笔者暂以圣何塞州立大学（San Jose State University）的调查材料作为介绍。据了解，这种专业的分布带有一定的普遍性，能在一定程度上说明问题。圣何塞州立大学共有 350 名学生运动员，其中享受奖学金的有 257 人，占全部学生的 73.43%。这些运动员中选择商业性专业的人数居多，有 75 人左右，其次为选择体育专业的（50~60 人）和选择社会学专业的（30 人）。美国大学教育不像我国在时间上有比较严格的界线，一般来讲，我国的本科教育是 4~5 年，研究生的教育为 3 年，而美国的大学生毕业年限千差万别。

第五节　大学内部的运动训练管理

运动训练是竞技运动的重要组成部分之一，它是指运动员在教练员的指导下，为创造或保持专项运动最高成绩所作准备的全过程，是一个涉及多种因素、涵盖多种内容的有序系统。加强运动训练管理就是要对构成运动训练系统的诸要素进行科学的分析，从而帮助运动员创造优异的运动成绩。如同其他任何管理一样，运动训练管理的核心和重点是对人的管理，它包括对教练员、运动员及其他相关人员的管理。由于资料来源有限，本节只从美国大学运动队伍的构成、运动员及教练员三方面进行分析。

一、美国大学运动队的构成

运动队是培养和训练运动员的人员聚合体，是运动训练管理最基本的单位。一支优秀的运动队不仅需要优秀的运动员和教练员，而且还需要有高素质的管理人员和专业水平的医务人员。

由于美国大学的竞技体育给学校带来了可观的经济效益和丰富的社会效益，各院校对学校运动队伍的投入和支持也比较大。就运动队伍的人员构成来讲，除了每年招募优秀的大学生运动员以外，NCAA 各院校也非常重视聘任包括教练员、随队医生、服务人员在内的各类优秀的训练和管理人才，以此保证训练、竞赛和各类社会活动的有序进行。以 2001—2002 赛季 NCAA Ⅰ级男篮亚军印第安纳大学队为例，该队共有运动员 19 名，配备主教练（Head Coach）1 名、助理教练（Associate Coach）3 名和管理人员（Director）8 名：其中篮球项目执行官 1 名（Director of Basketball Operations），外科、内科、药物医生各 1 名，体能教练 1 名，媒体协调员 1 名，器材设备管理员 1 名，行政助理 1 名。其他的运动项目，根据各自院校的传统、运动员的数量、运动队的比赛成绩、运动队的收入及观众的参与程度，都配有相应数量的训练和管理人员。

二、美国大学教练员的管理

竞技运动发展的历史雄辩地证明，影响一个国家竞技体育水平的因素是多方面的，但教练员队伍的质量和数量，是其中的一个决定性因素，作为运动训练的直接组织者、实施者和指导者，教练员承担着训练和塑造运动员的主要任务，对促进运动员的全面发展，实现运动训练的目标起着主导作用。同时，教练员又是运动训练中管理队伍的主体，是进行科学化训练、不断提高运动技术水平的主要依靠力量。因此，建立高水平的教练员队伍是加强运动训练管理的一个重要的环节。

众所周知，美国大学竞技体育的水平很高，除与其发展历史和管理方面的原因有关之外，高水平的教练员队伍也是其保持高水平的重要因素。

首先，美国各大学队教练员的选择和聘任有一套科学完备的程序。在美国的各大学内，大学竞技体育与学校体育是独立的两个部门，学校体育主要管理学校体育的教学工作，而竞技体育主要管理运动训练、参加竞赛等工作。美国大学内部管理竞技体育的这种形式，使得它对大学竞技体育教练员的选择不同于中国。在美国，大学竞技体育教练员允许聘用，既可以是学校的体育教师，也可以是外单位甚至是俱乐部、专业队的教练员，而且这些教练员不承担教学任务，是专职的大学竞技体育教练员。具体的选择和聘任程序如下：

教练员一般由学校的运动系主任（Director of Athletics）来选择和任

命，但须征求校长的意见。对于篮球和橄榄球这些重要项目的教练员，则由校长在运动系主任的推荐下直接任命。运动系主任在任命主教练时要征集各方面的意见。他还可以根据自己的判断成立相应的教练员选拔委员会，负责选拔教练员，该委员会成员中必须有一位是校际体育竞赛理事会的成员。如果没有成立委员会的必要，那么至少也要求校际体育竞赛理事会的主席直接参与选拔工作。对于篮球和橄榄球项目来说，在任命主教练的最终决定作出之前，应该征求校际体育竞赛理事会代表的意见。助理教练是在主教练的推荐下由运动系主任任命的，助理教练要服从主教练和运动系主任的安排。教练员要维护学校的尊严，要诚实守信，遵守学校、联盟和 NCAA 各项管理规定和标准。

学校在确定好教练员之后，还要与教练员签订一份详细的聘用合同。当然，运动成绩指标是合同的重要内容之一。如果他们在聘期内完成不了学校提出的目标和签约时提出的任务，那么这些教练员将会被解聘。美国大学通过运用这种方法来聘请优秀教练员，激励他们努力工作。

其次，美国的教练员有着较高的运动水平和学历水平。从美国各大学网站有关主教练的介绍中可以看出，多数的教练员都有着 NCAA 及世界比赛的经历，甚至有的教练员还曾以运动员身份代表美国参加过奥运会的比赛。同时，这些教练员大多接受过良好的学历教育。根据 1993 年美国的一项调查显示，在 NCAA Ⅰ级院校的教练员里，49%的教练员拥有硕士学位，只有 2.4%的教练员没有学士学位。[①] 这是因为，一些大学在选择教练员时，把学历作为一项硬性指标来衡量教练员的理论水平。如亚利桑那州立大学（Arizona State University）校际体育比赛的《管理手册》就明确规定：运动队的主教练必须具有学士以上学位。

第三，美国大学运动队教练员人员配备整齐，分工明确。在美国，大学教练员有五种类型：主教练、助理教练（职责有一定限制）、毕业生助理教练（刚刚毕业的学生留做教练员）、学生助理教练（还未毕业的学生做助理教练）、自愿者教练（不接受报酬、不享受学校或 NCAA 的薪水）。这些教练员承担着不同的训练和管理任务，共同为球队的发展做出自己的

① John R.Gerdy. The Successful College Athletic Program. American Council On Education And Oryx Press，1997 P:100.

贡献。在 NCAA 的法规里对这些教练员的责任和义务均作出了规定，如：哪些教练员可以出去招生，哪些教练员可以参加评估和鉴定学生运动员的潜力，当主教练因其他原因不能胜任工作或缺席时，哪些教练员可以代替主教练的职责，甚至对教练员可以得到几张观看比赛的入场券都有具体的规定。

另外，NCAA 为了平衡各学校的竞技水平、维护竞赛的公平性以及节约经费支出，对学校运动队的教练员人数也作出了严格限制（表 3-31）。

表 3-31　美国大学运动队教练员人数限制表

项目	可聘用的主教练和助理教练员人数	可以招生的教练员人数
橄榄球	10	7
篮球	4	3
击剑	2	1
田径	3	2
游泳	2	2
体操	3	2
摔跤	3	2
女子排球	3	2
棒球	3	2

从表 3-31 看出，橄榄球的教练员人数最多为 10 名，篮球最多不超过 4 名，其他项目还要少一些。这样做可以最大限度地避免各学校聘用太多的教练员，从而造成人力资源的浪费和对高水平教练员的垄断。

三、美国大学生运动员的管理

美国的大学生运动员是一个特殊的群体。首先他们是大学生，他们拥有一切作为大学生的权利和义务。但是，作为代表各自大学参加校际比赛的大学生运动员，他们承受着比普通大学生更大的压力，并不断地接受严格的资格审查。他们大量的时间和精力投入到代表学校参加比赛和日常的训练上。所有的学校成员在对待大学生运动员时都应该充分意识到这一点，使每一名大学生运动员都有机会成为合格的大学生和运动员。具体的管理政策和程序如下：

（一）每一名大学生运动员，无论他（她）的性别、民族，无论从事哪一种运动项目，都应该受到平等的、公平的对待。

（二）学校招收的运动员首先应成为一名成功的大学生。

1. 学校招收的大学生运动员应该在学术上为大学的学习做好了充分的准备，并符合作为大学生的一切标准。这些学术的资格评审应该由学校的招生部门负责，与运动系无关。

2. 学校期待着大学生运动员能在合理的期限内获得学位。特别是运动系和他们的教练员，应该为完成这一期待承担积极的责任。

3. 鼓励大学生运动员成为优秀的大学生，对于在学术上表现突出的大学生运动员，学校将进行大力的宣传并给予奖励。

4. 下列有关体育的活动不能影响学生的学习：①过度频繁的比赛。②强加的不合理的训练要求。③过多的影响上课和考试的比赛和训练活动。④让大学生运动员选择有利于达到 NCAA 参赛标准的课程，但这些课程对于他们的学术进步没有太大的推进作用。

5. 学校鼓励和支持那些能促进大学生运动员学术进步的活动。鼓励大学生运动员自我管理自己的学习过程。这些活动包括劝告、监督大学生运动员的课堂表现和出勤率，配备导师去帮助大学生运动员。

6. 大学生运动员应努力达到在校普通大学生的学术和其他各项标准，同时还应达到 NCAA 和大学联盟所要求的各类参赛标准。

（三）根据 NCAA 的要求，大学生运动员的运动奖学金以年为单位发放。已经获得运动奖学金的大学生运动员，只要他继续作为运动队的一员，并在学术上不断地进步，他仍然可以继续享受这样的奖学金。

（四）运动系要提供必要的仪器设备和医务人员来保证大学生运动员的身体健康和帮助受伤病的大学生运动员尽快康复。同时，运动系应采取各种措施和行动教育大学生运动员远离酒精和违禁药物。

（五）大学生运动员不会因为代表学校参加运动竞赛而在学术方面受到特殊的待遇，也不会受到不公平的对待。像所有普通大学生一样，在同学校的关系上，大学生运动员是公平的和受尊敬的。不用担心因为是大学生运动员而得到不公正的对待或骚扰。

无论在运动场内外，大学生运动员都代表自己的运动队或自己的学校，他们必须对自己的行为负责。

附录：杜克大学内部体育管理手册

一、概要

(一) 校际竞技体育的任务

大学组织的校际体育竞赛使所有参与其中的大学生运动员从中获益。校际体育竞赛的目的与大学学术的目的是一致的，即追求优秀或卓越(excellence)。优秀的意义包括大学生运动员的身心健康、社会能力发展和公民意识的提升、体育精神和公平竞赛精神的崇尚、个人与集体技能的提高、追求胜利的愿望和为之付出的努力，以及良好的行为规范。所有这一切可以提高大学的声誉，成为大学所有成员引以为荣的源泉。

具体到大学竞技体育，优秀的标准表现在学校竞技水平的提高，表现在学校代表队或个人整个赛季的获胜次数以及代表学校参加高级别的全国比赛、争取全国冠军的机会。这要求代表大学的大学生运动员首先成为一名合格的大学生，能够满足学校的入学标准，能够向着获得学位的方向不断进步，能够保持与普通大学生同样的毕业率。

杜克大学的竞技体育竞赛包括全国的和地区的比赛，这些比赛必须满足以下标准：符合男、女大学生的利益、能力和需求；为学校提供充分的间接利益；能够反映杜克大学良好的体育传统和对未来的信心；杜克大学提供良好的设施条件；从地理位置上讲，比赛的安排不会给大学带来不便，比赛的对手不会太弱，杜克大学提供充裕的资金保障。

总之，杜克大学竞技体育最根本的目标是："开发智力 (engage the mind)，振奋精神，激励大学所有成员努力工作。"

(二) 本手册包括杜克大学关于竞技体育和俱乐部体育项目的政策和程序。除了校董事会竞技体育政策和竞技运动理事会以外，所有内容都是在校长控制和指导下的行政管理问题，这些章节的内容可以不通过校董事会而由校长直接修改和补充。

竞技运动理事会每年对手册进行审核，并将修改和补充的建议以书面形式呈报给校长，校长审阅后再将这些问题上报给校董事会。

手册的修改和补充只能通过校长或校董事会。经过校长或校董事会批准变更的政策内容将以适当的方式合并在手册中。

（三）制定体育政策的权力

杜克大学的体育政策是在校长的推荐下由校董事会来制定的。政策的实施和执行是在校长的控制下通过校运动系主任来完成的。校长通过两条途径来获得建议和支持：一条是校竞技运动理事会和它的主席，另一条是运动系主任。

二、校董事会的职责

学校为参与校际体育竞赛、俱乐部体育和校内体育的大学生提供运动计划和参与体育运动的机会，通过这种参与行为，大学生获得有益的经验。这种计划的目的是与大学生运动员追求优秀或卓越的目的是一致的。

具体到大学竞技体育，优秀的标准意味着学校竞技水平的提高，学校代表队或个人整个赛季的获胜次数以及代表学校参加高级别的全国比赛、争取全国冠军的机会。这种优秀的学校体育计划不仅使参与体育的大学生从中获益，还能使杜克大学引以为荣，吸引更多的社会关注，吸引杜克大学的校友和其他朋友支持和关心学校的发展。

这个计划要求可以在较少的运动项目上获得优异的成绩。这也意味着不是所有参与体育的大学生都能得到运动员奖学金。

根据运动理事会和运动系主任的建议，大学行政管理机构在学校资金许可的范围内，通过建立和实施这些标准来决定哪些校际竞技体育项目应该增加，哪些应相应地减少。

杜克大学不设校代表队的预备队。

杜克大学在学生参与体育俱乐部活动上同样追求优秀。学校通过一项课外体育支持计划给大学生提供参加课外体育活动的机会。每一名大学生，不论他们运动能力的高低，都可以参与其中。这项计划包括给大学生提供体育活动的场地、器材，预防运动损伤，以及通过充足的资金保障来完善体育设施，为学生买保险，提供教练员指导等。

杜克大学的“优秀”在校内体育中意味着在学校范围内开展广泛的体

育竞赛活动。为大学生参加各项体育活动提供必要的场地器材，这些项目包括跑步、游泳、网球、高尔夫球以及其他各种运动。

三、行政管理职责

（一）校长贯彻校董事会的政策

校长通过管理手册来贯彻校董事会的政策。这些政策要求：

1. 建立大学生运动员入学和参赛资格的学术要求标准。

2. 贯彻、执行关于划分运动项目的标准和程序，即决定哪些运动项目应划分到下列范围：校际竞技体育计划，俱乐部体育计划。

3. 财政支持的计划、规则和重点。

（二）运动理事会

1. 构成

运动理事会由以下人员组成：

（1）主席，由校长在与学校学术理事会执行委员会协商后从员工中任命。主席将代表校长参加 ACC（大西洋海岸联盟）和 NCAA 的会议。

（2）五名员工成员，任期三年。由学校学术理事会执行委员会提名，校长任命。成员的权利期限是动态的，以保证每年任命一名成员。成员可以连任。一名成员将被理事会推选为副主席，这名成员最好在理事会中任职超过一年。

（3）校长在征求了学术理事会执行委员会的意见后，任命两名学校员工作为在校生学生主管（undergraduate deans）。

（4）校长在得到大学生运动员咨询理事会的建议后任命三名学生作为本理事会的成员。

（5）校长每年在岁末年初从学校的研究生院或职业学院中任命一名理事会成员。

（6）一名学生成员代表俱乐部运动理事会。

（7）三名校友，其中一名每年由校友会推选。校友成员任期三年，没有连任权。

（8）两名学校董事，任期两年，由学校董事会的主席推选，其中一人可以是退休人员。

（9）三名学校管理部门的代表，他们可以不是校员工的一员，每年由校长选拔。

(10) 校友事务处的主任是本理事会的秘书。

2. 委员会

(1) 学术委员会由以上 (1)(2)(3) 三款所选出的运动理事会中的全部学校员工成员组成，他们有执行和监督的职责，没有管理职责，没有管理大学生运动员奖学金、大学生运动员招生等职责。这些政策和职责由大学的教务长来制定。杜克大学的这些要求不会低于 ACC 和 NCAA 的运动员参赛资格的标准。本委员会每年都对大学生运动员的入学概况、班级表现和毕业率情况作出全面的分析。此外，委员会将重新审查可应用的政策。最后，委员会对大学生运动员学术支持项目做定期的检查。委员会应给教务长每年提供一份总结报告，报告中的内容也应包括在给校长的年终报告中。

(2) 运动理事会执行委员会将由校长指定，人员包括主席、副主席、秘书、一名附加的学校员工代表（他的任期将保持至少两年）、一名董事、一名学生、一名校友、一名学校管理部门的成员和一名学术院长 (academic Dean)。

(3) 检查委员会 (The Compliance Oversight committee) 的成员包括：理事会的主席、学校的注册主任、招生办公室主任 (the Director of Undergraduate Admissions)、学生经济资助办公室主任 (the Director of the Office of Undergraduate Financial Aid)、两名由主席任命的运动理事会成员。该委员会努力保证学校的体育工作完全在学校的掌握和控制之下。

3. 职责

运动理事会每学期至少开一次会。在休会期间由运动理事会执行委员会代行理事会权力。运动理事会应该：

(1) 促进杜克大学的员工和校园的其他人员更好地理解校际体育竞赛活动。

(2) 采用和保持严格的学术标准。

(3) 在每年的春季与运动系主任一起提出每年的体育经费预算报告，并向运动系主任提出在学校经费有限的条件下如何根据不同的目的合理地分配和使用经费的建议。

(4) 向校长推荐运动系主任的合适人选，帮助运动系主任选拔各运动队的主教练。

(5) 每年向校长汇报杜克大学竞技体育的地位和前景预期；每年重审学校体育政策手册的内容，并就需要更改的内容以书面形式呈送给校长。

(6) 与运动系主任一起共同监控学校的体育事务是否遵守联邦 9 号法令（Title IX）的条款。学校的律师对于学校是否遵守联邦 9 号法令的有关条款应负主要责任。律师要向运动理事会提出合理的建议。理事会主席向负责学校公平事务的副校长提出建议和意见。

(7) 审查学术委员会和检查委员会的报告并采取适当的行动。

(8) 向运动系主任提出有关体育活动的时间安排及给予优秀运动队或运动员适当奖励的建议。

(9) 与运动系主任协商后，决定哪些运动项目应成为参加校际体育竞赛的项目；倘若增加一个新的运动项目，那么它将取代现有的一个项目，或者资金的要求将会从学校经费预算中重新确定和划拨；与运动系主任协商后，决定哪些项目该从校际体育竞赛项目中退出并转入俱乐部体育项目。

(10) 在接受运动系主任的建议后，决定是否接受邀请参加季后赛、特殊节日比赛或其他常规赛之外的比赛。在决定前要征求运动队的意见。

(11) 向校长、教务长及其他有关的员工介绍参加校际体育竞赛的资格要求及经济资助奖励等情况。

4. 运动理事会成员的任期

运动理事会成员的任期将从 7 月 1 日开始。作为补缺进入的成员将任期至原成员的任期结束日。学生成员、系主任成员及校方管理人员的任期是一年。校员工成员和校友成员任期三年。学校董事成员任期两年。校员工、校友和董事成员的任期是动态的。主席的任期将由校长根据具体情况确定。

5. 运动理事会主席的职责

运动理事会只有一名主席，他由校长从学校员工中选择任命。这种任命是校长的唯一特权，他不需要校董事会的决定。然而，在选择运动理事会主席时，校长要与学校学术理事会执行委员会协商并听取他们的意见。在任命运动理事会的五名校员工成员时，校长首先要接受学校学术理事会执行委员会的提名。运动理事会主席的职责是：

(1) 主持运动理事会的工作并确保理事会有序、高效地运转；

(2) 就有关事务向校长提出建议；

（3）把运动理事会的功能和运动系主任的职责、义务有机地协调和衔接起来；

（4）在适当场合，主席作为校长的发言人对全体员工说明与体育相关的事项；

（5）在校长的授权下代表校长参加 ACC 和 NCAA 的有关活动，履行这些组织指定的“校员工代表”的所有职责；

（6）从运动理事会中获取信息和相关的建议并转达给校长；

（7）监控所有与体育有关的事务并有经常与校长讨论、协商应该引起校长注意的问题；

（8）和运动系主任一起共同处理双方共担责任的事务；

（9）确保运动理事会的报告能及时地传递给校长、教务长和其他相关人员；

（10）把与体育相关人员的问题报告给校长和运动系主任；

（11）向学校的员工，特别是校学术理事会，解释有关杜克大学的体育政策和行动。

（三）运动系主任的职责

运动系主任对校长负责，直接给校长汇报有关情况。他全面负责学校的竞技体育、俱乐部体育和体育系的工作。负责各级教练员的管理，负责为学校体育工作募集资金，维护和改善学校的体育设施，完成校长所指定的各项任务。

运动系主任的主要职责是保证学校竞技体育项目的诚实，严格遵守学校、ACC 和 NCAA 的规定，保证将所有违反规定的行为汇报给校长。

运动系主任不是运动理事会的成员，也不对运动理事会负责。运动系主任不给运动理事会汇报工作，但应经常与运动理事会主席交流情况。运动系主任可以根据要求参加运动理事会的常规或临时召集的会议，参加运动理事会各下属委员会的会议。运动系主任的职责还包括代表校长向运动理事会寻求建议，向运动理事会通告一切有关体育的行动。

运动系主任对运动系的财政预算负责，但学校董事会要求运动系主任和运动理事会一起审查体育经费预算，并充分考虑运动理事会关于资金如何在不同目的的体育项目中分配的建议，然后，运动系主任要将预算报告给运动理事会。

运动系主任负责向校长推荐各运动项目代表队的主教练人选。

运动系主任要遵守董事会的要求，听取运动理事会关于校际体育竞赛时间安排和运动队获得奖励等问题的建议。

运动系主任向运动理事会提出建议，由运动理事会决定是否接受邀请参加季后赛、特殊节日比赛或其他常规赛之外的比赛。运动系主任与运动理事会一起，负责向校长建议关于哪些项目应从校际体育竞赛项目中退出或增加的标准问题。

运动系主任的工作评价将从以下几方面进行：对运动系的管理情况；校际体育竞赛的诚实程度；校际体育竞赛代表队的学术表现；募集资金、吸引赞助以最大限度地减轻学校经济负担的能力；作为领导成员参与大学事务的程度。

（四）政策和程序

1. 招生

招生工作的重要性对于学校校际体育竞赛的成功来说是不言而喻的。招生的责任一直被赋予学校的教务长。个人的决定权委派给招生主管（Director of Undergraduate Admissions），他可以行使这种权力或委派给他的下级。

目前，篮球和橄榄球项目大学生运动员的招生直接由招生主管负责，而在其他项目上则由他的下属负责。

(1) 招生办公室关于大学生运动员的政策。

许多招生政策和程序适用于所有体育项目。而对于篮球和橄榄球项目，许多程序又是不同的。

① 适用于所有项目的政策：

a. 大学生运动员要有能力和良好的愿望努力学习，顺利毕业，否则不被杜克大学录取。招生主管或他的助手将根据自己专业的观点来决定大学生运动员的录取与否。

b. 一旦招生办公室作出了最终的决定，任何教练员无权申诉。

c. 与准大学生运动员的招生接触只能通过主教练或他的特定助手。

d. 根据要求，招生办公室将给准大学生运动员提供招生材料。

e. 如果准大学生运动员不符合 ACC 和 NCAA 的要求，他将不会被考虑录取。

f. 在招生办公室作出决定之前，任何人不能向准大学生运动员作出录取承诺。教练员在与准大学生运动员及其家长交流时必须诚实、直率。唯一有效的录取证件是招生主任签发的录取通知书。

g. 与准大学生运动员（有奖学金）的会面决定由教练员提前一周提出。这种会面通常在工作时间进行。

h. 在准大学生运动员被邀请参观学校之前，招生办公室通常要批准一个预期的信任状，除非这个批准被运动系主任放弃。

i. 与准大学生运动员接触的决定由招生办公室来作出。

j. 当对准大学生运动员的写作能力有疑问时，可以要求他们提交额外的写作材料。

k. 当招生办公室暂时地认为某一准大学生运动员有机会被录取为可以获得运动奖学金的大学生运动员时，教练员有责任告知招生办公室这名准大学生运动员的身份和特点。招生办公室通常在接到通知三天内给准大学生运动员写信告知他已被录取，同时要给教练员一个新的副本。

l. 录取通知中也必须告知准大学生运动员是否必须参加或建议参加特殊的夏季文化补习班。

m. 教练员将立即把带有运动员签名的奖学金通知送交到招生办公室。

n. 在每年夏初，招生办公室将向准大学生运动员所在的中学索要该生的成绩证明书。

② 橄榄球、篮球项目的实际管理和其他的例外情况：

a. 橄榄球和篮球项目将由三，（四）条款来管理，除非与以下政策不一致。

b. 在任何准大学生运动员申请提交给招生主任之前，他的证件材料应包括：

(a) 个人信息表。

(b) 正式的学业成绩证明。

(c) SAT 或 ACT 成绩。

(d) 高中法律顾问的报告或书信。

如果在准大学生运动员提供的档案材料里没有要求的推荐信或写作材料，招生主任也可以尝试性地考虑该生的录取与否。一旦招生主任认为该生可以被录取，那么在最终的录取决定作出之前，准大学生运动员有责任将档案材料补充完备。当准大学生运动员签署了一份奖学金时，教练员应立即将此情况通知招生主任。

c. 管理招生工作的标准为：是否申请的准大学生运动员能够并愿意在杜克大学完成学业。

d. 除非教练员认为该申请的准大学生运动员能完成学业，否则他不能提交该生的名字。

e. 如果招生主任要求，教练员将根据准大学生运动员的表现给他们排序。

③ 其他运动项目：

a. 这些项目将由三，（四）条款来管理，除非与以下政策不一致。

b. 在送招生主任之前，考生的申请材料必须是完整的，包括推荐信和写作材料。

c. 除了每一运动项目中有限的几个学校可“自由裁定的招生名额”（discretionary admits）外，其他申请作为大学生运动员参加大学校际体育竞赛的准大学生运动员都要符合学校正常的入学标准。根据招生主任或他的委派者的判断，那些所谓的“特招生”必须有愿望或有能力完成毕业所要求的学业，并能给杜克大学作出一定的贡献。

d. 每个项目“特招生”名额的确定由运动系主任和招生主任共同作出，同时还要征求运动理事会下属的学术委员会的意见。如果教练员提名的“特招生”的录取申请没有被批准，教练员可以再推荐一个替代者。如果一名排名靠前的“特招生”主动退出录取，那么第二年学校将给这个项目增加一个“特招生”名额。如果一名排名较落后的“特招生”退出录取，那么该项目的这个“特招生”名额将被学校收回，直到这名学生在通常情况下大学毕业的那一年度。

(2) 运动理事会在招生中的角色。

运动理事会下属的学术委员会有执行和监督的职责，没有管理职责，没有管理大学生运动员的奖学金、大学生运动员招生和运动奖学金等职责，这些政策和职责由大学的教务长来制定。

运动理事会学术委员会不负责大学生运动员的招生，也不会干涉整个招生过程。它每年将会对大学生运动员的招生和毕业率情况作出全面的分析，并向校长和教务长建议适当的改变和调整。所有的要求只能通过校长和教务长来实施。

为了方便运动理事会学术委员会作出更全面、更准确的分析，应建立以下程序：

① 根据运动理事会学术委员会的要求，招生办公室将为橄榄球、篮球运动员以及没有完成一个完备申请程序的其他项目的运动员建立双份档案。

② 在橄榄球、篮球项目招生期限结束时和每年的年终，招生委员会将给运动理事会学术委员会提交一份关于学校提供奖学金运动项目的大学生运动员资格证书（credentials）的报告。

③ 每年至少一次，学校注册办公室将向运动理事会学术委员会提供大学生运动员（获得学校奖学金）的学术成绩信息。这些信息将包括SAT、高中的GPA和杜克大学的课程记录及学分。

④ 这些信息是保密的。

2. 学术进步

杜克大学期望所有的大学生运动员都有优异的学术表现。这要求代表大学的大学生运动员首先要成为一名合格的大学生：能够满足学校的入学标准，能够向着获得学位的方向不断进步，能够保持与普通大学生同样的毕业率。

在杜克大学，一支运动队的优秀不仅表现在比赛场上的胜利，还表现在该运动队的运动员能够顺利的毕业，能够在其他领域体现良好的品质。比赛胜利和学术诚实是杜克大学体育运动追求优秀的关键性的两大因素。

学校必须严格遵守NCAA的规定，学校的注册主任负责保证大学生运动员的参赛资格。

3. 助学金资格

(1) 最初的颁发。

助学金由在校生经济资助主任根据教练员的推荐颁发，运动系主任在实施和贯彻有关规定方面负有首要责任，他要负责执行学校、ACC和NCAA的有关规定，学校规定的获得奖学金的资格要比NCAA和ACC的规定要求更加严格，具体操作过程中，学校的规定将起主导作用。学校对各类助学金的颁发规定如下：

① 学生的行为必须与良好的体育精神相符合，遵守杜克大学共同标准和在读大学生法律条款。

② 学生必须完成杜克大学对每名学生的学期学术要求。

③ 学生必须遵守杜克大学对竞技体育活动的有关规定，包括参加队伍会议、训练准备、训练实践和校际竞赛。一名自愿离开运动队的学生将失去运动奖学金。

④ 学生不得服用合成类固醇类、镇静剂等违禁药物以及 NCAA 明令规定禁止使用的各种药物。

(2) 更替性。

获得助学金的资格不是永久的，而要经常进行更新和重新评选。如果教练员企图为运动员申请永久助学金，他必须向运动员提供明确的不含任何私念并注明其可能获得永久奖学金的书面提示，并表明其行为的原因。书面提示必须在作出决定前提供，以便大学生运动员能充分理解教练员和运动系主任在书面提示中表达的思想。

当教练员和运动系主任最终作出提供永久助学金的决定后，运动系要准备一份关于提供永久助学金的专门书面报告，书面报告中应详细陈述颁发的理由。在运动员收到正式的通知前该报告应首先送到运动员手中。该文件的一个复件将送交运动理事会主席。

(3) 申诉程序。

提供永久助学金的决定也许会带来诉讼。学生向校员工运动代表提出申诉时将成立一个申诉委员会。申诉委员会由学术和管理服务机构的副主任组成，并领导该委员会。委员会成员包括大学生经济资助主任、三位教职工代表或运动理事会的学术主任、理事会的两位学生成员。处理程序由学术和管理服务机构副主任通知申诉学生。

如果大学生运动员提出对改变其助学金的申诉，运动系需向申诉委员会提供详细解释，并回答申诉学生的提问。运动系有责任对申诉人提出的新话题予以答复。

在考虑诸如此类的申诉时，委员会将会着重考虑：

① 运动系没有权力每年改变助学金的授予和颁发。

② 改变最初获得过助学金的大学生运动员的助学金是学校的正常工作。

在作出决定的过程中，委员会将按以下程序作出决定：

① 事实依据是否充分，教练员或运动系是否就此问题与大学生运动员有充分的交流。

② 要求是合理的还是随意的，或者是反复无常的，该要求是否有利

于运动队的建设。

根据委员会的判断，如果已经履行了应有的程序，运动系的决定应该得到支持。如果没有履行应有的程序，委员会将作出更改助学金的决定。

4. 药检政策

杜克大学禁止大学生运动员使用任何 NCAA 禁止使用的违禁药物。NCAA 要求每一名大学生运动员接受药检，杜克大学支持 NCAA 的规定并要求大学生运动员接受药检：

(1) 遵守 NCAA 的规定。

(2) 作为学校赞助随机测试计划的一部分。

(3) 当教练员或运动系主任有证据表明大学生运动员使用了禁药。

如果大学生运动员拒绝药检或药检呈阳性将被禁止代表学校参加比赛和训练。大学生运动员还将受到额外处罚，包括在后续学期将失去与运动有关的经济资助。如果对减少或取消其经济资助的决定不满，大学生运动员可以提出申诉，申诉委员会将接受申诉。所有的检测按合同由私人服务机构提供。

杜克大学为大学生运动员提供药物咨询和有关帮助，运动系设有专门机构为大学生运动员提供私人咨询，包括药物知识和学校违禁药物恢复资助计划。

如果违禁药物使用现象再次发生，并且这名大学生运动员自愿寻求关于解决药物问题的帮助，运动系的主管部门有责任帮助大学生运动员。此行为应引起运动系主任的高度关注，运动系主任应根据自己的判断决定是否为一个重复使用违禁药物者提供费用，以及是否允许该大学生运动员代表学校参加比赛，是否通知教练员，是否给予其相应的处罚，包括在后续学期是否取消对其经济资助。

运动系的每位管理人员和其他雇员应通晓药物使用的知识，向运动员、教练员、系主任提供相关知识是他们的一项重要职责，杜克大学向每位大学生运动员提供关于药物使用的手册。

5. 大学生运动员遭受不公正待遇政策

无论何时，如果一名大学生运动员感到正遭到教练员的错误或不公正待遇，杜克大学提供解决此问题的途径和程序。该过程不会干扰教练员的训练和职位，只是为感到正遭受严重错误对待的大学生提供一条解决问题的途径。该程序包括三个步骤：

（1）学生可以和教练员就其关心的问题进行交流。

（2）如果学生感觉与教练员交流的结果不佳，他可以申请举行与教练员及其他两名运动指导者共同参与的联席会，运动系主任将仔细评估会谈的结果，包括建议、解决问题的方法和已经达成的结果。

（3）如果第二次会议仍然没有解决争端，学生可以向全体教职工运动代表申请举行听证会。如果教职工代表认为学生申诉应予以支持，将召集举行由运动理事会成员组成的专门小组会议，专门小组将作出解决争端的最终决定。

6. 体育俱乐部政策

体育俱乐部是为了和其他具有相似利益的俱乐部或组织进行比赛和竞争而组成的集合体。

超过六所俱乐部可成立 II 类俱乐部，分类的标准由杜克大学体育俱乐部理事会手册确定。各个俱乐部成立的目的各异，从竞赛到娱乐，包括以各种不同的方式与其他俱乐部进行竞赛活动。体育俱乐部由学生发起并由学生管理。志愿者教练员无偿提供服务，II 类俱乐部的教练员可以提供报酬。

一个指定的负责人承担监管每项俱乐部活动并向运动系主任或他指定的负责人递交报告。行政主管应该支持俱乐部领导和指导者的工作，经选举产生的杜克大学学生或教师代表在每一个俱乐部进行监督工作。俱乐部指导者和领导者的选举应给予特别的关注，以保证选举出的人选具有熟练的技巧和经历。当候选人为学校的教职工或雇员时尤其要引起关注。

行政主管应该定期检查俱乐部的活动开展情况，特别是一些可能引发严重受伤事件等的危险行为。他应该准备一份包括对指导者和负责人的工作评估以及伤害事故发生率的报告，对所有俱乐部的评估要有明确的时间表。在任何时候，行政监管员认为伤害事件过多或指导者和领导者缺乏专业技能及类似的原因，监管员将建议撤销学校对该活动的资助。资助的撤销由运动系主任在考虑监管员和参与此活动的学生的意见的基础上作出。

所有俱乐部活动参加者必须证明自己已经购买了意外和医疗保险或等同的健康保险。参加跳伞运动和橄榄球项目的参加者必须购买额外的医药保险，这不包括直接由航空或有组织的橄榄球比赛造成的伤害。

众所周知，学生成员是俱乐部活动的参与主体，他们有责任选择教师、教练员和指导老师，服从行政监管人的决定。该项规定并非企图由行政主管替代学生领导者。

俱乐部体育，包括Ⅱ类俱乐部体育必须遵守杜克体育俱乐部理事会手册并在体育俱乐部、校内等范围内与有关解释相符合。

7. 季后赛

在收到运动系主任的建议后，运动理事会负责季后赛邀请的受理，通常，这些邀请应该被接受，只要符合下列条件：

（1）没有对学术计划的不良干扰。

（2）参加此项活动不会给学校声誉带来消极和负面影响。

（3）不会给学校造成财政负担。

8. 考试期间的比赛

通常，在考试期间不允许举行体育竞赛。运动理事会根据判断，可以依据比赛的重要性以及可供选择的考试替代方案而作出例外的决定。

通常，学校可以允许队伍在考试期间参加 NCAA 锦标赛。一旦参加季后赛的消息被确认，应及时通知运动理事会主席。运动系要向教务处长办公室提供包括所有参赛运动员的名单。每名大学生运动员要重新安排考试时间。如果需要，教务处长办公室将向学生主管通报由于其参加竞赛而免除其正常参加考试的决定。

9. 赛季外比赛

如果教练员通过运动系主任请求运动理事会参加赛季以外的竞赛，理事会将在收到运动系主任的建议和队伍的申请后作出是否允许参赛的决定。通常如果比赛不影响学生的学业，有利于队伍建设，又不会增加学校的财政负担，一般会予以批准。

10. 校际体育标准

按照董事会的政策声明，运动理事会负责制定杜克大学校际体育竞赛计划。在作出决定的时候，运动理事会要在 ACC 和 NCAA 的规定框架内制定制度。ACC 规则要求所有成员必须参加橄榄球、男女篮球、女子足球和女子排球等四个项目的比赛。NCAA 的 I 级成员学校要求最少参加七个男子项目和七个女子项目，或者六个男子和八个女子项目的比赛。杜克大学目前建有 27 个参加校际体育竞赛的运动队，其中男队 13 支（包括篮球、足球、网球、高尔夫球、游泳、击剑、越野跑、室内赛跑、室外赛跑、橄榄球、棒球、摔跤和长曲棍球)。

校际体育的管理必须遵守以下基本要求:

(1) 体育运动要能引发来自学生主体自身和学校校友、朋友的积极态度和兴趣。

(2) 体育运动不仅能反映杜克大学久负盛名的体育传统,而且能体现杜克大学独一无二的特色和学生的天赋。

(3) 体育运动提供广泛参与和(或)实现个人成就的机会。

(4) 体育运动将为杜克大学提供间接的公共利益。

(5) 杜克大学将在托管委员会制定的财政参数的范围内对体育运动给予适当的支持,如果超出学校的财政能力,必须缩减开支。

(6) 体育运动应该有一个既可行又富有竞争性的发展时间表。

除非一个已存在的项目被取消或得到托管委员会的许可,不得设立新的校际体育项目。任何新的体育项目的增加应该提供四个或更多 ACC 成员参赛的机会,从而允许作为联盟锦标赛的项目。运动理事会将定期审查校际竞技运动计划以确保与指导方针相符合,并考虑其他要求提升到校际体育竞赛项目地位的请求。

此外,委员会政策体现了杜克大学的主要目标:“优秀,参加者令人信服的学术水准,对体育精神的奉献和公平竞赛,个人和队伍技巧的发展,奋发努力,取胜的信念,以及此类行为给学校带来的良好信誉。”

11. 资助政策和程序

从 1998—1999 学年开始,学校给运动系提供 146 个全额助学金。全额助学金包括以下内容:

(1) 学费——三位一体的学费。

(2) 宿舍——带空调。

(3) 伙食——执行最高膳食补贴。

(4) 零用开支。

(5) 健康费。

(6) 课本和生活日用品补贴。

(7) 其他要求的各种费用。

以上名额限制并非一成不变,而是会出现变化。杜克大学的助学金数额超过了 146 人的规定,但是不超过 220 人,专门面向运动系的捐款基金将支撑和维持额外的助学金。助学金在不同运动项目之间的分配由运动系主任决定。

从 1998—1999 学年开始，运动系主任将保留一些有益的助学金项目实施计划：

运动系每年将提供 20 万美元的女子奖学金，另外 30 万美元将用于大学生运动员能力的开发和提高。

如果运动系实施了不受欢迎的助学金计划，将被要求收回储备基金以取消不合理的计划。

这个措施提供给托管人和其他所有团体一个明确的来自学校对运动系助学金数量的有关规定。该方法为提高捐款基金资助运动奖学金的金额清除了障碍。最终，该措施确立了来自学校的奖学金数量的上限。

12. 教练员的选拔和留用

不同项目的教练员由运动系主任在和大学校长磋商后任命。橄榄球和篮球教练员则由大学校长在考虑运动系主任的推荐意见后予以任命。

运动系主任在挑选主教练时将获得管理者、教工和其他专家的帮助。运动系主任可以根据自己的判断任命一个调查委员会，该委员会中至少应有一名教工成员。为防止该委员会流于形式，至少应有一名教工，通常是运动理事会的主席，将直接向运动系主任提供建议。橄榄球和篮球队教练员的任命在最终决定前应由运动理事会进行磋商。

按照一般程序，运动系主任对主教练进行全面考查，然后向校长陈述其结论和推荐意见。运动系主任可请求召集运动理事会会议，并听取意见和建议。

助理教练员由系主任根据主教练的推荐后任命。助理教练员应和主教练及运动系主任之间保持良好的关系。

教练员盼望带着尊严和诚实代表学校出战。熟悉所有大学的情况、ACC 和 NCAA 规章和标准是教练员自己的个人责任。

13. 运动系主任的选用和审查

运动系主任的选用由校长和托管机构负责，校长在作出决定前要事先与运动理事会的成员进行磋商。

校长将审查运动系主任每年的业绩，也可能搜集运动理事会以及其他与考查相关的内容。

如果校长同意，可以成立专门的考查委员会。校长将同运动系主任讨论所有的考查结论。

14. 伦理行为准则

运动系道德规范在每年的教练员合同上都有总结和概括。教练员通过签订合同表明他们对这些基本原则的认识。“大学可以在渎职事件发生、违反学校规章制度、给学校造成不良影响或违反 NCAA 和 ACC 的规定时中止与其的雇用关系。”除此之外，NCAA 规定了明确的伦理行为准则，这些原则为：

(1) 一个成员学校的管理者、教练员和所有大学生运动员，在任何时候都应该诚实和富有体育精神，使大学校际体育无论作为一个整体或个人都代表着公平竞赛的诚实和尊严以及健康竞赛的高标准。

① 大学生运动员和员工的下列行为被认为是违反道德规范的：

a. 当 NCAA 或单个协会要求调查可能的违纪行为时，拒绝提供违反 NCAA 规定的信息。

b. 卷入制造虚假的学术信誉或虚假的大学生运动员身份证明。

c. 涉嫌向将要入学或一个已注册大学生运动员提供不恰当的诱惑或利益。

② 大学生运动员违反上述规定，在 NCAA 资格委员会恢复其运动员资格前，将被取消其参加校际体育竞赛的资格。教职工违反规定将按照学校和 NCAA 的有关程序执行。

(2) 一所成员学校的运动系全体成员不得接受任何补偿和赠物，无论直接还是间接。

(3) 成员学校全体教职工和联合会其他服务人员或顾问人员不得直接或背后使用联合会的名称。

(4) 运动系的所有成员不得直接或间接地有意参加未经联合会意外时间委员会批准的任何包括大学生运动员全明星竞赛活动的管理、指导、执行、监督、队员选拔等各项活动。

(5) 一所成员学校的运动系教职工不得直接或间接在运动员交易市场或职业队或职业体育组织中代表大学生运动员进行推销，不得为提供此类服务收受任何补偿或赠物。

(6) 学校和教练员的合同中必须明确规定试用期限，试用期内没有报酬。或者规定一旦发现教练员有意或严重违反 NCAA 有关规定的行为，学校将中止合同。

运动系主任有责任让教练员明确学校在这些指导思想框架下的各项基本主张。

15. 学校对外代表

运动理事会主席是学校在 ACC 的代表。运动理事会主席和运动系主任以及其他由校长任命的专门人员代表学校参加 NCAA 的有关会议。校长则行使在 ACC 和 NCAA 中更高层次的职权。

16. 基金

所有来自校际体育竞赛的基金由学校财务统一管理。

17. 第 8 学期后参加校际体育竞赛的管理规定

(1) 政策说明。在杜克大学学习 8 个学期后，大学生运动员可以继续参加校际体育竞赛，但必须满足下列条件：

① 符合 NCAA 规定，具有大学生运动员资格。

② 大学生运动员必须有好的学术水准并在迈向完成学位的路上已经取得了长足的进步，符合杜克大学对普通大学生的一致要求。

③ 大学生运动员在第 8 学期后参加比赛必须提出申请并得到教练员、运动系主任、运动理事会学术委员会的同意和批准。

④ 大学生运动员在第 8 学期后必须修至少两门课程。

(2) 程序。在大学生运动员的第 7 个学期的 12 月 1 日前，如其希望参加第 8 学期后的比赛，必须提交申请，并将申请交至教练员处。

如果教练员同意了该请求，他必须签署书面意见并将报告转交运动系主任。运动系主任在接到报告的同时也要向运动理事会学术委员会呈送同样的报告，以获得最后的审批。

(3) 权利和责任。

① 大学生运动员：

大学生运动员只要能够提供符合条件的证明，并认为参加比赛符合其根本利益，有权在第 8 学期后要求参加校际体育竞赛并继续保留其运动奖学金。

② 教练员：

教练员在考虑队伍利益的前提下，有权决定一名大学生运动员在 8 个学期后是否可继续参加校际体育竞赛。

③ 运动系主任和运动理事会：

运动系主任和运动理事会具有审核权，主要目的是通过行使职权以支持大学生运动员能够自愿参加 8 学期以后的比赛，同时要确保不因大学生运动员学习年限延长影响其学术进步和技能提高，或给其造成不良影响。

18. 代表队奖励标准

（1）奖励内容。

① 一年级：夹克衫

② 二年级或三年级：证书

③ 高年级：戒指

（2）奖励标准。对每个代表队的奖励要根据主教练的决定来实行。标准要经运动系主任、运动系副主任或助理，或运动理事会主席进行审查和审批。

第五章　体育竞赛财政状况

体育竞赛营销是体育产业的重要组成部分，是美国大学竞技体育持续发展的基础。体育与商业的依存关系，奠定了美国大学体育商业化的特点。在美国对大学体育存在一些争议，其中焦点之一在于美国大学体育产业组织和大学体育的财政问题。但争论的目的不是否认大学体育的产业化和商业化运作模式，而是对其具体政策的部分批判与质疑。

对于美国大学体育而言，企业资助是其资金来源的一个重要渠道，特别是在Ⅰ级，企业的赞助尤为重要，在Ⅰ级的各联盟中，每个联盟都有4~8个数目不等、相对固定的赞助商，如十强联盟（Big 10 Conferences）就有Dr Pepper / Seven Up、Chick-fil-A、Cooper Tire、Mbna、Gatorade、ConocoPhillips、Sbc等众多商家赞助，十强联盟内部的密歇根大学（University of Michigan）与耐克公司之间的协议，协议期限为7年，赞助资金700万美元，赞助项目包括为密歇根大学22个球队提供运动鞋和运动服装；为体育系赞助75000美元现金，为体育新闻专业的学生提供为期一年的奖学金；为两个女子项目设立奖学金等。

各大学通过注册大学商标和标识，销售各自的商品。据报道1996—1997年美国大学生体育联合会的专利费收入高达1390万美元。1988年美国大学足球协会所属的63所会员学校与美国两家转播体育比赛比较有影响的电视台（CBS和ESPE电视网）签订了为期四年、金额达7100万美元的转播合同，NCAA与CBS签订了3届大学生体育联合会篮球冠军赛的转播合同，每年CBS向NCAA提供5530万美元的电视转播费。

成熟的商业运作和产业运作，使美国大学竞技体育能获得持续发展和不断壮大的雄厚资金支持，这也是其能保持竞技运动高水平的物质保障之一。

第一节　财政收入

根据 NCAA 2002 年 8 月 31 日—2003 年 8 月 31 日财政收入预算统计，电视转播收入高居榜首，费用达 3.7 亿美元，占总收入的 87.63%；第二项大的收入是锦标赛，总收入 38233000 美元，占全部收入预算的 9.05%。授权或转让、调查、销售、服务等收入全部加在一起，只占总收入的 3%左右。具体财政收入见表 3-32、图 3-21。

表 3-32　NCAA 2002 年 8 月 31 日—2003 年 8 月 31 日财政收入预算

项目	2002—2003 年财政收入预算(美元)	占总收入的比例(%)
电视转播	370000000	87.63
锦标赛		
I 级男子篮球	25400000	6.02
I 级其他项目	12128000	2.87
II 级锦标赛	440000	0.10
III 级锦标赛	265000	0.06
锦标赛总收入	38233000	9.05
授权或转让	3300000	0.78
调查	7240000	1.71
销售、服务、相关费用	3460000	0.82
NCAA 总收入	422233000	100

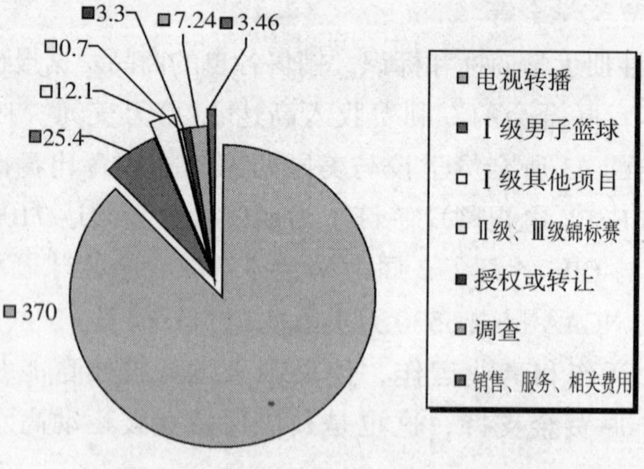

图 3-21　NCAA 2002 年 8 月 31 日—2003 年 8 月 31 日财政收入预算（单位：百万美元）

为不断挖掘 NCAA 的经济价值和社会价值，进一步提升 NCAA 的地位和影响，不断增强经济实力，NCAA 在提高其财政收入方面具有明确的发展规划。根据 NCAA 2002—2007 财政收入五年规划，在 2002 年至 2007 年的五年间，将以年均最低增长 7.3%以上的预期速度使 NCAA 在 2007 年的财政总收入预算达到 562238000 美元的水平，较 2002 年增长 29.69%（表 3–33）。

表 3–33 NCAA2002—2007 五年财政收入预算计划（单位：美元）

年度	预计收入总额	较上年度预期增长率(%)	累计增长率(%)
2002－2003	422233000		
2003－2004	453479000	7.40	7.40
2004－2005	487083000	7.41	14.81
2005－2006	522736000	7.32	22.13
2006－2007	562238000	7.56	29.69

第二节 财政支出

根据 NCAA 2002 年 8 月 31 日—2003 年 8 月 31 日财政总支出预算统计，其中用于 I 级的支出金额最多，为 297378000 美元，占总支出的 70.43%，可见 NCAA 对 I 级的重视程度。II 级和 III 级总支出分别是 18452000 美元和 13427000 美元，占总支出的 4.37%和 3.18%，其他支出见表 3–34 和图 3–22。

表 3–34 NCAA 2002 年 8 月 31 日—2003 年 8 月 31 日财政总支出预算

支出	2002—2003 年财政支出预算(美元)	占总支出的比例(%)
I 级总支出	297378000	70.43
II 级总支出	18452000	4.37
III 级总支出	13427000	3.18
大学生运动员福利、青年计划和各项服务总支出	18739000	4.44
成员学校的计划和服务总支出	36205500	8.57
非常规支出	7000000	1.66
管理、委员会支出	4032000	0.95
管理服务支出	24577500	5.83

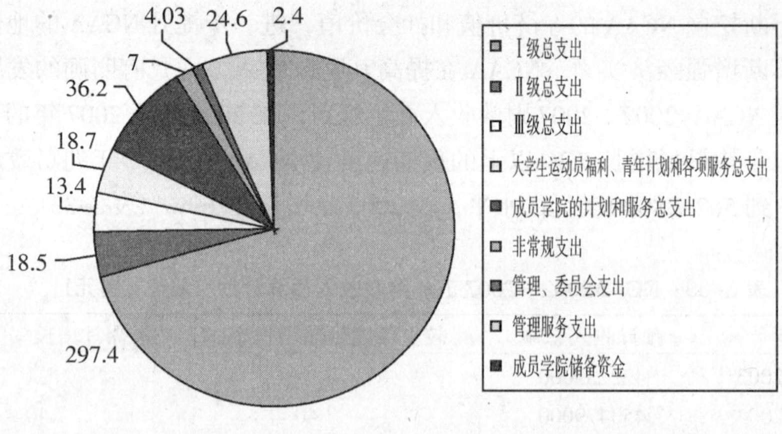

图 3–22　NCAA 2002 年 8 月 31 日—2003 年 8 月 31 日财政支出预算（单位：百万美元）

在 NCAA 2002 年 8 月 31 日—2003 年 8 月 31 日财政总支出预算中 70.43%的费用用于Ⅰ级成员学校。其中用于Ⅰ级成员学校支出的为 245026000 美元，占总支出的 58.03%，用于Ⅰ级锦标赛支出的为 50892000 美元，占总支出的 12.05%，其他支出为 1460000 美元，占总支出的 0.35%（表 3–35）。

表 3–35　Ⅰ级学校财政支出预算

Ⅰ级分配及支出	2002—2003 年财政预算（美元）	占总支出的比例（%）
分配给Ⅰ级的成员：		
体育运动计划	195000000	46.18
大学生运动员计划	44209000	10.47
联盟计划	5817000	1.38
Ⅰ级成员学校支出总数	245026000	58.03
锦标赛分配：		
男子篮球		
比赛费用	5460000	0.29
交通费用	10411000	0.47
其他项目		
比赛费用	8160500	1.93
交通费用	26860500	6.36
Ⅰ级锦标赛支出总数	50892000	12.05
Ⅰ级其他计划		
篮球辅导	550000	0.13
锦标赛推广	910000	0.22
Ⅰ级其他计划总支出	1460000	0.35
Ⅰ级总支出	297378000	70.43

在 NCAA 2002 年 8 月 31 日—2003 年 8 月 31 日财政总支出预算中 4.37%的费用用于 II 级成员学校。其中用于锦标赛支出 2232000 美元，占总支出的 0.53%；用于锦标赛交通费用 9925000 美元，占总支出的 2.35%；用于推广资金 3900000 美元，占总支出的 0.92%；用于计划及其他支出 2407000 美元，占总支出的 0.57%；用于锦标赛及计划支持 214200 美元，占总支出的 0.05%。II 级学校支出预算超出拨款的 0.05%，这些费用由 II 级储备资金支出（表 3-36）。

表 3-36　II 级学校财政支出预算

II 级分配与支出	2002—2003 年财政预算（美元）	占总支出比例（%）
锦标赛支出	2232000	0.53
锦标赛交通费用	9925000	2.35
推广资金	3900000	0.92
计划及其他支出	2407000	0.57
锦标赛及计划支持	214200	0.05
II 级储备资金支出	(226200)	−0.05

根据 NCAA 2002—2007 五年财政总支出预算规划，从 2002 年至 2007 年，财政支出预算将以每年平均 4.25%的速度增长，低于财政收入预算最低年均 7.32%的增长率，预期至 2007 年财政支出预算将达到 111673000 美元，较 2002 年增长 17%（表 3-37）。

表 3-37　NCAA 2002—2007 财政支出预算五年规划

年度	预计支出总额（美元）	较上年度预期增长率（%）	累计增长率（%）
2002－2003	94546000		
2003－2004	98564000	4.25	4.25
2004－2005	102753000	4.25	8.50
2005－2006	107120000	4.25	12.75
2006－2007	111673000	4.25	17.00

按照NCAA的财政预算规划，2007年NCAA盈余将达到450565000美元，届时其影响力和经济实力将得到进一步的提升和增强，从而为美国大学竞技体育的发展提供更加坚实的服务和管理基础。依据NCAA有关规定，其盈余部分的60%左右将分配给各成员学校，以促进各成员学校进一步发展和开展大学竞技体育活动。

第三节　美国高校体育产业简况

美国是世界上商业化高度发达的国家，在美国，政府对竞技体育几乎没有直接投资，竞技体育特别是职业体育的发展和生存几乎完全依赖市场来支撑和维系，从而催发和造就了高度商业化的美国体育产业。如世界知名的体育用品制造商耐克公司1998年总收入达到95亿美元。在美国体育产业被认为是第十一大产业，根据《体育经营杂志》报道，1998年体育经营产业的价值已达3240亿美元。美国体育产业的高度商业化主要表现为：

首先，有成熟的体育市场开发体系和生产经营的高度市场化。美国体育产业主要包括体育健身行业、体育用品业、体育博彩业、体育广告业、体育竞赛转播权出售以及体育标志性产品的经营开发等。

其次，政府对体育产业提供一定的优惠政策。美国政府对体育运动的发展不直接提供经费，而是主要通过税收方面的优惠政策，为体育发展提供间接的财政支持。对各类体育组织，国家奥委会以及向体育组织提供捐赠资金的公司、个人，政府也给予税收优惠。另外，对提供给体育组织使用的体育器材和设备，其中包括进口器材和设备，实行免税政策。

第三，体育商业化运作有较好的社会环境。一方面表现为市场需求环境。在美国，个人投资于自身的健身运动或职业运动的观念深入人心。随着物质和文化生活水平的提高，人们对健身运动、闲暇活动、大众化体育的需求日益增长，围绕这方面需求的投入也越来越多。这种市场需求的拉动，从根本上刺激了用于提供体育的劳务产品、物质产品、信息产品及其他相关产品的整个体育产业的发展。另一方面表现为良好的投资环境。在美国，各种各样的体育设施和场馆遍及城乡社区，为相关体育消费的投资奠定了良好的基础与条件；活跃在非赢利机构的众多志愿者，以及大大小小、星罗棋布的体育俱乐部的参与和推动，为体育运动的开展注入了活力；众多与体育经营相关的中介机构的产生与运作，强化了体育的市场化氛围，推动了各种体育活动的商业化运作。

大学竞技体育作为美国竞技体育开展的主体阵地不可避免地受到生存环境的直接影响和制约，具有浓厚的商业化和产业化色彩。高度发展的高校体育产业为美国高校竞技体育的发展提供了坚实的物质保障和生存基础，是美国高校竞技体育可持续发展的源泉和动力机制。

NCAA 为提高自身的市场和商业价值，依托其高水平的竞赛，制定专门的市场培育和开发计划，比如围绕 NCAA 冠军赛的合作伙伴和 NCAA 合作伙伴。众多国际知名的企业财团纷纷加入合作伙伴行列，采用不同的形式赞助 NCAA 的各项赛事，只有成为合作伙伴的企业或财团才能经 NCAA 授权使用 NCAA 的各种注册商标。

1997 年，NCAA 和它的成员学校创造了 35 亿多美元的总收入。仅 I-A 就创造了 20 多亿美元，这些收入差不多是 1989 年创造的 10.7 亿美元收入的两倍。主要大学的橄榄球队教练员，比如佛罗里达大学的史蒂夫·斯帕里尔，田纳西大学的菲利普·富尔默，他们在年薪超过 100 万美元时成了头号新闻人物，因为这使他们成为大学和州工资最高的雇员。教练员们经常通过体育比赛、媒体亮相以及与运动服装公司签订合同而获得额外收入。CBS 为获得 1995—2002 学年 NCAA 甲组篮球联赛的电视转播权，支付了 17 亿美元，并正在协商支付令人震惊的 60 亿美元来获得 11 年的合同延长期。在大学主要体育项目方面获得较少赞助的大学之一——华盛顿州立大学报道说，在 1997—1998 学年，其大学校际体育收入为 1540 万美元。

美国大学体育竞赛通过门票销售和电视转播每年创造了远高于 10 亿美元的收入，仅 1998 年度橄榄球季后赛就独自创造了 1.4 亿美元的收入。据报道，NCAA 有超过 40 个项目创造了远高于 1000 万美元的年收入。一支获胜的篮球队或橄榄球队能提供足够的收入来资助大学全部体育项目。

大学体育是一个赚钱的、正在成长的产业，但它不是秩序井然的。有关运动员获得现金报酬、汽车、免费票和伪造的大学学历的报道是很普遍的。1977—1985 年，在每人得到了 3.5 万~4 万美元的情况下，一些橄榄球运动员加入得克萨斯基督教大学。1998 年，得克萨斯基督教大学的前办公室主任承认，在 1993—1998 年间为 20 名篮球运动员完成 400 多份课程作业。1998 年 3 月 8 日，NCAA 要求新入学运动员满足最低的 SAT 或 ACT 分数的 16 号提案被认为具有歧视性。1995 年，一位联邦法官判决 NCAA 必须取消自从 1991 年起实行的助理教练收入的限制。作为最后的调节方案，NCAA 同意向受该规则影响的近 2000 位助理教练支付约 5450 万美元补偿金。

在美国，大学体育一直存在争论，运作大学体育项目的大学是卡特尔（Cartel）成员，而 NCAA 是这个卡特尔的管理者。卡特尔是一群竞争者的联盟，它们通过共同协商个体行为，遵守规则和给卡特尔成员带来经济利益的活动，来抑制经济竞争。正如沃尔特·拜尔斯（Walter Byers，1951—1987 年 NCAA 的执行总裁）所描述的：NCAA 是一个由没有获利能力的各院校联合获取最高的资金回报的卡特尔。各个 NCAA 的成员会通过各种方式来规避联盟规则并设法增加其经济利益。对天才中学生的争夺就包含一定的经济目的。但出于对整个组织的维系，各种利益的争夺被限定在一种动态的平衡之中。

NCAA 创造了庞大的规则体系，这些规则都直接与新运动员的招募与报酬挂钩，其目的在于控制大学体育的投入成本。NCAA 宣称，其制定的规则增强了对招募新运动员的控制，提高了竞争的均衡性；通过部分垄断策略来减少运动员的重复招募费用，进一步缩减招募新运动员的总费用；同时 NCAA 还严格限定运动员的报酬，在业余体育的框架下，运动员的报酬要与其对院校的贡献挂钩。

NCAA 认为，业余是其销售的产品的基本特点，而这些报酬规则对于将大学体育的商业化程度减至最小是必要的。尽管如此，NCAA 并没有禁止其他的竞争性和商业性的活动，各大学提供给运动员奢侈的体育馆、训练设施、拥有加锁橱柜的房间，特别是设备齐全的运动员宿舍。顾客青睐于大学品牌服装、录像、商标和广告。通过体育馆公告牌、记分牌上的电子广告、橄榄球季后赛的赞助商、队服上的商标，以及专有服装和设备合同，商业利益不断被挖掘出来。看起来，只有运动员得不到大规模的大学体育收益。

NCAA 和 NAIA（全美大学生校际体育协会）是管理男、女校际体育的两个组织，美国的大学一般属于这两个组织中的一个。但是，所有大学中规模较大的体育项目都属于 NCAA。通过对 NCAA 橄榄球项目 1978—1998

年观众人数的统计，可以清楚地看到，美国大学校际体育竞赛拥有庞大的观众群体，群众基础十分雄厚。I-A 院校橄榄球每场比赛有数万名球迷到场观看，其最高记录是密歇根大学 1998 年平均每个主场比赛拥有 110965 名球迷到场观看比赛（表 3-38）。

I-AA 平均观众人数为 10000 人左右，其记录是南佛罗里达大学 1998 年平均每个主场比赛 27143 名观众（表 3-39）。

II 级成员学校每个主场比赛平均拥有 5000 名或更少的观众（表 3-40）。

III 级成员学校平均每场比赛拥有约 2000 名观众（表 3-41）。

表 3-38　NCAAI—A 级橄榄球比赛观众人数表

年份	球队数量	观众总人数	每场比赛观众人数
1978	139	25017915	32407
1983	105	25381761	42162
1988	104	25079490	41454
1993	106	25305438	41281
1998	112	27674217	42510

表 3-39　NCAAI-AA 级橄榄球比赛观众人数表

年份	球队数量	观众总人数	每场比赛观众人数
1978	38	2032766	10113
1983	84	4879709	10844
1988	88	4801637	10326
1993	115	5356873	8599
1998	119	5555862	8805

表 3-40　NCAAII 级成员学校橄榄球比赛观众人数表

年份	球队数量	观众总人数	每场比赛观众人数
1978	103	2871683	5544
1983	122	2705892	4429
1988	117	2570964	4493
1993	142	2572053	3582
1998	149	2443660	3271

表 3-41　NCAAIII 级成员学校橄榄球比赛观众人数表

年份	球队数量	观众总人数	每场比赛观众人数
1978	204	2447366	2629
1983	194	1849902	2069
1988	215	1871751	1883
1993	197	1636270	1752
1998	215	1817339	1790

总之，就像费莱舍（Fleisher）等人所说的：“就所有实践性目的而言，今天 NCAA 领导和控制着所有主要的可以产生收入的大学体育活动。”

综上所述，NCAA 已经建立起了一套完善的大学竞技体育商业运作机制。尽管业余性是 NCAA 坚持的基本原则之一，但 NCAA 各成员学校创造的收入、训练与比赛条件、高水平教练员的薪水都能与职业体育相提并论。只有大学生运动员是真正的业余身份。NCAA 通过商业运作获取的资金被源源不断地注入美国大学竞技体育的躯体，使美国大学竞技体育获得了可持续发展的坚实基础。美国大学体育之所以能够繁荣发展，从根本上说是因为完善的市场化运作机制为大学体育的发展创造了良好的外部环境，而专业化的人员体系为运动员和运动队的健康成长提供了坚实的保障。可以说，市场化与专业化是美国大学体育产业发展的两个必要条件。

第四节　美国大学内部竞技体育财政状况

美国大学竞技体育经费充足，来源广泛，形成了稳定的资金支出与收入系统。这与美国大学竞技体育社会化、市场化的程度是相关联的，美国大学竞技体育的商业化气味很浓，虽然它不是职业体育，但走的却是职业体育的运作模式。在美国国内对大学体育存在一定的争论，其中争论的一个焦点问题即是大学体育的财政状况。

NCAA1993—1997 年收入与支出的报告显示，如将各大学对体育的投入计算在其中，在Ⅰ级和Ⅱ级学校中，只有Ⅰ-A 级能获得一定的利润，平均盈利 74.8 万美元，其余全部出现赤字（表 3-42）。如果在计算中扣除大学的投入部分，即便是Ⅰ-A 级也会出现赤字（表 3-43）。

表 3-42　1993—1997 年 NCAA 不同级别校际体育运动盈利性[1]　（单位：千美元）

级别	1993	1995	1997	平均
I-A	660	1146	437	748
I-AA	−618	−469	−743	-610
II	−432	−221	−470	-374

注：包括学校的支持在内。

表 3-43　1993—1997 年 NCAA 不同级别校际体育运动盈利性[2]　（单位：千美元）

级别	1993	1995	1997	平均
I-A	−174	−237	−823	-411
I-AA	−1416	−1674	−1962	-1684
II	−805	−842	−947	-865

注：不包括学校的支持在内。

虽然从整个大学体育的财政收支看，大部分学校出现赤字，但不同的项目之间、男女项目之间存在着巨大差异。群众基础雄厚，符合民族特征的项目，既能吸引观众，又能得到赞助商的青睐，往往能为学校带来盈利，比如，橄榄球在美国大学体育的各个项目中受欢迎程度独占鳌头，而且在盈利能力上也得到了充分的体现，据表 3-44，1993—1997 年间橄榄球项目每年可为学校至少盈利 200 多万美元，从而很好地维系了所在学校

表 3-44　1993—1997 年 NCAAI-A 不同运动项目盈利性[3]　（单位：千美元）

项目	1993	1995	1997
橄榄球	2269	2341	3204
男子篮球	1026	1284	1549
所有男子体育运动	573	1262	2457
女子篮球	−354	−411	−527
所有女子体育运动	−670	−1184	−1314

① Daniel L. Fulk，Revenues and Expenses of Division Iand II Interccollegiate Athletics Programs（1998）.

② Daniel L. Fulk，Revenues and Expenses of Division Iand II Interccollegiate Athletics Programs（1998）.

③ Daniel L.Fulk，Revenues and Expenses of Division Iand II Interccollegiate Athletics Programs（1998）.

整个竞技体育的运转和发展。有时，学校往往依赖橄榄球或篮球项目来资助其他项目。相对男子运动项目，女子项目亏损明显。

下面，我们以杜克大学2002—2003年度竞技体育收入和支出情况，来讨论和分析美国大学体育的财政收支具体项目和状况。

杜克大学有着悠久的体育传统，竞技水平在全美大学也排名前列，其体育经费的收支也相对较大，在2001—2002年度体育经费支出28727000美元（据Athletic Policy Manual Of Duke University），排在全美大学的前30位。

从表3-45可以看出，杜克大学2002—2003年度竞技体育总收入达到36108709美元，总支出31382698美元。总支出占整个学校年运作经费（13亿美元）的2.4%（据Reporting of Institutional Information Concerning Intercollegiate Athletics Programs duke）。

表3-45　杜克大学2002—2003年度竞技体育收支表

运动项目	收入金额(美元)	比例	支出金额(美元)	比例
橄榄球	6972461	19.30%	6792546	21.60%
男子篮球	11411737	31.60%	5049687	16.10%
其他男子项目	70396	0.20%	3281370	10.50%
男子项目总计	18454594	51.10%	15123603	48.20%
女子篮球	473891	1.30%	1664632	5.30%
其他女子项目	17795	0.00%	5193214	16.50%
女子项目总计	491686	1.40%	6857846	21.90%
不能区分男女的项目	17162429	47.50%	9401249	30.00%
总计(4、7、8总和)	36108709	100.00%	31382698	100.00%

注：时间从2002年10月31日到2003年10月30日。

收入包括门票、学生参加活动费用、抵押和期权（guarantees and options）、校友及其他的捐助、政府的支持、学校的支持、季后赛收入、特许权、广播电视、特殊的活动、广告、赞助、版税收入、体育训练营及其他与体育有关的收入。

支出包括体育有关的学生资助、合同服务、仪器设备、组织募捐活动的花费、行政运作费用、推广宣传活动、招生费用、人员工资和福利、供应品（supplies）、旅行和其他费用（债务和集资不包括在支出之内）。

杜克大学体育财政收支项目与状况基本能代表美国大学体育财政状况的一些共性特征，下面通过一些具体数据和例子来进一步剖析美国大学体育的财政状况。

一、财政收入项目

（一）学校拨款。美国大学对各自学校的竞技体育非常重视，各大学校长认为大学开展竞技体育能提高大学的声誉、能给学校带来广泛的生源、能提高学生的生活质量、能团结学校的力量、能满足学生的竞技体育需求、能为国家培养较多的体育人才。基于这种认识，他们给大学竞技体育的投入力度较大。因此，在每年的大学经费预算中，会划拨一大笔资金用于大学竞技体育的发展。

（二）校友捐赠。由于美国大学几乎都有竞技体育的传统，各大学的毕业生（校友）对大学时代参加与观赏学校的竞技体育比赛都十分怀念。当这些毕业生（校友）一旦在社会上有所成就时，他们对母校竞技体育的捐赠也是很慷慨的。如表 3-46 中可以发现校友的捐赠金额是很大的，1986 年得克萨斯州大学每年就能得到校友 4900 万美元的捐赠，得克萨斯理工大学得到的较少，但也有 1100 万美元。

表 3-46　1986 年美国一些大学竞技体育接受校友捐赠情况[①]

大学	捐赠（百万美元）	大学	捐赠（百万美元）
得克萨斯州大学	4.9	南部宗教大学	2.2
佛罗里达州大学	4.5	密西西比州大学	2.2
爱荷华州大学	2.6	奥本大学	1.7
洛杉矶大学	2.5	得克萨斯理工大学	1.1

（三）门票收入。美国大学竞技体育的竞赛比较多，每场比赛观众很多，因此门票收入也十分可观。在 1990 年每张橄榄球比赛的门票平均为

① Arthur A Fleisher The nathional collegiate athletic association A study in cartel behavior the university of chicago press p:79.

14美元，有的高达17美元。有美国学者统计了1989年美国15所大学6场橄榄球（有的大学为7场或8场）比赛出席人数及门票收入的情况。从表3-47可以看出，密歇根大学门票收入高达近900万美元，这么多的门票收入补充进大学竞技体育的经费中，会给大学竞技体育的发展提供不竭的经济资源。

表3-47　1989年美国部分大学橄榄球6场比赛出席人数及门票收入①

大学	观众总人数	门票收入（百万美元）	大学	观众总人数	门票收入（百万美元）
密歇根	632136	8.85	阿拉巴马	438528	6.14
田纳西	563502	7.89	密歇根	433896	6.07
俄亥俄州	511812	7.17	佛罗里达	573144*(8)	8.02
宾夕法尼亚	501870	7.03	洛杉矶	425334	5.95
奥本大学	577556*(7)	8.09	南加利福尼亚	492429*(7)	6.89
佐治亚	489210	6.85	俄克拉荷马	414156	5.80
克来曼	472902	6.62	华盛顿	406350	5.69
内布拉斯加	534086*(7)	7.48			

（四）生产产品、出让许可证。美国大学竞技体育在社会上的影响较大，各大学通过出版竞技体育书籍、画报出版物、纪念品等系列产品可获得一定的经费。由于各大学竞技体育代表队有自己被社会广泛认可的名称，有些企业为了自身的产品销售而愿意出钱获得这些名称的使用权。这样通过许可证的出让，大学也可获得一部分收入。

表3-48是美国密歇根大学1997—1998年度竞技体育经费预算情况，密歇根大学在获取经费方面有11种途径，此表充分说明了美国大学竞技体育收入来源的多样性、社会性和依靠市场化的程度。同时也可以反映出美国大学除最初对竞技体育的场馆建设、队伍管理投入外，一旦走上了正常运行，大学的再投入就比较少，而更多的经费来自大学竞技体育自身。

① Arthur A Fleisher The nathional collegiate athletic association A study in cartel behavior the university of chicago press p:87.

表 3-48　1997—1998 年美国密歇根大学竞技体育经费支出与收入预算[①]

支出	百万美元	收入	百万美元
薪水、工资、福利	13.1	门票	18.1
学生经费资助	7.6	设备	1.9
运动队开支	6.4	电视、广播	4.7
季后赛费用	2.1	版税收入	5.7
设备维修与保养	4.1	停车费	1.3
其他操作费用	4.2	季后赛	4.7
行政管理	1.4	投资	1.0
债务利息	5.3	捐赠	1.0
		纪念品	3.2
		公司赞助	2.3
		其他	1.0
总计	44.2	总计	44.2

二、NCAA 的利润分配

以上从美国大学的内部层面分析了美国大学竞技收入来源的多样性。其实美国大学竞技体育经费的解决很大程度得益于 NCAA 的统一管理和市场运作。如果没有 NCAA 每年对大学竞技体育竞赛的管理，各大学的经费是不可能得到解决的。正因为美国 NCAA 的商业化运作，广开渠道，抓住了市场的需求和美国教育的特点，才把教育和体育很好地结合起来，使美国大学竞技体育有着源源不断的经费保证。NCAA 统一管理全美大学的体育竞赛，并把它引向市场化的方向，其中媒体是主要的市场桥梁。如 NCAA 每年与美国 CBS 广播公司签约来转播篮球锦标赛，可得到上千万美元的收入。而且在 NCAA 每年的经费收入预算中，电视转播收入所占比例也是非常大的，如在 2002—2003 年度的收入预算中，电视转播就占 87.63%（见表 3-32）。

① J ames J. Duderstadt　Intercollegiate Athletics and the American University The University Michigan Press 2000P：136.

NCAA 之所以能从电视转播方面得到那么多的经费，主要还与大学校际体育竞赛的竞技水平较高，能够吸引广大观众参与有关，当然这也是美国大学竞技体育百年历史发展的积淀。

在 NCAA 的经费支出中，按成员学校参赛情况和对 NCAA 的贡献率进行分配。如在 2002—2003 年度 NCAA 经费支出中，有 70.43%的经费分配给 I 级成员学校，用于这些大学的竞技体育发展，这也是美国大学竞技体育经费的主要来源，同时也分配一定数量的经费给 II、III 级成员学校（见表 3-34）。但是经费的分配，有的是一次性分配到成员学校；有的是二次分配，先分配给成员学校所属的联盟，然后再分配给各大学。总体来说，美国 NCAA 在美国大学竞技体育经费解决中起着决定性的作用，美国 NCAA 代表各成员学校的利益，制定规划、组织竞赛、提供经费、提高训练水平，为美国大学竞技体育的发展起着重要的作用。①

第五节　美国高校筹资办学的特点

自 20 世纪 90 年代以来，世界高等教育快速发展，高校经费需求持续增长，因而出现了世界性的高等教育财政危机。就连在高校的投资堪称世界首屈一指的美国政府，对高等教育的投资经费也在不断削减。这种由于政府对大学投资削减和入学人数增加而产生的办学困难及矛盾越来越突出。为解决这一问题，美国公立大学在厉行节约的同时，把重点放在进一步扩大和强化学校的筹资上。如加州大学洛杉矶分校（UCLA），近 10 年来，共筹集到 26 亿美元，平均每年 2 亿，超过学校总投入的 10%以上，特别是 2001—2002 年度，筹到 2.82 亿美元，获该年度全美“获捐赠最佳学校”排名第八位。再如加州大学圣迭哥分校（UCSD），虽然是个仅有 45 年办学历史的后起新校，但其筹资业绩也不斐。在 2002—2003 年度学校总收入 13 亿美元中（不含医学院），私人捐赠达 1.3 亿美元，占 10%。而对于私立大学而言，原来就有很好的筹资传统和经验，面对越来越多的办学筹款竞争对手和压力，一方面凭借自己的办学水平和社会声望来获得社

① 刘海元. 中国大学竞技体育发展研究 [D].

会各界的主动捐赠；另一方面也集中了更多的学校资源来制定和实施更庞大、更长远的筹资计划。如哥伦比亚大学，目前已着手进行一项为期五年筹集 30 亿美元的宏大计划。综观美国公、私立高校的主要筹资渠道和行动策略，主要有以下四个特点。

一、筹资工作规范化

美国的各类大学，其办学方式灵活多样，主要有私立和公立两种。但不管是公立还是私立大学，筹资已不是一般意义的活动内容，而成为各所大学的“头等大事”，成为应对办学经费紧张的重要策略并逐步趋向制度化和规范化。首先，校长的选聘必须和筹资挂钩。校董事会在投票选择大学校长时，其筹资能力是重要的因素。担任校长的主要任务之一是筹集资金，筹资的多少已成为评价校长成功与否的重要标志。其次，各大学普遍建立了以校长为核心的庞大的筹资机构。如设立以募捐为目标的“大学发展部”（斯坦福大学配有工作人员 150 名，加州大学洛杉矶分校配有 175 名）；设立以管理、运作、筹集，并使“学校基金”增值为职责的“学校基金管理委员会”（内设办公室、董事会，并聘请有专业资格的工作人员）；设立以开展校友会工作，发动校友支持母校发展为己任的校友工作委员会（斯坦福大学给校友会的人员编制从 1994 年以来都在百名以上），以及设立遍及各院系的筹资小组，他们有组织、有计划，规范地开展各种各样的筹资工作和活动。其三，由于筹资的数额越来越大，使得筹资任务的计划性也越来越强。斯坦福大学校长高级助理杰弗里先生曾说过，该校为了尽快扩大学校基金的基数，正在制定一个在近五年内筹集 40 亿巨资的宏伟计划（目前校基金已有 110 亿美元），而且他对这个宏伟目标的实现充满信心。因为从学校的募捐数目来看是巨大的，但只要把方案的大目标化成中目标、小目标，并按年度、按院系、按部门分解实施，就能够有计划、有步骤地实现。

二、筹集渠道多元化

为了顺利、有效地实施和完成巨大的筹资计划，许多大学都根据自己的优势、特点以及开支类别等渠道来筹措资金。归纳起来主要有以下六个方面：

（一）不遗余力地继续争取联邦政府的巨额科技项目费。据斯坦福大学的情况，该校2002—2003年得到的政府支持科研经费为5.23亿多美元，达总经费的36%；加州大学圣迭哥分校2002—003年得到的政府支持科研经费近4.59亿美元，达总经费的35.3%。所以，政府在科研经费上的支持构成了学校经费的重要来源之一。

（二）善于和大学所在地方的政府及议会建立良好的关系，争取地方政府更多的教育拨款。公立学校的主要经费来源于州政府和地方政府，在加利福尼亚州，公立大学有加州大学（共10所分校）、州立大学（共23所）、社区学院（110所）三个系统，每个系统的总校，每年都要汇总本系统各分校上年度经费运作的情况和下一年度的经费预算的详细报告，提交给加州高等教育委员会并在州议会上汇报和回答议员的各种质询和提问，以便能够获得议会认同从而如愿得到州政府的经费投入和批准。2003—2004年度，三个系统共获得政府教育拨款120亿美元，其中加州大学30亿、州立大学30亿、社区学院60亿。加州大学圣迭哥分校不仅获得了州政府3.35亿美元的教育拨款，还获得了圣迭哥市7830万美元的支持，合计占该校总经费的26.3%。

（三）通过科技转让或与大企业、大公司以及各种基金会联姻，以专业培训、产品开发等形式来募集资金。高校与当地的大企业、大公司都有良好的合作伙伴关系。如斯坦福大学和加州大学伯克莱分校与有“高科技圣地”之称的硅谷相邻，两校从中获得了大量的资金、仪器、楼房等捐赠。在斯坦福大学就有分别以“惠”和“普”（惠普公司）命名的两幢相对而立的宏大教学、实验大楼，以及美丽壮观的以“比尔·盖茨”父姓命名的“William（威廉）”大楼，并在大型实验室里配备了大量最新的由IBM等著名电脑公司捐赠的成套计算机设备。

（四）管理、运作好学校的基金，让其不断增值，每年从中拿出利润补充到学校的办学经费中。美国的公、私立大学几乎都有这么一笔“学校基金”，邀请有经验的人士担任基金管理委员会的董事并聘请专业基金管理公司进行管理运作。历史越悠久的私立大学，其基金的积累就越大。如斯坦福大学，它的基金来源于办学113年的捐赠积累，已经拥有了110亿美元的基金。对于加州大学圣迭哥分校来说，虽然办学历史短，仅有 22 亿多的学校基金，但通过良好的管理和运作，其投资收益年增长率为 7%，这意味着每年都有 1.5 亿美元的基金利润注入学校的发展事业。

（五）提高学费，补偿部分高等教育成本的费用。斯坦福大学本科生的学费从 1995—1996 学年的 19695 美元 / 年升到 2004—2005 学年的 29847 美元 / 年，10 年里涨了一万多美元，平均每年的涨幅 5%左右。对于公立大学的学费，加州高等教育委员会认为，政府日益缩紧大学经费的做法，必然要导致学费的上涨问题，但学费的涨幅要经州议会通过。加州大学洛杉矶分校的学费也有较大幅度的上升，目前本州居民生源的本科生收费为 5000 美元 / 年（其他州或国际学生为 2 万美元 / 年）这与 10 年前的 3000 美元 / 年相比，确实涨得较多，增长了 40%，而且有可能继续上涨到 60%左右。为了使优秀学生不因高昂的学费而却步，不少学校都采取了相应的资助措施。如斯坦福大学，除了向政府申请学生奖学金、助学金、贷款以外，还用赠款为学生设立各种的奖励金和学生勤工助学岗位。学习在全校前 3% 的学生可获得 3 万美元 / 年的全额奖学金。

（六）精心组织力量向社会募捐。美国各大学除了接受个人、企业的随机性捐赠外，更是积极主动精心组织和实施向社会募捐计划。一般大学都设有“大学发展部”（或“发展办”），配有一支职责明确，运作规范的工作队伍。在发展部之下，按捐赠来源，分设“私营企业”“基金会”“个人”三个集资处。此外，还按设计捐赠的有关程序和事宜明确分工，组成不同的工作小组，如“面谈组”，专门负责和捐赠者谈判；“法律组”专门协助捐赠者处理捐赠过程中的有关法律咨询和法律程序；“信息管理组”专门负责收集处理从各个方面获得的“有能力捐赠”信息；“研究组”，专门研究分析从“信息管理组”送达的信息并预测捐赠者的捐赠实力和最佳捐赠时机，向学校提出促捐方案并实施。发展部还为每个院系指派专门工作人员，协调学校与院系的募捐工作。在美国 2001—2002 年度获捐赠最佳前十名高校中，南加州大学名列榜首，获得 5.85 亿美元的捐赠，占学校年预算 15 亿美元的 39%。其他的九所大学获得的捐赠也从 4.78 亿至 2.65 亿美元不等。所以开展向社会募捐运动不是可有可无，而是学校筹资的主要渠道之一。

三、募捐范围的广泛化和捐赠形式的多样化

首先，要充分发挥董事会的作用。在美国的大学中，选择校董事会成员的主要原则无一例外的是要能捐钱、会找钱。能否担任大学董事，关键是看其能否为学校创造财源。所以许多董事不但自己带头捐款，还四处奔走活动为学校找钱。

其次，重视校友会工作，密切和校友的联系。校友是各大学接受外界捐赠的重要资源。在一流大学校友捐赠作用尤为突出，校友会的工作也备受重视。在斯坦福大学修建有富丽堂皇的专供校友会和校友们使用的大楼，有一个12人组成的校友委员会，并有96名专职员工从事校友会工作。校友们之所以能对母校情深意挚，热烈回报，除了母校当年给予自己的悉心培养和学校自身的社会声誉外，与母校注重与校友的感情联络，增强在校友中的凝聚力是密切相关的。其基本做法是：

① 建立历届毕业生及校友个人档案，利用计算机建立数据库进行管理，每个校友都有详细的资料记录，并不断追踪其变化情况。除了特别关注那些前途看好的校友情况，也注意保持与刚刚毕业的新校友的联系。他们的理念是，把每个校友都看成是学校终身的成员，经常的感情交流会为将来的募捐创造机会。

② 普遍组织校友会，并通过校友会网络使活动形成规范。校友分会可以按照地区组成，也可以按年龄、兴趣、专业、行业等进行自由组合和管理。对热心校友会工作的校友志愿者通过校友分会和组织的校友俱乐部进行培训，有培训手册，宗旨一致。

③ 举办定期的校友期刊和电子新闻信件。如斯坦福大学每双月出一期校友期刊杂志，向校友报告学校大事和校友们在世界各地的贡献和成绩，每月同时有类似内容的新闻信件寄发给校友们。

④ 积极组织和举办校友活动。学校有大的聚会和活动，都邀请校友回校参加，每年假期学校派出小组到各地校友会组织聚会、餐会，让新老校友互相认识并介绍学校发展的情况。有的学校还有校友专项活动计划，如校友周年回校日，校友报告会，校友周末等各种可以想到和开发的活动形式。

总之，母校富有人情味地对校友们一如既往的关怀，使校友们保持了对母校的高度认同感，只要有可能就会积极给予回报。此外，近年来一些大学的募捐范围日趋广泛，已不仅仅局限于本地和本国了。如加州大学洛杉矶分校（CULA），不但在香港、韩国、日本、台湾、泰国等地建立校友会，还在东京雇用了兼职筹款人。在捐赠形式上也具有多样化，既有年度募捐，也有大额募捐；既有现金、证券，也有仪器设备、图书捐赠；既有对教授席位、实验室的认捐，也有动产、不动产捐献等。

四、政府支持筹资，政策管理导向化

各级政府不但制定有关高校捐赠的税收免减政策，还推行将"获得捐赠能力"纳入大学办学评价指标体系。联邦教育部全国统计中心每个年度都要统计排出全美前十名"获捐赠最佳高校"名单并予以公布，使学校在获得经费的同时还提升了社会的知名度和形象。政府的导向充分调动了捐款者和受益者双方的内在积极性，不断推动学校筹资工作的健康持续发展。[①]

① 本节根据朱琦环部分资料整理。

第六章　大学生运动员招募方法

“学生是教学的主体，是教学活动的根本因素”，“学生这个因素主要指的是学生的身心发展水平、已有的职能结构、个性特点、能力倾向和学习前的准备情况等”。[①] 大学体育作为教育的重要组成部分，其教学的主体包括大学生运动员。大学生运动员的身心发展水平、智能结构等对整个教学活动，也就是对大学体育的发展可以产生较大影响。因此，要想保证大学生运动员的整体素质，把好招生这一关是必不可少的。美国大学体育联合会作为大学体育的管理机构，通过健全的招生机制，完善的法规制度，严格的行为准则，对大学生运动员的招生进行了有效的控制。使大学生运动员不仅仅是运动天才，在学术水平方面，也与普通大学生相差无几。只有把好大学生运动员的“入口”关，严格的学术要求及与普通大学生相同的毕业率才有可能在以后付诸实施和实现，在回归社会这一“出口”时才能顺利平稳。

第一节　美国高校招生考试制度的特点

美国高校的招生考试制度，经过近三百年的逐步沿革已形成一套独具特色的模式，可以从三个方面来总结其特点：

一、考试机构社会化和考试内容多样化

美国目前有四个不同层面的主要考试机构，分别组织不同内容的考试。

[①] 李秉德，等. 教学论［M］. 北京：人民教育出版社，1991.

其一是1900年美国成立的“大学入学考试委员会”，进行高中毕业生“学业成绩测验”（AT——Achievement Test），1947年由美国教育理事会，卡耐基促进教育基金会联合组成的“教育考试服务中心”，把考试内容改为“学术性向测验”(SAT——Scholastic Aptitude Test)，其又分为SAT 1和SAT 2。SAT 1：是一种言语与数学能力的测试，它测量的不是先天的智能，而是在校内、外学习中发展起来的认知、分析和应用能力。SAT 1与教程的联系极为有限，其言语部分与中学课程没有直接联系。数学只要求学生学过一年以上的代数和几何。教育考试服务中心已经公布从2005年开始增加作文800分，三门课程共计2400分。SAT 2是单科考试，包括物理、化学、地理、历史、第二语言（有几十种，可任选）等。

其二是1959年由教育家林奎斯（Ljungqvist）组织成立的“美国高校测试中心”，它是一种跨学科的综合测验，主要是尽可能直接测量标志学生从事高校学习的准备性能力与技能（如推理能力、解决问题能力以及批判性评价书面材料的能力等）（American College Test，简称ACT）。

其三是根据教育发展和特殊专业招生录取而陆续诞生的专门考试学校，比如上音乐学院、美术、建筑学院的高中生，还要取得这些学校对自己相关专业水平的评价成绩（包括专业等级鉴定，如钢琴考试达到哪一等水平，学生可持比赛和等级成绩来申请学校）。

此外，还有各地区的中学会考 .(Regent) 和同等学历考试（Ged）。

以上各种考试基本上都由非盈利的民间机构来组织。

二、不同层次院校招生考试要求的非统一标准化

（一）竞争式考试录取。它的竞争性表现在对学生的考查比较全面，既重视在高中的学习成绩、表现情况，也注重学生的性向考试成绩以及跨学科的综合测试成绩，或特长（体育、音乐等）、获奖成绩，同时还看重考生的社会工作、志愿者工作经历等，而且往往还要求学生进行书面评价性的自我推荐及面试。这些优秀的学生若竞争成功，大约占申请升大学的高中毕业生的5%~8%，且有望进入名牌大学，如斯坦福大学和加州大学UC系统的伯克莱学院等。

（二）选拔制的考试录取。这是大部分州立大学采取的招录方式。在

选拔时对入学申请者提出比一般高中毕业生更高的学习能力要求，或者要求他们拥有其他资格来证明已经具有大学学习能力，这些选拔录取的学生大都拥有 SAT 1 的好成绩和学校所指定学科的 SAT 2 的好成绩，大约占申请升大学的高中毕业生的前 30%左右。

（三）开放式的考试录取。几乎所有的社区学院和相当多的文理学院（包括私立学院）都采取这种方式，只要具有高中毕业资格的学生，或同等学历都可以通过考试被录取。但有些特别好的社区大学也要求有 SAT 1 的成绩来作为录取的参考。

在美国高校这三种招生考试录取中，特别是竞争性和选拔性的录取，并不仅仅以入学考试成绩作为录取新生的唯一的标准，同时还采用综合评价，兼顾申请者的能力与成绩，特长与兴趣等方法作为录取参考条件。

三、考生参加考试和升学志愿申报的自主化和人性化

美国教育考试服务中心举办的 SAT 的考试，每年举办 6 次；高等测试中心举办的 ACI 考试每年举办 5 次。同时，有关部门规定在校生一般可以从高二就参加这种考试，但实际上有些学生甚至从一入学就参加各种考试为进入大学做准备。另外，专业考试学校的专门化考试就更机动、灵活了。所以，对学生来讲，可以很从容地参加考试，拿着自己最满意的成绩去向大学申请。

美国的学校一年四季都接受考生的入学申请手续（入学一般都在秋季）。高中在校生、高中毕业生、本州和本国的学生以及国际学生，都可以随时向学校提出申请，而且美国高校总数多，学生选择的余地大，可以同时向十几所（或更多）大学直接提出申请。高校也十分重视开展相关咨询的活动，为学生提供各方面的信息和服务。[①]

第二节　美国高校大学生运动员的招生管理机构

NCAA 大学生运动员招生有专门的机构负责。联合会全国办公室从宏

① 根据朱琦环部分资料整理。

观上调控整个招生过程，不负责具体的资格审查和意向书签订工作。所有的申请者均应向资格审查委员会提出申请，只有达到资格审查的四项要求，才具有大学生运动员的资格。同时可根据联合会发布的各个学院的毕业率及运动成绩，准大学生运动员可以选择高校进行接触、会面。这个过程一般可持续1年。如双方都感觉满意，可在东南联盟的协助下，签订国家意向书与经济赞助协议。具体如下：

一、资格审查委员会位于衣阿华市（Iowa），是负责审查申请大学生运动员资格的全权机构，任何其他机构或组织均不具有这一权利。所有打算申请报考大学生运动员的人均应从资格审查委员会获取申请表、登记表等一切相关资料和信息。任何问题均应让资格审查委员会进行解答。

二、联合会全国办公室不负责大学生运动员申请者的资格审查，不负责任何疑问解答和资料发放。但联合会办公室对每年的大学生运动员申请者的运动项目要做总体上的把握和协调。根据成员学校的项目侧重，总体控制不同运动专项的学生合理分布。任何成员学校没有权利单独招收准大学生运动员。如有违背联合会规定的学生或成员学校，全国办公室有权限制其申请入学或招收学生。

三、联合会成员学校服务中心应协助、配合资格审查委员会的工作。对准大学生运动员情况、招生制度、转学规定等做记录，并向申请者提供免费的申请指南等信息。如果成员学校有任何关于招生制度和流动机制上的疑问，可直接联系服务中心。

四、成员学校在全国办公室的统一协调下，对经过资格审查的准大学生运动员进行面试（会面）和评价，并决定录取与否。在与准大学生运动员的整个接触过程中，应授权专门的大学生运动员招生负责人或体育部门负责人与考生接触。

五、东南联盟负责国家意向书的签订。准大学生运动员与成员学校经过接触、评价，如双方均满意，可在东南联盟的指导下签订国家意向书，并同时签订提供给学生1年的经济赞助协议。已签订国家意向书的学生，不得再与其他国家意向书计划内的成员学校进行接触或签订任何经济赞助协议。

第三节　美国高校大学生运动员的资格审查

如果想申请成为大学生运动员，首先要成为准大学生运动员，也就是必须通过全国统一规定的资格审查。由于资格审查对于受教育程度与学术水平具有严格的规定，做到了体育与教育结合的第一步，保证了全国范围内招生工作的统一性和公平性，把住了“入口”这一关。资格审查由联合会资格审查委员会进行，有严格的审查制度和程序。一般来说，美国高中生如欲申请大学生运动员资格，必须在中学阶段完成资格审查所要求的核心课程及必修课程并且成绩合格，向资格审查委员会上报中学阶段至少 6 个学期的学习成绩，取得中学毕业证书。其中，应在 11 年级（即中学阶段的倒数第二学年），参加 SAT 或 ACT 考试且成绩合格并上报成绩。11 年级结束后，即可向资格审查委员会提出申请并注册。中学毕业后，应向资格审查委员会提交毕业成绩与毕业证书。对身体健康的美国申请者来说，要想通过资格审查，需满足以下四个条件：

一、申请大学生运动员资格审查的学生必须高中毕业

申请进入大学的运动员与普通高中生报考大学的要求完全相同，大学教育在美国被视为普及教育，要求学生必须高中毕业，没有完成高中学习，没有取得高中毕业证书的学生是不能被 NCAA 的大学录取的。这一点也是从培养人的角度来考虑。高中不能毕业的学生，很难胜任大学的学习，即使进入了大学，也只能产生负面的影响。他们的宗旨是在大学里不能培养一个文盲或半文盲的运动员。从终身培养人的角度看，这种做法有利于学生全面健康地发展，也有利于整个大学体育运动的可持续发展。

二、申请大学生运动员资格审查的学生高中期间必须修完一定数量的必修课程且成绩合格

大学招收大学生运动员的第二个条件是对中学生在中学学习期间的最

低平均分数有严格要求，I 级最低为 2.0~2.5；II 级为 2.0。达不到最低平均分数的同样不能被大学录取。这也可以保证运动员进入大学后能有一个较好的学习成绩，能胜任大学的学习生活，顺利完成学业。

三、申请大学生运动员资格审查的学生必须修完一定数量的核心课程

所谓核心课程是由美国学术机构批准的高中阶段学习课程，核心课程包括语文、数学、自然（物理科学）、社会科学、外语、计算机科学（2005 年以后计算机科学不再列入核心课程）、宗教（哲学）等 13 门课程。申请大学生运动员资格审查的学生不仅要学习这些课程，且核心课程的成绩要达到一定的标准，高中阶段核心课程的成绩要取得 C 或 2.0 以上的成绩才符合标准。核心课程的学习成绩只有在由美国大学生体育联合会指定的学校，获得联合会批准资格的教师讲授方可生效。否则，还需有一些其他条件的严格限制。高中阶段，应完成并通过 13 门核心课程的学习。关于核心课程的界定，不同级别之间也有不同规定，I 级核心课程的要求比 II 级的要求要高一些。

四、SAT 考试或 ACT 考试成绩必须达到最低分数线

SAT 考试或 ACT 考试，亦称学术性向测试，美国大学生体育联合会规定 I 级 SAT 的最低分数为 700 分，2002 年又提高到 820 分，2005 年又降到 400 分；ACT 最低分数线为 68 分。SAT 考试或 ACT 考试，是美国高中生准备上大学的全国性考试，在某种意义上类似于我国的高考入学考试，但又有很大的差别，与我国高考不同之处在于，我国的高考成绩是大学录取学生的唯一标准，高考成绩的高低直接影响到学生进入不同等级的大学，而 ACT 和 SAT 只是一种标准。这一成绩不是决定学生能否被大学录取的唯一标准。另外，考试的安排上也与我国的高考有很大的差别，我国的高考每年只举行一次，考试对象仅限于高中应届毕业生，或者已经完成了高中学业的学生。“一次考试决定终身”，是我国高考制度的最大特点，而 ACT 或 SAT 考试则一年多次，以 2002—2003 学年为例，SAT 共有 7 次

考试机会，ACT有6次考试机会，考试对象也不局限于应届毕业生，尚未获得高中毕业证书的学生，同样可以参加ACT或SAT考试。在测试的内容上，SAT考试或ACT测试内容只覆盖数学和语言两大部分。

第四节　美国高校大学生运动员的招收程序

美国高中、大学预科学校、两年制的学院中具有较高运动水平的学生如欲申请成为大学生体育联合会I级或II级成员学校的大学生运动员，首先必须经过联合会资格审查委员会的资格认定，资格审查委员会审查合格的即可认为具备了成为大学生运动员的资格，成为准大学生运动员。然后，在联合会的宏观调控与指导下，根据联合会发布的各个高校的毕业率和运动成绩，由准大学生运动员选择并决定与哪一所成员学校进一步联系、接触，完成入学注册过程。这个过程一般可持续1年。如双方都感觉满意，可在东南联盟的协助下，签订国家意向书与经济赞助协议，至此整个招生过程完成。整个招生流程可见图3–23所示。

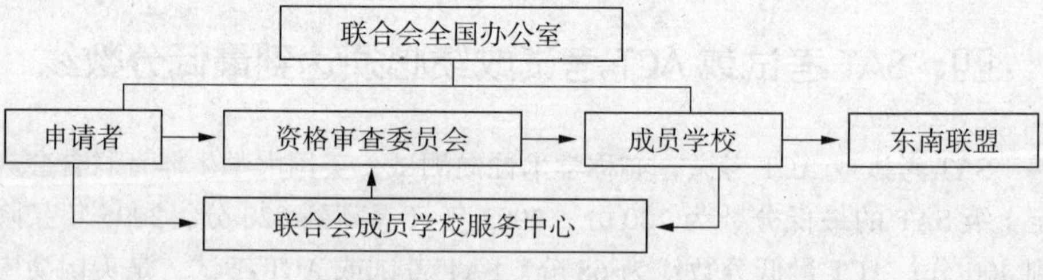

图3–23　美国高校大学生运动员招生流程图

一、与成员学校会面、评价过程中的四个阶段

在招生过程中，准大学生运动员与成员学校会通过会面、参观、电话等方式进行交流及评价。一般来说，双方的会面可以这样来界定：任何发生在成员学校大学生运动员招生负责人与准大学生运动员、其父母或法定监护人之间的超出打招呼范畴的见面。这种会面一般是事先安排

好的。如果招生负责人前往观看准大学生运动员参加的毕业学校的比赛或训练，即使双方没有直接交谈或交流，也属于会面。而评价则是双方会面后成员学校招生负责人对准大学生运动员的学术资格及运动能力进行的综合分析。

一般来说，准大学生运动员与成员学校的会面、评价过程按照双方会面及评价的自由度可分为四个阶段：A 接触阶段；B 评价阶段；C 安静阶段；D 封闭阶段。各个过程均有关于接触方式、地点、参观、交通、娱乐、毕业率提供、媒体参与、夏令营、经济赞助等方面的具体规定和限制。成员学校和准大学生运动员必须严格遵守相关的规定，否则将会受到相应的处罚。各阶段具体的行为规定为：

（一）接触阶段

这一阶段成员学校负责招生的人员有权在校外亲自与准大学生运动员进行招生会面，并对其进行评价。

（二）评价阶段

成员学校招生负责人在这一阶段应对准大学生运动员的学术资格及运动能力进行评价，不得与准大学生运动员在校外继续会面。

（三）安静阶段

这一阶段成员学校招生负责人可与准大学生运动员在成员学校校内会面，不得在校外会面并评价。

（四）封闭阶段

这一阶段成员学校招生负责人不得与准大学生运动员进行任何校内外的会面或接触，不得有任何评价行为，准大学生运动员不得再参观成员学校校园。但准大学生运动员如果作为某个团队的成员参观成员学校校园是允许的。成员学校负责招生的人员不得参观准大学生运动员的毕业院校，不得在有准大学生运动员参加的集会、晚会等活动中做主持人并发言。但在这一阶段，成员学校负责招生的人员可与准大学生运动员通过电话或信件联系。

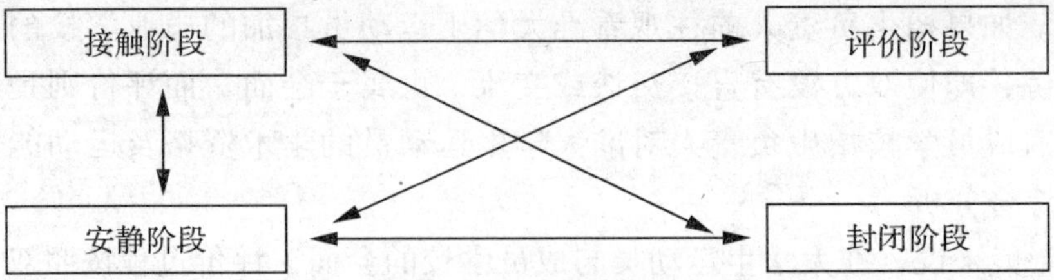

图 3-24　四阶段示意图

这四个阶段在整个招生过程中是相互穿插，交替进行的（图 3-24）。但每个阶段针对不同的级别和项目，有极其精确的起止日期限制，联合会每年均会提前公布各个级别、不同项目的招生日程表。任何在某阶段禁止的活动，比如会面、通电话等，是绝对不允许的。一般来说，在修完 11 年级的课程后，通常为每年 9 月 1 日以后，学生可与成员学校开始招生接触，提供书面资料；在修完 11 年级的课程，通常在每年的 7 月 1 日之后，可以电话联系或会面，但有些项目另有其他的具体规定，比如：I-A、I-AA 级的橄榄球项目招生时可以在准大学生运动员正在学习 11 年级课程时的 5 月进行一次电话联系。女子篮球项目招生时可以在 11 年级的 6 月 21 日后进行一次电话联系，7 月间可以有 3 次电话联系，而且每星期最多 1 次。具体见表 3-49。

表 3-49　I 级和 II 级竞赛项目招生开始时间统计表

级别	项目	提供书面材料开始日期	电话联系的开始日期	电话联系的具体规定
I 级	橄榄球		11 年级的 5 月份	11 年级的 5 月份电话联系 1 次，9 月 1 日后，每周最多 1 次
	男子篮球		11 年级的 3 月份	11 年级的 3 月份电话联系 1 次，6 月 21 日后可有 1 次，7 月份可有 3 次，之后每星期可有 1 次
	女子篮球		11 年级的 6 月 21 日后	11 年级的 6 月 21 日后可有 1 次，7 月份可有 3 次，之后每星期可有 1 次
	其他项目	12 年级的 9 月 1 日后	11 年级结束后 7 月 1 日后	
II 级	各 项	12 年级的 9 月 1 日后	11 年级的 6 月 15 日后	

现在以2000—2001赛季男子篮球大学生运动员招生日程为例作进一步解释（表3-50）。2000—2001赛季男子篮球大学生运动员招生应严格按照下表所列日程进行。每个阶段的起止日期不得有任何超出，招生过程中必须严格遵守各个阶段的行为规定。按照招生日程安排，在一年的时间内，考生与招生负责人校内、外自由接触的时间仅为40天，其他项目也相差无几。联合会限制双方的自由接触时间和天数，尽可能地减少招生人员与学生培养私人感情的机会，防止贿赂学生的行为，避免招生过程中的不平等现象。同时，在11月16日—3月15日6个月的时间里，学生处于期末考核阶段，仅仅安排50天的评价行为，保证不影响学生的正常学业，参加学期末考试，以向资格审查委员会提交合格的学术成绩。

表3-50 2000—2001年男子篮球大学生运动员招生日程
(2000年8月1日—2001年7月31日)

2000年8月1日—2000年9月6日	安静阶段
2000年9月7日—2000年10月6日 *	接触阶段
2000年10月7日—2000年11月15日	安静阶段
其中,11月6日—11月9日	封闭阶段
2000年11月16日—2001年3月15日 **	评价阶段
其中,评价阶段以外的时间	安静阶段
2001年3月16日—22日	接触阶段
3月23日—4月5日	安静阶段
(3月29日—4月3日中午)	封闭阶段
4月6日—4月20日	接触阶段
4月9日—4月12日	封闭阶段
4月21日—5月31日	安静阶段
6月1日—7月7日	安静阶段
7月8日—7月14日	评价阶段
7月15日—7月24日	封闭阶段
7月25日—7月31日	评价阶段

* 在这一30天的阶段，接触会面不得超过18天。

** 在这一阶段，学院可以根据自身惯例或具体情况安排50天的评价，并由学院招生办公室书面通知。在评价阶段招生负责人每星期最多只能有1天参观准大学生运动员的母校。

二、国家意向书

国家意向书是审查合格的大学生运动员申请者与某一成员学校之间签订的双边协议，对双方产生效力。成员学校招收申请者为该学院大学生运动员，向其提供联合会条款规定的一学年的经济支持，学生也要在该学院中学习一学年。所有参加到国家意向书计划中的学院和大学均不得招收已与其他学院和大学签订国家意向书的申请者，同时，已签订国家意向书的学生也不得再与另外的学院进行接触。签订意向书的同时，还应签订一份给予学生的经济赞助协议，期限为一年。如签订意向书和协议后，学生并未在该校注册满一学年，该生应受到诸如取消参赛资格、赔偿住宿费用等的处罚。意向书是由东南联盟办公室管理并签发的，与联合会全国办公室并没有直接的联系。对此如有任何疑问，由东南联盟办公室负责处理。

第五节　美国高校大学生运动员的招生渠道

申请进入大学的准大学生运动员主要来自高中、大学预科学校和两年制的学院，其中来自高中的人数最多，以下提到的高中均包括高中、大学预科学校、两年制的学院。

一、大学生运动员生源

美国大学生运动员之所以既具有高超的竞技运动水平，又具有扎实的文化基础知识，其中一个非常重要的因素是具有雄厚的后备人才资源库，为其挑选运动员提供了坚实的人才基础。

从表 3–51、表 3–52 和图 3–25 中可以看出，在美国高中阶段参加体育训练的人数众多，各个项目的后备人才非常多，高中阶段男子篮球运动员人数为 549500 人，女子篮球运动员人数为 456900 人，橄榄球运动员人数为 983600 人，棒球运动员人数为 455300 人，男子冰球运动员人数为

表 3-51 高中及 NCAA 校际竞赛参赛运动员人数

	高中生	高中毕业班	NCAA	NCAA 一年级	NCAA 四年级	NCAA 优秀运动员
男篮	549500	157000	15700	4500	3500	44
女篮	456900	130500	14400	4100	3200	32
橄榄球	983600	281000	56500	16200	12600	250
棒球	455300	130100	25700	7300	5700	600
男冰	29900	8500	3700	1100	800	33
男足	321400	91800	18200	5200	4100	76

表 3-52 高中和 NCAA 运动员进入更高级别竞赛的比例

学生运动员	男篮	女篮	橄榄球	棒球	男冰	男足
高中进入 NCAA	2.9	3.1	5.8	5.6	12.9	5.7
NCAA 进入职业联盟	1.3	1.0	2.0	10.5	4.1	1.9
高中进入职业联盟	0.03	0.02	0.09	0.5	0.4	0.08

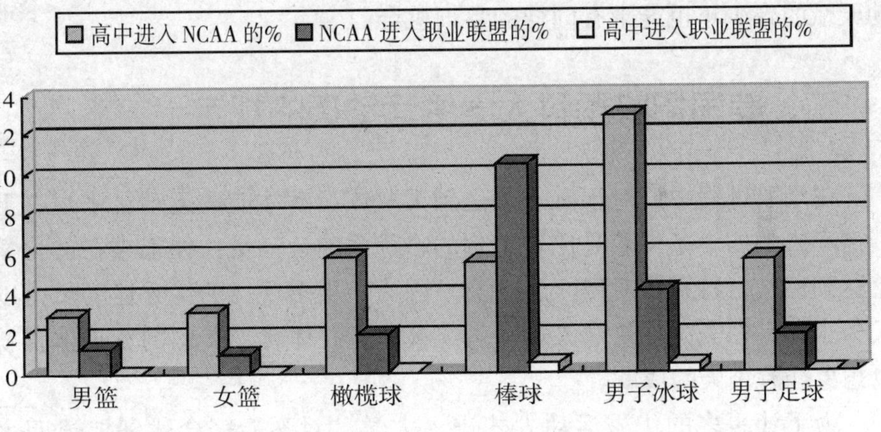

图 3-25 高中和 NCAA 运动员进入更高级别竞赛的比例图

29900 人，男子足球运动员人数为 321400 人，每个项目的后备人才都在几十万人。这样 NCAA 就能从这些众多的后备人才中选出优秀的运动员进入大学联赛，进入 NCAA 的男子篮球运动员为 15700 人，占总数的 2.9%，进入 NCAA 的女子篮球运动员为 14400 人，占总数的 3.1%，进入 NCAA 的橄榄球运动员为 56500 人，占总数的 5.8%，进入 NCAA 的棒球运动员为 25700 人，占总数的 5.6%，进入 NCAA 的男子冰球运动员为 3700 人，占总数的 12.9%，进入 NCAA 的男子足球运动员为 18200 人，占总数的 5.7%。通过选拔进入大学的运动员运动水平都较高，这就保证了大学竞赛的激烈性，吸引观众到现场观看或收看电视转播。

通过大学联赛的培养，NCAA 中男子篮球运动员进入职业联盟的人数占 NCAA 总数的 1.3%，女篮为 1.0%，橄榄球为 2.0%，棒球为 10.5%，男子冰球为 4.1%，男子足球为 1.9%。高中为 NCAA 打下了坚实的人才基础，而 NCAA 又为职业联盟打下了坚实的人才基础。

为完善后备人才培养体系，发现、挖掘和吸引更多的青少年参加和参与体育运动，NCAA 每年都要举办青少年训练营，NCAA 称其为青少年计划（Youth Programs）。届时，NCAA 会指派顶尖的教练员和体育明星从事训练营的训练工作。据统计每年有大约 11000 名 10~18 岁的青少年参加训练营的培训。NCAA 通过合作计划（Cosponsored Programs），使绝大部分 10~16 岁的参训青少年能够免费参加，这使部分来自低收入家庭但具有运动天赋的青少年也能享有同样的参训机会。

二、美国招收预科大学生运动员的规定

在录取过程中，对于有一定运动天赋或运动才能的运动员来说，上述资格审查的四个条件还是比较苛刻的，优秀的运动员往往很难在文化学习上达到标准，特别是对黑人运动员。因为，很多项目的优秀运动员是以黑人为主体，在美国如果黑人运动员离开了竞技体育，美国的竞技体育就难以想象会有今天的成就。

为了让更多的优秀运动人才进入大学，对不能完全达到上述四个条件但运动成绩十分突出的运动员，在特定的条件下（如 GPA 和 SAT/ACT 考试成绩尚未达到最低标准，但可以通过其他三个条件进行弥补）也可被大学录取，但此时被录取的大学生运动员还不能被视为一名正式注册的大学生运动员，与正式注册的大学生运动员相比，还要受以下三个方面的制约：

第一，入学后的第一年，不能代表所在学校参加美国大学生体育联合会举办的任何比赛，以确保大学生运动员的入学质量。

第二，不能享受运动员奖学金，因为大学生运动员奖学金非常优厚，具有很大的诱惑力，获得大学生运动员奖学金的学生，除了可以免除昂贵的学杂费，提供医疗保险和咨询服务外，每年还可以获得 10000~20000 美元不等的奖学金。当然，奖学金的多少与学校对体育运动的重视程度、运动员的运动水准，以及运动员参加的运动项目有直接关系，仅用平均数不可能把奖学金颁发表述清晰。

第三，可以利用大学校内的体育设施进行训练，但在训练时数上有严格的要求。到了二年级后，只有经过补习，重新参加考试，直到各种条件全部具备后，才能被所在学校正式注册为大学生运动员，才有资格代表所在学校参加美国大学生体育联合会举办的比赛。

三、美国大学国际大学生运动员和残疾大学生运动员的招生

美国大学体育联合会也招收国际大学生运动员和残疾大学生运动员，并有完善、健全的招生制度。通过招收国际大学生运动员，进一步促进了美国大学体育与世界各国的交流，使世界各地优秀的中学生运动员集中在美国大学体育中。招收残疾学生，充分体现了大学生运动员招生中人人平等的原则和对社会弱势群体的关注。通过对残疾大学生运动员的培养，进一步提高了美国残疾人奥运代表队的运动水平。

（一）国际学生申请大学生运动员按规定也要在资格审查委员会注册，提交学术成绩和其他必需的材料，并提交国际学生资格审查委员会注册表（注册表可从网上下载或向资格审查委员会索取）。国际学生如果还没有在四年的高校注册，应参加 SAT 或 ACT 考试，托福或 TWSE 成绩不起作用。申请者还应达到国际学生入学的最低学术要求，具体要求不同国家有不同的规定。如果已经在四年大学注册的全日制学生，申请报考的大学生运动员，可按转学的有关规定办理。申请者可通过因特网查询适合自己运动专项的大学。

（二）残疾学生首先应经联合会残疾学生服务中心确定为伤残学生，

才可以适用联合会针对伤残学生的特殊措施和招生程序。一般来说，伤残学生应向残疾学生服务中心提供一份非常规的ACT或SAT成绩单；或向联合会提交学生近期的教育计划、受教育经历、学生个人的特殊需求申请，以及自身身体状况和伤残程度的书面证明，其中包括：最近三年身体状况和伤残程度的诊断书。

被确定为伤残学生的申请者应在高中毕业后，向联合会资格审查委员会提交联合会规定的适用于伤残学生的核心课程的成绩报告、高中毕业后暑假进修的课程成绩、非常规的ACT或SAT成绩单和个人豁免资格申请，来满足资格审查的标准，获取大学生运动员资格审查的豁免资格。

一般来说，资格审查委员会收到所有的必需材料三周后，学生可以得到是否被批准的消息。在豁免资格审批过程中，学生可代表成员学校参加主场的竞赛，但不得随队参加校外比赛。

在收到资格审查委员会的最终答复后，伤残学生如豁免资格被批准，可代表学校参加校内外的比赛，并获得大学第一学年的经济赞助。与其他大学生运动员一样，残疾大学生运动员最多也只能参加四个赛季的比赛。

如豁免资格部分合格，学生可代表成员学校参加主场的竞赛，并获得大学第一学年的经济赞助，但不得随队参加校外比赛和接受经济补偿。豁免资格没被批准的伤残学生，即最终的豁免资格审查报告为不合格，则不能参加校际比赛或得到任何经济赞助。但可以继续与残疾学生服务中心和成员学校联系，进一步确认是否符合部分合格的要求，并享受部分合格的待遇。

第六节　招生过程中成员学校和准大学生运动员的行为准则

美国大学生体育联合会对招生过程中准大学生运动员和成员学校的接触参观、经济行为和媒体信息有着严格的规定。准大学生运动员和招生院校均应严格遵守，如有违背，其资格将被取消或受到影响。美国高校大学生运动员招生除了有健全的招生机构、严格的资格审查制度、规范的招生程序保障整个招生机制的良性发展外，严格的关于接触参观、经济行为和媒体信息方面的招生行为准则对于招生机制的正常运转也起到了极其重要的作用。

一、招生过程中对参观行为的行为准则

（一）招生参观

招生过程中会面阶段双方会有校内、外接触，其中招生参观是一种主要形式。根据参观出资方的不同，可以分为学院邀请参观和自费参观。学院邀请参观是由成员学校负担一切参观费用。高中期间，每名准大学生运动员最多可得到5次学院邀请参观的机会，其中只能有一次成员学校校园参观，所有的参观每次不能超过48小时。参观48小时后，如考生还继续停留在参观地，一切费用自负，包括考生的返程费用。但如果参观成员学校校园，则不能继续停留在校园内。除非气候等不可控因素导致考生的继续滞留，否则，一律按照学院违规处理。48小时从考生到达学院开始计时，不能从到达机场或在招生负责人带领下参观开始计时。48小时内不得有其他超出规定的娱乐或其他休闲活动，除必要的用餐、交通费用外，其他一切开销由考生支付。高中毕业后，准大学生运动员还有5次学院邀请参观的机会。能够获得参观机会的学生必须提供在校考试成绩和官方PSAT、SAT、PACT、ACT的成绩单。如果是伤残学生或外国学生，需按照适用的规定向相关机构提供成绩单。所有书面材料均先经资格审查委员会审查其真实性。如成员学校未按照规定索取成绩单，可视为成员学校违规，不影响考生。第一次学院邀请参观必须在考生进入12年级之后。

学院邀请参观应由成员学校提供书面邀请信，并注明参观次数，时间限制，所需书面材料等。如成员学校未执行有关规定，则属于成员学校的违规行为，但不影响准大学生运动员。

一所成员学校每年可向准大学生运动员提供的学院邀请参观次数有具体限制，比如，橄榄球：56次；篮球：12次；棒球：25次。

联合会对成员学校招生中邀请参观费用的支出有具体和明确的规定。关于学院邀请参观中各项支出的标准见表3–53。

表 3–53 学院邀请参观费用表

费用形式	标准
食宿	按照一般大学生运动员的标准
交通	每天开销不得超过 25 美元
往返途中的用餐费用	校方应提供大学生运动员及其父母、配偶、法定监护人往返途中的用餐费用
门票	普通观众席门票，其他开销不得超过 25 美元，每天的消费不得超过 30 美元
休闲娱乐活动	每天消费不得超过 30 美元
其他	已注册的大学生运动员如果陪同考生参观每天可花费 15 美元

招生学校邀请参观由校方承担准大学生运动员的食宿，按照一般大学生运动员的标准花费。可以使用学校周围 30 英里（1 英里=1.6093 公里）以内的宾馆、餐厅，但开销要控制在大学生运动员的标准之内。餐后甜点，在教练员、招生负责人、赞助商家中用餐等不包括在内。参观过程中涉及到的任何娱乐活动，开销不得超过 30 美元。如有超支，准大学生运动员应把超支部分捐赠给任何一所慈善机构，否则，其资格会受到影响。

校方应提供准大学生运动员及其父母、配偶、法定监护人往返途中的用餐费用，其他朋友及亲属概不承担。

校方可为准大学生运动员及其父母、配偶、法定监护人提供校内赛事的普通观众席门票，在这个过程中，如有其他开销不得超过 25 美元，如超出这个标准，应由准大学生运动员自己承担，或把超出费用捐赠给慈善机构，否则，会对其大学生运动员的资格产生影响。季后赛的门票不得免费提供，但准大学生运动员可以自己购买，票价没有任何优惠。

准大学生运动员每天参观的交通费用不得超过 25 美元，其中包括考生父母、配偶、法定监护人的开销。

以上所提到的由学校提供的参观过程中的费用不得用来购买纪念品，如 T 恤衫或学校的纪念品。

如果考生由已注册的大学生运动员陪同参观，已注册的大学生运动员每天可花费 15 美元，并可以一起用餐，费用由学校支付。还可以陪同观摩校内赛事，门票由学校提供。

自费参观的一切费用由考生自己支付，次数、时间不限（高中之前也可）。成员学校可提供3次参观学院校内体育赛事的机会，招生学校可免费向准大学生运动员、其父母、法定监护人、配偶提供观众席门票，但不能提供贵宾席门票和球员席门票。其余陪同人员的门票由考生自付，票价与其他观众相同。除季后赛外，如果有在其他院校举行有其报考学院参加的比赛，举办者可提供一次免费观摩比赛的机会，如欲观摩季后比赛，考生只能自费购票。参观中用餐费由考生负担，但招生学校可以安排其与其他进行学院邀请参观的考生或学院的准大学生运动员一起用餐，费用自付。参观中如需住宿，招生学校可以安排其与大学生运动员一起住宿，费用自付。运动系负责人可以为考生安排观摩学校的学术教学课。

（二）夏令营或体能测试

除参观外，成员学校举办的夏令营或体能测试也是接触过程中的重要手段。在这些活动中，不能包括系统的运动技术、技能指导、训练和比赛。其举办的目的仅仅是根据自己院校的具体情况，在某一项或某几项运动项目中举办夏令营、体能测试，增加准大学生运动员参加夏令营的经历；增强准大学生运动员对这一项目的整体理解和掌握；组织非正规的比赛，增加准大学生运动员的比赛经历。

除对每期的参加人数及年龄有所限制外，夏令营和体能测试应对所有的准大学生运动员开放。夏令营或体能测试不允许在封闭阶段举办。所有夏令营的教练员可以不受招生阶段的限制指导训练，但大学生运动员招生负责人则要按照招生阶段的具体规定，在可以与大学生运动员接触的阶段来观摩并考查运动员。篮球和橄榄球夏令营或体能测试举办的时间安排在每年的6~8月举办。夏令营或体能测试中表现优异者并不能因为其优异表现而降低大学生运动员的入学标准。大学生运动员招生负责人不能为运动员提供参加夏令营的费用。表现优异的运动员可以获得奖金，但数额不能过大，且只能从报名费中支出。篮球夏令营必须包含一定的文化知识学习。

二、对招生过程中经济行为的规定

为保证招生过程中的公平性，避免人为造成的学院之间的不平等，联合会对成员学校给予准大学生的经济或学术支持进行了严格的控制。严格遵守经济行为准则可以尽量避免招生过程中成员学校以向学生提供经济利益和支持等不正当的手段招收优秀的大学生运动员，避免招生中的人为的不平等现象。

准大学生运动员在成员学校正式注册之前，成员学校不得向准大学生运动员提供任何经济支持、赠送礼物或向其亲属赠送礼物，提供工作机会，不得为其支付教育经费，即使是已经与成员学校签署了国家意向书的大学生运动员也不允许。在学院邀请参观时，每个准大学生运动员的每天消费也不得超出上述定额，如有超支，准大学生运动员应把超支的部分捐赠给任何一所慈善机构，只有当准大学生运动员的捐赠完成后，其资格才不会受到影响。另外，成员学校要把有关事情的经过及捐赠的官方证明提交联合会纪律检查委员会，尤其是以下这些特定的经济行为是绝对不允许发生的：为准大学生运动员的亲属安排工作；赠送衣服、装备及任何有形的商品；贷款给准大学生运动员及其亲属、朋友，或承担贷款的连带责任；对服务或应付款项打折或免费；住宿费用打折或免费；允许准大学生运动员随便使用成员学校的体育运动器材；为准大学生运动员获奖举办庆祝酒会、联欢会；以成员学校的名义为高中、两年制高校的运动队在赛事中获胜举办庆祝酒会、联欢会，除非此成员学校是赛事的组织者。

另外，成员学校不得对准大学生运动员所在的中学、两年制学院以任何直接、间接的方式进行资助，比如：以支付广告费用等任何形式资助高中的体育运动计划，收买具有较高运动能力的高中高水平运动员，人为制造大学生运动员招生的不公平等。但是，与成员学校保持合作关系的体育运动赞助商可以对其法人机构所在地 30 英里之内的高中运动计划提供经济赞助。但赞助商的这种行为必须是独立的，不能与成员学校有任何关系，不受成员学校的委托或授权。并通过自身的渠道或方式完成。需要特别注意的是，这种赞助活动不得是专门针对某一或某几位特定的准大学生运动员。

同时，如果高中与成员学校联合举行赛事或体育活动，也只限定于篮球、橄榄球、排球和健美操以外的运动项目，且需经过当地权威部门的批准和授权。不得给予高中任何形式的经济补偿，比如交通费用，比赛收益的提成、门票收入的提成等。但是成员学校可以支付比赛或活动中所使用的高中的运动场地和器材的使用费用和折旧费用。

为了体现美国大学体育面前人人平等的原则，在适当的情况下成员学校可以向中学生运动员或运动队提供一定的支持和赞助。例如：可体现对女子项目的重视和支持。成员学校可以向中学的女子划艇队或俱乐部赠送或提供训练、比赛器材。还可以向她们提供学校器材的使用权。同时，二手器材和其他非体育设备的捐赠也必须经过严格的程序，由专门的机构负责。并且捐赠的请求由这种负责捐赠的机构提出，并由这一机构决定究竟捐赠给哪一所高中。其他非运动器材的捐赠，比如电脑，只要与体育运动部门无关，可捐赠给中学，但不能是专门针对某一体育运动计划的捐赠。

大学生运动员签订意向书和经济协议后正式注册前，成员学校可以向其提供学术上的指导，可以提供图书馆、训练场馆、宿舍等。可以通过合法的机构，帮助学生贷款，并为其制定完善的还款计划。大学生运动员正式注册之前，成员学校可为了获取考生的 ACT 或 SAT 成绩，向负责这些成绩的官方部门支付成绩查询费；还可以通过免费电话的形式支付考生、其父母、法定监护人的部分电话费，但必须是在考生修完 11 年级课程的 7 月 1 日之后。

所有的招生资金均由成员学校管理和支配。资金必须全部用于大学生运动员的招生，在使用过程中应符合有关规定。成员学校招生负责人考查考生或拜访考生父母或法定监护人时，招生资金仅可以用于招生负责人自己的开销上。招生资金还可以用于下列招生服务：只要这种服务针对所有的成员学校且收费相同，成员学校可以通过订阅选秀杂志、VCD 等有关大学生运动员的体育竞赛电子产品来熟悉并掌握大学生运动员的个人情况。

需要注意的是，成员学校禁止任何校外组织、集团、机构管理、支配和使用招生资金，用于参观过程中的交通、食宿、娱乐，或向学生、其父母、法定监护人等赠送礼品。

三、对招生过程中信息提供、媒体的规定

（一）为确保招生中的公平、公正，招生过程中成员学校向考生提供的书面和声像招生资料必须符合相应的规范。

为保证准大学生运动员在正常学习过程中不被成员学校干扰，保证学生在接受信息上的平等性，成员学校在高中运动员升入11年级之前不能向其提供任何文字材料。只有升入11年级后，才可以提供有关的文字材料给其本人、教练员或升学指导机构的负责人。成员学校可向准大学生运动员提供招生音像资料，准大学生运动员和其教练员可以观看成员学校的“赛事剪辑”的录像片、VCD等音像制品，但其中的解说词不能涉及比赛之外的事情。这些音像制品不能送给准大学生运动员，面向学院全体学生的音像制品可提供给准大学生运动员，准大学生运动员可以参观体育运动名人堂、博物馆，可以在参观过程中观看现有的对公众开放的宣传片等。成员学校所属联盟不能向准大学生运动员提供任何声像资料；招生宣传推广活动所制作的宣传片不能以许诺种种优惠来笼络大学生运动员，在这些活动中不能向准大学生运动员介绍任何有关会面与评价的情况；招生负责人或教练员在宣传推广中不能接受任何访问。

（二）招生过程中成员学校必须及时、准确地提供毕业率。

美国高校对于大学生运动员的培养是基于培养人的角度出发的。所以，在挑选和培养人才的过程中不仅重视体育成绩，更看重文化水平。这一点着重反映在大学生运动员资格认证体系中对文化学术水平的严格要求，以及其毕业率与普通大学生的毕业率基本一致上。培养的目的不仅仅能够使学生在校际竞赛中表现优异，更需要掌握今后人生道路上安身立命的一技之长，培养综合素质。

成员学校每年均应向联合会全国办公室提供本校的大学生运动员招生人数及毕业人数，并统计出其毕业率。联合会全国办公室每年应向培养高

水平运动员的高中、两年制学院邮寄各个招生院校的毕业率及招生人数。在招生过程中，成员学校应向高中高水平运动员或其父母、法定监护人提供学院的毕业率。提供的时间范围最早在第一次会面之后，或是准大学生运动员索要的时候，最晚在签订意向书或协议之前。

（三）在大学生运动员的招生过程中，成员学校不得允许任何媒体参与招生并报道。如发现有媒体参与，应视为成员学校违规。大学生运动员在签订国家意向书和经济赞助协议之前，成员学校可公开发表其对于运动员的招生意向，但不可向媒体过多地提及运动员的运动水平及将来有可能达到的运动水平，也不能对运动员的态度作过多的描述，否则，视为成员学校违规。

准大学生运动员及其中学教练员不得录制以下几种广播、电视节目：由成员学校的教练员主持或制作的节目；有成员学校的教练员参加的节目；成员学校专门为大学生运动员及其教练员安排的节目。

成员学校的招生负责人不能担任中学、两年制学院体育竞赛的评论员或发言人。不能在这种节目的电视、广播节目中以个人或其他身份露面，但这里并不包括大学生运动员代表美国参加的比赛，比如奥运会。

成员学校不能对准大学生运动员参观校园作公开报道，不能在有媒体报道的校际体育比赛、颁奖大会上当众介绍准大学生运动员，否则，视为学校违规。

准大学生运动员参观成员学校时可以在校园内拍照，以后照片可以作为成员学校的推介活动用，但不能给准大学生运动员。

国家意向书及经济赞助协议签订后，成员学校可以通过正常的网站、电视、广播报道并介绍准大学生运动员，并可以转播签署仪式或发布照片。在这些声像材料中，也可以包含其他大学生运动员，只要中心内容是签订协议后的运动员即可。

准大学生运动员签署意向书或协议后，成员学校不得为其举办招待会、酒会、联欢会等集会，但运动员本人或其亲属、朋友可单独举办，成员学校不得参与。

成员学校可以在校园内为了校内的统计事务或赞助商的需要，提供大学生运动员的招生情况，并可以把所有学生签订协议的过程制作成光盘，但一人只能制作一盘，以作为资料保存。在协议签署现场，媒体不得与大学生运动员私下接触。

以上所提到的所有可以公开报道的活动或事件，报道前，须经过成员学校的检查，并可以由招生负责人或教练员对运动员的运动能力等作评论。

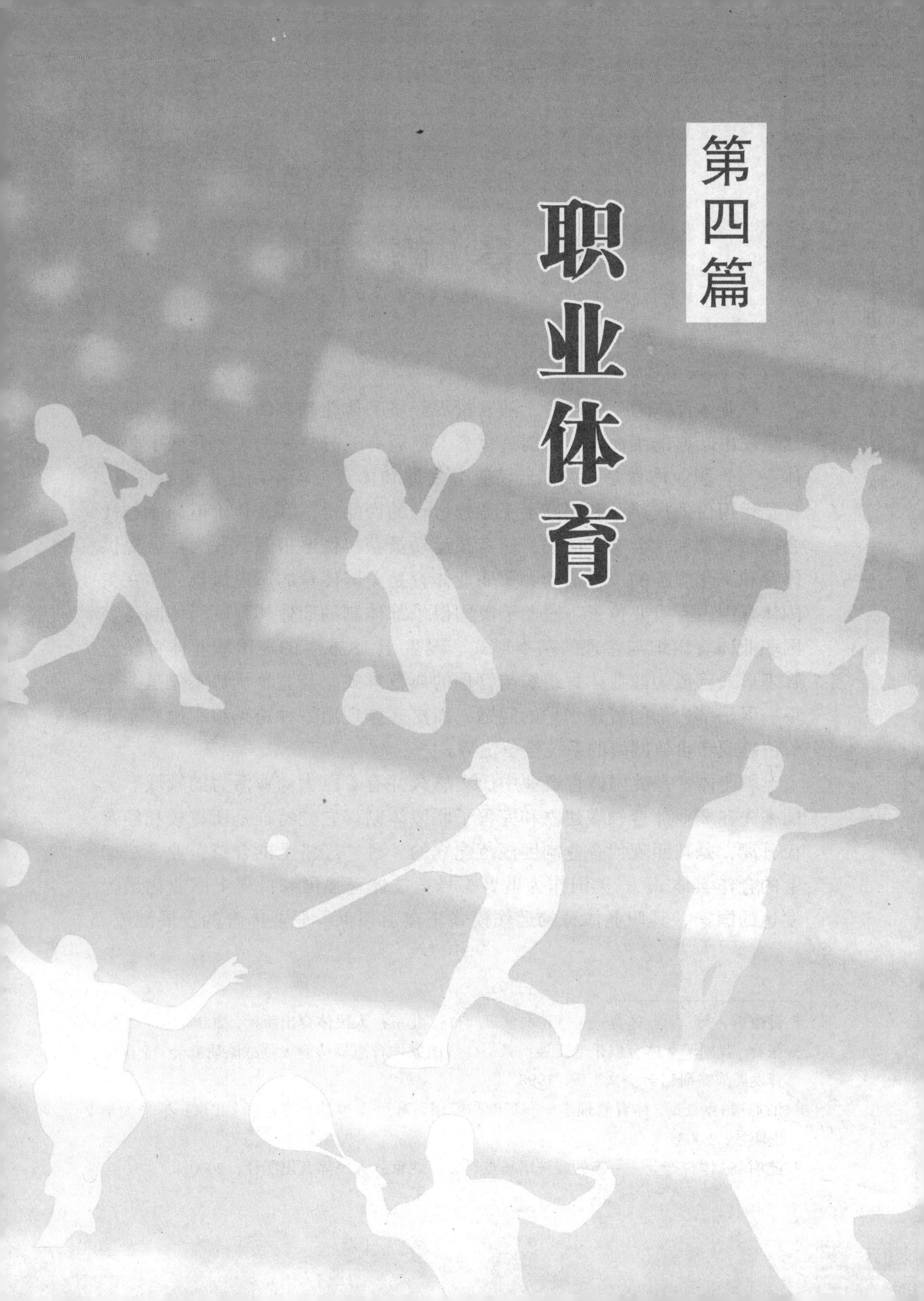

第四篇 职业体育

第一章 概 述

职业体育作为一种产业，随着世界经济一体化趋势的迅速发展，越来越呈现出旺盛的生命力。目前，世界上已经有三分之一的国家开展了职业体育。[①] 职业体育是在商品经济充分发展和体育市场不断扩大的条件下，自觉运用价值规律，利用高水平竞技运动的商品价值和文化价值，参与社会商品活动和社会文化活动，使竞技运动员获得优厚报酬，并为社会提供体育和文化服务的一种活动。[②] 职业体育是美国体育的一道风景，[③] 在美国体育中占有重要位置。脱胎于英国俱乐部体制的职业体育联盟体制是美国职业体育组织与管理的基本形式。诞生于 1876 年的美国职业体育联盟管理形式已成为职业体育组织与管理的典范形式，其竞争优势不仅是关乎单一俱乐部内部的管理水平的问题，而更多体现出一种跨越组织边界基于价值链或者价值网络的系统竞争优势。

职业体育是美国体育产业中历史悠久并有着巨大商业活力的领域。美国率先在职业体育领域建立和完善了联盟体制。它的特征是所有权和经营权分离，是按照现代企业制度规范建立的一种“经济上的合资企业，法律上的合作实体。”[④] 美国作为世界头号竞技体育强国和世界上商业化最为发达的国家，其职业体育的运作模式正在引领世界职业体育的发展潮流。

① 钟秉枢，等. 职业体育——理论与实证［M］. 北京：人民体育出版社，2006.

② 张林. 我国职业体育俱乐部发展前景［G］. 国家体育总局体育发展战略研究会. 全国体育发展战略研讨会论文汇编. 1998.

③ 伯尼·帕克豪斯. 体育管理学——基础与应用［M］. 秦椿林，等，译. 北京：清华大学出版社，2003.

④ 鲍明晓. 体育产业——新的经济增长点［M］. 北京：人民体育出版社，2000.

目前，美国有 20 多个体育项目进入了市场，走上职业化和商业化的道路。以职业体育联盟为主体的美国职业体育产业缔造了世界上最为发达的职业体育产业帝国，创造了惊人的商业奇迹。美国职业橄榄球联盟（National Football League，以下简称为 NFL）、美国职业冰球联盟（National Hockey League，以下简称为 NHL）、美国职业篮球联盟（National Basketball Association，以下简称为 NBA）、美国职业棒球联盟（Major League Baseball，以下简称为 MLB）是美国职业体育联盟的四大巨擘。20 世纪 80 年代初期，美国职业体育的总收入大约在 30 亿美元，到 20 世纪 90 年代中期，这个数字已突破 70 亿美元。2006 年，据《财富（福布斯）》杂志（forbes）统计，美国四大职业体育联盟总收入达到 148.3 亿美元。[①] 国内有专家指出，这一商业奇迹产生的深层原因和共性特征就是联盟体制这样一种独特的制度安排。[②] 美国职业体育联盟在多年的发展过程中，通过完备的法律和规章体系，依据现代企业制度已建立和形成了较为成熟的管理模式和运作机制，成为当前职业体育组织管理和商业运作的成功范例。美国公众认为，这四个职业体育项目把美国文化传统与现代竞技文化有机地融合在一起，最能体现现代美国精神。在某种程度上，美国的职业体育是美国社会的一个缩影，包含了球队、球员、资方、联盟、政府之间的复杂关系。[③]

综观当今世界体坛，竞技体育的职业化、商业化、产业化、国际化趋势已成为不可逆转的时代潮流。改革开放以来，我国社会经济开始从传统的计划经济体制向社会主义市场经济体制转变，经济增长方式也开始由粗放型向集约型转变，这是我国社会发展历史上前所未有的两个根本性转变。与社会改革的背景相适应，我国体育事业也加大了改革力度。

我国竞技体育的职业化与深化运动项目管理体制改革具有不可分割的同步性。1986 年，国家体委发出了体育体制改革的第一份正式文件，即《国家体委关于体育体制改革的决定（草案）》，[④] 这个决定首次把体育改革提到了体制改革的高度，系统分析了体育体制改革的必要性和迫切性，

① http://www.forbes.com.

② 鲍明晓. 体育产业——新的经济增长点［M］. 北京：人民体育出版社，2000：12.

③ 凌平，等.美国职业体育联盟管理体制初探［J］. 体育与科学，2003（1）：5~7.

④ 国家体委，1986.

明确了我国体育体制改革的指导思想。从此拉开了体制改革的序幕。1993年，国家体委下发的《关于深化体育改革的意见》，[①] 提出了深化体育改革的原则，确定了我国体育改革的总目标，强调要改变在计划经济体制下建立起来的单纯依靠国家和主要依靠行政手段办体育的高度集中的体育体制，建立起与社会主义市场经济相适应，符合现代体育运动规律，国家调控，依托社会的充满活力的新的体育体制和运行机制。同时还推出了《关于运动项目管理实行协会制的若干意见》（1993）、《关于培育体育市场，加快体育产业化进程的意见》（1993）、《体育产业发展纲要》（1995）等一系列推动竞技体育职业化和产业化的引导性、规范性文件和规定，为我国竞技体育的职业化和产业化的早期探索与实践提供了政策支持与理论指导。

20世纪90年代中期，国家体委为落实中央政府机构改革方案，推进单项协会实体化改革，陆续成立了20个运动项目管理中心，并于1997年颁布了《国家体委运动项目管理中心工作规范暂行规定》，从多年的运行实践上看，项目中心的设立和运作促进了运动项目管理由原先的粗放型向集约型的转变，推动了各个运动项目的社会化和产业化进程，同时也培育了各运动项目的体育市场。对此项改革，国家体育总局《2001—2010年体育改革与发展纲要》[②] 提出，“在进一步完善我国运动项目管理体制和运行机制的基础上，逐步建立具有中国特色的协会制，使协会逐步成为自主决策、自主管理、自我约束、自负盈亏的社团法人，各地要根据本地区实际，分期分批进行协会实体化改革。”

多年以来，我国竞技体育的发展一直采用与计划经济体制相适应的国家投资、集中统一行政管理的“举国体制”，尽管这种管理体制使我国竞技体育取得了长足的进步，但随着竞技体育深入发展，其缺陷也日趋显露出来。[③] 八届人大四次会议通过的《国民经济和社会发展“九五”计划和2010年远景目标纲要》提出：“要进一步改革体育管理体制，有条件的项目要推进协会制和俱乐部制。形成国家与社会共同兴办体育事业的格局，

---

① 国家体委，1993.

② 国家体育总局. 体政字〔2000〕079号. 2000.

③ 张林. 职业体育俱乐部运行机制［M］. 北京：人民体育出版社，2001.

走社会化、产业化道路。”从市场经济发展趋势看，部分竞技项目的职业化和商业化是我国体育改革的必由之路。①

以1992年我国第一个职业俱乐部在大连的成立为开端，以1994年我国首届足球职业联赛的举行为标志，以足球职业化改革为突破口的我国竞技体育职业化、产业化改革正式拉开了序幕。随后篮球、排球、乒乓球、网球、羽毛球等多个项目的职业联赛相继在我国的体育竞赛中登台，竞技体育职业化成为20世纪末期我国竞技体育舞台一个引人注目的现象。

我国竞技体育职业化进程经过十余年的努力，在相关制度建设、管理体制转轨、经济效益等方面取得了阶段性成果，形成了有利于职业体育发展的一些有效运行手段。例如，联赛收入分享制度、俱乐部准入制度、协会（项目管理中心）层面的营销制度、运动员注册和转会制度等制定和实施为我国职业体育俱乐部的规范发展起到了一定的保障和推动作用。2004年中国职业足球超级联赛的推出和中国竞技篮球职业化的远景计划——北极星计划在2005—2006赛季的推行就是我国竞技体育职业化取得进展的有力佐证。但冷静地看，目前我国竞技体育职业化还存在体制和机制的一些深层次矛盾，阻碍我国竞技体育职业化发展的旧有体制框架和制度性安排还未得到根本改变，职业俱乐部与运动项目管理中心（协会）之间的角色定位与利益协同机制还未完全理顺与建立，职业俱乐部所有者或投资人与运动项目管理中心（协会）之间的矛盾与纷争还时有发生，这都需要加大理论研究力度，为改革实践提供智力支持。

在我国竞技体育职业化、产业化改革机遇与挑战并存，各种矛盾和利益关系错综交织的现实状态下，亟需借鉴和吸收国外职业体育的先进管理模式和运作形式，以为我国职业体育的长久发展探索出一条具有中国特色的发展道路。事实上，我国职业体育的改革和发展无不带有国外特别是美国职业体育的发展印迹。

对于职业体育联盟这一特定的经济组织和经营管理形式，经济学界和管理学界都进行了大量的研究尝试，并取得了诸多的研究成果。从现有文献来看，国际上对于职业体育联盟的研究无论在理论基础的建立，还是理论的运用分析都日渐成熟，形成了关于职业体育联盟研究的不同理论观

① 卢元镇. 中国体育社会学（修订版）[M]. 北京：北京体育大学出版社，2001.

点。相对而言，由于竞技体育管理体制的差异，我国对于职业体育联盟的理论研究起步较晚。但20世纪90年代以来，随着我国竞技体育职业化、社会化、产业化序幕的拉开，国内对职业体育联盟的研究已渐趋成为职业体育研究的热点。从国内的研究现状看，目前我国对于职业体育联盟的研究基本上处于对国外理论的引介阶段，综述性、介绍性的文章和研究居多，现有成果多局限于对某一联盟管理形式和运行机制的机械介绍、简单引用和描述性研究，理论与理论之间，理论与数据之间相互补充与相互支撑的系统研究匮乏，研究的实用性普遍不强，尤其借助跨学科的理论和方法对职业体育联盟的形成机制的理论与实践相互结合的系统研究基本上处于空白。通过对美国职业体育联盟进行全面的分析和探讨，对于丰富我国职业体育联盟的理论研究体系和职业体育实践发展均具有重要价值。

第二章 美国职业体育联盟的起源与发展

第一节 美国职业体育联盟的起源

职业体育俱乐部是职业体育联盟的组成细胞，因此，考查职业体育联盟首先要从职业体育俱乐部的起源开始。将英国视为现代体育诞生地的观点已得到理论界的普遍认同。关于职业竞技体育的形成时间和发源地，西方学者一般认为，大体上可推至18世纪60年代工业革命，并以英国为诞生地。[①]

发生于英国的工业革命为职业竞技体育的真正确立奠定了坚实的经济基础。英国商品经济的巨大发展，为职业体育商业化运作提供了必不可少的市场条件。

据记载，1750年，英国的一批贵族资助成立了著名的“赛马俱乐部”。早期的比赛都是本地比赛，通常在假期举行并伴随着马匹的买卖。[②]

18世纪和19世纪，这种依赖于赛事公平、观众忠诚支持和志愿者管理体系的俱乐部体制，已经成为欧洲体育运动一种成功的组织管理方式。而这个管理方式在18世纪，随着英帝国的扩张，也传输到了美国。但这种在欧洲大陆盛行的俱乐部体制，在美国的发展不尽如意。俱乐部制度在美国最大的障碍在于缺乏拥有支持俱乐部制度的贵族传统，以及其对体育运动的支持和合法化。

在美国内战以后，棒球超过板球成为美国大众所欢迎的体育运动项目。刚开始的时候，棒球也按照俱乐部制度构建，由俱乐部组织比赛、租用

---

① 由美国学者莉萨·马斯特拉莱西思1998年在其《体育管理理论与实践》中提出。

② 张林. 职业体育俱乐部的运行机制［M］. 北京：人民体育出版社，2001.

场地、邀请其他俱乐部参加比赛。赛事主要依赖于赞助，但因为赞助的不稳定通常导致联赛缺乏稳定，结果一个赛季中时常可见球队的成立、瓦解和改革。1869 年，美国成立了第一支职业运动队——辛辛那提红袜棒球队。这支 10 人的球队的工资总额是 9300 美元（Baker，1988）。[①] 1871 年，全国职业棒球运动员协会成立，它是一个由 10 支球队组成的运动员自治联盟，由运动员组建球队、决定运动员的工资和制定比赛时间表。在联盟存在的 5 年中，出现了俱乐部成员流散、球员经常变换球队、赌博等一系列问题。

1876 年，威廉·赫伯特发起创建了由 8 支球队组成的全国联盟，以替代问题重重的运动员控制的联盟，它是第一个由俱乐部所有者控制的联盟，也被认为是第一个真正意义上的职业体育联盟。

因此，美国职业体育联盟的建立是英国俱乐部制度与美国国情相结合的产物，是与美国特定的社会经济文化和职业体育发展背景等环境因素相适应的结果。

第二节　美国职业体育联盟的发展

职业体育联盟有一个缓慢的形成过程。[②] 从美国职业体育联盟球队数量扩张情况看（图 4-1），虽然现在每个联盟有大约 30 支球队，在 40 年前每个联盟却只有 10 支左右。[③]

一、MLB 的发展状况

棒球是美国发展最早的职业运动，第一个职业联盟（国家协会，National Association）成立于 1871 年，但由于草创时期问题丛生，五年后由现今的国家联盟（National League，简称 NL）接手。国家联盟将经营球队

① 伯尼·帕克豪斯. 体育管理学［M］. 秦椿林，等，译. 北京：清华大学出版社，2003：365.

② John J. Guthrie，Frank P. Jozsa.Relocating Teams and Expanding Leagues in Professional Sports：How the Major Leagues Respond to Market Conditions. Publisher：Quorum Books. Place of Publication：Westport，CT. Publication Year：1999.

③ Cave. Sports Rights and the Broadcast Industry.

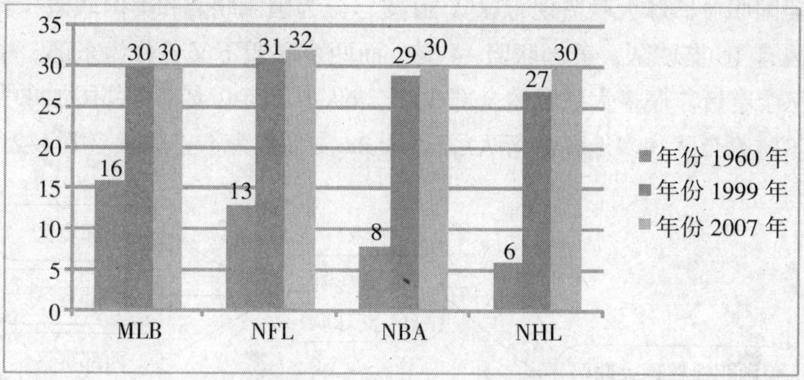

图 4-1 美国四大职业体育联盟球队数量扩张情况

的权力全部收回资方所有，因此球员的权利没有任何保障，国家联盟的垄断市场造成不断有挑战国家联盟的联盟诞生，这些新联盟吸收了被国家联盟开除的球员和教练员，引进更多新的创意以吸引球迷。

目前大联盟的另一支柱——美国联盟（American League，简称 AL）成立于 1901 年。MLB 由国家联盟和美国联盟在 1902 年联合成立。

1919 年"黑短袜"丑闻使处于旺盛发展时期的棒球运动受到巨大打击。1921 年老板们雇用了棒球的第一位总裁 Landis 重振棒球运动的形象。1947 年由球队老板和运动员组建的联合委员会引进了更多的改革，包括一项运动员养老基金。1954 年运动员组建了棒球大联盟运动员协会。1968 年 MLBPA 和球队老板签订了第一份集体议价协议。运动员第一次罢工出现在 1972 年，为期 13 天，赢得了养老金计划的改善。1976 年运动员赢得"自由转会"的权利。2000 年，MLB 和 ESPN 签署了一份为期 6 年价值 8 亿美元的电视转播合同。2000 年发生的大变化是球队老板投票表决废除美国和国家联盟办公室，并投票决定恢复总裁的"棒球的最大利益"权力。给予总裁分配财富、阻止运动员转会、管理球队和运动员的完全权威。2003 年赛季后期的新的劳资协议将联盟的压缩球队计划推迟到 2006 年，同时决定向巨额工资支出的俱乐部征收"奢侈税"，[①] 以平衡球队球员工资水平。

① 奢侈税强迫工资总额超过一定数量的球队交纳其超出部分一定比例的税金支付给小市场球队的公共基金中。

美国职业棒球大联盟现有球队30支，分为国家联盟和美国联盟，其中国家联盟有16支球队，美国联盟14支，而两个联盟下又各分为东部、中部和西部三个赛区。职棒大联盟的全部30支球队中，有2支来自邻国加拿大（蒙特利尔博览会队和多伦多蓝鸟队），其余28支悉数为本土球队（图4–2）。

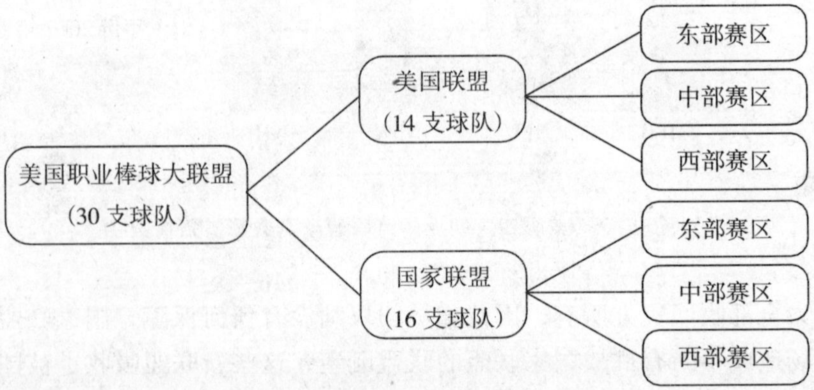

图4–2 MLB球队赛区划分

二、NBA的发展状况

1896年，美国第一个篮球组织"全国篮球联盟（简称NBL）"成立。1946年4月6日，"美国篮球协会（简称BAA）"成立。1949年，BAA和NBL合并为"NBA"。NBA最初成立时拥有17支球队，分成三个赛区比赛。从1954—1955赛季起，NBA经自然淘汰只剩下东部联盟和西部联盟两大赛区。现有球队30支，分属东部和西部两个联盟（图4–3）。

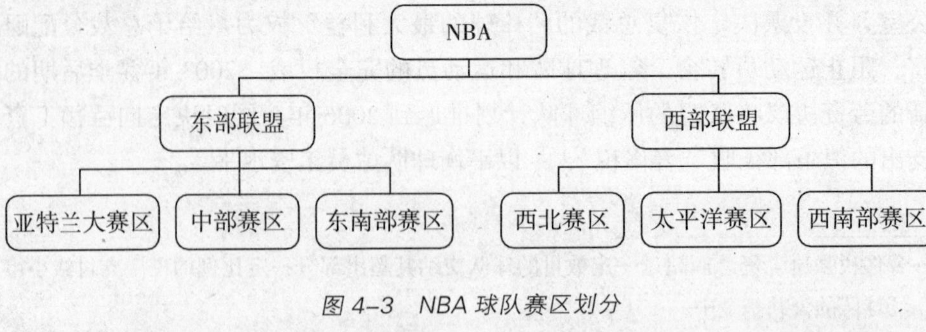

图4–3 NBA球队赛区划分

20 世纪 50—60 年代 NBA 发展迅速，但在 80 年代早期 NBA 受到药品、球场暴力、种族问题的困扰，流行程度开始下降。约翰逊、伯德、乔丹等令人兴奋的新明星的出现使 NBA 得以复苏。1984 年新总裁 David Stern 推进了 NBA 的商业发展。为重振联盟形象和解决财政问题，推出了反药品政策和工资帽。①

1995 年 NBA 增加了 2 支非美国本土球队。1996 年，联盟创立了女子 NBA，即 WNBA。1998 年 7 月，NBA 球队老板投票决定对运动员进行停工，导致了 52 年历史上的首次停工斗争。争议持续了 6 个月，1998—1999 赛季的比赛受到影响，由正常的 82 场减少到 50 场。2000 年，NBA 宣布组建一个类似于棒球小联盟的发展联盟，目的是解决大学和高中运动员急于转到职业篮球联盟的问题，发展联盟在 2001 年正式开始运作比赛。

NBA 的总部设在美国纽约。目前在日内瓦设有 NBA 欧洲分公司，在美国的迈阿密设有 NBA 拉丁美洲分公司，在墨尔本设有 NBA 澳大利亚分公司，在香港设有 NBA 亚洲分公司。此外，在日本和伦敦设有办事处。NBA 共设竞赛部、传播部、法律部、安全部、行政管理部、专项活动部、运动员服务部、顾客产品部、市场与赞助部、运动队服务部、经济部、国际娱乐部、电视部等 14 个部门，另有一个 NBA 总裁办公室，负责全面工作。NBA 管理机构的总人数大约有 1000 人。②

三、NFL 的发展状况

NFL 无论球迷人数、经济效益、社会影响都在美国职业体育联盟里排第一。超级碗③ 是 NFL 的冠军决赛，美国电视史上收视率最高的 20 个节目里，有 15 个是历年的超级碗决战。

---

① 工资帽（salary caps）首先是作为 NBA 中自由代理的平衡物于 20 世纪 80 年代出现的。工资帽给每个队设立了最大工资总数。目前 NFL 是唯一设立了硬性工资帽的联盟。

② WWW. NBA. COM.

③ 超级碗（SuperBowl）是美国国家橄榄球联盟 NFL 一年一度的总决赛，这是美国最有影响力的体育赛事，“超级碗”冠军是美式职业橄榄球的最高荣誉。第一届“超级碗”开始于 1967 年 1 月 15 日，地点是在洛杉矶市，当时它的名字并不叫“超级碗”，而是叫做“美国国家橄榄球联盟冠军赛”，从 1969 年第三届开始才正式更名为“超级碗”。

1920 年，芝加哥熊队的老板 Halas 组织成立了美国职业橄榄球协会（American Professional Football Association，简称：APFA）。以后陆续出现了多家竞争联盟。其中两个主要的联盟是 NFL 和 AFL。AFL 和 NFL 的竞争使两个联盟的利润都减少，最终于 1970 年两个联盟合并，拥有 26 支球队。20 世纪 90 年代，NFL 增加到 30 支球队。2002 年 NFL 将 NFC 和 AFC 吞并重新结盟。NFL 现有 32 支队伍。有时这些队伍也被称为特权会员队，因为他们均为私人投资、按照公司模式运作。NFL 是美国最著名的职业橄榄球联盟，拥有最多的球迷，其他联盟也试图和 NFL 竞争，但都没能像 NFL 这样取得如此巨大的成功。

NFL 把每支球队按所属联合会和分赛区分组。竞逐 NFL 的 32 支球队被划分为两大联合会：美国橄榄球联合会（American Football Conference，简称 AFC）和国家橄榄球联合会（National Football Conference，简称 NFC）。每个联合会有 16 支队伍，又分为 4 个分赛区：东部、南部、西部和北部。每个分赛区有 4 支队伍（图 4-4）。

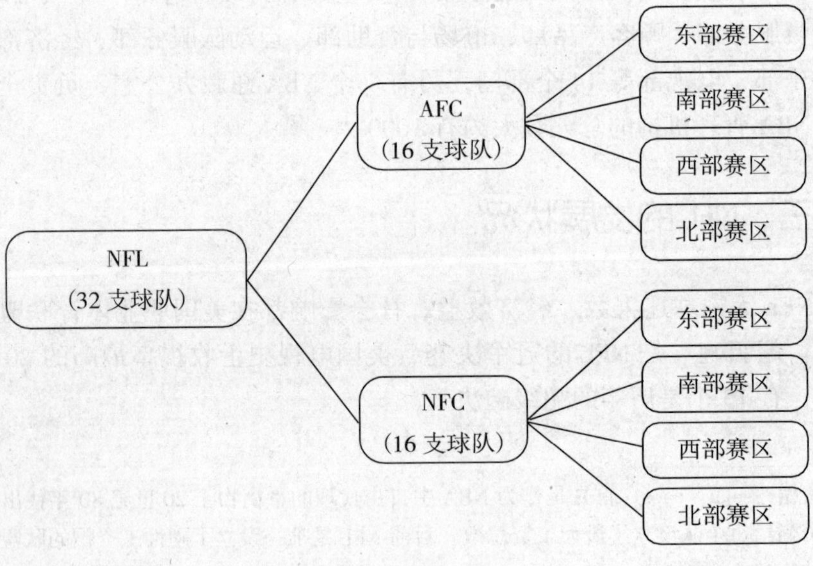

图 4-4 NFL 球队赛区分布

NFL 是全美职业体育联盟中最盈利的组织，它拥有最能代表美国文化和体育精神的运动——美式橄榄球。据 ESPN 电视网对美国人的调查，有

27.9%的人是 NFL 的球迷，有 12.9%的人是 MLB 的球迷，而 NBA 的球迷是 9.6%。

NFL 电视转播收入在四大联盟中是最高的。1997 年，NFL 同美国四家大电视台（CBS、ESPN、ABC、FOX）签订了一系列电视转播合同，8 年总价值 180 亿美元，刷新了 1994 年的电视转播合同天价，傲视其他职业体育联盟。2004 年与四大电视网续约，合同金额飙升 15%，再创新纪录。

NFL 在稳固了美国国内的龙头老大地位之后，开始将眼光放高放远，要把橄榄球推向世界。NFL 已经在日本、欧洲数国、北美的加拿大和墨西哥多次举行了季前赛。2007 年更是首次将一场常规赛挪到墨西哥进行，展示了勃勃雄心。

四、NHL 的发展状况

1885 年，加拿大蒙特利尔诞生了第一个全国性冰球组织——加拿大业余冰球联合会（The Amateur Hockey Association of Canada）。该组织将冰球的每队上场人数减至 7 人，同年，一个由四支球队组成的冰球联盟在安大略湖成立。

1890 年，此项运动传至美国，约翰·霍普金斯大学和耶鲁大学在 1895 年进行了一场著名的冰球比赛。冰球运动在加拿大只是一个娱乐项目，美国成立了第一个全国性职业冰球联盟，该联盟于 1903 年成立，总部设在密歇根州的霍顿，加拿大和美国的球队及球员都是该组织成员，三年后其规模扩大了一倍。1917 年，北美职业冰球联盟（NHL）正式成立。其最高荣誉是每年一度的总冠军奖杯——“斯坦利杯”（Stanley Cup）。“斯坦利杯”的争夺仅在 1919 年因发生流行性传染病而被取消过一次，此外即使是二次世界大战期间也从未间断过。

NHL 目前共有 30 支球队，分为东部和西部赛区，各有 15 支球队（图 4-5），分别来自美国和邻国加拿大。作为世界上最出色的冰球联赛，NHL 集中了北美地区及欧洲地区众多一流球星，其一年一度的赛事是世界同类项目比赛中水平最高的联赛。

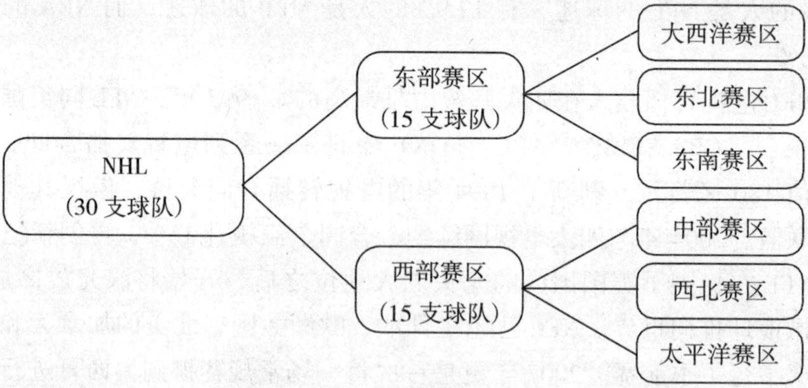

图 4–5　NHL 球队赛区分布

在团队运动中，没有一个职业联盟不是最近好几年之后才稳定下来。[①] 在美国四大职业体育联盟的发展演变中大致都经历了完全竞争、垄断竞争、寡头竞争、卡特尔等四种市场结构的演化。在经历了 20 世纪 70—90 年代的动荡之后，美国四大职业体育联盟进入到了相对稳定的发展阶段，其垄断地位不断稳固，表现在球队数量稳定、劳资关系稳定、垄断控制加强等诸多方面。

① 迈克尔·利兹，彼得·冯·阿尔门. 体育经济学 [M]. 杨玉明，蒋建平，王琳，译. 北京：清华大学出版社，2003.

第三章　美国职业体育联盟的形成机制

第一节　联盟形成机制

一、联盟形成的利益博弈机制

职业俱乐部加入联盟的目的虽然是多样的，但最根本的目的是通过加入联盟来实现利润最大化。如果俱乐部加入联盟长期不能获取利润，作为理性经济人的俱乐部是不会加入联盟的。联盟的决策实际是联盟内部成员伙伴间的一个博弈过程。实际上，联盟的形成过程可以看作是一个两阶段的博弈过程：第一阶段，俱乐部首先决定是否加入联盟，是否与联盟伙伴进行合作。在第二阶段，俱乐部要考虑自己的产出问题，主要考虑是否应该与联盟内伙伴合作来共同决定产出。根据博弈论的观点，俱乐部是否采取联盟合作的方式取决于联盟的协同程度，协同程度越高，采取联盟合作所能获得的利润越大。

“非零和博弈”与“合作博弈”的理论给了我们分析职业体育联盟形成机制的重要启示。虽然职业体育联盟是为了共同合作而成立的联合体，但联盟内各成员俱乐部都是一个独立经济实体，都有自己独特运作的逻辑，客观上会追求对自己最有利的交易，这种组织制度安排的本身就暗含了不确定性和机会主义的非合作博弈可能性。为了使非合作博弈转变为合作博弈，就需要一个完备的、合法的契约来防止非合作博弈的发生。联盟的契约不同于法律或经济学上所指的交易者达成的契约，这种契约除了具备事前威慑和事后惩罚的作用外，还要具备组织的内在激励效应。由于联盟内成员的自利行为，每个成员都可能将潜在的违约带来的收益与违约受到惩罚的损失进行对比，若遵守契约的收益比违约的潜在收益大，那么联盟内的成员将会遵守契约。

从博弈论的观点来看，在自由竞争条件下，职业体育俱乐部之间的博弈，表现为“非合作性博弈”[①]，在这种非合作性博弈过程中，对于作为有限理性的博弈者（职业体育俱乐部）来说，都会采用“占优战略”。所谓“占优战略，即无论其他博弈者采用何种战略，该博弈者的战略总是最好的。”[②] 这时，博弈双方就会陷入“囚徒困境”之中，所谓“囚徒困境”即理性行为导致的不理性的结果。其原因就在于博弈双方都在采用占优战略，结果就会出现次优的结果，因此，博弈双方竞争的结果就是双方收益都减少，这显然不符合博弈双方追求自身利益最大化的要求。多个博弈者共同博弈也符合这个道理，这说明俱乐部在完全竞争市场（或近似完全竞争市场）中竞争时，各俱乐部的收益往往都会减少。而博弈者采用“合谋博弈”[③] 时，各职业体育俱乐部收益往往可以达到最大化。因此，依据上述理论，为了实现俱乐部的共生性，避免职业体育俱乐部之间在市场上完全自由竞争，造成职业体育俱乐部之间两极分化，最终导致职业体育产业惨淡经营的局面出现，就必须建立“市场垄断型职业体育联盟”，即由各职业体育俱乐部自行组成的一个既独立于政府之外同时又受政府政策调控的俱乐部联合体来负责组织、管理和经营职业体育联赛的管理模式。由联盟统一制定竞争规则，约束会员俱乐部之间的恶性竞争行为。[④]

对此，美国体育经济学家迈克尔·利兹以及彼得·冯·阿尔门认为：“联盟生来就是合作共同体。在某个层面上，球队是那些自身成功建立在对方失败之上的竞争者。在另一个层面上，每支球队的成功依赖于联盟中其他球队的成功以及作为一个机构的联盟的成功。就像杰拉尔德·斯卡利（Gerald Scully）指出的那样，竞争行为的目标是最大化联盟中球队的综合财富。这

---

① 保罗·萨缪尔森，威廉·诺德豪斯. 经济学［M］. 萧琛，等，译. 北京：华夏出版社，1999：162-165.

② 保罗·萨缪尔森，威廉·诺德豪斯. 经济学［M］. 萧琛，等，译. 北京：华夏出版社，1999：187-189.

③ 保罗·萨缪尔森，威廉·诺德豪斯. 经济学［M］. 萧琛，等，译. 北京：华夏出版社，1999：197-199.

④ 王庆伟. 我国职业体育联盟的理论研究［D］. 2004.

就是说，联盟力图通过最大化收入和控制成本来最大化他们的财富。”[①]

因此，俱乐部经过多次博弈，会对合作还是不合作所产生的利益大小，进行斟酌比较，最终会发现合作产生的价值更大，合作得到的利益往往比单一俱乐部单独进行决策得到的利益要大得多，因此各俱乐部就会逐步由非合作博弈转向合作博弈。这也是职业体育联盟形成的最根本的驱动力。

二、联盟形成的财务利益机制

职业体育联盟因为职业体育俱乐部之间需要互相依赖才能够生存发展，因此，“这也决定了职业运动俱乐部的经济决策与其竞争对手的经济决策具有内在的相互依赖性”。[②]

俱乐部的根本目的是实现球队利润最大化，因此，在联盟成员合作背后的直接动因是财务利益分享机制。在各个联盟由联盟办公室控制比赛的生产，确定每个赛季的竞赛日程。所有运动队在打完比赛后获得正常赛季总收入的相同份额，以防止中小俱乐部的利益受损。通过职业联盟，各俱乐部获得了在当地的垄断力量，并共同维护卡特尔，共享垄断收益。

联盟成员俱乐部最明显的卡特尔行为方式表现在各种联合营销和收入分享的方法上。一个职业俱乐部获取收入的主要来源有三个：门票和特许权销售、运动队纪念品和新奇小物品推销权以及广播电视转播权。职业体育俱乐部在这三个领域通过它们相应的联盟组织相互合作。

近年来，多数职业体育俱乐部的主要收入来源为出售电视和广播的转播权。这也是各个俱乐部通过联盟在联合销售其娱乐服务最成功的领域。每个联盟将其成员进行比赛的全国电视和广播的转播权以“一揽子交易”形式出售给出价最高者。收入在各个成员俱乐部间平均分配。

运动员将其转播权集中在一起的做法可以追溯到 1964 年，当时 NFL 将其比赛转播权以 14.1 百万美元出售给电视网。近年来，职业体育联盟出

---

① 迈克尔·利兹，彼得·冯·阿尔门. 体育经济学 [M]. 杨玉明，蒋建平，王琳，译. 北京：清华大学出版社，2003：88.

② 夏普·雷吉斯特·格里米斯. 社会问题经济学 [M](13 版). 郭庆旺，等，译. 北京：中国人民大学出版社，2000：236.

售其转播权的收入大幅增加，NFL 于 1998 年与美国四大广播电视网签订了为期 8 年高达 180 亿美元的转播合同。

如果不存在联盟协议，且各队在转播权市场中彼此竞争，那么每个俱乐部为了实现利润最大化会不断增加销售，直到其自身的边际收入与边际成本相等的程度为止。短期来看，表现欠佳的运动队会发现出售他们的比赛转播协议非常困难或不可能卖出。在此情况下，当一些运动队成功出售转播权从而取得丰厚的利润并能雇用最好的运动员，那么联赛的激烈程度会大大下降，因此，从长远看，不太成功的俱乐部将会被关闭，联盟的成员俱乐部将会越来越少。

通过达成协议，由联合会而非单个俱乐部统一出售比赛转播权，这样，俱乐部实际上达成协议分享它们的垄断力量，其行为就像一个企业那样。每支运动队不再以自己的成本和需求表来确定利润最大化产量，而是接受总体市场利润的一定份额。

联盟通过卡特尔协议出售转播权，既影响价格，也影响数量。在提供更多的比赛转播权成本既定的情况下，卡特尔协议可以使所有联盟成员俱乐部利润增加。

通过卡特尔的形成，职业体育俱乐部发现，在赚球迷钱的同时充分合作能取得最大的共同利益。通过把产量控制在低于竞争性水平之下并提高价格，卡特尔成员整体利润大大增加并且可以在一定程度上稳定运动队的数目。

美国四大职业体育联盟在收入分享上有所不同。

第一，门票和地方收入分享。NBA 和 NHL 完全由主队获得。NFL 按照 60:40 的比例分配给主队和客队。1995 年前，MLB 的 AL 联盟和 NL 联盟分别采用 80:20 和 95:5 的比例在主队和客队间分配。但以后，MLB 进行了修改。如 2001 年，该部分收入的 75%在联盟所有球队中平均分配，而剩余的 25%则按比例分配给收入低于联盟平均收入的球队。

第二，联盟收入分享。主要指电视转播收入。1997 年，四大职业体育联盟来自不同媒体的收入，平均已经超过了门票收入，占球队总收入的 39%。[①] NFL 只有全国电视转播收入，收入在联盟成员中平均分配。而

① 迈克尔·利兹，彼得·冯·阿尔门. 体育经济学 [M]. 杨玉明，蒋建平，王琳，译. 北京：清华大学出版社，2003.

MLB、NBA、NHL 则分为全国转播收入和地方转播收入。地方转播收入归主队所有，而全国转播收入由联盟成员分享。

实行收入分享的原因主要有两个方面。一是保持球队财政的稳定。二是提高竞争平衡。通过收入分享，联盟形成了各成员间的财务利益机制与纽带，从而极大地加强了联盟成员间的合作，保证了联盟财务的稳定性，从而增强了联盟的稳定性。

NFL 早期可能是最不稳定的。球队进进出出，并给联盟的规章制度敲了警钟。成立于 1920 年的联盟直到 1936 年才能够连续两年保持同一群球队。球队明白：如果没有一群稳定的竞争对手它们就无法生存。即使财政状况最好的球队也明白，他们的长远的财政成功依赖于对财政最糟的球队的支援。①

由上可见，俱乐部的根本目的是实现球队利润最大化，因此，在联盟成员合作背后的直接动因是财务利益分享机制。通过职业联盟，各俱乐部可以获得在当地的垄断力量，并共同维护卡特尔，共享垄断收益，从而易于结成财务利益共同体。

三、联盟形成的协同机制

协同的概念是 20 世纪 60 年代美国著名的战略管理学家安索夫首先提出的。所谓协同就是“1+1>2”的现象，即相对于各独立的组成部分进行简单的加总而形成的业务表现而言，群体业务的表现要大于简单的加总的表现。

众所周知，体育的本质在于竞争，在一个完全的竞争市场中，职业运动俱乐部为争夺球迷而展开的竞争过程中，成功的俱乐部可以出售更多的门票和运动队商品，而且自然而然地会赚取更高的利润，同时，这也使俱乐部通过更高的薪水吸引更好的运动员。长此以往，这些俱乐部会变得比其他不太成功的俱乐部更加强大和富有，因此，竞技场上的竞争激烈程度会下降并使观众厌烦，弱队会濒于破产，而强队则会失去体育迷。因此，职业运动俱乐部的经济决策与其竞争对手的经济决策具有内在的相互依赖性。

---

① 迈克尔·利兹，彼得·冯·阿尔门. 体育经济学 [M]. 杨玉明，蒋建平，王琳，译. 北京：清华大学出版社，2003.

为了使经营持续下去，职业俱乐部必须避免出现上述情况，而做法和答案是通过联合会规则和章程来协调经济决策。借助联合会组织联合各运动队，协调并约束会员俱乐部的经济竞争，在许多方面，职业运动联合会就像市场卡特尔。卡特尔是一种企业集团，他们为了实现联合利润最大化，在协调其生产和定价决策方面达成正式协议，因此，卡特尔可以看作是其行为就像一个企业那样的企业集团，共享垄断。

在美国，反托拉斯法通常认为企业通过形成卡特尔垄断某个行业是不合法的。职业运动经营却是唯一的例外。1922 年美国最高法院裁定，大棒球联合会不适用洲际间贸易的法律定义，所以不受反托拉斯法的限制。这个判例在以后的许多案件中被引用。尽管棒球联合会不受反托拉斯法约束还没有完全扩展到其他职业运动联合会，但各种案例和法案对其他运动俱乐部采取的联合行动给予了有限的保护。例如，1961 年，运动转播法案允许职业运动联合会以“一揽子交易”代替单个运动队彼此争夺广播时间来出售比赛转播权，1966 年橄榄球合并法案为避免美洲橄榄球联合会被 NFL 兼并扫清了障碍。法律隐含地认识到，职业运动对于其联合会是同呼吸、共命运的。

职业体育竞赛产品的独特性就在于体育竞赛双方需要相互竞争、相互依存。关于这一点，美国经济学家夏普·雷吉斯特·格里米斯认为，“职业体育的一个独有特征就是运动队相互依赖”。[①] 他认为，“职业运动俱乐部与其他商业企业相比至少在两个方面不同：（1）职业体育组织结构；（2）俱乐部与其重要雇员（运动员）之间独特的关系”。[②]

我国学者袁旦也认为，“职业体育产业具有十分重要的特点，这个特点在于职业体育产业的产品或产品生产过程的独特性。他们的生产不能离开其他企业（俱乐部、球队或对手），即不能离开竞赛，因为离开了这些，生产就根本不能实现；不仅如此，他们的生产还不能离开旗鼓相当的其他企业或对手，因为离开了这种企业或对手，则其产品（竞技表演）的质量就不能想象，因而也不能为市场（观众）所接受”。

① 夏普·雷吉斯特·格里米斯. 社会问题经济学（13 版）[M]. 郭庆旺，等，译. 北京：中国人民大学出版社，2000：250.

② 夏普·雷吉斯特·格里米斯. 社会问题经济学（13 版）[M]. 郭庆旺，等，译. 北京：中国人民大学出版社，2000：234.

普通的企业在最大限度地获得市场竞争力成为垄断者时，最终将会使自己的利益和利润最大化。在职业体育中，一旦一个运动队成为垄断者，比赛就失去了魅力，职业体育组织的收入会随之消失，产出也会趋于零。结果的不确定性是职业运动的魅力之源。单个俱乐部无法完成竞赛表演产品的生产是职业运动的基本特征。比赛的数量与质量决定着俱乐部的产出水平，其产出水平受到联盟中俱乐部的数量、每赛季俱乐部间的比赛次数及俱乐部的竞技水平等因素的影响。

职业体育俱乐部的核心产品是运动竞赛。提高球队的竞技水平是任何一个俱乐部老板追求的目标。体育俱乐部所提供的产品与其他产业有着本质的不同。体育产品（竞赛）的生产过程也就是消费过程，生产与消费是同时进行的；运动竞赛的生产必须要有对手的合作才能完成。单个运动队的队内教学比赛是不能吸引观众的。这就使俱乐部之间的合作显得至关重要。如果在完全竞争的市场条件下，各个俱乐部为了自身的利益而进行旨在争夺球迷的竞争，必然会使强队越来越强，弱队越来越弱，竞技场上的比赛激烈程度会大为下降，球迷再也不会对这样的比赛感兴趣，所有的俱乐部利益都会受损。M.EL–Hodiri 和 J.Quirk 认为：“两支球队获胜的概率导向其中之一，门票收入会显著下降。所以每支球队都有使比赛成绩不要过于优于联盟中其他队伍的经济动机。”①

为了使俱乐部在市场条件下获得利润，职业体育俱乐部必须避免相互之间的恶性竞争。职业体育俱乐部通过合作成立职业体育联盟，由联盟负责运动竞赛产品的生产。职业体育联盟联合各运动队，协调并约束会员俱乐部之间的经济竞争，使各俱乐部在规则和章程的制约下进行商业化运作，可以避免因恶性竞争而造成的利益损失。

四、联盟形成的制度机制

新制度经济学理论代表人物科斯对企业性质和边界的思想可以归纳

① Chis Gratton. The Peculiar Economics of English Professional Football. The Future of Football, First published in 2000 in Great Britain by FRANK CASS PUBLISHERS, 2000: 11–12.

为：（1）市场和企业是执行相同职能因而可以相互替代的两种机制。（2）无论运用市场机制还是运用企业组织来实现协调，都是有成本的。（3）市场机制被替代是由于市场交易的成本，企业没有无限扩张成一个大企业则是因为企业组织也有成本。[①]

按照科斯的解释，制度的基本功能就是为合作提供“共识”，减少信息成本和不确定性，把阻碍合作的因素减少到最低程度。职业体育联盟实质上也是一种制度安排方式，其目的也是为了节约交易费用。由于联盟伙伴之间必须要合作，才能提供产品，因而使搜寻交易对象信息方面的费用大为降低；同时双方互相信任和承诺，也可减少各种履约风险；即使在交易过程产生冲突，也会通过联盟协商加以解决，从而可节省法律诉讼费用。

新制度经济学另一代表人物威廉姆森继承发展了科斯的企业理论，他认为由于人的有限理性和机会主义倾向的存在，使交易活动充满了风险和不确定性。为了克服这些不确定性，人们在交易中的关系就必须用契约关系固定下来。所以，契约的保障可以大大降低交易成本。非市场的治理结构替代市场治理结构的基本原因，就在于前者比后者能为这类交易提供更有效的保障。[②]

一种治理结构的确立和运转是有成本的。这些成本在多大程度上能被所带来的利益抵消，取决于在这种治理结构中所发生的交易的频率。多次发生的交易，较之于一次发生的交易，更容易使治理结构的成本被抵消。这里的道理与亚当·斯密所说的劳动分工受到市场广度的制约是相同的。[③]

根据威廉姆森的理论，职业体育联盟这种中间规制结构，既能实现长期稳定的合作关系，又可以避免俱乐部内部协调成本的增加。因为第一，职业联盟的建立将促使联盟伙伴之间的“组织学习”，从而提高对方对不确定性环境的认知能力，减少因交易主体的“有限理性”而产生的种种交易费用。同时，联盟成员之间的长期合作关系也在很大程度上抑制了交易

① Coase，R.H.1937，The Nature of the Firm，Economica，Nov.1937：388.

② Williamson，O.E.，The Economic Institutions of Capitalism，Free Press，New York，1985：52–56.

③ Williamson，O.E.，The Economic Institutions of Capitalism，Free Press，New York，1985：52–56.

双方之间的机会主义行为，使这一行为带来的交易费用控制在最低限度。第二，从资产专用性特征看，成员之间趋于以联盟替代市场机制以稳定交易关系，降低交易费用；从交易的不确定性特征看，建立联盟可充分利用联盟组织的稳定性抵消外部市场环境中的不确定性，进而减少由不确定性引致的交易费用；第三个特征——交易频率是通过影响相对的交易费用而决定交易合约和制度安排的选择，建立联盟来稳定交易关系，可以节约交易费用。实践也证明，通过联盟的合作既可以节约纯粹市场交易中的各种相关费用，如搜寻信息成本、讨价还价成本、监督成本等，又可以利用市场机制提高交易效率。由于联盟企业间是相互合作而不是完全合并，从而可以避免一体化组织中的“官僚主义”，减少层级组织过多而产生的信息扭曲及相关的组织费用。而且职业体育联盟并没有完全消除竞争，俱乐部在合作的同时依然相互竞争，从而使得俱乐部能保持较高的经营效率。

总而言之，职业体育联盟是一种能节约交易成本的制度安排，它克服了单一俱乐部完全独立运营的缺陷，有助于提高球队利益的最大化。

五、联盟形成的竞争优势机制

迈克尔·波特认为企业间存在价值链的关联性，这种价值链能为企业带来竞争优势。联盟可以与联盟伙伴相互协调与共享价值链，有利于形成企业的竞争优势。既然联盟能够形成竞争优势，俱乐部就会寻求这种经营形式与合作关系。因此，俱乐部间的这种价值链的关联性是职业俱乐部形成联盟的基本条件。

依据价值链理论，职业体育联盟是两个或多个职业体育俱乐部通过在价值链核心活动的协调和共享达到扩展价值链和增强竞争力目的的活动。由于竞技体育产品的独特性，决定了俱乐部必须合作生产核心产品——比赛。各个俱乐部必须也只能进入相互联合的王国。这种相互联系、互相影响的组织关系形式就是在价值链基础上的联盟。

一个企业可以与多个企业建立不同的合作关系，有人把这种相互交织的企业间复杂的结盟关系称之为战略联盟网或蛛网联盟。从根本上说，职业体育联盟是一种包括球队、观众、竞争对手、战略合作伙伴（如媒体）等在内的庞大合作系统。众多俱乐部价值链的两两合作就组成了一张价值网，每个俱乐部的价值链都是价值网中的一个节点，联盟内部以合作、资源共享的方式创造一种整体优势，而联盟外部则是一种动态的竞争关系。任何俱乐部都可以以自身价值链为核心，构筑一张包括相关战略合作伙伴、观众、政府等的价值网。描述这种合作关系的一个生动的词叫“命运共同体”，各职业体育俱乐部为了共同的目标，把命运绑在了一起。

从美国职业体育联盟的发展历程看，1920 年美国第一个橄榄球联盟——美国职业橄榄球联合会（APFA）成立，1921 年倒闭；美国橄榄球联盟，1926 年成立，1927 年倒闭；又一个美国橄榄球联盟 1936 年成立，1937 年倒闭；全美橄榄球协会，1946 年成立，1949 年倒闭；美国橄榄球联盟（AFL）1960 年成立，1966 年国家橄榄球联盟（NFL）和美国橄榄球联盟（AFL）合并，1970 年开始联合组织比赛；世界橄榄球联盟（WFL）1974 年成立，1975 年倒闭；美利坚橄榄球联盟（USFL）1983 年成立，1986 年倒闭。[①] 同样，美国的篮球职业联盟也经历了这样一个过程。美国篮球联盟开始于 1898 年，1902—1903 年倒闭。随后许多其他的篮球联盟成立，但是直到 1925 年，美国篮球联盟（ABL）成立之前，都未能生存下来，ABL 最初有 9 支队伍，也只是惨淡经营，1937 年国家联盟成立(NBL)，1946 年美国篮球联合会 (BAA) 成立，直到 1949 年，ABL、NBL、BAA 最终合并成统一的具有垄断地位的 NBA 组织，[②] 美国的职业篮球才形成了一个稳定发展的格局。实际上，美国的职业棒球也经历了这样一个过程。“根据史料记载，在 1876—1900 年期间，美国 29 家职业棒球俱乐部中有 21 家因经济原因而倒闭。”[③] 以上这些历史事实都充分说明了在没有形成具有垄断性的职业联盟组织之前，各个独自经营的职业俱乐部以及俱乐部之间结成的小联盟之间的自由竞争并不利于自身的稳定发展，同样也不利于整个职业体育产业的发展。

综上所述，由于各个职业俱乐部在各自价值链的核心环节上形成了共生的蛛网联盟，才形成了目前稳定的发展格局。

---

① Pauld. staudohar playing for dollars，cornell University Data. 1996：57-63.

② Pauld. staudohar. playing for dollars，cornell University Data. 1996：93.

③ 张林. 我国职业体育俱乐部运行机制［M］. 北京：人民体育出版社，2001：35.

六、联盟形成的垄断机制

产业组织学把市场结构分为完全竞争的市场结构、完全垄断的市场结构、垄断竞争的市场结构和寡头垄断的市场结构四种类型，其中常见的是垄断竞争的市场结构和寡头垄断的市场结构。产业组织学认为决定市场结构的主要因素有：集中度、产品差别化和市场进出壁垒等，当这三个因素比较强时，市场结构就趋于垄断，反之，就趋向于竞争。在垄断竞争市场和寡头垄断市场上，由于企业数目较少，厂商会意识到彼此之间相互依存，这就容易导致厂商之间的串通勾结，从而造成市场垄断。由于垄断阻碍了价格机制在资源合理分配上所发挥的作用，阻碍了资源随供求关系的变化而移动；减少了竞争的压力，改善经营管理和推动技术创新的动力也相应减弱。所以各国政府和许多经济学家基本上对垄断都持否定态度，认为垄断不仅是自由竞争的大敌，也是经济发展的头号“克星”。把企业兼并、一体化、合作和扩大规模都看成实现垄断的手段，因而会受到《反托拉斯法》《反不公平竞争法》等反垄断法律的制裁。但是，由于企业合作、规模经济、技术创新、信息不对称等经济因素和行政因素的存在，垄断不可避免地在不同程度上存在。职业体育之所以会发生垄断现象，其主要原因是：

首先，职业体育所要求的特殊知识和技能使它能够生产其他产业无法模仿的新的更好的服务产品，构成了其他企业进入其领域的技术壁垒，从而保持垄断。

其次，职业体育的制度安排旨在造就和维护垄断。如美国反托拉斯垄断法有限适用于职业体育垄断，同时球队还可享受到税收优惠。这些职业体育制度安排用力地保护了职业体育垄断的产生和发展。

第三，交易成本约束下的最大化选择。为了维护职业体育市场的有效运行，减少运动队之间协商、谈判和执行协议的交易成本，就要求限制竞争。这也是职业体育联盟产生的重要原因。

在美国四大职业体育联盟中，只有 MLB 享有完全的反垄断豁免，但在其他三个联盟也存在事实上较大程度的反垄断豁免。

职业体育联盟是俱乐部以合作方式建立的利益共同体，具有垄断特征。联盟代表了俱乐部的整体利益，是职业体育组织的最高权力机构，在职业体育组织中拥有最高权威。联盟以其权威性制定的规则在职业体育组织中具有法定效力，联盟制定的统一规则保证了职业体育组织竞技表演、竞赛市场开发等生产经营活动的有序化。因此，职业体育俱乐部为便于相互间的组织、管理与协调，将领导权委托给联盟。联盟通过合理制定职业体育组织整体发展规划，协调俱乐部间的矛盾与冲突，维护了俱乐部的整体利益，为俱乐部间的公平竞争创造了良好环境，促进了职业运动的健康发展。职业体育俱乐部之间是“战略伙伴关系”，必须统一接受联盟的领导才能获得发展。俱乐部间的经济关系决定了联盟存在的必要性，联盟是为满足俱乐部自身功能需要而产生的契约性一元组织结构，这种组织结构是导致联盟具有垄断性特征的根源。

在职业体育组织的发展历程中，职业体育联盟通过垄断壁垒，使运动队得以稳定发展，有效地保护了投资人的利益，调动了俱乐部投资者的积极性。联盟的利润分享制度促进了俱乐部间的均衡，降低了俱乐部的经营风险。联盟制定的公平赛程与规范的分配规则，为职业体育组织的激励机制建设奠定了基础。俱乐部也获得了更多的市场行销机会。

职业运动联合会的独特地位使他们避免了其他行业中非法卡特尔面临的许多难题。职业运动联合会能够将会员运动队间的经济合作维持相当长的一段时间。通过联合会，运动员通常如同一个企业一样行动，共享垄断。通过组成卡特尔，体育俱乐部通过控制产量和提高价格（相对于竞争性市场而言），增加联合会所有成员的联合利润。通过分享销售产品获得的联合利润，联盟可以保证会员运动队经久不衰。

在资源市场中，职业体育联盟制定雇用规则，赋予会员俱乐部与运动员协议的排他权。当俱乐部拥有与某个运动员签约的排他权时，俱乐部就是一个买方独家垄断性者：该市场中的唯一买方。买方独家垄断可以给员工支付比竞争性市场中更低的工资。近年来，职业运动员争取到自由签约权，从而减弱了俱乐部的买方独家垄断力量。自由签约权导致职业运动员工资大幅提升。职业运动员的薪水支票的金额大小反映了运动员对俱乐部收入的贡献。[①]

---

① 夏普·雷吉斯特·格里米斯. 社会问题经济学（13 版）[M]. 郭庆旺，等，译. 北京：中国人民大学出版社，2000.

买方独家垄断市场是指只有一个买主或雇主的市场。按照联盟规则，仅有一个俱乐部拥有与某个运动员签约的权利，从运动员角度看，这个俱乐部就是完全的买方独家垄断者。从更广的角度看，整个联盟本身可以被看作是联合买方独家垄断着。联盟的选拔和雇佣规则加强并巩固了由其俱乐部成员共同拥有的垄断力量。

有两个主要因素造就了职业体育俱乐部和联盟的买方独家垄断力量。第一个因素是新选拔运动员的流动性。希望从事职业体育运动的新选手必须签订合同，根据联盟规则他们必须为谋个运动员效力若干赛季。由于新运动员要履行合同义务，俱乐部成为了联盟内优秀运动员的唯一潜在购买者。在职业体育中产生独家垄断买方力量的第二个因素是运动员拥有高度专业化的体育才能和技巧。一名 NFL 职业运动员的技能只能在 30 多个俱乐部中发挥作用。显而易见，职业运动员的专项技能促成了他们雇主的买方独家垄断力量。[①]

从整体上看，这种组织使得职业体育产业获得了很好的生存与发展，而职业运动员的工资在近两余年来也迅速攀升，从 1984—1994 年的 10 年间运动员平均工资增加了 3.35 倍。其中棒球为 2.6 倍，橄榄球为 3.1 倍，冰球为 3.03 倍，篮球增加了 4.29 倍。虽然说运动员的工资增长与球员工会谈判能力增强、球员转会的自由度提高、仲裁机构作用发挥等外在因素有关，但主要与职业体育俱乐部及其联盟的市场收入大大提高有着直接的关系，这些事实都说明了美国职业体育联盟的巨大作用。

现在，四大职业体育联盟都有关于一名运动员何时可以宣布成为可自由签约运动员的极为详尽的规定。如，棒球联盟规定，一名运动员至少有 6 年以上参赛经验并且不与任何一个俱乐部有合同。1993 年橄榄球运动员与 NFL 的老板达成协议，给予拥有 5 年比赛经验的未签约运动员以自由签约职业运动员地位。尽管一些俱乐部公开反对自由签约制度，但自由签约运动员的出现确实大大降低了职业体育中买方独家垄断的剥削程度。

有数据表明，自由签约制对运动员工资的影响是巨大的。如图 4-6 所示，在实行自由签约制度后，球员的工资有了大幅增加。因此，自由签约

---

① 夏普·雷吉斯特·格里米斯. 社会问题经济学（13 版）[M]. 郭庆旺，等，译. 北京：中国人民大学出版社，2000.

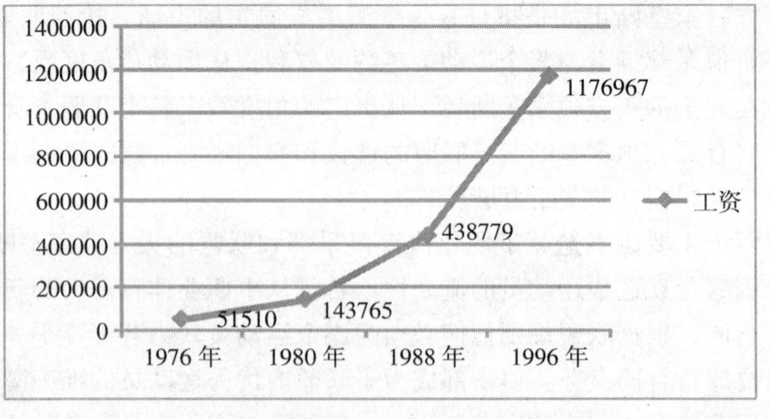

图 4-6 MLB 实行自由签约制后部分年度球员平均工资情况（单位：美元）
资料来源：WWW.MLB.COM

制度减低了职业体育买方独家垄断的剥削力量。

关于职业体育联盟的重要作用，美国的经济学者迈克尔·利兹、彼得·冯·阿尔门在其体育经济学中是这样论述的："所有大型职业团队和个人运动都纳入联盟或协会组织之中。成立联盟好像是一项运动财政稳定的一个前提条件，虽然联盟并不是与职业运动队同时出现……但职业运动的存活还是依赖于稳定的联盟的形成。"由于一个稳定的卡特尔组织必须要在其成员对价格和生产水平达成协议并遵守该协议的基础上形成，而且要有形成垄断势力的潜在可能。由于结为联盟可以形成对行业职业体育市场的垄断势力，并且存在合作的潜在利益，因此，俱乐部就有结成联盟的意愿。

七、联盟形成的社会文化机制

按照美国社会学专家的观点，到 20 世纪 20 年代，运动与美国社会的主要文化联系已经确立起来了。[①] 赚钱或攒钱的愿望，促进了观众多的体育项目在专业水平和校际层次上的创造和市场化。在美国费最大气力来推动的运动项目是橄榄球、棒球和篮球。每一项运动都是美国的本土运动，都是一种对强调攻击、支配和情感控制予以庆贺的某种男子汉气概形式，

① 杰·科克利. 体育社会学［M］. 管兵，等，译. 北京：清华大学出版社，2003：101.

都可以用来产生利润、爱国主义和对国家的忠诚。

在今天的社会中，运动在人们生活中从未有过如此的普及和广泛的影响。以前的体育活动和比赛从未如此紧密地与制造利润、培育人才、爱国主义和个人健康联系在一起。美国有组织的体育运动业已集商业、娱乐、教育、道德培养、男子仪式、技术转变、身份声明、对国家和集团资助商的效忠于一体。然而，运动仍是人们追求体能挑战、表达兴奋体验的活动，这是其他生活鲜能为之的事情。[①] 所有这些事物综合在一起，使得有组织的竞技运动成为在过去、现在、将来都是十分重要的社会现象。

商业体育已经成为当代社会中可见的一部分。这一发展与城市化、工业化、交通的进步和通讯技术、资本资源的可取得性、阶级关系等有关，人们掏钱去观看体育运动的兴趣受到强调个人成功的文化、可广泛接触到的青年体育项目、媒体关于体育的广泛报道的激发。近些年来商业体育的扩张同样得到寻求全球市场的体育组织和以体育为工具实现全球扩张的跨国公司的推动。只要能够满足跨国公司的广告需求，商业体育的全球特征就会继续发展下去。[②]

在当今的美国，体育已经成为美国社会流行文化的重要内容之一。在20世纪初期的美国，报纸上开始出现体育报道。那时，一个典型的大城市的报纸里，体育“专页”由一些简短的公告构成，这些公告告知即将进行的体育活动、一两个关于竞赛和大学比赛的故事和可能涉及当地球队的比分。到20世纪20年代晚期为止，体育专页变成了体育“专版”，这已经很像今天报纸的体育专栏了。体育成为后工业社会人们所熟知的流行文化的一部分。[③]

在1900—1975年《芝加哥论坛》的详细研究发现，体育报道已越来越成为报纸的重要组成部分。1900年，在全部印刷新闻中体育报道占9%，在1975年达到17%。更为重要的是体育报道与一般新闻报道的比率：从

---

① Elias, N., and E. Dunning. A History Overview of How Sports and Leisure are Linked to the Civilizing Process in Western Societies. Quest for Excitement. New York: Basil Blackwell. 1986.

② 杰·科克利. 体育社会学［M］. 管兵，等. 译. 北京：清华大学出版社，2003：101.

③ Lever, J., and S. Wheeler. Mass media and the experience of sport. Communication Research. 1993，20（1）：125-143.

1900 年的 14%增长到 1975 年的 52%，其他北美报纸的情况大体相同。在美国唯一的国家报纸《今日美国》（USA TODAY），体育报道占全部报道的 25%，占日报新闻的 50%（表 4–1）。

表 4–1 1900—1975 年《芝加哥论坛》中关于体育部分的统计表

年份（年）	体育占整个版面中的百分比（%）	体育新闻与其他新闻的比率（%）
1900	9	0.14
1925	12	0.28
1950	15	0.32
1975	17	0.52

资料来源：Lever & Wheeler, 1984

在大多数北美的主要报纸中，对体育的每日报道量超过包括商业和政治在内的其他单个兴趣主题。体育栏目拥有最广泛的读者。据估计，它在大城市报纸中平均占总发行量的 30%（Greendorfer，1983；Smith and Blackman，1983）。[①] 许多报纸依赖体育取得广告收入以及总订阅数和销量。

在 1961—1997 年全美收视率排行榜前 20 名的电视节目中有 15 个是 NFL 总决赛——超级碗（表 4–2）。这种现象一直延续至今，在每个赛季，NFL 各支球队为争夺打进超级碗而进行的 32 场比赛都牢牢抓住美国观众的眼球。超级碗不仅是一场冠军球赛，而且是一次文化盛事。超级碗是每年美国观众期待的一场运动赛事之一。新近的 Harris 投票结果显示，NFL 的比赛再次荣获全美的收视冠军。自 1965 年起，这份荣耀已经蝉联了 37 个赛季。在美国，NFL 拥有将近 1.25 亿名忠实观众。2003 年，NFL 冠军赛——超级碗（Super Bowl）更是创下了美国电视收视最高纪录——有 1.39 亿观众收看了电视直播。[②]

这些数字表明，在美国，职业体育赛事已经成为美国社会流行文化的组成元素，这是美国四大职业体育联盟能够产生强大发展动力的社会力量源泉。为了创造收入，职业体育的存在依赖于门票收入、赞助商的支持和

① 杰·科克利. 体育社会学［M］. 管兵，等，译. 北京：清华大学出版社，2003.

② 资料来源：www.NFL.com.

表 4-2 美国收视率前 20 名排行榜（1961—1997）

位次	节目	月 / 日 / 年	每年美国观众人数（百万）
1	陆军战地流动医院（特别节目）	02/28/83	60.2
2	冬季奥运会	02/23/94	45.7
3	第 30 届超级碗	01/28/96	44.2
4	第 28 届超级碗	01/30/94	42.9
5	欢呼	01/20/93	42.4
6	第 31 届超级碗	01/26/97	42.0
7	第 27 届超级碗	01/31/93	42.0
8	冬季奥运会	02/25/94	41.5
9	第 20 届超级碗	01/26/86	41.5
10	达拉斯	11/21/80	41.5
11	第 27 届超级碗	01/30/83	40.5
12	第 21 届超级碗	01/25/87	40.0
13	第 16 届超级碗	01/24/84	40.0
14	第 24 届超级碗	01/29/95	39.4
15	第 19 届超级碗	01/20/85	39.4
16	第 23 届超级碗	01/22/89	39.4
17	第 25 届超级碗	01/27/91	39.0
18	第 28 届超级碗	01/22/84	38.8
19	电影《后面的日子》	11/20/83	38.6
20	（并列）第 22 届超级碗	01/31/88	37.1
20	（并列）第 26 届超级碗	01/26/92	37.1

资料来源：杰·科克利. 体育社会学. 管兵，等，译. 北京：清华大学出版社，2003.

媒体转播权的出售。故而，在能够获取大笔资金、人们有资源从事闲暇活动以及强调消费和物质地位象征的城市地区，职业体育得到了蓬勃的发展。此外，职业体育的发展与城市经营、社区发展密不可分。从功能主义理论角度看，一个社会系统的有效运作必须存在使人们了解生活得以维持的基本价值和规则的方法，而且，由于人们在遵从具体的价值和规则时会产生紧张和挫折，社会中的人们必须有机会通过无危害的方式（比如参加或观看职业体育）予以释放这种紧张和挫折，甚至有些时候体育被描绘成

"民族娱乐"，与理想人格、团结精神、公民团结和政治忠诚联系在一起。

综上所述，职业体育俱乐部结成联盟的动因是多方面的，俱乐部或球队无论采取何种战略，其最根本的目的在于获得满意的利润，以在复杂变化的环境中生存和不断发展壮大。采取合作博弈方式可以提高球队收益，利益博弈机制是联盟形成的最根本驱动力，是联盟形成的必要条件；财务利益分配是联盟形成协议谈判的重要方面，由于结成联盟可以增加球队利润，因而会促进联盟的形成；体育服务核心产品运动竞赛的独特型——与对手合作生产的根本属性，会使俱乐部间产生协同效应，催发了俱乐部间进行合作的客观要求，会导致联盟的形成；而结成联盟可以降低交易费用，使球队价值最大化，因此，俱乐部会形成结为联盟的倾向；结为联盟可以通过价值链的蛛网结构增强竞争优势，提高行业整体竞争能力，从而也会促使联盟的形成；而结为联盟可以实现对职业体育市场的垄断，从而最大化球队利润，因而会促使联盟形成；而社会文化为联盟的形成提供了宽松的外部环境，使得联盟得以形成与出现。因此，职业体育联盟的形成是一个复杂的过程，它既是俱乐部生存发展的客观要求，同时更是俱乐部追求自身价值最大化的必然结果。

第二节　联盟形成过程理论模型

职业体育联盟的形成是一个涉及到战略制定与调整，以及实际的、具体的管理过程，需要制定操作指标与目标。把联盟的形成过程、战略与实际运营结合起来建立职业体育联盟的形成过程模型，能够更清楚地说明联盟的形成过程。

联盟形成过程研究目前主要集中于企业间战略联盟的结成，例如，Dwyer etal（1987）针对买者与卖者的关系提出了联盟关系发展的五个阶段：[①]（1）觉察；（2）由吸引构成的探索阶段；（3）扩展阶段；（4）由基于持续投入、含蓄或明确地保证构成的承诺、持久一致阶段；（5）解

① Badaracco J., The Knowledge Link: How Firm Compete Through Strategic Alliance. Boston, MA: Harvard Business School Press, 1991.

体阶段。Van de ven 和 Walker（1984）从交换理论的框架出发提出了创造、增长和衰退三个发展阶段。Zajac 和 Olsen（1993）从交易价值观的角度检验了联盟关系，提出了开拓阶段、过程阶段和构造阶段。Beltina 和 Bchel 在 2000 年提出了评估、形成和调节三个阶段[①]（图 4–7）。

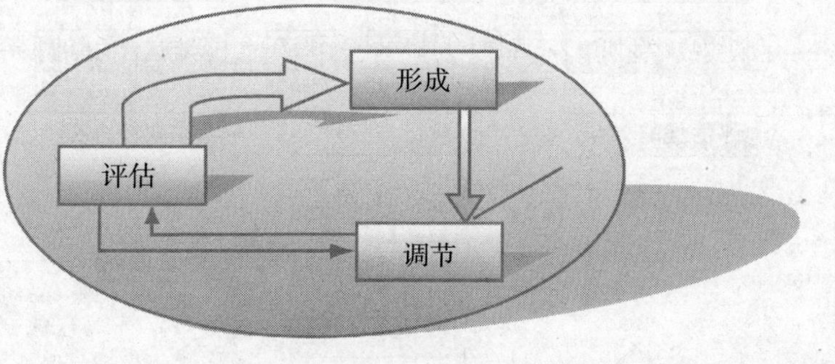

图 4–7　联盟发展的方式图

借鉴企业战略联盟形成的理论，依据美国职业体育联盟的起源、发展及形成机制，把战略、联盟形成过程和实际运营三者有机结合，把职业体育联盟的形成过程模型分为 5 个阶段和层次：（1）联盟形成的概念化阶段。它起始于几个俱乐部决定结成一个联盟关系，提出了倡议或对传统的无序竞争关系的一种替代选择的阶段。（2）联盟的确保阶段。完成形成联盟的决定，同时设置联盟的目标及确定联盟伙伴的具体要求。（3）联盟证实阶段，集中于伙伴选择与证实，确立谈判协议的期望。（4）联盟形成阶段，确定联盟关系，签订协议并组成联盟管理组织，确立具体的管理标准。（5）联盟的执行与管理阶段。对联盟的战略效果进行评价，并对联盟的执行效果进行评价（图 4–8）。

---

① Beltina & Bchel. Framework of Joint Venture Development Theory–building Through Qualitative Research. Journal of Management Studies，July，2000：637.

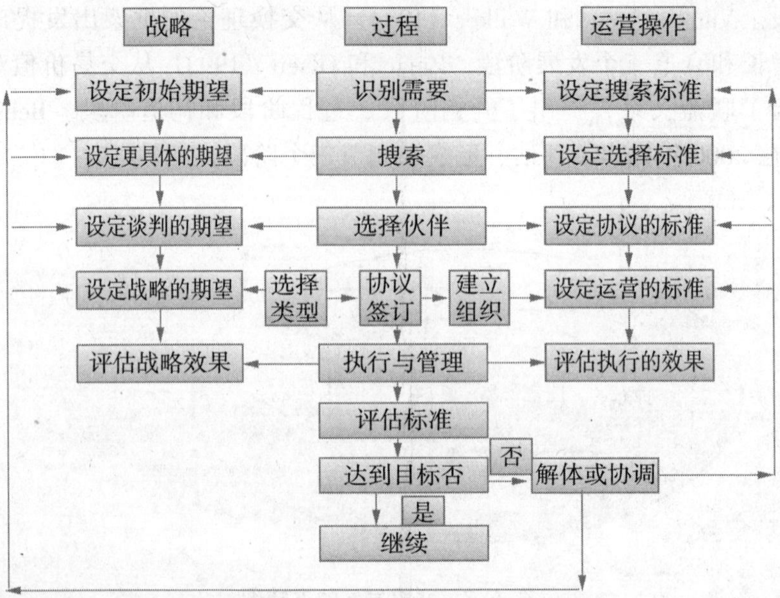

图 4-8　职业体育联盟形成过程模型

一、联盟的概念化阶段

正如 Bennis（1987）所言，任何的变革最初都始于对难题的觉察或是有某种需要产生。① 体育俱乐部所提供的产品与其他产业有着本质的不同。体育产品（竞赛）的生产过程也就是消费过程，生产与消费是同时进行的；运动竞赛的生产必须要有对手的合作才能完成。

在职业竞技体育发展的初期，各职业竞技体育俱乐部之间曾经为争夺优秀运动员、教练员，展开价格和市场份额的激烈竞争，结果两败俱伤。为了维护职业竞技体育市场的有效运行，减少运动队之间协商、谈判和执行协议的交易成本，就要求各俱乐部结成一个统一组织，来限制竞争，实现自身利益最大化。运动俱乐部不可能完全独立运作，必须与其他俱乐部

① Bennis，W.，Using our Knowledge of Organizational Behavior：The Improbable Task，Handbook of Orgnization Behavior，J.W.Lorsch，ed.Englewood Cliffs，NJ：Prentice-hall Inc.，1987.

合作，从而为公众提供娱乐服务。必须进行合作是通过职业运动联合会建立起来的。”①

同时，由于缺乏一个统一的组织，早起的职业体育比赛随意性强，并经常出现诸如，规则冲突、球员随意变更球队、比赛难以保证时间等有损于职业体育发展的阻滞现象。因此，俱乐部的老板们意识到，需要通过建立组织来适应环境的变化，应对市场风险，提高职业体育的生存空间。在意识到这种需要后，俱乐部需要设定一个目标作为其战略设计的基础，即需要识别由那些目标来构成一个战略提升系统。在目标的基础上，会产生一种由新战略带来的利益期望。联盟最初的期望包括提高生存能力、提升比赛质量、降低经营成本、获得稳定发展、取得更大收益等。在确定了最初的期望后，俱乐部会确定实现这些期望的搜索标准与联盟伙伴的特征要求。如，1876 年威廉·赫伯特联合 8 个俱乐部的老板发起创立了有 8 支球队的全国联盟，取代了由运动员控制的问题重重的运动员自治联盟，在伙伴选择上，其基本定位是位于大城市，资本实力雄厚。

概念化阶段的基本过程如图 4–9 所示。

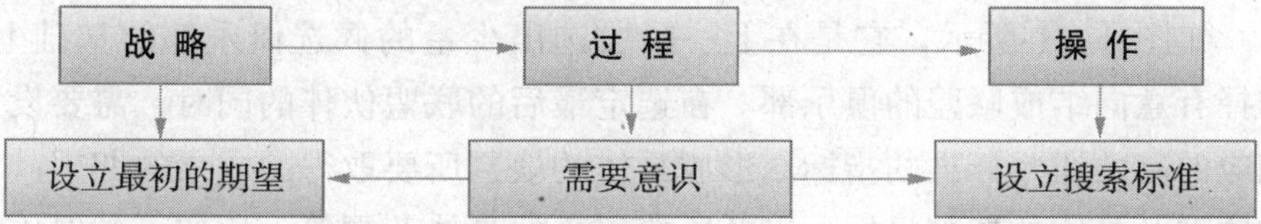

图 4–9　联盟形成的概念化阶段

二、联盟追踪阶段

如图 4–10 所示，联盟追踪阶段始于俱乐部对新战略进行具体的定义描述和分类，最后形成追踪联盟的决策。这一阶段的主要问题是进行分类与对形成联盟的潜在可能性进行评估。这一阶段是对第一阶段的目标的评

① 夏普·雷吉斯特·格里米斯. 社会问题经济学（13 版）[M]. 郭庆旺，等，译. 北京：中国人民大学出版社，2000：234.

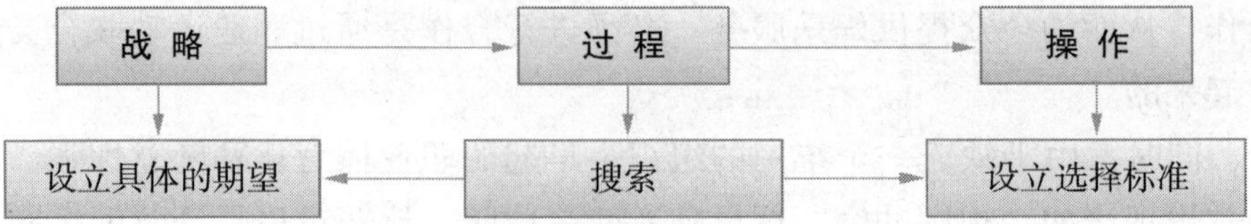

图 4-10　联盟的追踪阶段

价与再检验。具体的期望是对初始期望的提炼以及取得成功的可能程度的识别。例如，初始期望是提高比赛的质量，则具体期望就可能会选择实力相近的对手。在此情况下，第一步要设立一个门槛标准，这些标准代表一个俱乐部被考虑作为联盟伙伴的基本标准，依据这些标准淘汰掉一些俱乐部后，就进入到具体的选择阶段。具体的选择标准有利于俱乐部识别作为联盟伙伴应具有的战略与实力特征。而选择标准则列出了联盟伙伴的具体的特征。

三、联盟的确认阶段

如图 4-11 所示，它是在上一阶段选出少量的候选俱乐部的基础上，选择有意向结成联盟的俱乐部。在选定最后的联盟伙伴的同时，需要设定相应的有关谈判标准的指标，形成具体的谈判所要取得的成果的期望，它往往涉及具体的谈判目标，以及所能接受的具体范围等。比如，各俱乐部的职责与权利、责任与义务、联盟的利益分配、联盟的治理模式等。在此阶段能够形成广泛共识，会直接影响到联盟的最终形成。

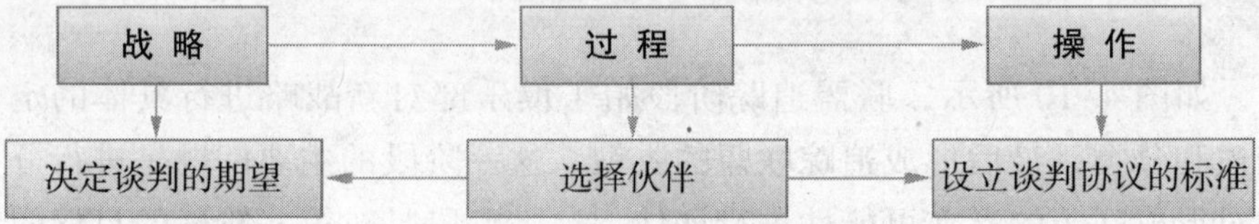

图 4-11　联盟的确认阶段

四、联盟关系的结成阶段

如图 4-12 所示，它是联盟关系的正式形成阶段。在上一阶段候选俱乐部的基础上，与候选俱乐部通过契约的协商来形成联盟关系。在进行联盟契约谈判之前，要选择联盟的类型。在成功谈判后，联盟伙伴间会建立一定的组织结构来对联盟进行管理。需要联盟伙伴实现承诺，需要人力资源和物力资源的保障与投入来支持联盟关系，以确保联盟运作成功。在这一阶段，联盟伙伴对共同目标取得一致意见的基础上发展联盟的战略期望，一些具体的操作标准也被相互决定。联盟依据战略期望与操作标准来对联盟的战略效益和操作效益进行评价。

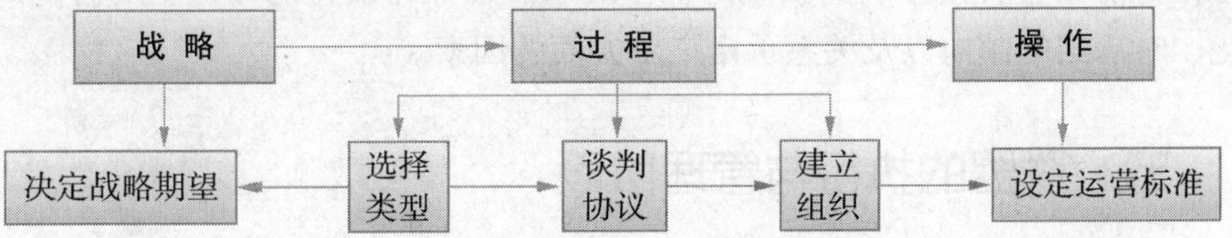

图 4-12 联盟的结成阶段

战略管理的学者认为，有五个因素影响了联盟的可觉察效益。① 如图 4-13 所示，这五个因素分别是：联盟期限的长度，实际的网络利益，联盟的管理，伙伴的匹配，伙伴的合作。一般认为，联盟的期限越长，联盟伙伴通过联盟取得的收益越好。联盟的管理由权力的不平衡、管理的不平衡、联盟的冲突三个因素组成，对称的交换为联盟伙伴提供了取得相互利益的需要动机。当管理中出现不均等的承诺时，就会出现管理的不平衡，从而对联盟效益产生负作用。如果联盟伙伴不能对冲突进行限制，就会损害联盟关系，从而减少联盟的效益。

联盟网络利益是联盟网络发展成本的战略价值。它表明联盟的形成是基于一定的成本与价值基础上的。一个俱乐部或球队加入联盟的目的是为

① 可觉察效益指公司对联盟的承诺程度和发现它是有价值的、多产的。

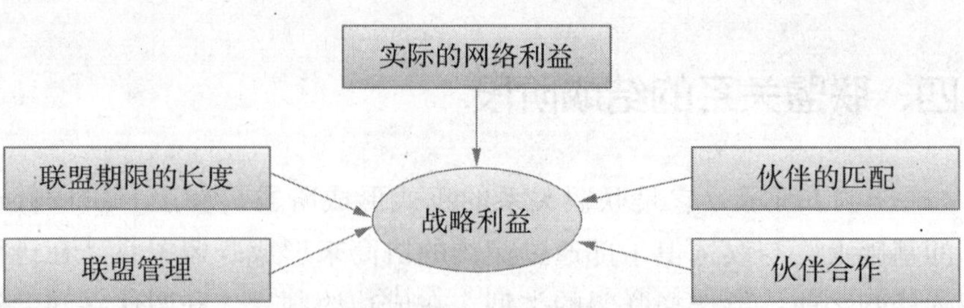

图 4–13　联盟的效益测评图

了取得一定的利益，当联盟的成本超过了联盟所能带来的利益时，联盟就会面临失败与解体的危险。

伙伴的匹配表明了伙伴间对于共同创造高水平比赛的可能性。伙伴的合作与协调会直接影响到联盟的合作效果。对操作效益的评价主要有正式化、对承诺的倾向以及关系承诺三个方面的因素。

五、联盟的执行与管理阶段

此阶段是联盟的运营阶段，在上阶段的基础上联盟伙伴依据上阶段的标准对联盟运营进行管理与评价。依据评价的情况来判断联盟目标实现情况，当达到了目标时，联盟伙伴会继续维持联盟的运行。当联盟业绩评价没有达到预定目标时，联盟伙伴会考虑退出联盟。当联盟伙伴考虑到联盟的绩效虽没有达到预定标准，但联盟的关系还可以继续维持下去，通过协调，在对联盟的期望与标准进行修改基础上，继续维持联盟的运营。

综上所述，联盟的形成过程模型的各个阶段间并没有明显的分界线，同时联盟的形成是一个动态的过程。由于职业体育联盟一般包括众多的成员，因此，成员的进出，业主的更迭等时有发生，因此，在考查职业体育联盟形成过程中，一定要采用与实际紧密结合的方法，把形成过程与联盟战略、管理标准等结合起来综合考虑，才能更好地把握和保障联盟的良好运行。

第四章 美国职业体育联盟的内部治理模式与绩效

第一节 联盟劳资关系

作为投资者，俱乐部所有者必然要追求利润，这是由资本趋利避害的特性所决定的。如果投资得不到应有的回报，投资者必然“用脚投票”，寻找利润率更高的产业。因此，雇主总是想方设法限制职业运动员的工资上涨，追求自身利益最大化。

对于职业运动员来说，他们的高超技艺确实为俱乐部带来了巨大的利润，既然球迷付费观看比赛，他们理所应当获取俱乐部收益的一部分作为补偿。美国有 2 亿多人口，而四大联盟雇用的球员总数不到 3000 人。职业运动员是十分稀缺的人力资源，并且职业生涯非常短，他们所提供的体育劳务应该获得高薪补偿。

一、职业体育联盟与运动员的雇用

在美国每个大的职业体育联盟都采取严格的措施控制俱乐部雇用运动员以及对运动员的解雇，任何一个俱乐部都必须在联盟章程及相关规则允许范围内与运动员签订工作合同，这样使成员俱乐部不能通过雇用运动员而获得竞争上的单方面优势。这样做的目的主要是为了保持各俱乐部竞技实力的相对均衡，提高运动竞赛的激烈程度。

根据职业体育联盟的规则，当俱乐部选择了一名球员后，该俱乐部就拥有了与这名球员签约的排他权，即美国职业体育历史上长期存在的“保留条款”。除非该俱乐部事先卖出或交换出这名球员的排他权，其他俱乐部不得与这名球员签约。运动员一旦签约，在合同规定的时限内就不能单独与其他俱乐部签约，这就使俱乐部在球员的就业与工资待遇上拥有绝对的话语权。为了限制运动员高薪影响到雇主们的利益，职业体育联盟推出“工资封顶”政策，规定旗下的俱乐部发放球员工资的最高额度。如果俱乐部违反联盟规定，就要向俱乐部征收“奢侈税”。

对于职业运动员来说，专业技术的形成是一个长期、艰巨的过程，并且个人不可能在多个项目上成为高水平运动员，这就使他们在就业时只能面对某一个职业体育联盟。这样，运动员就业市场成为明显的买方垄断市场，运动员几乎没有选择的余地，其流动性受到很大的限制，他们不能轻易地投奔出价最高的雇主。根据经济学理论，运动技能具有资产专用性，不易转用于其他用途。反过来看，一旦投资职业体育，老板们也只能雇用具有高超运动技能的球员，否则其投入即成为“沉淀成本”难以收回。这就解释了俱乐部老板们和球员之间的利益关系，即双方既共同需要，又彼此存在利益冲突。

二、运动员工会与集体谈判

职业体育俱乐部的雇主们把大部分权力都委托给职业体育联盟，联盟负责涉及全体俱乐部事宜的处理。如集体谈判、电视转播费的转让以及球员合同的签订程序等。球队老板们保留了在部分关键事务上的自主权，如球队管理、与单个球员签订合同以及雇用员工等。

针对职业体育联盟所制定的“保留条款”，球员们意识到他们的工资低于在完全竞争市场中可能获得的水平。为了争取自身的利益，球员们组织起来成立运动员工会，通过“集体行动”增加自己的谈判砝码，共同与雇主或职业体育进行斗争。职业棒球运动员至少联合过 5 次。1885 年，他们就成立了“职业球员兄弟会”，试图抵制并废除“保留条款”，随后他们又组织过 3 次类似的活动。1954 年，他们成立起“棒球大联盟运动员联合会”，并于 1966 年获得工会地位，开始卓有成效地与雇主们谈判。1935 年，《联邦劳工关系法》赋予了工会集体谈判的权力，雇主们必须与代表大多数雇员利益的球员工会谈判。在该法颁布之前，球员联合会只是自愿组织，球员是否参加纯属自愿。该法公布后，各大体育联盟纷纷成立起了球员工会。

通过集体谈判，球员工会成功地在各自的联盟中达成了球员最低工资水平，并且对养老金支付、新加盟球员工资等问题进行了磋商。这些问题在1966年以前一直深受职业球员们关注，但在很长的时间里都未能有效解决，是《联邦劳工关系法》给予了他们法律武器，合法地保护了自身权益。

三、劳资纠纷的仲裁

面对俱乐部老板们的工资封顶办法以及职业体育联盟的“保留条款”，球员们依托球员工会，以法律为依据进行斗争。劳资双方讨价还价，往往能够达成共识，最终形成集体谈判协议。在美国职业体育发展史上，有时劳资双方相持不下、互不让步。球员罢工或老板们“停业”也时有发生。在这种情况下往往需要中立第三方进行调解、仲裁，解决劳资双方的纠纷。因为职业体育已经发展成为庞大的产业，一旦球员罢工、赛事暂停或取消，就会引起相关产业的停滞与衰退。

1985年，职业棒球运动员自由转会市场格外萧条，没有俱乐部愿意聘用自由转会球员，后经法院调查，原来是俱乐部老板们私下合谋，共同约定不得聘用自由转会球员。1985—1987年，自由转会球员由于无法得到工作，共承受了大约2.8亿美元的经济损失。

1993年，随着职业棒球集体谈判协议即将到期，自由签约球员每赛季的薪水已经达到了120万美元。雇主们要求在新的集体谈判协议中增加球员工资封顶协议。他们坚持，为了使联赛继续下去，就必须对球员工资有所控制。球员们拒绝了工资封顶协议。1994年赛季末，当老板们威胁要单方面实行工资封顶时，集体谈判陷入僵局。1994年8月12日，球员们拒绝参加余下的比赛，开始罢工。同年9月14日，俱乐部老板们宣布取消所有的比赛。经过长达数月的谈判，没有取得任何进展。老板们认为，如果球员工资不封顶，职业棒球在市场上就没有竞争力。球员工会则坚持，如果球员和俱乐部在工资上不能达成协议，应有权与其他俱乐部签约。直到1995年，美国地区大法官苏尼欧根据《联邦劳工关系法》相关条款，在纽约签署强制令，禁止俱乐部老板实行工资封顶及其相关细则。随后，一个由三名法官组成的委员会否决了老板们暂缓执行强制令的请求。球员工会宣布罢工结束，并着手准备1995年的联赛。

俱乐部老板与球员之间既有共同利益，也存在利益冲突。共同利益使他们联合起来，共同努力打好比赛，利益冲突使双方在利润分享上讨价还价。事实上，职业体育的发展史就是劳资双方既斗争又联合的真实写照。时至今日，利益冲突仍然存在，只不过不同的历史时期程序不同而已。

第二节　联盟内部治理模式

联盟的治理是指为保证联盟各方的利益，防止单独企业的机会主义行为造成联盟的失败，而采取的一些激励、约束与控制机制。从时间顺序来看，联盟的治理包括事前治理机制与事后的治理行为。前者主要包括联盟前伙伴的选择、联盟缔结所选择的治理模式以及合作协议的设计与拟定，而后者则主要包括在联盟过程中的协调沟通、冲突解决与目标控制等机制。联盟的治理不仅表现出一种静态的结构因素，如联盟的治理模式以及联盟签订的合作协议，更表现为一种动态的行为因素，如联盟过程中的不断的协调、沟通与控制。按照交易费用理论的观点，为了个人的利益最大化，个人在社会经济交往过程当中常常会采取信息隐藏等机会主义行为，产生较高的信息费用以至于阻碍交易发生。类似的，由于信息费用的存在，企业选择一家极有能力又可信任的合作伙伴有时候会非常困难，往往会依赖一些特殊的渠道来进行。

在一些学者看来，联盟本质上也是一种交易，而由于交易费用的存在，选择一种合适的交易治理机制才能保证合作的顺利进行，或者说可感知的交易费用决定了治理模式的选择。而这种交易费用主要来自于以下三个方面：交易的频率、交易涉及资产的专用性程度以及交易的不确定性。

一、事前治理模式

美国职业体育联盟事前治理模式采取的是多方通过协议而建立起来的合作关系的契约联盟，是各俱乐部业主在对契约认同的基础上建立起来的一种事前治理模式。联盟对一些基本规章都有事先约定，以利于联盟成立后的有序运作。

联盟对于新加入成员设定了进入壁垒。以棒球为例，1876 年，芝加哥白袜队的业主 Hubert 发起成立了职业俱乐部协会——国家联盟。协会成员限定在 8 支俱乐部，特许经营只授予有良好财务的投资者，并且球队所在的城市人口不能少于 75000 人。每个俱乐部在本地区都有独占的权利。赛事安排固定在 60 场比赛。为了减少比赛中的粗暴行为，运动员需要服从惩戒性的法规；并且销售酒精饮料、赌博、礼拜日比赛被禁止。国家联盟的创立奠定了美国职业体育联盟的组织基础，以后篮球、橄榄球、冰球的大联盟的创立基本吸收了棒球国家联盟的规定条款。美国四大职业体育联盟发展至今，对于新加入伙伴制定了严格的准入标准——进入壁垒。这种限制不仅在于数量，而且还限定了进入的地域。从经济学角度看，在市场上增添球队会驱散现有球队的垄断力量，区域中的球队越多，任一球队面临的需求曲线就越平缓，垄断力量就越弱。而限制球队的数量（以及它们占有的地理位置）赋予业主一个可靠的门票收入和媒体收入来源。因此，只有当新球队加入会给联盟带来更大的收益时，联盟才会实现扩张。MLB 在 1993 年时规定，申请加入联盟的新球队要交纳 9500 万美元的特许费。NFL 为 1.4 亿美元，NHL 为 5000 万美元。

二、事后治理模式

联盟的事后治理模式指的是治理联盟所表现出来的组织结构形式。联盟缔结所选择的治理模式在管理上都按照老板控制的结构治理。职业联盟的最高权力机构是董事会，董事会一般由各职业队的业主或业主的代表组成，他们是联盟的所有者，负责重大问题的决策，包括选择职业联盟的总裁。联盟重大事项需要得到所有俱乐部老板的一致认同。

董事的主要职责和任务是：（1）监督和审议财政预算；（2）任免和评估总裁的工作；（3）联盟制定战略规划；（4）确定联盟的中心问题；（5）代表联盟处理有关重要问题和事件；（6）受理和审议诉讼；（7）召开代表大会；（8）授权立法表决和投票；（9）确定职业队的数量及其合理分布；（10）决定运动员的合理分配和流动；（11）确定比赛规则，决定比赛日程；（12）与全国性的电视媒体谈判，出售电视转播权并分享收入；（12）处理与商业活动有关的事务，全面负责经营活动；（13）和运动员工会进行劳资谈判。总裁、总裁办公室属于联盟的管理层次。下面的各个职能部门属于技术层次。

以 NBA 治理结构为例，有研究表明，NBA 球队的所有权形式分为三类：79.3%的球队个人所有，13.8%的球队以其他经济实体子公司形式存在的，6.9%的球队是公众公司。① 不管何种形式，球队的股份都可以细化到个人。NBA 球队的产权制度具有现代企业制度的某些特征，但不是典型的现代企业制度。其产权特征是：球队的所有权与控制权分离，其中以支配权与经营权的分离最为显著；球队股权集中，大股东控制明显；球队股权相对稳定，其产权的转让受到一些限制；球队大多采用委托代理的形式进行管理，代理成本较低。NBA 联盟与球队之间的关系类似于委托代理的关系，委托方是球队。NBA 联盟的性质是准公司制的功能性战略联盟。联盟较好地借鉴了现代公司的治理结构：②

在产权制度安排的基础上，NBA 联盟组织采用自我治理的体制，这种体制相当于公司治理模式（Corporate Governance Model）。这种治理模式中，由球队的拥有者组成董事会，成立一个管理机构，包括一名总裁，其权利来源于各球队的所有者，但各球队的所有者并不能直接监督和控制他们的权利，直接监督和控制管理者的是董事会。NBA 董事会是其最高的权力机构，由 30 支球队的老板或其代表构成，NBA 的所有重大问题都要通过董事会来决定。NBA 的日常运营活动由总裁及总裁领导下的 NBA 总部负责，总部下设 10 个部门，分别是行政管理部、内外联络部、大型活动部、财务部、人力资源部、法律事务部、篮球运营部、球员培训部、保安部和球队服务部，其中内外联络部和大型活动部还分别包括 6 个和 4 个分部。除 NBA 总部外，NBA 还设一个资产管理公司、一个娱乐公司、一个电视与传媒公司和女子 NBA 联盟，即 WNBA。每一个部分都有其完整高效的内部分工。如资产管理公司下设 9 个分部，并且分工明确合理，保证了其工作的高效性（图 4-14）。

①② 杜丛新. 对职业篮球产权制度的研究［D］. 2004.

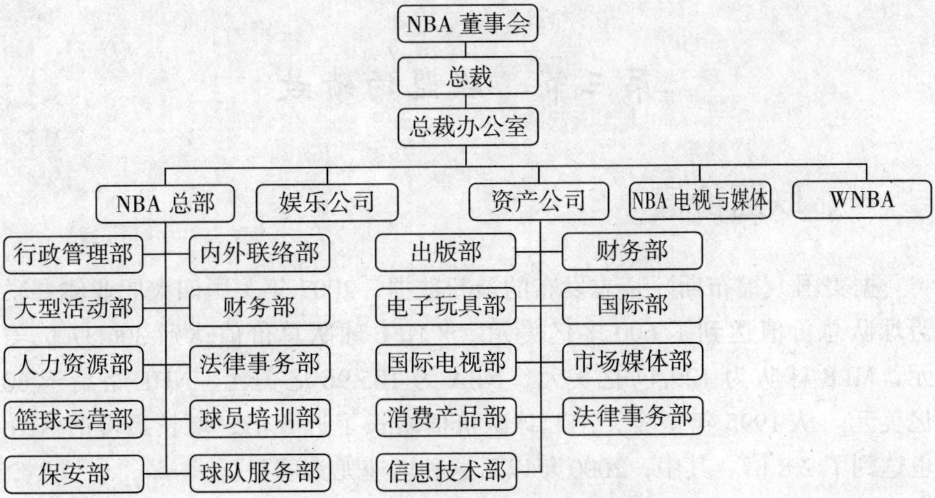

图 4-14　NBA 组织管理结构示意图

联盟管理者拥有决策权，惩处权利，纠纷调解权。但并不拥有 NBA 联盟的剩余索取权，也不承担联盟经营的风险。联盟总裁受董事会的雇用，获取固定的高额薪金报酬。根据 Lisa Pike Masteralexis 等人的研究，① 联盟总裁拥有 6 大权力，即：（1）批准球员合同的权力；（2）解决球员与所在俱乐部的矛盾的权力；（3）解决俱乐部之间的矛盾的权力；（4）解决球员和俱乐部与联盟矛盾的权力；（5）有关球员俱乐部、董事会成员、所有者的纪律事务；（6）规则制定的权力。

由此看见，美国职业体育联盟实行的是“单层制”模式，治理结构由董事会组成。采用委托—代理模式，设立了总裁职位，负责日常事物的管理与协调。

---

① Lisa Pike Masteraleris，Carol A. Principles and Practice of Sport Management，Aspen Publishers Inc，Gaithershurg，Maryland. 1998.

第三节 联盟的绩效

一、联盟价值

据美国《福布斯》杂志发布的最新数据，2007 年美国四大职业体育联盟球队总价值达到了 600 多亿美元。[①] NFL 球队总价值达到 306.37 亿美元，MLB 球队为 129.44 亿美元，NBA 为 105.96 亿美元，NHL 略高于 60 亿美元。从 1995 年至今，NFL 球队价值增长了近 6 倍，增长最慢的 NHL 也达到了 2.8 倍。其中，2000 年以后这种增速尤为明显。

2007 年，四大联盟球队平均价值达到了 4.93 亿美元。其中 NFL 球队平均价值为 9.57 亿美元，位列四大联盟之首；MLB 球队平均为 4.31 亿美元；NBA 为 3.53 亿美元；NHL 为 2 亿美元（图 4-15）。

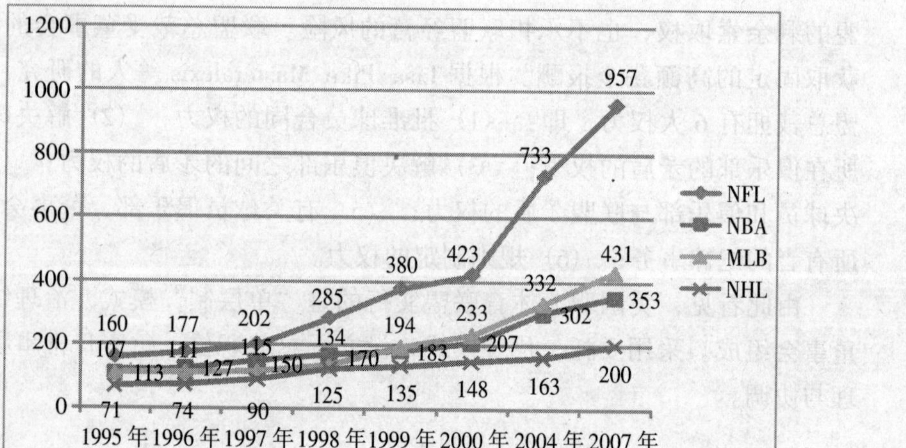

图 4-15　1995—2007 年美国四大职业体育联盟球队平均价值（单位：百万美元）

资料来源：WWW.NFL.COM；WWW.MLB.COM；WWW.NBA.COM；WWW.NHL.COM；WWW.FORBES.COM

---

① www.forbes.com.

NFL的达拉斯牛仔队球队价值高达15亿美元，为所有联盟球队的首位，其价值构成包括运动、市场、体育场和商标等4个综合指标。其中运动价值指标占了53%，见图4-16。

各联盟球队价值及增长率具体情况，详见表4-3~表4-6。

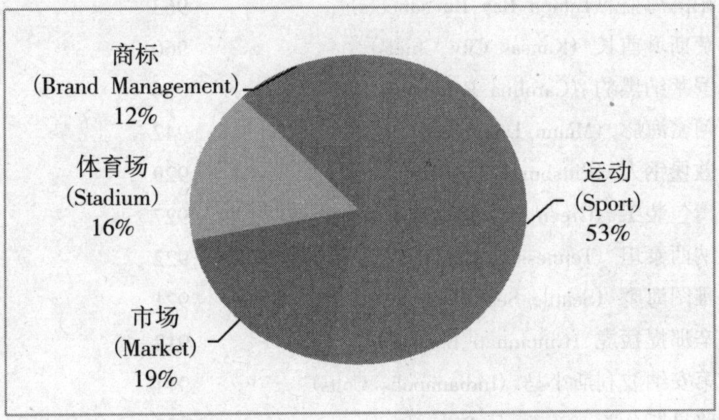

图4-16　2007年达拉斯牛仔队球队价值构成比例

资料来源：WWW.NFL.COM

表4-3　2007年NFL球队价值一览

排 名	球 队	球队价值（百万美元）	与上一年度比较的增长率（%）
1	达拉斯牛仔（Dallas Cowboys）	1500	28
2	华盛顿红皮（Washington Redskins）	1467	3
3	新英格兰爱国者（New England Patriots）	1199	2
4	休斯敦德州人（Houston Texans）	1056	1
5	费城老鹰（Philadelphia Eagles）	1052	3
6	丹佛野马（Denver Broncos）	994	2
7	芝加哥熊（Chicago Bears）	984	4
8	纽约巨人（New York Giants）	974	9
9	克利夫兰布朗（Cleveland Browns）	969	0

（续表）

排 名	球 队	球队价值（百万美元）	与上一年度比较的增长率（%）
10	纽约喷气机（New York Jets）	967	10
11	巴尔的摩乌鸦（Baltimore Ravens）	965	2
12	坦帕湾海盗（Tampa Bay Buccaneers）	963	1
13	堪萨斯城酋长（Kansas City Chiefs）	960	7
14	卡罗莱纳黑豹（Carolina Panthers）	956	2
15	迈阿密海豚（Miami Dolphins）	942	3
16	匹兹堡钢人（Pittsburgh Steelers）	929	6
17	绿湾包装工（Green Bay Packers）	927	2
18	田纳西泰坦（Tennessee Titans）	922	4
19	西雅图海鹰（Seattle Seahawks）	921	4
20	辛辛那提猛虎（Cincinnati Bengals）	912	11
21	印第安纳波利斯小马（Indianapolis Colts）	911	9
22	圣路易斯公羊（St Louis Rams）	908	8
23	亚利桑那红雀（Arizona Cardinals）	888	13
24	底特律雄狮（Detroit Lions）	870	4
25	新奥尔良圣徒（New Orleans Saints）	854	16
26	圣迭戈闪电（San Diego Chargers）	826	13
27	布法罗比尔（Buffalo Bills）	821	9
28	奥克兰突袭者（Oakland Raiders）	812	10
29	杰克逊维尔美洲虎（Jacksonville Jaguars）	811	9
30	旧金山 49 人（San Francisco 49ers）	799	9
31	亚特兰大猎鹰（Atlanta Falcons）	796	9
32	明尼苏达维京人（Minnesota Vikings）	782	9

资料来源：WWW.NFL.COM

表 4-4　2007 年 MLB 球队价值一览

排 名	球 队	球队价值（百万美元）	与上一年度比较的增长率（%）
1	纽约洋基（New York Yankees）	1200	17
2	纽约大都会（New York Mets）	736	22
3	波士顿红袜（Boston Red Sox）	724	17
4	洛杉矶道奇（Los Angeles Dodgers）	632	31
5	芝加哥小熊（Chicago Cubs）	592	32
6	圣路易斯红雀（St Louis Cardinals）	460	7
7	旧金山巨人（San Francisco Giants）	459	12
8	亚特兰大勇敢者（Atlanta Braves）	458	13
9	费城费城人（Philadelphia Phillies）	457	8
10	华盛顿民族（Washington Nationals）	447	2
11	休斯敦太空人（Houston Astros）	442	6
12	西雅图水手（Seattle Mariners）	436	2
13	洛杉矶阿纳海姆天使（Los Angeles Angels of Anaheim）	431	17
14	巴尔的摩金莺（Baltimore Orioles）	395	10
15	芝加哥白袜队（Chicago White Sox）	381	21
16	圣迭哥教士（San Diego Padres）	367	4
17	得克萨斯巡游者（Texas Rangers）	365	3
18	克利夫兰印地安人（Cleveland Indians）	364	4
19	底特律老虎（Detroit Tigers）	357	22
20	多伦多蓝鸟（Toronto Blue Jays）	344	20
21	亚利桑那响尾蛇（Arizona Diamondbacks）	339	11
22	科罗拉多洛基山（Colorado Rockies）	317	6
23	辛辛那提红人（Cincinnati Reds）	307	12
24	奥克兰运动家（Oakland Athletics）	292	24
25	明尼苏达双城（Minnesota Twins）	288	33
26	密尔沃基酿酒人（Milwaukee Brewers）	287	22
27	堪萨斯城皇家（Kansas City Royals）	282	18
28	匹茨堡海盗（Pittsburgh Pirates）	274	10
29	坦帕湾魔鬼鱼（Tampa Bay Devil Rays）	267	28
30	佛罗里达马林鱼（Florida Marlins）	244	8

资料来源：WWW.MLB.COM

表 4–5　2007 年 NBA 球队价值一览

排名	球队	球队价值（百万美元）	与上一年度比较的增长率（%）
1	纽约尼克斯（New York Knicks）	592	9
2	洛杉矶湖人（Los Angeles Lakers）	568	7
3	达拉斯小牛（Dallas Mavericks）	463	15
4	芝加哥公牛（Chicago Bulls）	461	13
5	休斯敦火箭（Houston Rockets）	439	4
6	底特律活塞（Detroit Pistons）	429	7
7	菲尼克斯太阳（Phoenix Suns）	410	4
8	迈阿密热火（Miami Heat）	409	13
9	圣安东尼奥马刺（San Antonio Spurs）	390	11
10	克利夫兰骑士（Cleveland Cavaliers）	380	7
11	萨克拉门托国王（Sacramento Kings）	379	10
12	费城 76 人（Philadelphia 76ers）	375	7
13	波士顿凯尔特人（Boston Celtics）	367	4
14	印第安纳步行者（Indiana Pacers）	340	5
15	华盛顿奇才（Washington Wizards）	334	5
16	新泽西网（New Jersey Nets）	325	20
17	多伦多猛龙（Toronto Raptors）	315	13
18	孟菲斯灰熊（Memphis Grizzlies）	313	7
19	丹佛掘金（Denver Nuggets）	309	9
20	明尼苏达森林狼（Minnesota Timberwolves）	308	2
21	犹他爵士（Utah Jazz）	297	8
22	洛杉矶快船（Los Angeles Clippers）	285	15
23	奥兰多魔术（Orlando Magic）	283	15
24	夏洛特山猫（Charlotte Bobcats）	277	–8
25	亚特兰大鹰（Atlanta Hawks）	275	5
26	西雅图超音速（Seattle SuperSonics）	268	15
27	金州勇士（Golden State Warriors）	267	10
28	密尔沃基雄鹿（Milwaukee Bucks）	260	13
29	新奥尔良黄蜂（New Orleans Hornets）	248	10
30	波特兰开拓者（Portland Trail Blazers）	230	1

资料来源：WWW.NBA.COM

表 4-6　2007 年 NHL 球队价值一览

排 名	球 队	球队价值（百万美元）	与上一年度比较的增长率（%）
1	多伦多枫叶（Toronto Maple Leafs）	413	24
2	纽约游骑兵（New York Rangers）	365	19
3	底特律红翼（Detroit Red Wings）	293	14
4	蒙特利尔加拿大人（Montreal Canadiens）	283	23
5	达拉斯星（Dallas Stars）	254	2
6	费城飞人（Philadelphia Flyers）	244	–1
7	波士顿棕熊（Boston Bruins）	243	3
8	科罗拉多雪崩（Colorado Avalanche）	214	–3
9	温哥华加人队（Vancouver Canucks）	211	10
10	洛杉矶国王（Los Angeles Kings）	209	2
11	坦帕湾闪电（Tampa Bay Lightning）	199	16
12	阿纳海姆鸭（Anaheim Ducks）	197	25
13	新泽西魔鬼（New Jersey Devils）	195	31
14	渥太华参议员（Ottawa Senators）	186	17
15	明尼苏达荒野（Minnesota Wild）	180	10
16	芝加哥黑鹰（Chicago Blackhawks）	179	7
17	圣何塞鲨鱼（San Jose Sharks）	165	13
18	卡尔加里火焰（Calgary Flames）	164	21
19	布法罗军刀（Buffalo Sabres）	162	9
20	埃德蒙顿油人（Edmonton Oilers）	157	8
21	卡罗莱纳飓风（Carolina Hurricanes）	156	8
22	匹兹堡企鹅（Pittsburgh Penguins）	155	17
23	佛罗里达美洲豹（Florida Panthers）	151	6
24	哥伦布蓝衣（Columbus Blue Jackets）	150	8
25	纽约岛人（New York Islanders）	149	6
26	亚特兰大鸫鸟（Atlanta Thrashers）	148	16
27	菲尼克斯狼（Phoenix Coyotes）	147	3
28	华盛顿首都（Washington Capitals）	145	14
29	圣路易斯蓝调（St Louis Blues）	144	–3
30	纳什维尔掠夺者（Nashville Predators）	143	7

资料来源：WWW.NHL.COM

表 4-7 列出了 NBA 和 NHL1999—2000 赛季最有价值和收入最高的 5 支球队的情况。

表 4-7 NBA、NHL 最有价值和收入最高的 5 支球队（单位：百万美元）（1999—2000 赛季）

球队	价值	收入 *	球队价值一年变动率
纽约尼克斯（NY Knicks）	$395	$152	18% ^
洛杉矶湖人（LA Lakers）	$360	$133.20	28% ^
芝加哥公牛（Chicago Bulls）	$314	$112.20	2% ^
波特兰开拓者（Portland Blazers）	$272	$97.30	6% ^
菲尼克斯太阳（Phoenix Suns）	$252	$96.80	5% ^
NBA Average	$207	$79.90	15% ^
纽约游骑兵（NY Rangers）	$263	$97.60	12% ^
费城飞人（Philadelphia Flyers）	$240	$88.90	14% ^
底特律红翼（Detroit Red Wings）	$218	$80.70	12% ^
波士顿棕熊（Boston Bruins）	$217	$77.60	10% ^
多伦多枫叶（Toronto Maple Leafs）	$203	$84.40	35% ^
NHL Average	$148	$60.60	10% ^

* 收入包括：媒体收入、门票、体育场馆收入

资料来源：Forbes

由此可见，美国四大职业体育联盟的总体价值在不断提升，表现出了强劲的发展势头。从宏观角度看，这与美国经济在上世纪 90 年代后表现出的增长趋势相吻合。

二、联盟收入

2006 年美国四大职业体育联盟总收入达到 174.6 亿美元，其中 NFL 以 65.4 亿美元收入高居榜首（图 4-17）。从经营收入看，总量超过了 13 亿美元（图 4-18）。

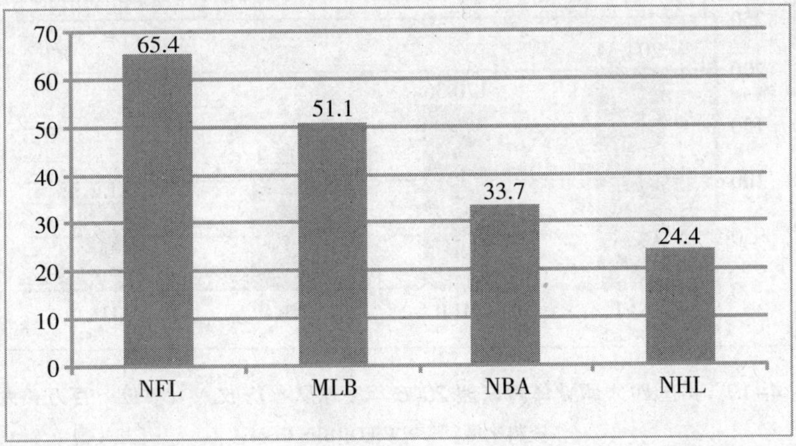

图 4-17　美国四大职业体育联盟 2006 年年度总收入（单位：亿美元）

资料来源：WWW.FORBES.COM

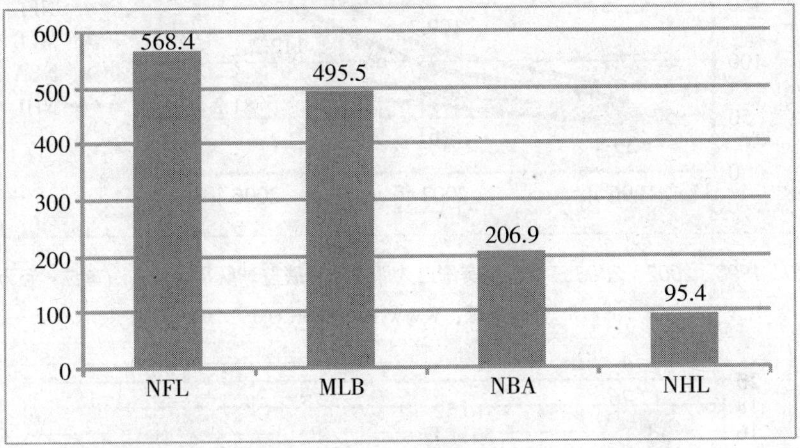

图 4-18　美国四大职业体育联盟 2006 年度经营收入（单位：百万美元）

资料来源：WWW.FORBES.COM

从各队平均收入看，最高的 NFL 达到 2 亿多美元，最低的 NHL 也超过了 8000 万美元。实现了较快增长（图 4-19、图 4-20）。从各队平均经营收入看，NFL 最高，达到 1700 多万美元，最低的 NHL 为 300 多万美元（图 4-21）。

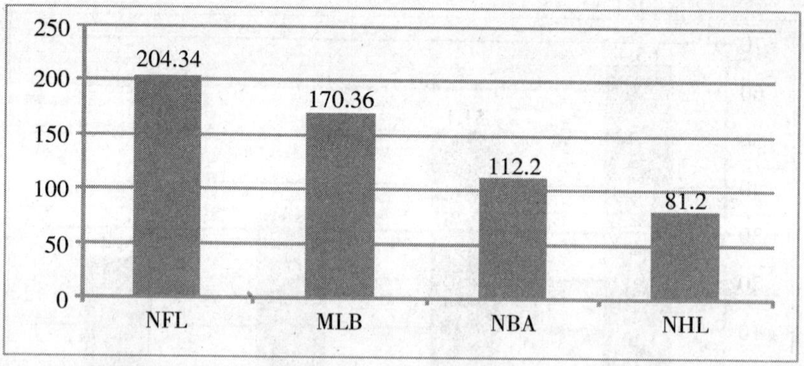

图 4–19　美国四大职业体育联盟 2006 年度球队平均收入（单位：百万美元）

资料来源：WWW.FORBES.COM

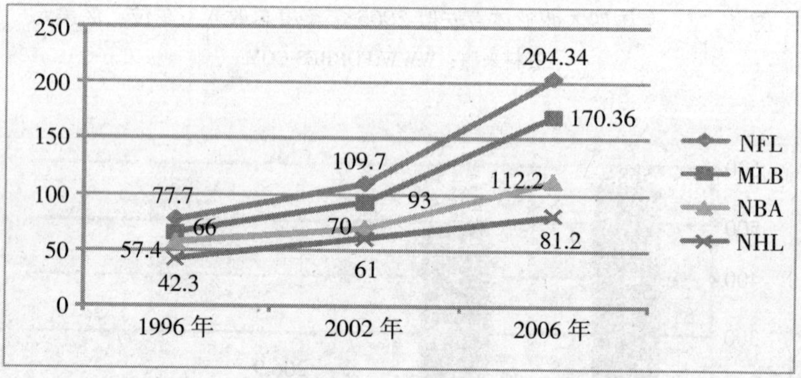

图 4–20　1996、2002、2006 三个年度美国四大职业体育联盟球队平均收入（单位：百万美元）

资料来源：WWW.FORBES.COM

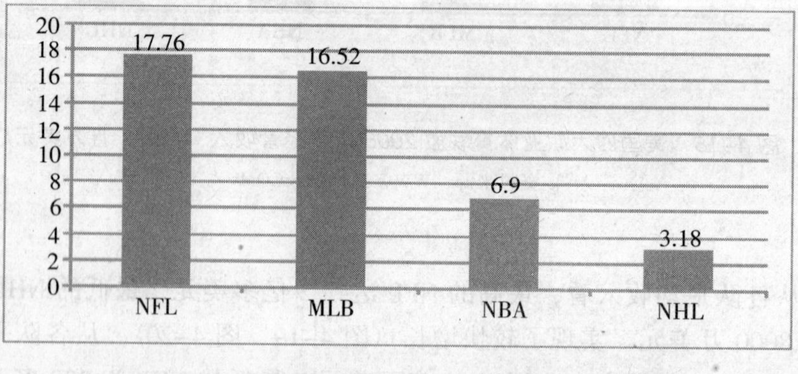

图 4–21　美国四大职业体育联盟 2006 年度球队平均经营收入（单位：百万美元）

资料来源：WWW.FORBES.COM

从联盟收入来源看，以 2006 年 NBA 为例，媒体收入占 36%，门票占 25%，高级座席（包厢）占 18%，特许经营占 12%，赞助费占 9%（图 4-22）。

2002 年 NFL 总收入的 48 亿美元中，电视转播合同占到了 52%，地方收入（含赞助、包厢、转播、特许费等）为 22%，票房收入为 22%，商品出售、赞助等占 4%（图 4-23）。

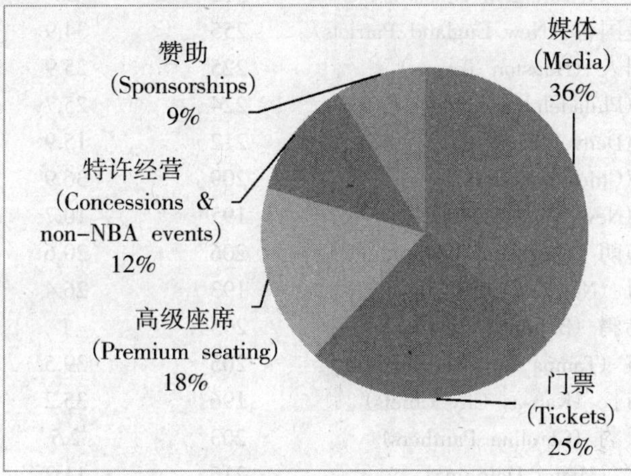

图 4-22　2006 年 NBA 收入来源比例

资料来源：WWW.FORBES.COM

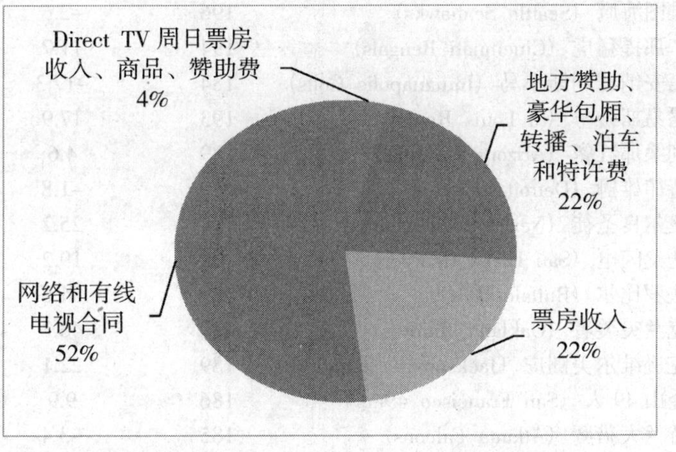

图 4-23　2002 年 NFL 收入来源比例

资料来源：WWW.NFL.COM 中文网站

表 4-8~表 4-11 列出了四大联盟所有球队 2006 年收入、经营收入及债务情况。

表 4-8　2006 年 NFL 球队收入情况

排名	球 队	收入（百万美元）	经营收入（百万美元）	债务 / 价值（%）
1	达拉斯牛仔（Dallas Cowboys）	242	4.3	42
2	华盛顿红皮（Washington Redskins）	312	66	16
3	新英格兰爱国者（New England Patriots）	255	34.9	25
4	休斯敦德州人（Houston Texans）	225	25.9	28
5	费城老鹰（Philadelphia Eagles）	224	25.7	17
6	丹佛野马（Denver Broncos）	212	15.9	20
7	芝加哥熊（Chicago Bears）	209	36.9	19
8	纽约巨人（New York Giants）	195	10.7	67
9	克利夫兰布朗（Cleveland Browns）	206	20.6	10
10	纽约喷气机（New York Jets）	193	26.4	67
11	巴尔的摩乌鸦（Baltimore Ravens）	205	1	28
12	坦帕湾海盗（Tampa Bay Buccaneers）	205	39.5	15
13	堪萨斯城酋长（Kansas City Chiefs）	196	35.2	14
14	卡罗莱纳黑豹（Carolina Panthers）	203	2.5	13
15	迈阿密海豚（Miami Dolphins）	215	11.2	37
16	匹兹堡钢人（Pittsburgh Steelers）	198	20	8
17	绿湾包装工（Green Bay Packers）	197	20.3	4
18	田纳西泰坦（Tennessee Titans）	196	24.2	14
19	西雅图海鹰（Seattle Seahawks）	196	–2.6	13
20	辛辛那提猛虎（Cincinnati Bengals）	194	11.7	11
21	印第安纳波利斯小马（Indianapolis Colts）	184	–17.3	11
22	圣路易斯公羊（St Louis Rams）	193	17.9	4
23	亚利桑那红雀（Arizona Cardinals）	189	4.6	17
24	底特律雄狮（Detroit Lions）	189	–1.8	40
25	新奥尔良圣徒（New Orleans Saints）	194	25.2	15
26	圣迭戈闪电（San Diego Chargers）	192	19.2	12
27	布法罗比尔（Buffalo Bills）	189	34.6	9
28	奥克兰突袭者（Oakland Raiders）	189	46.2	7
29	杰克逊维尔美洲虎（Jacksonville Jaguars）	189	22.1	14
30	旧金山 49 人（San Francisco 49ers）	186	9.9	13
31	亚特兰大猎鹰（Atlanta Falcons）	185	–3.4	34
32	明尼苏达维京人（Minnesota Vikings）	182	–19.1	40

资料来源：WWW.FORBES.COM

表 4-9　2006 年 MLB 球队收入情况

排名	球队	收入（百万美元）	经营收入（百万美元）	债务 / 价值（%）
1	纽约洋基（New York Yankees）	302	–25.2	79
2	纽约大都会（New York Mets）	217	24.4	83
3	波士顿红袜（Boston Red Sox）	234	19.5	33
4	洛杉矶道奇（Los Angeles Dodgers）	211	27.5	67
5	芝加哥小熊（Chicago Cubs）	197	22.2	0
6	圣路易斯红雀（St Louis Cardinals）	184	14	53
7	旧金山巨人（San Francisco Giants）	184	18.5	32
8	亚特兰大勇敢者（Atlanta Braves）	183	14.8	0
9	费城费城人（Philadelphia Phillies）	183	11.3	38
10	华盛顿民族（Washington Nationals）	144	19.5	56
11	休斯敦太空人（Houston Astros）	184	18.4	12
12	西雅图水手（Seattle Mariners）	182	21.5	23
13	洛杉矶阿纳海姆天使（Los Angeles Angels of Anaheim）	187	11.5	8
14	巴尔的摩金莺（Baltimore Orioles）	158	17.1	38
15	芝加哥白袜队（Chicago White Sox）	173	19.5	10
16	圣迭哥教士（San Diego Padres）	160	5.2	48
17	得克萨斯巡游者（Texas Rangers）	155	11.2	73
18	克利夫兰印地安人（Cleveland Indians）	158	24.9	27
19	底特律老虎（Detroit Tigers）	170	8.7	59
20	多伦多蓝鸟（Toronto Blue Jays）	157	11	0
21	亚利桑那响尾蛇（Arizona Diamondbacks）	154	6.4	68
22	科罗拉多洛基山（Colorado Rockies）	151	23.9	28
23	辛辛那提红人（Cincinnati Reds）	146	22.4	13
24	奥克兰运动家（Oakland Athletics）	146	14.5	31
25	明尼苏达双城（Minnesota Twins）	131	14.8	31
26	密尔沃基酿酒人（Milwaukee Brewers）	144	20.8	42
27	堪萨斯城皇家（Kansas City Royals）	123	8.4	14
28	匹茨堡海盗（Pittsburgh Pirates）	137	25.3	37
29	坦帕湾魔鬼鱼（Tampa Bay Devil Rays）	134	20.2	15
30	佛罗里达马林鱼（Florida Marlins）	122	43.3	36

资料来源：WWW.FORBES.COM

表 4–10 2006 年 NHL 球队收入情况

排名	球 队	收入（百万美元）	经营收入（百万美元）	债务 / 价值（%）
1	多伦多枫叶（Toronto Maple Leafs）	138	52.7	39
2	纽约游骑兵（New York Rangers）	122	25.4	0
3	底特律红翼（Detroit Red Wings）	109	14.4	31
4	蒙特利尔加拿大人（Montreal Canadiens）	109	25.2	85
5	达拉斯星（Dallas Stars）	91	10.5	79
6	费城飞人（Philadelphia Flyers）	87	5.7	27
7	波士顿棕熊（Boston Bruins）	87	–0.6	49
8	科罗拉多雪崩（Colorado Avalanche）	79	6.6	24
9	温哥华加人队（Vancouver Canucks）	96	12.8	52
10	洛杉矶国王（Los Angeles Kings）	84	2	91
11	坦帕湾闪电（Tampa Bay Lightning）	85	0.6	25
12	阿纳海姆鸭（Anaheim Ducks）	89	6.6	0
13	新泽西魔鬼（New Jersey Devils）	65	–15.3	128
14	渥太华参议员（Ottawa Senators）	93	10.4	59
15	明尼苏达荒野（Minnesota Wild）	78	–1.7	71
16	芝加哥黑鹰（Chicago Blackhawks）	69	–3.6	0
17	圣何塞鲨鱼（San Jose Sharks）	72	–5.1	27
18	卡尔加里火焰（Calgary Flames）	77	–0.7	12
19	布法罗军刀（Buffalo Sabres）	74	–4.9	31
20	艾德蒙顿油人（Edmonton Oilers）	71	9.9	19
21	卡罗莱纳飓风（Carolina Hurricanes）	68	–7.5	58
22	匹兹堡企鹅（Pittsburgh Penguins）	67	8.1	65
23	佛罗里达美洲豹（Florida Panthers）	67	–7.1	33
24	哥伦布蓝衣（Columbus Blue Jackets）	68	–5.6	30
25	纽约岛人（New York Islanders）	60	–11.6	67
26	亚特兰大鸫鸟（Atlanta Thrashers）	67	–6.5	48
27	菲尼克斯狼（Phoenix Coyotes）	67	–11.4	61
28	华盛顿首都（Washington Capitals）	66	1	47
29	圣路易斯蓝调（St Louis Blues）	66	–5.5	83
30	纳什维尔掠夺者（Nashville Predators）	65	–9.4	26

资料来源：WWW.FORBES.COM

表 4-11　2006 年 NBA 球队收入情况

排名	球 队	收入（百万美元）	经营收入（百万美元）	债务 / 价值（%）
1	纽约尼克斯（New York Knicks）	185	−39	0
2	洛杉矶湖人（Los Angeles Lakers）	167	33.3	15
3	达拉斯小牛（Dallas Mavericks）	140	−24.4	30
4	芝加哥公牛（Chicago Bulls）	149	48.5	12
5	休斯敦火箭（Houston Rockets）	142	21.4	16
6	底特律活塞（Detroit Pistons）	138	21.8	0
7	菲尼克斯太阳（Phoenix Suns）	132	34.5	65
8	迈阿密热火（Miami Heat）	132	20.5	44
9	圣安东尼奥马刺（San Antonio Spurs）	122	11.7	15
10	克利夫兰骑士（Cleveland Cavaliers）	115	23.9	53
11	萨克拉门托国王（Sacramento Kings）	126	16.4	22
12	费城 76 人（Philadelphia 76ers）	110	−6.2	25
13	波士顿凯尔特人（Boston Celtics）	111	15.7	49
14	印第安纳步行者（Indiana Pacers）	110	−12.5	14
15	华盛顿奇才（Washington Wizards）	108	14.8	50
16	新泽西网（New Jersey Nets）	93	−8	65
17	多伦多猛龙（Toronto Raptors）	105	8.4	55
18	孟菲斯灰熊（Memphis Grizzlies）	101	−18.5	48
19	丹佛掘金（Denver Nuggets）	100	9.4	18
20	明尼苏达森林狼（Minnesota Timberwolves）	103	4.6	16
21	犹他爵士（Utah Jazz）	96	1.4	7
22	洛杉矶快船（Los Angeles Clippers）	95	15.7	0
23	奥兰多魔术（Orlando Magic）	89	−20.4	21
24	夏洛特山猫（Charlotte Bobcats）	89	11.9	54
25	亚特兰大鹰（Atlanta Hawks）	92	12.9	26
26	西雅图超音速（Seattle SuperSonics）	81	3.6	52
27	金州勇士（Golden State Warriors）	89	6.3	28
28	密尔沃基雄鹿（Milwaukee Bucks）	87	1.5	21
29	新奥尔良黄蜂（New Orleans Hornets）	83	12.9	60
30	波特兰开拓者（Portland Trail Blazers）	77	−15.2	26

资料来源：WWW.FORBES.COM

由上述数字可见，美国四大职业体育联盟已经形成了一个庞大的职业体育产业网络，也成为了支撑美国体育产业的主干。美国四大职业体育联盟取得巨大商业成就的背后离不开联盟体制这一独特的合作关系和特有的制度安排。

三、球员工资

不同水平的队球员收入不同，明星们的收入往往都是高得惊人。1996 年，NBA 球员的人均年薪为 200 万美元，最低工资为 25 万美元；1997—1999 年平均年薪为 250 万美元。像乔丹等巨星的收入则是天文数字了，2000 年乔丹总收入约为 5 亿美元。

NFL 球员的工资数额取决于联盟的工资上限，也就是每个赛季各个俱乐部可用于支付球员工资的最大金额数。每个赛季，NFL 的审计师们都要根据球队下一年度的预期毛收入来决定当年球员工资上限的具体百分比。2001 年的工资上限为 6740 万美元，年度收入之冠是杰克逊维尔美洲虎队的马克·布鲁纳尔，为 1135 万美元。

（一）NBA 球员工资

1. 球队总工资

见表 4-12，图 4-24。

表 4-12　2001—2002 ~ 2006—2007 赛季球队总工资（单位：美元）

球　队	赛季					
	2006-2007	2005-2006	2004-2005	2003-2004	2002-2003	2001-2002
亚特兰大鹰(Atlanta Hawks)	47812036	36632449	40658440	63536207	56426301	49328373
波士顿凯尔特人(Boston Celtics)	53620490	52595022	53443677	59112919	53767553	47469112
夏洛特山猫(Charlotte Bobcats)	41961743	30313645	23097398	-	-	-
夏洛特黄蜂(Charlotte Hornets)	-	-	-	-	-	49733595
芝加哥公牛(Chicago Bulls)	54699276	37657772	41942236	52150699	44468592	42544557
克利夫兰骑士(Cleveland Cavaliers)	62992678	51818572	48174834	46513187	47580440	45924974

(续表)

球 队	赛 季					
	2006-2007	2005-2006	2004-2005	2003-2004	2002-2003	2001-2002
达拉斯小牛(Dallas Mavericks)	64821094	68271402	87400088	79099293	70780199	56506659
丹佛掘金(Denver Nuggets)	65000230	53844460	45716482	36004731	40985480	53687498
底特律活塞(Detroit Pistons)	75517622	57910879	49329935	52942639	47777892	41711427
金州勇士(Golden State Warriors)	62120690	57457524	50863793	51804638	47380387	47173177
休斯敦火箭(Houston Rockets)	62627349	52352013	57787423	52354437	50181240	49238169
印第安纳步行者(Indiana Pacers)	61526247	66566770	66325659	57548489	53472323	53211121
洛杉矶快船(Los Angeles Clippers)	58202032	51282790	45803819	37547054	42767067	33734932
洛杉矶湖人(Los Angeles Lakers)	62251869	54215834	65138976	65510147	62577317	52985249
孟菲斯灰熊(Memphis Grizzlies)	47055458	64619770	59075657	58233851	60546012	50289143
迈阿密热火(Miami Heat)	78203790	59651468	59495338	45529862	57640868	52916216
密尔沃基雄鹿(Milwaukee Bucks)	54633510	56490247	46379974	42452361	59979330	55568802
明尼苏达森林狼(Minnesota Timberwolves)	66734452	54258656	70123371	72385947	59549520	54509632
新泽西网(New Jersey Nets)	63772329	61597900	41176253	48579883	60412919	53597326
新奥尔良黄蜂(New Orleans Hornets)	53171676	43616745	56482817	48125452	45193882	-
纽约尼克斯(New York Knicks)	81672615	92904104	94067539	84523891	93014165	85253575
奥兰多魔术(Orlando Magic)	60527557	52923892	68110249	47696731	51898506	48322001
费城76人(Philadelphia 76ers)	44407250	59746631	63757835	57763301	65339572	57791546
菲尼克斯太阳(Phoenix Suns)	82440784	59695420	35259424	65176684	55225080	54696916
波特兰开拓者(Portland Trail Blazers)	64751726	51092188	80200284	84304778	104321823	83996421
萨克拉门托国王(Sacramento Kings)	61065219	60527850	60633211	69567889	70416596	54763038
圣安东尼奥马刺(San Antonio Spurs)	65645095	79634858	47404123	46879322	52817688	46487983
西雅图超音速(Seattle SuperSonics)	56647817	46878397	54184357	50624368	51784940	44965883
多伦多猛龙(Toronto Raptors)	42223168	34559996	58460390	60307176	55373596	52657135
犹他爵士(Utah Jazz)	60325348	57756286	43515760	28320329	50516753	54334915
华盛顿奇才(Washington Wizards)	61853822	50243981	48797362	45681942	46565206	51065719
平均值	62032989	56947274	57244711	55097373	57354348	52997462

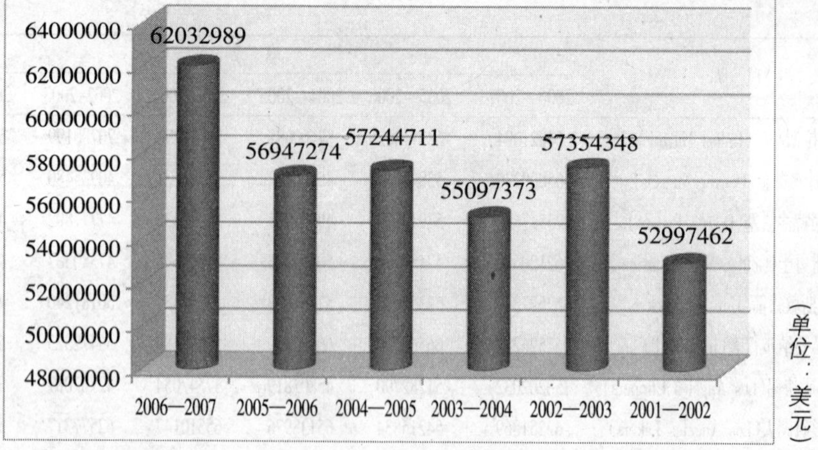

图 4-24　NBA2001—2002 赛季 ~2006—2007 赛季所有球队总工资均值

2. 球员工资

见表 4-13，图 4-25。

表 4-13　2001-2002～2006-2007 赛季球员平均工资中位数均值（单位：美元）

球队	赛季					
	2006－2007	2005－2006	2004－2005	2003-2004	2002-2003	2001-2002
亚特兰大鹰(Atlanta Hawks)	2680000	1365000	1550000	1000000	2153934	2265240
波士顿凯尔特人(Boston Celtics)	1347000	1512840	1612000	1500000	1336520	2051271
夏洛特山猫(Charlotte Bobcats)	2750000	1940000	1100000	-	-	
夏洛特黄蜂(Charlotte Hornets)	-	-	-	-	-	2400000
芝加哥公牛(Chicago Bulls)	2696956	2440000	2349840	3080000	2026680	2678400
克利夫兰骑士(Cleveland Cavaliers)	3196000	3500000	2669382	2458500	2212200	2000000
达拉斯小牛(Dallas Mavericks)	2575560	2950000	5900000	4464286	4000000	1500000
丹佛掘金(Denver Nuggets)	4000000	3060000	2380140	2256000	1465816	2400000
底特律活塞(Detroit Pistons)	3500000	3500000	2732720	3950000	2687500	2531250
金州勇士(Golden State Warriors)	2346179	1990000	3300000	2800000	3750040	3319088
休斯敦火箭(Houston Rockets)	2115000	2000000	3818440	2460000	2655960	3000000
印第安纳步行者(Indiana Pacers)	1417800	4750000	1886240	3800000	2565803	1211691
洛杉矶快船(Los Angeles Clippers)	3240000	3000000	2100000	1900000	1922520	1654320
洛杉矶湖人(Los Angeles Lakers)	1817141	1890000	3000000	1500000	3000000	1117125

(续表)

球 队	赛季					
	2006－2007	2005－2006	2004－2005	2003-2004	2002-2003	2001-2002
孟菲斯灰熊(Memphis Grizzlies)	1886113	3750000	4318481	3380000	2668080	2762456
迈阿密热火(Miami Heat)	2880000	2640000	1200000	813679	1350000	590850
密尔沃基雄鹿(Milwaukee Bucks)	2537880	2303000	1650000	1898000	3998679	3670929
明尼苏达森林狼(Minnesota Timberwolves)	3525000	2500000	4837633	1987500	2000000	1800000
新泽西网(New Jersey Nets)	1400000	2500000	939480	1586000	2600000	2400000
新奥尔良黄蜂(New Orleans Hornets)	2051938	3140000	1247160	2179000	2040600	-
纽约尼克斯(New York Knicks)	5215000	6480000	5505000	5394000	4903750	4475688
奥兰多魔术(Orlando Magic)	3348000	3230000	2937000	1500000	1369120	2269000
费城76人(Philadelphia 76ers)	2800000	2058000	2704350	3900000	1557684	1452000
菲尼克斯太阳(Phoenix Suns)	3125000	2400000	1384830	1725000	1748340	2275000
波特兰开拓者(Portland Trail Blazers)	2940000	2500000	1531776	3300000	4991800	2406250
萨克拉门托国王(Sacramento Kings)	4400000	5000000	3150000	3287500	4048000	3680000
圣安东尼奥马刺(San Antonio Spurs)	3000000	4690000	1100000	1543500	2625000	1000000
西雅图超音速(Seattle SuperSonics)	2463474	1820000	1969680	1935000	3053420	1303620
多伦多猛龙(Toronto Raptors)	2550000	2190000	3580000	2800000	1207800	3073032
犹他爵士(Utah Jazz)	3749040	3490000	1481400	1053980	1030000	2175000
华盛顿奇才(Washington Wizards)	2564127	2030000	1735305	1980242	1594920	1905820
平均值	2864452	3029667	2644772	2553044	2558286	2255828

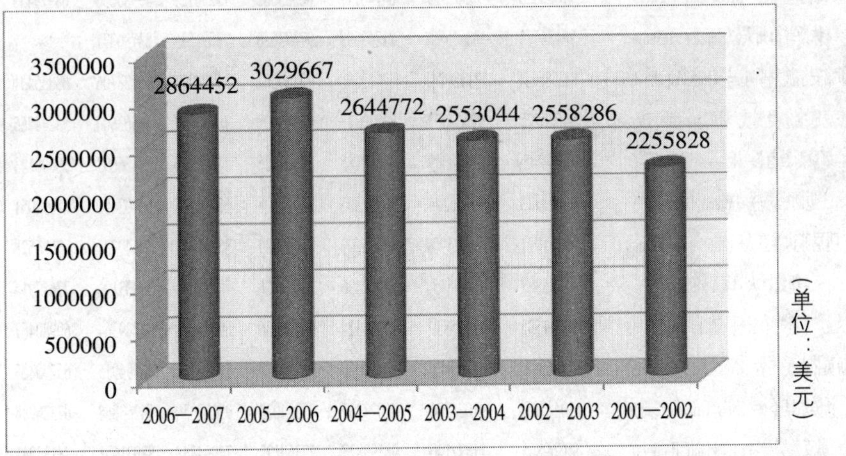

图 4-25　NBA2001—2002 赛季 ~2006—2007 赛季所有球员年度平均工资中位数均值

（二）NFL 球员工资

1. 球队总工资

见表 4–14，图 4–26。

表 4–14　2000—2007 赛季球队总工资（单位：美元）

球 队	赛 季							
	2007	2006	2005	2004	2003	2002	2001	2000
亚利桑那红雀（Arizona Cardinals）	98694817	105685931	76539161	78961345	81034928	66967535	74891809	58610500
亚特兰大猎鹰（Atlanta Falcons）	83845371	105072221	98787003	82711268	84861253	85125086	72969398	57006000
巴尔的摩乌鸦（Baltimore Ravens）	104997764	111596746	94699413	86478031	76154450	55711792	75764764	54811100
布法罗比尔（Buffalo Bills）	108875882	80924316	80937517	80170229	73299382	59603267	51602563	54612000
卡罗莱纳黑豹（Carolina Panthers）	93944262	106554612	90207818	87807573	75004350	54170477	72347972	52887500
芝加哥熊（Chicago Bears）	104151969	91648722	78447028	87826859	82803517	71853262	76479893	56895200
辛辛那提猛虎（Cincinnati Bengals）	98529188	113000016	74841371	68811884	85457225	57867603	81989628	54171200
克利夫兰布朗（Cleveland Browns）	102394922	89196326	73505292	87728284	53849750	72241477	92598829	48373000
达拉斯牛仔（Dallas Cowboys）	107376072	113595442	82234816	65409479	81042307	74138471	48469232	50104200
丹佛野马（Denver Broncos）	102152344	94392713	95409738	72564908	64826919	62563073	102582620	50239400
底特律雄狮（Detroit Lions）	106731910	100994425	80555718	94578628	77662097	64329265	76573454	54635200
绿湾包装工（Green Bay Packers）	97653823	98561315	64740177	80383682	77230121	49980056	68979435	56148300
休斯敦德州人（Houston Texans）	98154775	108675881	81743598	97473626	77591518	83780271	-	-
印第安纳波利斯小马（Indianapolis Colts）	102786398	131189741	77425584	92209207	74998224	65728706	63835431	54183800
杰克逊维尔美洲虎（Jacksonville Jaguars）	94030775	97664503	83310713	72113009	78735117	49563600	58244865	57162000
堪萨斯城酋长（Kansas City Chiefs）	108482459	81748009	83390185	84617626	77394073	71456693	59800143	56337200
迈阿密海豚（Miami Dolphins）	92573123	97660204	70942305	93937308	67439147	63402451	67094051	54643400
明尼苏达维京人（Minnesota Vikings）	92161921	125025909	85405909	92407989	85719851	43549384	47086528	53319800
纽约巨人（N.Y. Giants）	75755388	108196454	82422436	81657826	78125309	77833196	77617916	51348900
纽约喷气机（N.Y. Jets）	99971535	86145839	79346324	93866236	69209828	84739364	69980467	53250400
新英格兰爱国者（New England Patriots）	117963182	105110495	94409059	76999180	82128250	46194915	65793825	51344300
新奥尔良圣徒（New Orleans Saints）	110417011	91021286	96027339	73324022	95103350	54263868	67326988	55914000
奥克兰突袭者（Oakland Raiders）	90869865	71822140	98199827	77369122	74904848	83931651	78133041	49143700

（续表）

球 队	赛 季							
	2007	2006	2005	2004	2003	2002	2001	2000
费城老鹰（Philadelphia Eagles）	100807309	104846458	72721279	104977331	77436900	81929630	70893988	55581400
匹兹堡钢人（Pittsburgh Steelers）	106293914	94038001	84225127	77955021	63571735	85283461	77711029	58464200
圣迭戈闪电（San Diego Chargers）	102460685	99782506	78729437	76253021	73230536	60656461	78852865	49118900
旧金山49人（San Francisco 49ers）	106877077	95134927	82824487	63033817	60519309	75146409	50374331	42695400
西雅图海鹰（Seattle Seahawks）	99567188	107449932	100604116	94006282	84227732	58320758	81034664	47802600
圣路易斯公羊（St. Louis Rams）	100340467	104720286	78874540	76389455	80224050	70680786	82344655	58157400
坦帕湾海盗（Tampa Bay Buccaneers）	98105565	78779519	73770494	81989547	88084700	64486295	76976459	58054900
田纳西泰坦（Tennessee Titans）	97081153	89820780	61332658	79003839	75575947	54329558	70126673	55487200
华盛顿红皮（Washington Redskins）	123408019	110340460	66108711	117962286	84826189	61149117	56017166	53878400
平均值	97801762	96981761	79476400	81241816	74614391	63969089	68578021	52011984

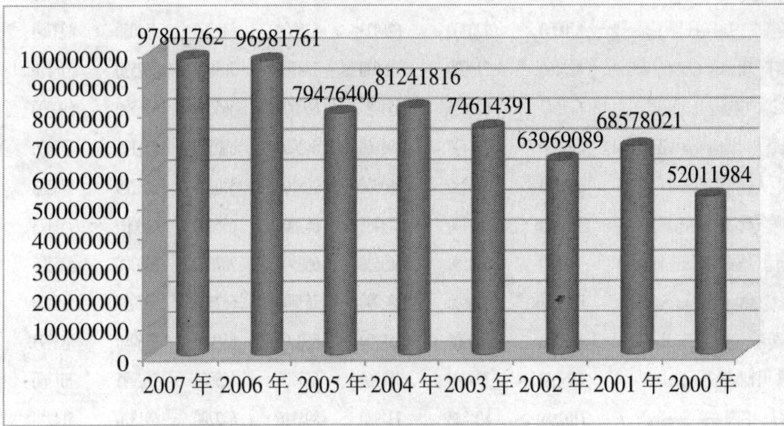

图 4-26　NFL2000—2007 赛季所有球队总工资均值（单位：美元）

2. 球员工资

见表 4-15，图 4-27。

表 4-15 2000—2007 赛季球员平均工资中位数均值（单位：美元）

球队	赛季							
	2007	2006	2005	2004	2003	2002	2001	2000
亚利桑那红雀（Arizona Cardinals）	771765	710000	455070	621424	652800	383165	512000	455050
亚特兰大猎鹰（Atlanta Falcons）	632180	600000	568630	723700	654100	554538	529000	476500
巴尔的摩乌鸦（Baltimore Ravens）	632040	786390	660070	631850	530000	378240	725320	525450
布法罗比尔（Buffalo Bills）	761800	736320	654840	617650	543600	390245	401734	474150
卡罗莱纳黑豹（Carolina Panthers）	868240	762200	820720	756250	705563	468145	569037	490600
芝加哥熊（Chicago Bears）	773025	714290	459290	592200	578800	525360	515280	490000
辛辛那提猛虎（Cincinnati Bengals）	583529	629070	652090	636000	731200	564125	688478	597750
克利夫兰布朗（Cleveland Browns）	1005880	750000	550030	522000	505600	530000	512000	427700
达拉斯牛仔（Dallas Cowboys）	699080	589840	384840	626234	454000	317000	320560	441300
丹佛野马（Denver Broncos）	820960	674000	650145	581750	530000	561540	695372	597800
底特律雄狮（Detroit Lions）	855580	852420	727940	790600	659000	539680	599720	619050
绿湾包装工（Green Bay Packers）	440520	438420	566420	614700	572900	469160	514520	434400
休斯敦德州人（Houston Texans）	823529	712530	695280	631500	559400	539180	-	-
印第安纳波利斯小马（Indianapolis Colts）	610380	527285	511130	536800	454000	378060	428826	361200
杰克逊维尔美洲虎（Jacksonville Jaguars）	820000	720200	626923	575000	542500	454050	423760	481300
堪萨斯城酋长（Kansas City Chiefs）	822460	710000	780030	788700	705000	552520	576720	505650
迈阿密海豚（Miami Dolphins）	677647	622635	553985	669000	565000	536590	690000	575000
明尼苏达维京人（Minnesota Vikings）	769000	751430	596160	642000	680500	551125	477000	546900
纽约巨人（N.Y. Giants）	723750	854250	660000	708100	570325	303780	570333	475100
纽约喷气机（N.Y. Jets）	597940	757740	513465	663800	655000	660000	751173	540700
新英格兰爱国者（New England Patriots）	728680	650580	669620	660300	707650	540300	535500	476800
新奥尔良圣徒（New Orleans Saints）	1026980	721000	692090	762800	662500	597059	516000	475200
奥克兰突袭者（Oakland Raiders）	865000	640000	555200	560600	655900	676980	653993	500000
费城老鹰（Philadelphia Eagles）	805280	775390	458960	653900	655000	762995	701760	473200
匹兹堡钢人（Pittsburgh Steelers）	1102880	804840	734980	895716	632200	691320	514720	486050
圣迭戈闪电（San Diego Chargers）	755760	1066500	458300	453800	454100	451665	535100	476200
旧金山 49 人（San Francisco 49ers）	877500	630250	563988	562000	529300	378600	477000	411550
西雅图海鹰（Seattle Seahawks）	959200	692500	619700	632000	652400	400000	563200	455000
圣路易斯公羊（St. Louis Rams）	637640	741000	544125	537350	556850	603600	700240	605700
坦帕湾海盗（Tampa Bay Buccaneers）	762000	783080	569950	688900	556900	465870	660080	593800
田纳西泰坦（Tennessee Titans）	730000	430445	459730	538000	607100	548010	543287	485050
华盛顿红皮（Washington Redskins）	855640	904730	665250	539300	530000	439000	554710	477100
平均值	751451	689132	578211	618664	577309	491330	545576	482289

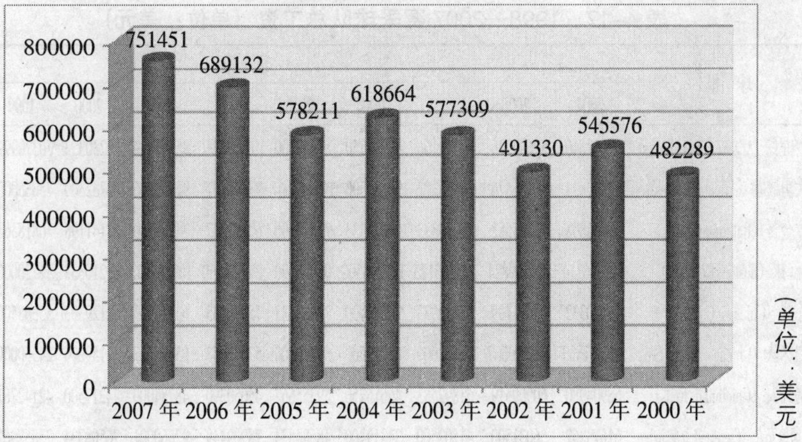

图 4-27　NFL2000—2007 赛季所有球员年度平均工资中位数均值

（三）MLB 球员工资

1. 球队总工资

见表 4-16、表 4-17，图 4-28。

表 4-16　1977—2002 年间 MLB 球员工资变动表

年份	平均工资	增长率 *	降低率 *
1977	$76,066	47.70%	N/A
1979	$113,558	13.70%	N/A
1982	$241,497	30.08%	N/A
1985	$371,571	12.80%	N/A
1987	$412,454	N/A	-0.02%
1990	$597,537	20.17%	N/A
1992	$1,028,667	20.81%	N/A
1995	$1,110,766	N/A	-4.92%
1997	$1,336,609	19.34%	N/A
1998	$1,398,831	4.65%	N/A
1999	$1,611,166	15.18%	N/A
2000	$1,895,630	17.65%	N/A
2001	$2,138,896	12.83%	N/A
2002	$2,384,779	11.50%	N/A

注：* 与上一年度比较的增长或减低率；N/A：缺少数据　　资料来源：USA Today

表 4-17　1998—2007 赛季球队总工资（单位：美元）

球队	赛季									
	2007	2006	2005	2004	2003	2002	2001	2000	1999	1998
亚利桑那响尾蛇（Arizona Diamondbacks）	52067546	59684226	62329166	69780750	80657000	102819999	85247999	79230333	70370999	28936500
亚特兰大勇敢者（Atlanta Braves）	87290833	90156876	86457302	90182500	106243667	93470367	91936166	82732500	75065000	59536000
巴尔的摩金莺（Baltimore Orioles）	93554808	72585582	73914333	51623333	73877500	60493487	74279540	83141198	70818363	70408134
波士顿红袜（Boston Red Sox）	143026214	120099824	123505125	127298500	99946500	108366060	109675833	81210333	71720000	51647000
芝加哥小熊（Chicago Cubs）	99670332	94424499	87032933	90560000	79868333	75690833	64515833	62129333	55368500	49383000
芝加哥白袜队（Chicago White Sox）	108671833	102750667	75178000	65212500	51010000	57052833	65628667	31159000	24550000	36840000
辛辛那提红人（Cincinnati Reds）	68904980	60909519	61892583	46615250	59355667	45050390	48784000	44217500	42142761	21995000
克利夫兰印地安人（Cleveland Indians）	61673267	56031500	41502500	34319300	48584834	78909449	92660001	76508334	73857962	59033499
科罗拉多落基山（Colorado Rockies）	54424000	41233000	48155000	65445167	67179667	56851043	71541334	61314190	54392504	47433333
底特律老虎（Detroit Tigers）	95180369	82612866	69092000	46832000	49168000	55048000	49356167	61740167	34959666	22625000
佛罗里达马林鱼（Florida Marlins）	30507000	14998500	60408834	42143042	48750000	41979917	35562500	19870000	15150000	33434000
休斯敦太空人（Houston Astros）	87759000	92551503	76779000	75397000	71040000	63448417	60387667	52081667	55289000	40629000
堪萨斯城皇家（Kansas City Royals）	67116500	47294000	36881000	47609000	40518000	47257000	35422500	23132500	16527000	32912500
洛杉矶天使（Los Angeles Angels）	109251333	103472000	97725322	100534667	79031667	61721667	47735168	51266667	49893166	38537000
洛杉矶道奇（Los Angeles Dodgers）	108454524	98447187	83039000	92902001	105872620	94850953	109105953	90375953	70935786	47970000
密尔沃基酿酒人（Milwaukee Brewers）	70986500	57568333	39934833	27528500	40627000	50287833	45099333	35782833	42927395	32252583
明尼苏达双城（Minnesota Twins）	71439500	63396006	56186000	53585000	55505000	40225000	24130000	15654500	16355000	26182500
纽约大都会（New York Mets）	115231663	101084963	101305821	96660970	117176429	94633593	93674428	79759762	71331425	49559665
纽约洋基（New York Yankees）	189639045	194663079	208306817	184193950	152749814	125928583	112287143	92938260	88130709	63159898
奥克兰运动家（Oakland Athletics）	79366940	62243079	55425762	59425667	50260834	40004167	33810750	32121833	24150333	20063000
费城费城人（Philadelphia Phillies）	89428213	88273333	95522000	93219167	70780000	57954999	41663833	46947667	30516500	36085000
匹茨堡海盗（Pittsburgh Pirates）	38537833	46717750	38133000	32227929	54812429	42323599	57760833	26561667	24217666	13752000
圣迭戈教士（San Diego Padres）	58110567	69896141	63290833	55384833	45210000	41425000	38882833	54971000	45932179	45368000
旧金山巨人（San Francisco Giants）	90219056	90056419	90199500	82019166	82852167	78299835	63280167	53541000	46059557	40320835
西雅图水手（Seattle Mariners）	106460833	87959833	87754334	81515834	86959167	80282668	74720834	59215000	44371336	52032291
圣路易斯红雀（St. Louis Cardinals）	90286823	88891371	92106833	83228333	83786666	74660875	78333333	63093023	46248195	52572500
坦帕湾魔鬼鱼（Tampa Bay Devil Rays）	24123500	35417967	29679067	29556667	19630000	34380000	56980000	64407910	37812500	25317500
得克萨斯巡游者（Texas Rangers）	68318675	68228662	55849000	55050417	103491667	105726122	88633500	70785000	81301598	54704595
多伦多蓝鸟（Toronto Blue Jays）	81942800	71915000	45719500	50017000	51269000	76864333	76895999	46363332	48165333	48415000
华盛顿民族（Washington Nationals）	37347500	63143000	48581500	41197500	51948500	38670500	34849500	33527666	16363000	9202000
平均值	79967548	75055119	70706094	66815095	68650456	65312243	63317542	54057488	46610498	39042236

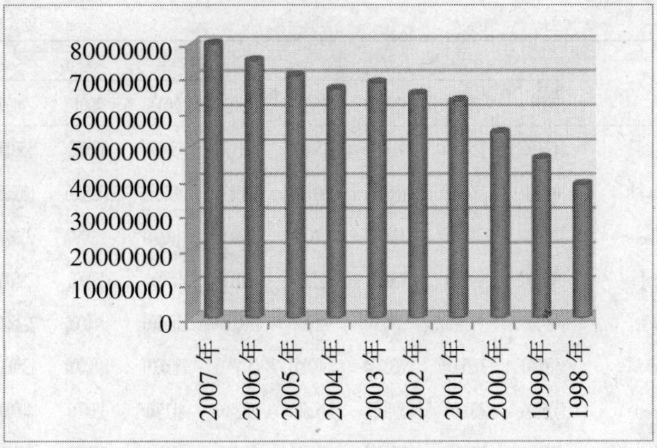

图 4-28　MLB1998—2007 赛季所有球队总工资均值（单位：美元）

2. 球员工资

见表 4-18，图 4-29。

表 4-18　1998—1999 ~ 2006—2007 赛季球员平均工资中位数均值（单位：美元）

球　队	赛　季									
	2007	2006	2005	2004	2003	2002	2001	2000	1999	1998
亚利桑那响尾蛇（Arizona Diamondbacks）	396000	932000	550000	500000	1750000	2000000	1650000	1779167	1012500	240000
亚特兰大勇敢者（Atlanta Braves）	595000	462500	1000000	737500	800000	600000	1200000	1400000	975000	350000
巴尔的摩金莺（Baltimore Orioles）	3000000	1512500	962500	887500	1200000	300000	1360000	1850000	800000	1800000
波士顿红袜（Boston Red Sox）	3591667	3023894	2875000	3087500	2000000	2287500	1962500	2000000	1500000	1000000
芝加哥小熊（Chicago Cubs）	2750000	2500000	2150000	1550000	1125000	1462500	2000000	776000	825000	725000
芝加哥白袜队（Chicago White Sox）	2325000	2325000	2000000	775000	475000	575000	975000	285000	240000	230000
辛辛那提红人（Cincinnati Reds）	1062500	1300000	550000	422500	694000	500000	550000	815000	425000	265000
克利夫兰印地安人（Cleveland Indians）	916667	1500000	500000	325000	330000	1650000	2000000	1596334	670000	1750000
科罗拉多落基山（Colorado Rockies）	750000	350000	322500	575000	550000	600000	1208334	1250000	550000	655000
底特律老虎（Detroit Tigers）	1900000	865000	962500	362500	320000	1000000	432500	1175000	365000	400000
佛罗里达马林鱼（Florida Marlins）	380000	327000	1100000	600000	1400000	737500	450000	268500	220000	185000
休斯敦太空人（Houston Astros）	1300000	940000	500000	750000	1200000	500000	1300000	800000	700000	675000
堪萨斯城皇家（Kansas City Royals）	550000	500000	352000	436250	313500	800000	372500	400000	225000	321250

（续表）

球队	赛季									
	2007	2006	2005	2004	2003	2002	2001	2000	1999	1998
洛杉矶天使 (Los Angeles Angels)	1425000	2250000	925000	2150000	1000000	450000	350000	550000	375000	487500
洛杉矶道奇 (Los Angeles Dodgers)	1000000	2205000	650000	1500000	2605834	1950000	1725000	1400000	1050000	650000
密尔沃基酿酒人 (Milwaukee Brewers)	2250000	775000	420000	400000	428000	1100000	910000	350000	256250	525000
明尼苏达双城 (Minnesota Twins)	1000000	900000	750000	525000	750000	475000	260000	285000	277500	537500
纽约大都会 (New York Mets)	1487500	912500	1150000	900000	1300000	2107500	1800000	2225000	1687500	1000000
纽约洋基 (New York Yankees)	1500000	2925000	5833334	3100000	4575000	2500000	1600000	1350000	2008334	1416666
奥克兰运动家 (Oakland Athletics)	1575000	800000	591667	1357500	1032500	812500	350000	400000	462500	270000
费城费城人 (Philadelphia Phillies)	875000	2500000	3025000	2425000	850000	675000	750000	550000	352000	232500
匹茨堡海盗 (Pittsburgh Pirates)	410000	424000	368000	350000	825000	625000	795000	450000	350000	275000
圣迭戈教士 (San Diego Padres)	625000	925000	825000	862500	555000	350000	350000	700000	487500	800000
旧金山巨人 (San Francisco Giants)	1557500	1488079	2000000	1000000	1937500	1750000	1300000	1125000	740000	1000000
西雅图水手 (Seattle Mariners)	1350000	650000	800000	2658333	3150000	3333333	1925000	1475000	400000	550000
圣路易斯红雀 (St. Louis Cardinals)	1000000	1000000	2166667	1100000	900000	2125000	1500000	925000	520000	750000
坦帕湾魔鬼鱼 (Tampa Bay Devil Rays)	411000	550000	600000	650000	300000	267500	700000	537500	267500	205000
得克萨斯巡游者 (Texas Rangers)	550000	750000	650000	550000	1150000	2000000	800000	1100000	2225000	1100000
多伦多蓝鸟 (Toronto Blue Jays)	1025000	2200000	525000	825000	600000	1650000	2191667	716667	491667	1312500
华盛顿民族 (Washington Nationals)	500000	900000	628500	350000	333500	345000	310000	325000	225000	225000
平均值	1227737	1248209	1152731	1023035	1111350	1146140	1067081	931005	667266	643062

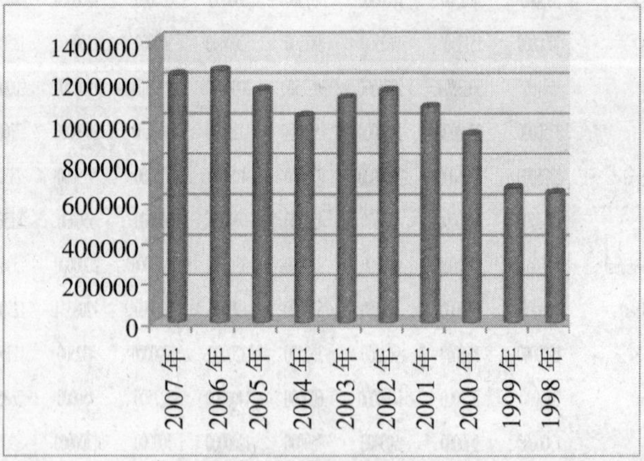

图 4-29 MLB1998—2007 赛季所有球员年度平均工资中位数均值（单位：美元）

（四）NHL 球员工资

1. 球队总工资

见表 4-19，图 4-30。

表 4-19　2001—2002 ~ 2006—2007 赛季球队总工资（单位：美元）

球　队	赛　季					
	2006-2007	2005-2006	2004-2005	2003-2004	2002-2003	2001-2002
阿纳海姆鸭(Anaheim Ducks)	40461433	32060233	53296750	45519500	35009000	28430000
亚特兰大鸫鸟(Atlanta Thrashers)	37607700	37170200	28547500	22972500	15220000	17818175
波士顿棕熊(Boston Bruins)	43735700	36662100	46569000	44050000	41862500	31875576
布法罗军刀(Buffalo Sabres)	39991400	28515120	32954250	28254166	28891666	38690416
卡尔加里火焰(Calgary Flames)	45831400	36589140	36402575	32217000	26915000	26542500
卡罗莱纳飓风(Carolina Hurricanes)	38970800	35308700	35908738	33131287	31994900	32473250
芝加哥黑鹰(Chicago Blackhawks)	38499600	30141200	30867502	35290000	41462500	29700000
科罗拉多雪崩(Colorado Avalanche)	37999700	41044829	63382458	62860926	59523921	51692500
哥伦布蓝衣(Columbus Blue Jackets)	36910000	30093235	34000000	26740040	20013500	18287400
达拉斯星(Dallas Stars)	43877000	40651480	68578885	69570169	48710352	50050000
底特律红翼(Detroit Red Wings)	39872000	39578300	77856109	68410506	66643750	55107500
埃德蒙顿油人(Edmonton Oilers)	42280000	38469340	33375000	27932500	24317250	25050000
佛罗里达美洲豹(Florida Panthers)	37606280	26500510	26127500	21473000	29919400	32450000
洛杉矶国王(Los Angeles Kings)	40680000	37856150	53833800	37412434	39656488	34557500
明尼苏达荒野(Minnesota Wild)	39471000	25158800	27200500	20743750	16783576	11737500
蒙特利尔加拿大人(Montreal Canadiens)	43559307	32994940	38857000	41972360	41277373	26529200
纳什维尔掠夺者(Nashville Predators)	43011600	31649440	21932500	23932500	18700000	18437500
新泽西魔鬼(New Jersey Devils)	49608766	44895949	48931658	56072626	43118026	39151118
纽约岛人(New York Islanders)	37759720	31447520	40865500	37010935	33658204	23354760
纽约游骑兵(New York Rangers)	45050760	41474800	76488716	76477085	64793530	56887037
渥太华参议员(Ottawa Senators)	43630310	36909094	39590000	34340000	27220750	29086250
费城飞人(Philadelphia Flyers)	43749445	42566760	68175247	65222633	56435000	40932500
菲尼克斯狼(Phoenix Coyotes)	37030600	30354345	39249750	35917435	31854433	34626833

（续表）

球队	赛季					
	2006－2007	2005－2006	2004－2005	2003－2004	2002－2003	2001－2002
匹兹堡企鹅(Pittsburgh Penguins)	26293273	23122650	23400000	24407500	34130770	33677333
圣何塞鲨鱼(San Jose Sharks)	43856000	31005400	34455000	37539200	48550000	42070000
圣路易斯蓝调(St. Louis Blues)	33679600	28480800	61675000	68710000	57405000	47092500
坦帕湾闪电(Tampa Bay Lightning)	41886667	39157379	34065379	29483439	27345896	17989000
多伦多枫叶(Toronto Maple Leafs)	43257920	36796580	62458140	65054900	51565958	41003187
温哥华加人队(Vancouver Canucks)	42877000	43711344	42074500	34075000	29984579	24703750
华盛顿首都(Washington Capitals)	29728412	18932830	50895750	51398058	47392250	41275000
平均值	40292446	34309972	44400490	41939715	38011852	33375943

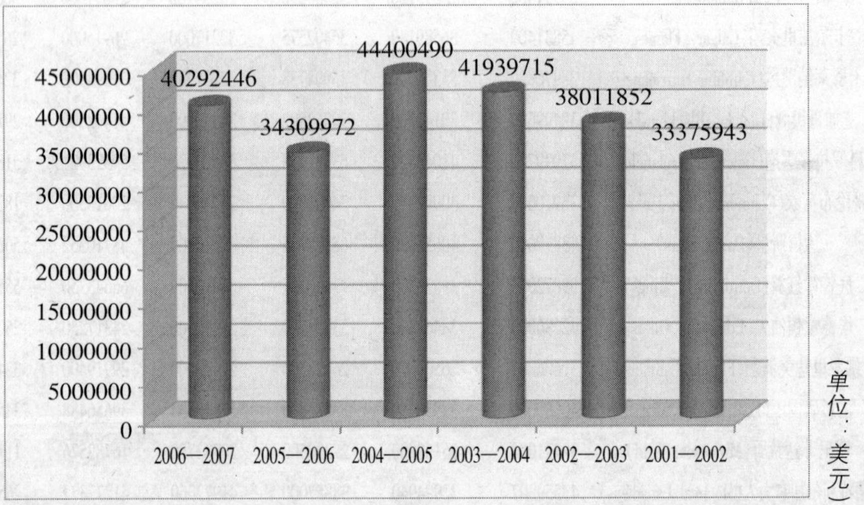

图 4-30　NHL2001—2002 赛季 ~2006—2007 赛季所有球队总工资均值

2. 球员工资

见表 4-20，图 4-31。

表 4-20 2001—2002～2006—2007 赛季球员平均工资中位数均值（单位：美元）

球 队	赛 季					
	2006－2007	2005－2006	2004－2005	2003-2004	2002-2003	2001-2002
阿纳海姆鸭(Anaheim Ducks)	684000	684000	1267500	1073750	962500	600000
亚特兰大鸫鸟(Atlanta Thrashers)	875300	900600	787500	725000	600000	525000
波士顿棕熊(Boston Bruins)	925000	858800	1300000	1350000	1627500	912500
布法罗军刀(Buffalo Sabres)	1875000	989720	1000000	1087500	1012500	1045000
卡尔加里火焰(Calgary Flames)	1475000	1140000	950000	820000	800000	1025000
卡罗莱纳飓风(Carolina Hurricanes)	1250000	1000000	750000	700000	859750	612500
芝加哥黑鹰(Chicago Blackhawks)	963300	817000	701251	1025000	1525000	1050000
科罗拉多雪崩(Colorado Avalanche)	984200	759100	750000	950000	975000	900000
哥伦布蓝衣(Columbus Blue Jackets)	775000	604000	1050000	650000	710500	650000
达拉斯星(Dallas Stars)	1045000	700000	2600000	2525000	1600000	955000
底特律红翼(Detroit Red Wings)	1170000	900000	1500000	1400000	1300000	1600000
埃德蒙顿油人(Edmonton Oilers)	1026000	1083000	1075000	1000000	903750	925000
佛罗里达美洲豹(Florida Panthers)	1042100	830000	902500	925000	925000	912500
洛杉矶国王(Los Angeles Kings)	1195500	874000	950000	750000	1525000	1412500
明尼苏达荒野(Minnesota Wild)	1187500	798000	850000	775000	650000	500000
蒙特利尔加拿大人(Montreal Canadiens)	1887500	988000	1350000	1600000	1012435	725000
纳什维尔掠夺者(Nashville Predators)	1525000	922070	700000	837500	800000	725000
新泽西魔鬼(New Jersey Devils)	984200	1000000	1425000	1350000	1050000	800000
纽约岛人(New York Islanders)	865000	830860	900000	1037500	962500	875000
纽约游骑兵(New York Rangers)	950000	760000	2800000	2650000	1800000	1325000
渥太华参议员(Ottawa Senators)	1500000	1100000	1075000	1000000	800000	862500
费城飞人(Philadelphia Flyers)	1200000	1254000	2425000	2200000	1600000	1037500
菲尼克斯狼(Phoenix Coyotes)	982300	900600	1075000	1000000	1046250	687500
匹兹堡企鹅(Pittsburgh Penguins)	850000	608000	625000	650000	719250	785000
圣何塞鲨鱼(San Jose Sharks)	787500	684000	1200000	1300000	1300000	1050000
圣路易斯蓝调(St. Louis Blues)	1000000	596600	837500	1077500	1037500	1025000
坦帕湾闪电(Tampa Bay Lightning)	625000	981400	1115000	975000	950000	775000
多伦多枫叶(Toronto Maple Leafs)	901740	1007000	1500000	2112500	1400000	1000000
温哥华加人队(Vancouver Canucks)	900000	941411	1113750	1025000	900000	887500
华盛顿首都(Washington Capitals)	825000	605000	917500	1400000	1400000	1400000
平均值	1075205	870572	1183083	1199042	1091815	919500

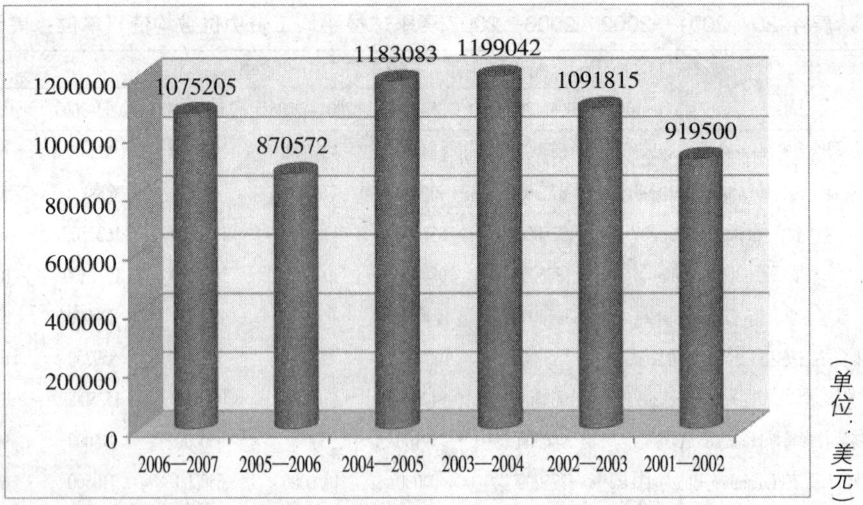

图 4-31　NHL2001—2002~2006—2007 赛季所有球员年度平均工资中位数均值

四、转播费

MLB 的电视转播费用非常高，一般都在 8 亿美元左右（1998—2004），2005 年为 16 亿美元，2006 年福克斯娱乐频道同意支付 25 亿美元以获得对 2006 年全明星赛和全部季后赛的独家转播权。

1999—2000 赛季 NBA 节目是通过 129 个广播电视公司以 42 种语言在全球 206 个国家和地区播放，覆盖面达 7.5 亿户。在诸多媒介中，NBA 只作电视，其他如报纸、杂志都授权给他人制作。

电视台在转播 NBA 时广告收费是以每分钟 26 万~34 万美元定价的，NBA 仅从 NBC 电视公司和 TNT 有线电视网收取的转播费用就有几亿美元。如果算上其他，如美国国内 TBS、FOX、TNT 等全国性电视台以及国外电视台的转播费，NBA 一年仅电视转播费收入已达 20 亿美元以上（1999 年：15 亿；2000 年：15 亿；2001 年：18 亿；2002 年：17 亿；2003 年：21 亿；2004 年：24 亿）。

1962 年，NFL 以 465 万美元的价格授权 CBS 对联盟的全部比赛进行电视转播。2001 年，NFL 在欧洲的日渐繁荣也进一步扩大了该项赛事的收视群体。NFL 近三年的电视转播费收入为 2002 年：3 亿；2003 年：3 亿；

2004 年：2.9 亿。

现在全球 182 个国家和地区的观众都可以通过电视转播（主要是 ESPN）收看 NFL 的比赛。

1998 年 NHL 的 6 亿美元的价格授权 ABC 和 ESPN 对 2000—2001 赛季的全部比赛进行电视转播。2001—2002 赛季电视转播费为 7.5 亿美元。2002—2003、2003—2004 赛季电视转播费一直在 5 亿美元左右。2000 年，作为 NHL 网络业务发展计划的一部分，联盟以 1000 万美元的价格购回了原属于 IB 的 NHL 互动网络事业部。

表 4-21　美国职业体育联盟体育节目电视转播费

电视网	协议年度	每年平均费用(百万美元)	总费用(百万美元)
MLB			
CBS	1990—1993	265	1060
ESPN	1990—1993	100	400
ABC/NBC	1994—1999		
ESPN	1994—1999	42.5	255
	1995 赛季后无效		
FOX	1996—2000	115	575
NBC	1996—2000	80	400
ESPN	1996—2000	87	435
FOX Cable	1997—2000	40.5	162
FOX	2001—2006	417	2500
ESPN	2000—2005	141.8	851
NBA			
NBC	1990/91—1993/94	150	600
TBS / TNT	1990/91—1993/94	68.75	275
NBC	1994/95—1997/98	187.5	750
TBS / TNT	1994/95—1997/98	87.5	350
NBC	1998/99—2001/02	437.5	1750
TBS / TNT	1998/99—2001/02	222.5	890
ABC / ESPN	2002/03—2007/08	400	2400
AOL Time Warner	2002/03—2007/08	366.5	2200
NFL			
ABC(Mon. Night)	1990—1993	225	900

（续表）

电视网	协议年度	每年平均费用(百万美元)	总费用(百万美元)
CBS(NFC)	1990—1993	265	1060
NBC(AFC)	1990—1993	188	752
ESPN(Sun. Night)	1990—1993	111.25	445
TNT(Sun. Night)	1990—1993	111.25	445
NBC(Superbowl)	1994	40	40
ABC(Mon. Night)	1994—1997	230	920
FOX(NFC)	1994—1997	395	1580
NBC(AFC)	1994—1997	217	868
ESPN(Sun. Night)	1994—1997	131	524
TNT(Sun. Night)	1994—1997	124	496
ABC(Mon. Night)	1998—2005	550	4400
FOX(NFC)	1998—2005	550	4400
CBS(AFC)	1998—2005	500	4000
ESPN(Sun. Night)	1998—2005	600	4800
NHL			
Sports Channel	1989—1991	17	51
ESPN	1992—1996	16	80
FOX	1994—1998	31	155
ESPN(ABC & ESPN2)	1999—2003	120	600

资料来源：Forbes

五、球迷与球迷消费

相当数量（60%以上）的美国男性公民都和棒球有缘，他们是在T级联赛、初级联盟、小联盟、高中联赛和大学联赛的包围和熏陶下成长起来的。棒球比赛因此成为美国拥有观众数量最多的体育项目，每年大约有7000万人次观看棒球比赛。美国有许多规模大、设施先进的棒球比赛场馆，为球迷观看比赛创造了好的条件。相对于其他体育项目而言，观众为观看棒球比赛而支付的费用是比较低的，因为有相当数量的低价露天看台票出售以满足观众的需要。超过1.3亿的美国人认为自己是棒球迷，18~49岁的球迷占全部棒球观众的60%。据调查每个球迷年平均用在棒球上的消费不低于1000美元。

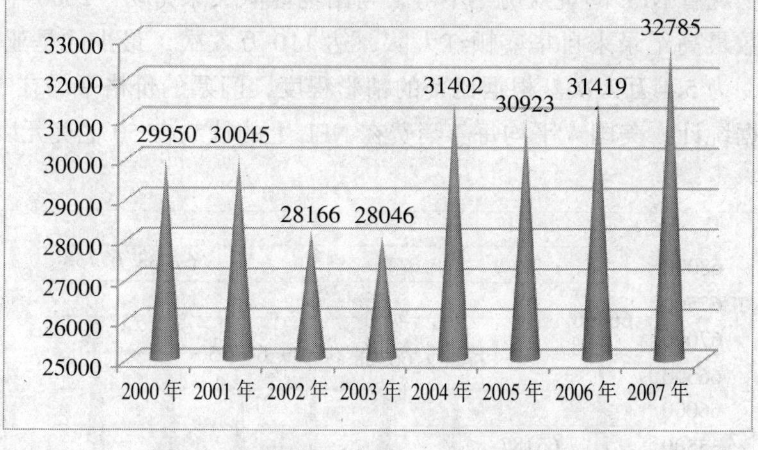

图 4-32　MLB2000—2007 年常规赛场均观众人数

资料来源：Sports Marketing 2008

平均每个赛季，NBA 拥有约 2000 万人次的现场观众，2000—2001 赛季，平均票价从 35~92 美元不等。仅从这一年分析，有调查表明：如果一家四口到现场观看纽约尼克斯队的一场比赛，那么消费最高的可达 470 美元，最低的也花了 200 美元。

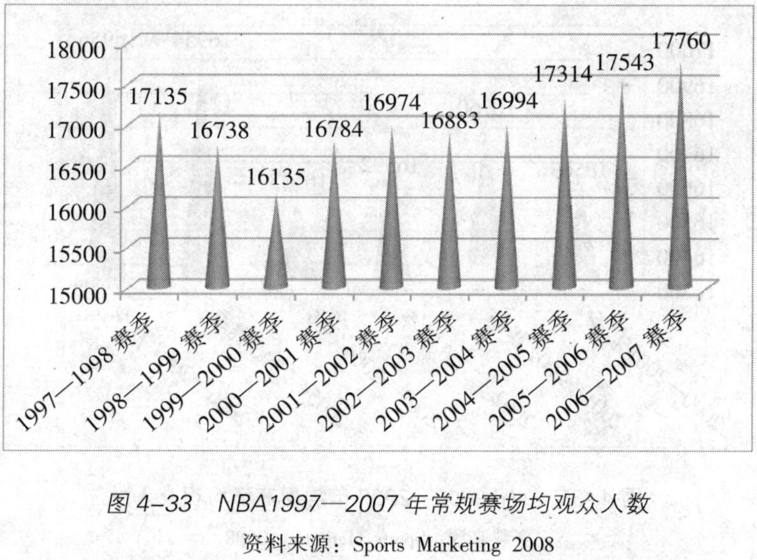

图 4-33　NBA1997—2007 年常规赛场均观众人数

资料来源：Sports Marketing 2008

现场观看 NFL 的观众历年不等，与出场球队关系密切。2000 年，现场观众人数最高纪录来自华盛顿红人队，达 110 万人次，最少的是亚利桑那红雀队，为 5.4 万人次。根据比赛的精彩程度，门票的价格平均在 50 美元左右。据统计，美国人平均每年消费在 NFL 上的钱约在 50 亿美元以上。

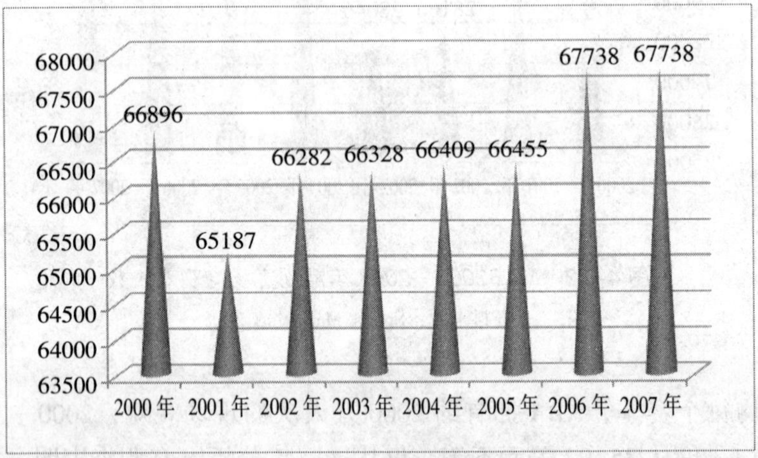

图 4-34　NFL2000—2007 年常规赛场均观众人数

资料来源：Sports Marketing 2008

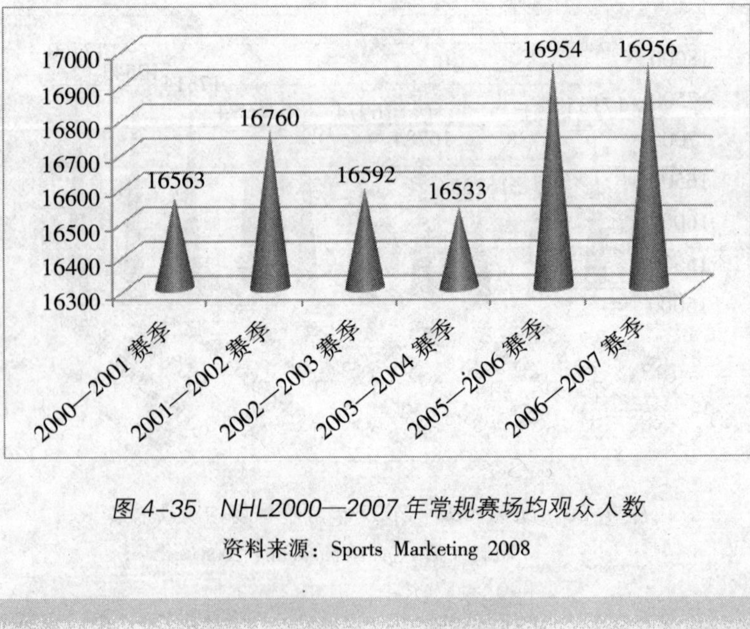

图 4-35　NHL2000—2007 年常规赛场均观众人数

资料来源：Sports Marketing 2008

NHL2000—2001 赛季的现场观众人数高达 2000 万人次，平均每场 16000 余人次，现场观众中既有白领也有蓝领工人，每场球赛的门票平均在 50 美元左右，冠军总决赛和精英赛的门票都在 100 美元之上，昂贵的门票还是使相当数量的人望而却步。

第五章　美国职业体育联盟的经营策略与市场开发

美国职业体育的发展具有很长的历史，无论是在俱乐部的形成还是管理和经营上，都具有显著的市场经济特点。美国人在进行体育职业化、商业化中创造的联盟体制，对促进美国体育产业发展发挥了极其重要的作用。联盟体制的核心是经营权和所有权的分离，是职业队的业主们为了追求自身利益的最大化把经营权委托给一些专家，让他们代表自己的利益对联盟进行经营和管理。美国四大职业体育联盟的市场经营具有显著的特点，其中，提高赛事产品质量、进行品牌营销、注重市场开发、关心球迷的消费利益是最为显著的特点。美国职业体育产业组织，包含了观众、球员、俱乐部、联盟、媒体以及政府在内，是一个多层面的复杂系统。其中，观众是出钱者，球员是具有特殊技能的劳动者，而俱乐部、联盟和媒体是所有者和经营者，亦是收钱者和分钱者，政府则是竞赛表演市场的管理者，负责竞赛表演市场管理政策的制定和宏观管理。

第一节　美国体育产业发展简况

美国是世界头号体育强国，也是世界头号体育产业大国，体育产业极为发达。根据美国联邦政府经济分析局发表的报告，1999 年美国体育产业总值为 2125.3 亿美元。体育产业占当年国内生产总值的 2.4%（1999 年美国内生产总值约 88 万亿美元）。如按 1997 年美国产业的统计，体育产业位居 10 大支柱产业的第 6 位。前五名是：房地产业（9350 亿美元）、零售业（7131 亿美元）、健康保险业（4600 亿美元）、银行业（2660 亿美元）、交通业（2560

亿美元)；后四位是：通讯业（2120 亿美元）、公共事务业（2100 亿美元）、农业（1320 亿美元）、汽车及设备业（850 亿美元）和影视业（310 亿美元）。

近年来美国信息、通讯等产业发展迅猛，前 10 大产业名次时有变化，但体育产业作为支柱产业的地位难以撼动。

如今，新技术的广泛运用使美国传统的体育产业出现质的变化。网络系统已将美国全国的运动队、体育俱乐部、体育场馆、体育用品商店、娱乐中心、体育迷、体育健康中心、体育研究和出版物等联为一体。不出门可了解到美国体育动态，通过“体育电子商务”可购得所需的物品。1999 年，体育网络广告收入 2.95 亿美元、上网费达 450 万美元。

在美国，运动设施遍布城市、社区、街道、机关、学校、企业和购物中心。以首都华盛顿为例，市政府管辖的有相当规模的综合性运动场所 161 处（免费）。每个社区都有从事网、篮、足、排球等设施，街头儿童娱乐场所处处可见。美国国家医学研究中心的 14 层为健身场所，可从事多种运动。位于市郊的国防部为充分利用空间，在五角大楼旁一段高速公路下修建了运动中心。该中心的入口正好建在一座桥下，很不起眼。过去后才发现这是一座现代化的综合体育中心。中、小学一般都有室内体育馆和室外运动场。大学体育设施最为完善。1999 年美体育馆和跑道的建设费就达 17 亿美元。1999 年体育器材产出达 92.8 亿美元。

适宜的自然环境和良好的体育设施提高了美国公众健身的参与程度、运动和竞技水平，也改变了人们的体育观，体育锻炼和参与日益成为一种终生的行为。体育活动和体育比赛观赏相辅相成，美国 2.7 亿人口中，每年通过媒体或实地去现场观看体育比赛的达 3.6 亿人次。

公众参与和观赏创造了巨大经济利益。根据美联邦统计局的统计，1999 年，体育馆普通门票和包厢门票收入分别为 104.7 亿和 32.5 亿美元。比赛场馆内电子牌广告一项收入就达 166.8 亿美元。2000 年，美国体育与娱乐总营业额达 4000 亿美元，名列美国大产业的第 11 位。

美国是世界头号体育强国，但美国政府是不给体育花一分钱的，所有动力来自强大的体育产业。19 世纪中叶美国就已出现商业性的体育比赛，20 世纪 60 年代以后，经济的发展使更多的美国人成为“有钱有闲”的中产阶级，美国体育产业驶入了快车道，营业额从 1970 年到 1994 年增长了 3 倍，列美国大产业排行的第 11 位。2000 年体育与娱乐总营业额达到

4000亿美元，超过房地产产业和国防开支。从目前的状况看，美国体育产业包括：职业体育、健身、休闲体育、体育用品、特许纪念品销售、体育经纪人（公司）与体育赛事经营推广代理公司。

一、职业体育——体育产业的航母

职业体育是美国体育产业中历史最悠久而至今仍有巨大活力的领域。美国有四大传统的职业体育联盟：MLB、NBA、NFL及NHF，共122支职业队。近年来又涌现了一批新的职业体育联盟，如足球大联盟（MLS）、美国篮球联盟（ABL）、女子NBA及女子职业垒球协会（WPF），现在全美共有近800支职业队。

美国体育实行联盟制，即合作管理模式，由参加联盟的老板组成业主委员会，拥有对联盟竞赛与经营的“立法权”。联盟总裁由委员会选聘，对联盟工作有决策权、惩处权和裁定权。职业体育的主要收入来自电视转播、门票、场租（包厢、货摊、停车）、特许经营。另外，拳击、网球、高尔夫球等商业比赛还会有巨额的赞助。

二、健身休闲——拉动相关产业

这一产业的经营主体为健身俱乐部，目前全美有13300个经营性正规俱乐部。其中70%属于纯体质锻炼，只向消费者提供有氧及力量训练，其余30%属于综合型，除了体质训练外还提供网球、游泳、理疗、营养配餐、健康教育等多种服务。最近还出现了一批拥有200个以上分俱乐部的连锁店，如AMEICAN CLUB SYSTEM、GOLD’S GYM、WORLD GYM等。

美国人主要喜好的户外休闲活动是徒手行走、观光、郊游、参加体育比赛、划船、钓鱼、野营、登高等，最受青睐的是高尔夫球，1996年美国就已有15390个高尔夫球场，其中69%向非会员开放。发达的休闲体育产业，对旅游、交通、食宿、体育用品等都有巨大的拉动作用。

三、体育用品——财源来自特许经营

体育用品是美国体育产业中的大户，占总收入的约1/3，包括体育器材、运动鞋和运动服三大类别。球迷们穿的印有喜爱球队的队名、别名或标识的运动服、围巾、手套等，以及队旗、球星卡、招贴画等都是球队或联盟的特许纪念品，生产厂商需要向球队或联盟申请，特许经营费一般为销售额的 6%~10%。特许纪念品已成为各职业队及联盟的主要收入来源之一。

四、经纪人及推广——明星的幕后英雄

体育经纪人（公司）一般提供以下服务：合同谈判、赛事安排、商业推广、管理财务、为运动员策划退役后的事业、解决争议、法律支持等。一个运动员会有多个不同方面的经纪人（公司）。IMG、PROSERV 和OCTAGON 是三家“大而全”的体育经纪人公司。

集体项目工作合同谈判的报酬一般为运动员工资的 4%~6%，商业推广报酬可高达 15%~30%；单项运动如网球，以运动员奖金的 10%为回报，其他商业活动的回报在 20%~25%。

体育代理公司一般从事以下服务：代理球队经营电视转播权、门票、赞助、特许经营、开发市场、公关调研。约翰逊与贝利的 150 米“世界飞人”大赛就是代理公司策划的结果。体育将会像电视剧一样被“生产”出来供人们观赏。

自 2000 年以来，由于新经济泡沫的破裂，美国经济告别“长期繁荣”，开始步入慢车道。“9·11”事件又让美国经济雪上加霜。但在全球范围内，美国仍然是世界上最大的经济体。据统计数据显示，2001 年美国的国内生产总值高达 98330 亿美元，是排名第二的日本 45547 亿美元的两倍多，是排名第三的德国 17929 亿美元的五倍多。仅美国加州的产值也超越名列世界第五的法国。由于体育消费行为受经济发展水平和社会体育环境的影响很大，美国已经形成具有一定规模的体育消费市场。20 世纪 80 年代，美国与体育相关的产值略超过全国国民生产总值（GDP）的 1%，全国体育产业的产值在各大行业排名榜中居第 22 位。而据美国著名的商业咨询公司凯尔尼公司的统计，美国体育产业的市场价值在 20 世纪 90 年代中期已经达到了 1520 亿美元，成为美国的第 11 大产业，占其 GDP 的 2%。在美国一些州的各行业产值排行榜上，体育产业的产值已跻身前三位。

由此可见，在美国，体育产业的发展速度大大高于一般产业的发展。

美国体育产业结构是：大众体育健身服务业（包括体育设施的建设和参加各类体育俱乐部的活动、体育旅游活动等）占整个体育产业的32%；第二是体育用品生产业，大约占整个体育产业的30%；第三是体育观赏业（包括门票收入、体育比赛标志权和纪念品的销售，电视转播费、广告和公司赞助），接近体育产业的25%。

随着经济实力的增强，美国国民越来越重视生活质量，从而使体育锻炼和休闲时间在日常生活中的重要性得到大大提升。作为拥有近3亿人口，同时又是世界上工业化水平最发达的国家，美国国民参与体育运动的绝对值是极为可观的。根据调查，从总量上分析，2000年仅运动器械、运动鞋、运动服装和休闲运动4项，美国消费者就支出了745.07亿美元。2001年，由于经济增速减缓，虽然有所下降，其估计值仍达744.03亿美元。从消费结构上来看，休闲运动是美国国民体育消费的最大支出项目，同时也是增长速度最快的项目。2000年达290.36亿美元。其次是运动器械支出，2000年为213.73亿美元。运动服装和运动鞋的消费支出也都超过100亿美元。由于对体育产品的大量需求，美国每年体育产品的进口也极为可观。从总体趋势来看，美国的体育运动消费品进口呈上升趋势。2000年美国体育运动消费品进口总额达41亿美元。到2001年7月，该项目进口额已将近21亿美元，较2000年同期增长了17.21%。中国、中国台北、加拿大、墨西哥、泰国分别列其进口量的前5位，而其中，又以中国对美国的出口额所占比例最大，为47.1%。可见美国的消费品市场还有巨大潜力。

第二节　美国四大职业体育联盟经营特点

四大职业体育赛事联盟为了推销各自的产品，在门票销售、电视转播、产品授权、有线体育频道订阅、按次付费有线电视转播以及赞助商关系等各个方面，施展了自己高超而且有效的营销方略，通过经营也为球队、球员、比赛场馆、传播媒体等创造了市场机遇。四大职业体育赛事联盟在营销上具有以下共同特征：

一、电视转播权和豪华坐席是营销的重点

不管是哪一个联盟，或是联盟中的各加盟队，在赛事营销中，电视转播权

和门票是最大的两块收入来源，约占总收入的75%左右，其中门票占40%，电视转播占35%。在过去的20年间，电视产业自身赢利模式的变化使得联盟和球队的转播权收入呈螺旋上升的趋势。在地方上，球队通常和当地的有线电视转播费已经成了球队最主要的收入来源。四大联盟的比赛门票的营销可以说八仙过海，各显神通，但现在利用网络进行门票营销已成为最主要的特点。

职业体育联盟各会员队与工业和金融等商业机构不同，这些机构价值的产生主要依靠现金流和资产，而职业体育联盟成员队的价值取决于它们的收入。这主要存在两方面的原因：一，从长期看，每个联盟营业费用对每个队来说基本是相同的。二，收入主要取决于比赛场馆质量和运动员比赛表现。这是球队价值评估的两个最主要因素。职业球队的价值在过去的十年中有了大幅度的提高，而且在随后的几年中还将会有所增长。价值增长的原因来自联盟的收入，包括：门票、电视转播权费、豪华包厢、俱乐部（团体）席位、场地租赁、广告和会员费。

职业体育联盟和电视网取得的飞速增长超过了30年，众多的人们参与和享受职业体育赛事，例如，1997年ESPN（Chilton体育民意调查）表明，62%的美国人称自己是“MLB球迷”。

职业体育和媒体，特别是电视，存在相互的依赖性。尽管两者有独立的起源，但现在看来，缺少一方都难以想象。从总体上看，美国98%的家庭拥有电视，平均每天收看7小时51分钟电视节目（Sage，1998）。观众间接通过电视节目的体育消费要超过现场观看比赛的观众。每年美国四大电视网要播放超过2100小时的体育节目，有线电视网提供6000小时的节目。ESPN每年播放的体育节目时间超过8000小时。地方体育有线网和卫星广播快速发展，每年要播放数千小时的体育节目。

要了解职业体育运动队，很重要的一点是要把它们视为商业活动，而不是游戏。职业体育的逻辑建立在商品、服务和劳务的买卖上。

主要的美国职业体育联盟，收入按不同的比例在联盟成员中分配。NFL球队按主队和客队6∶4的比例分配门票收入；MLB则按主队80%~90%，客队10%~20%的比例分配。

NBA和NHL则允许主队享有全部的门票收入。根据不同的合同，体育场馆拥有者或承租人享有场馆收入，或与运动队按比例分配。四大职业体育联盟的全国电视转播费在所有的会员队中平均分配。1961年美国国会通过了体育电视转播法案。该法案允许职业体育会员队作为一个单一的经济体谈判全国电视转播权出售。这项反托拉斯豁免适用于 MLB、NHL、NBA 和 NFL。

1962 年，CBS 与 NFL 签订了一年 460 万美元的电视转播专营协议。两年后，随着三大传播网的激烈竞争，CBS 将电视转播费增加了 300%，每两年的转播费为 1400 万美元。

1998 年，NFL 比赛的电视转播费，包括超级碗，以 8 年 176 亿美元的价格出售给了几个电视网。所有的 NFL 电视转播费在成员队中平均分配，每队每年平均 7330 万美元。这远远超过了 MLB 的电视转播合同，MLB 电视转播费每队仅为 1100 万美元。

豪华包厢和团体席位成为了收入的另一主要来源。豪华席位收入已经成为了是增长最快的收入来源。（Hoffman & Greenberg，1989）

豪华坐席已经成为绝大多数体育场建设计划中最大化每个座位资金流的关键策略。来自豪华坐席的潜在收入已经为奥克兰 1.21 亿美元和底特律 2.35 亿美元体育场的建设带来了稳定的资金来源。由于意识到这一潜在的巨大收入，许多体育场和球队所有者目前正致力于改造和维修坐席，以建造豪华席位。

此外，职业体育成员队通过地方电视网的每场付费合同增加收入。付费电视收入在过去的几年中有了较大增长。从 1991 年的 4350 万美元增加到 1996 年的 11 亿美元，2000 年达到近 30 亿美元。

电视通过广泛的覆盖优势为职业体育的传播和繁荣做出了重要贡献。1949 年，NBC 提供第一场 MLB 世界系列赛电视直播时，美国家庭电视拥有率不超过 12%，1956 年 16 个俱乐部中的 15 个签订了地方电视转播合同。ABS 率先创立了每周赛事节目。

19 世纪 50 年代，随着美国家庭电视普及率的上升，没有一家电视网认为体育节目对它们的成功是至关重要的，它们将主要的资源和精力放到了喜剧、西部片和流行戏剧上。

但 19 世纪 60 年代，ABC 率先打破了这一模式。ABC 认为增加体育节目将会带来收视率的提高，通过广泛接受新的地方电视台作为会员，ABC 从 19 世纪 50 年代黄金节目段收视率第三上升到 19 世纪 70 年代收视率的首位。今天，每周超过 40 小时的职业体育节目通过主要的电视转播网传送到家庭电视网，成百小时的节目由有线网向全国播放。

当美国北方人队 1946 年签署第一份合同时，广播和电视转播费仅占 MLB 总收入的 3%。1956 年这一数字增加到 16.8%，此后这一数字一直在增加，19 世纪 90 年代，MLB 转播费收入超过了年度收入的一半。橄榄球和篮球也达到了接近一半的程度。只有冰球，由于被电视台描述为行为不端，所以没有达到这样的水平。

例如，MLB 与 ESPN 和 CBS 签订的电视转播合同，价值分别为 4 亿美元和 10.6 亿美元。NBA 与 NBC 和华纳签订的到 1994 年的 4 年合同，总价值为 8.75 亿美元。NHL 于 1992 年与 ABC 和 ESPN 签订的 5 年合同，合同金额为 8000 万美元。

此外，各支队伍和地方电视台的转播谈判是判断球队经营成功与否的重要依据。对 MLB 来说，1993 年，地方电视、广播和有线台为 28 支球队提供了超过 3.5 亿美元的收入。对 NBA 来说，每年达到了 1 亿美元。

表 4-22　1998—2001 年 MLB 球队价值和收入（单位：百万美元）

球　队	球队价值		增长率	收入 *		增长率
	1998	2001		1998	2001	
纽约洋基（NY Yankees）	491	730	48.68 % ^	175.50	215	22.51% ^
克利夫兰印地安人（Cleveland Indians）	359	360	0.27% ^	149.70	150	0.87% ^
亚特兰大勇敢者（Atlanta Braves）	357	424	18.77% ^	142.70	160	12.12% ^
巴尔的摩金莺（Baltimore Orioles）	305	319	4.60% ^	130.50	133	1.91% ^
科罗拉多落基山（Colorado Rockies）	311	347	11.58% ^	124.60	129	3.53% ^
亚利桑那响尾蛇（Arizona D'Backs）	256	280	9.38% ^	116.30	127	9.2% ^
得克萨斯巡游者（Texas Rangers）	281	356	26.69% ^	108.10	134	23.96% ^
洛杉矶道奇（LA Dodgers）	270	435	61.11% ^	107.90	143	32.53% ^
波士顿红袜（Boston Red Sox）	256	426	66.40% ^	106.90	152	42.19% ^
纽约大都会（NY Mets）	249	482	93.57% ^	99.70	169	69.51% ^

* 收入包括：媒体收入、门票、体育场馆收入

资料来源：Forbes

体育和电视以一种高价等式的形式共生。职业体育联盟向广播电视网出售转播权，广播电视网则向赞助商出售广告。

豪华包厢已成为职业体育成员队最大化坐席现金流的手段。它们通常处于记者招待席高度，通常装备闭路电视以回放特写镜头。

每个新建的体育场都建有豪华包厢，旧体育场也都加装了豪华包厢。例如，芝加哥 Wrigley 体育场 1989 赛季增加了 67 个豪华包厢，每个包厢

能容纳 12~15 人，每年的租金为 45000~65000 美元。

19 世纪 80 年代豪华包厢还没有出现，到 19 世纪 90 年代早期，豪华包厢作为体育场馆最有利可图的手段在体育场馆建设中得到了飞速发展。

团体席位是另一个增加收入的重要来源渠道。豪华包厢数量从 NFL 最初的 47 个席位的场地发展到最多的 370 个席位。MLB 从最初的拥有 19 个豪华包厢席位的场地发展到拥有 161 个席位的比赛场地。NBA 从拥有 12 个豪华包厢席位的场地发展到拥有 360 个席位的场地。NHL 从 16 个开始发展到 135 个。

表 4-23　豪华包厢和团体坐席数量

球队 / 联盟	豪华包厢	团体坐席	总量
佛罗里达马林鱼（Florida Marlins）	215	6750	47662
克利夫兰印地安人（Cleveland Indians）	129	2058	42400
得克萨斯巡游者（Texas Rangers）	120	4099	49292
MLB Total	1841	40500	N/A
亚特兰大猎鹰（Atlanta Falcons）	203	6300	71280
卡罗莱纳黑豹（Carolina Panthers）	135	10800	72300
圣路易斯公羊（St. Louis Rams）	120	6200	65300
NFL Total	3091	60978	N/A
芝加哥公牛（Chicago Bulls）	216	3000	21500
底特律活塞（Detroit Pistons）	180	3000	21454
克利夫兰骑士（Cleveland Cavaliers）	92	3000	20562
NBA Total	2057	32780	N/A
NHL Total	1860	28978	N/A

资料来源：今日美国

表 4-24　达拉斯牛仔队豪华包厢经济价值

包厢种类	数量	平均价格（美元）	潜在收入（美元）
中央（Circle）	180	31000	5580000
王冠（Crown）	172	57000	9804000
白金（Platinum）	8	1000000	8000000
合计	360		23384000
			（平均占全队收入的 22.8%）

资料来源：Howard and Crompton

出售豪华包厢和团体坐席的潜在总收入分别达到 6.258 亿和 3.299 亿美元。目前，有 8090 个豪华包厢和 151451 个团体席位可用于出售，总金额达到 9.557 亿美元。

表 4–25　豪华包厢和团体坐席潜在总收入（单位：美元）

联盟	豪华包厢	团体坐席	潜在收入
NFL	204119771	56231120	260350891
MLB	130270819	84115293	214386112
NBA	149975179	115627254	265602433
NHL	141446090	73982339	215428429
合计	625811859	329956006	955767865

资料来源：Forbes

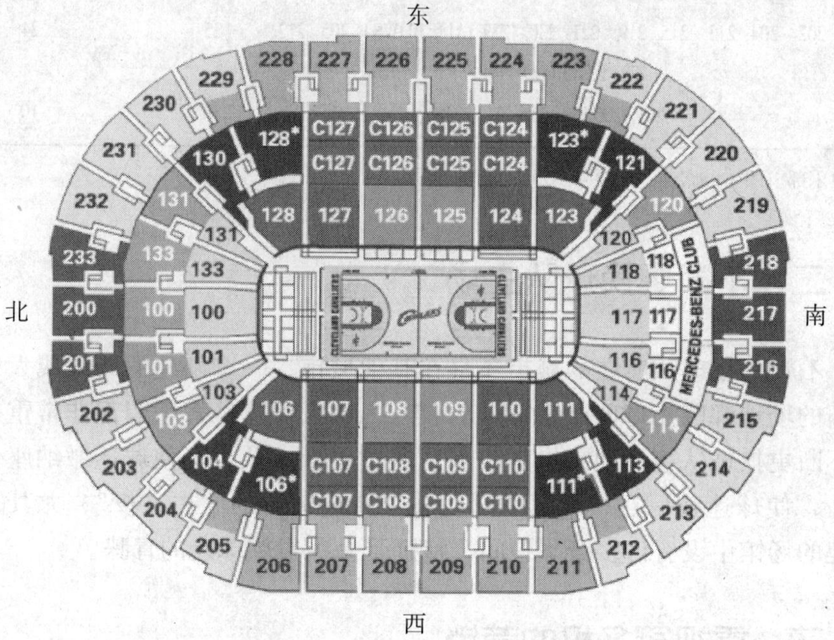

图 4–36　克利夫兰骑士队主场观众坐席示意图

表 4-26 克利夫兰骑士队观众坐席价目表

颜色	坐席位置	一场比赛一个席位价格（美元）	整个赛季每个席位价格(美元)
	108～109，125～126	147	145
	107，110，124，127	132	130
	C107～C110，C124～C127（ROWS 15～24）*	110	105
	106,111，123，128(ROWS 1-16)UPPER CLUBS C107～C110，C124～C127（ROWS 25～30）	94	93
	106，111，123，128(ROWS 20～30)104，113，121，130(ALL ROWS)	72	67
	103，101，100,133，131，114，116，117，118，120(ROWS 1～15)	62	59
	103，101，100，133，131，114，120(ROWS 16～30)	52	49
	207～210，224～227(ROWS 1～8)	50	49
	207～210，224～227(ROWS 9～17)；206，211，223，228(ALL ROWS)；205，212，222，229(ROWS 1～8)	35	34
	202～204，213～215，219～221，230～232 (ALL ROWS)；205，212，222，229(ROWS 9～17)	25	24
	201，200,233，216，217，218	10	10

*：俱乐部（团体）席位，需要 4～6 年的合约期限

二、不断更换球队主场

不管是在球队所在的城市还是在其他城市，一个新建的场地或大规模翻新的场地都能为球队带来额外的收入，四大职业体育联盟都非常重视利用不断更换球队主场地来增加收入，通过更换球队主场使球迷缴纳座位出租费，使球迷获得在整个赛季间对某个特定座位的“占有权”，尤其是在新建的场馆中设有许多豪华包间，特别受一些贵族球迷的青睐。

三、重视冠名权的营销

向企业出售场馆冠名权，是四大职业体育联盟营销的重要特点之一。一些企业与球队签订价值数百万美元的合同，在此后的数十年内，该球队

的主场以赞助公司的名称命名。如 2002 年最新加盟 NFL 的休斯敦得州队以 1 亿美元将其主场冠名权授予 RELIANT 能源公司，为期 30 年，创下了 NFL 历史上冠名权收入的最高纪录。还有如景顺投资公司以 1.2 亿美元买下丹佛野马队的主场冠名权，为期 20 年。

表 4-27　职业体育联盟最大的冠名权交易一览

场馆名称	冠名权费(百万美元)	冠名(年)
瑞兰特体育场(Reliant 休斯敦)	300	32
联邦快递中心体育场(FedEx,马里兰)	205	27
美国航空中心体育场(American Airlines Center,达拉斯)	195	30
飞利浦竞技中心(Philips Arena,亚特兰大)	182	20
少女笔记公园体育场(Minute Maid Park,休斯敦)	178	28
美国银行体育场(Bank of America,夏洛特)	140	20
林肯金融中心体育场(Lincoln Financial Field,费城)	139	21
景顺体育场(Invesco Field at Mile High,丹佛)	120	20
SBC 体育中心(SBC Center,圣安东尼奥)	101	20
斯台普斯体育中心(Staples Center,洛杉矶)	100	20

表 4-28　各大联盟体育场馆冠名权情况

联盟	体育场馆数量	有冠名权数量	无冠名权数量
MLB	30	17	13
NBA	30	22	8
NFL	32	16	16
NHL	31	27	4
MLS	10	3	7
WNBA	13	9	4

四、围绕球迷的消费心理进行综合营销推广

四大职业体育联盟的各个球队都极其重视为球迷提供可能的服务，他们充分利用比赛间歇的商业广告时段为球迷提供各种各样的娱乐活动，为

各大公司提供豪华包间，或是设有餐厅酒吧和独立坐席的封闭式观礼台，甚至装备有多媒体设备的会议中心。为了在不降低票价的前提下吸引球迷来观看比赛，各球队与大公司合作，免费为一定数量的“特殊”观众提供品牌纪念品，如在一场比赛中，最先入场的2000名观众可以获得由某公司赞助的能吸附在电冰箱上的磁性比赛日程安排表等。另外，球帽、迷你坚果包等物件也是球队推广攻势的常用“武器”。现在各球队都在不断地开发新的推广用品以激发球迷的兴趣，尽量推广物品是最为古老的广告形式之一，但它们的确能够极大地改善观众在参与体育赛事时的娱乐体验。

第三节　个案剖析——美国职业体育赛事电视转播权开发

出售电视转播权是体育大赛筹集资金的重要方式，电视转播权收入已成为很多体育赛事的主要收入来源。美国是职业运动最发达的国家，NFL、NBA、MLB、NHL四大职业联赛以及纳斯卡赛车等都拥有数量庞大的忠实球迷群体。近20年来，职业赛事电视收视率节节攀高，电视转播合约金额也不断暴涨，但各大电视公司仍然前赴后继，照单全收，购销两旺，巨额电视转播收入成为职业体育赛事的重要基石。

一、美国职业体育赛事电视转播权开发回顾

（一）萌芽时期（1941—1961年）

上世纪30年代，广播电台第一次实况转播了1934年NFL感恩节的一场比赛，从而开创了美国广播电视转播比赛的先河。1939年，电视转播美式足球也被NBC变成了现实，从此美式足球进入了成千上万普通美国家庭。1941年，美式足球联盟第一次出售其冠亚军决赛的转播权，这是世界上最早的出售体育赛事电视转播权的记录。在电视转播权开发的早期，职业赛事联盟采用了整体出售的方式，然而，这种方式在1950年间引发了争议。当时法院的数次案例判定职业运动联盟禁止旗下球队单独出售全国

转播权的规定，违反自由竞争精神，不符合反垄断法的规定，从而禁止了赛事联盟整体出售电视转播权的做法，大大限制了职业运动联盟的集体议价能力。随后美国国会于 1961 年通过《运动传播法案》，推翻过去的判例，从此职业运动转播权交易免于反托拉斯的规范，使得联盟转播权行为合法化。

（二）快速增长时期（1962—1980 年）

1961 年的职业运动联盟托拉斯行为解禁之后，NFL 成为第一个将转播权打包卖给电视网的职业体育联盟。这个具有里程碑意义的商业举动，开创了美国职业体育的电视时代，引发了三家电视网之间的电视转播权竞争，宣告转播权交易中卖方市场的成形，也随即吹响了美国职业体育赛事电视转播收入第一波飙涨的号角。运动项目的观众群主体为富裕年轻男性，因而吸引了众多的广告商，是三家电视网相互竞争电视转播权的主要原因。除此之外，运动转播带来的品牌形象，也是电视网不惜血本、砸下重金争取职业体育电视转播权的重要因素之一。由于运动节目广告量的持续增加，三大电视网从电视转播中取得了可观的收益，因此，美国职业运动联盟的电视转播收入在 1960—1980 年间持续成长。其中，1950 年间被法院禁止出售全国转播权的 NFL，正是这一浪潮中的绝佳范例。1964 年以前，因为反托拉斯法的规范，NFL 球队是各自签约，平均每队每年的电视转播收入为 33 万美元。解禁以后，NFL 已全联盟为单位洽谈转播权礼金，每队的权礼金上涨超过两倍，达到了 110 万美元。

（三）缓慢增长时期（1980—1986 年）

上世纪 80 年代早期，电视转播市场首显疲态。1983 年美式足球转播的收视率开始降低，广告量减少。1985 年，三大电视网的运动转播中，ABC 损失了 5000 万美元，NBC 打平，只有 CBS 赚钱；到了 1986—1987 年，ABC 与 NBC 都出现了亏损，CBS 也没有盈余。其中，最受瞩目的 NFL 转播，在 1985 年与 1986 年使三大电视网合计每年损失超过 4500 万到 5000 万美元。尽管由于转播合同的保证，各个赛事的电视转播收入并没有受太大的影响，但收视率的下降，造成了这一时期的电视转播收入增长比较缓慢。

（四）全面繁荣时期

在上世纪 80 年代后期到 90 年代，美国职业体育转播权经历了第二次成长。在上世纪 70 年代末进入美国电视市场的有线与卫星频道，在上世纪 80 年代晚期茁壮成长，改变了三大电视网垄断电视转播的状况。1987 年，有线频道 ESPN 首度取得了 NFL 的部分转播权。日益壮大的第四家全国电视网 FOX 与 ESPN、TNT 及 TBS 等有线频道，在上世纪 90 年代带来了更激烈的竞争。1994 年，FOX 从 CBS 手中以每年高达 11 亿美元的代价，抢走了 NFL 的四年转播合约，开始了 90 年代中期的 NFL 转播之战。1998 年 CBS 卷土重来，结果由 CBS、FOX、ABC 及 ESPN 等四家媒体，以 176 亿美元的天价，买下 NFL 的 8 年的转播权，这是美国电视史上金额最大的一笔交易。2004 年，四大电视网和 NFL 续约，转播金额飙升 15%，再创新纪录。平均下来，每支 NFL 球队仅电视转播费，每年能分到近 8000 万美元的收入。NBA 的电视合同是 6 年总值 46 亿美元（每个队每年分到大概 3000 万美元）。MLB 的电视合同是 5 年价值 35 亿美元，这只是全国性的电视合同，各球队和地方电视网络还有其他合同，这是 MLB 的特色。NHL 的电视合同最低，也达到了 5 年 6 亿美元。

二、美国部分职业体育赛事电视市场开发研究

（一）NFL 电视市场开发概况

1920 年，NFL 正式成立。从此，NFL 凝聚了前所未有的各方力量，忠实的球迷基础，良好的媒体关系，诚信的合作伙伴等等。自 1965 年起，NFL 的比赛连续 40 年荣获全美的收视冠军，2003 年 NFL 冠军赛——“超级碗”更是创下了美国电视收视最高纪录——有 1.39 亿观众收看了电视直播。每年的“超级碗”比赛日，至少有三分之一的美国人坐在电视机前观看。美国电视史上收视率最高的 20 个节目里，就有 10 个是历年的“超级碗”直播。1962 年，NFL 与美国 CBS 电视台达成转播权协议，收入 470 万美元，平均分给每个球队，从那时起，NFL 越来越火。1998 年 1 月，NFL 与 CBS、ABC、福克斯和 ESPN 签订了一份总额为 176 亿美元的协议。协

议规定从 1998 / 1999 赛季开始的 8 年内，上述各电视台有权转播 NFL 的各场比赛。ESPN 每年付给 NFL6 亿美元，ABC 和福克斯每年各付 5.5 亿美元，CBS 每年付 5 亿美元。2004 年 11 月，CBS 与 FOX 电视网相当满意 NFL 比赛转播所带来的商业收益，以 80 亿美金的价码续约至 2011 年赛季。FOX 公司将向 NFL 支付 43 亿美元，CBS 拿出 37 亿美元，获得了直到 2006—2011 年的电视转播合同。

2002 年 12 月，NFL 与全美最大的卫星电视运营商 DirecTV 与 Dire 签了 2002—2005 年的独家卫星电视直播合同，价值 20 亿美元。2004 年，NFL 与 DirecTV 续签了 5 年 35 亿美元的 "Sunday Ticket" 一揽子合同。2003 年 12 月，Sirius 卫星广播公司与 NFL 签署了价值 2.2 亿美元的协议，涉及 2004 年开始的职业联赛转播。在这项为期 7 年的协议中，NFL 将获得 1.88 亿美元现金和 3200 万美元的 Sirius 股票，还获得了再购买额外 500 万股票的权利保证。Sirius 则获得了对所有常规赛季比赛和部分预赛及友谊赛的全国广播权。Sirius 建立了一个 "职业橄榄球联赛广播网" 的体育频道，滚动报道最新的 NFL 比赛、专题和分析。该协议将橄榄球赛加入到 Sirius 的体育报道范围，Sirius 已经覆盖了对 NBA 和 NHL 的报道。Sirius 同时成为了 NFL 的指定卫星广播商。

NFL 并不满足仅从电视公司和广播公司收取巨额转播合同，开始琢磨要推出自己的电视频道。2003 年 11 月 4 日，NFL 正式推出 NFL 电视频道，通过卫星电视网或有线电视网首次进入 1150 万家庭。其播出内容多达 1500 个小时。一年 365 天 24 小时全天候播出。这对于难耐休季寂寞的球迷来说简直就是福音。截至 2006 年 7 月 1 日，NFL 在不到三年的时间里，已经将 NFL 频道的触角深入到 4100 万家庭，这其中还不包括加拿大和墨西哥的订户。

（二）NBA 电视市场开发概况

从 1946 年至今，NBA 已经走过了 60 多个年头。在这 60 多年中，NBA 从一个连电视转播都没有的国内联赛，变成现在世界上最成功的职业联赛之一。最初的 NBA 只是一个自娱自乐的业余联赛，没有任何商业元素。直到 1953—1954 赛季，电视台第一次转播 NBA 的 13 场比赛，付给 NBA3.9 万美元。在这之后近 20 年里，虽然 NBC 和 ABC 两家电视台一直在转播 NBA 的比赛，但两家都没有付给 NBA 一分钱。一直到 1973—1974 赛季，美国哥伦比亚广播公司（CBS）以 2700 万美元买下 NBA 比赛 3 年播映权，使 NBA 比赛首次走上电视，但由于当时还不具备实况转播的条件,所以只能播放录像。这之后，CBS 与 NBA 共续约 4 次，到 1986—1987 赛季，转播费用已经涨到 4 年 1.74 亿美元。1998—1999 赛季到 2001—2002 赛季 NBA 转播权归 NBC 和特纳体育电视网所有，NBC 为此支付了 17.5 亿美元（每年 4.375 亿美元）。由于美国经济的下滑和 NBA 收视率的降低。NBC 在与 NBA 商谈新的转播合同时，仅想支付 4 年 13 亿美元，这样 NBA 就选择了开价更高的另外 3 家买主。2002 年，ABC、ESPN 体育电视网和美国在线-时代华纳 3 家公司联手买断美国职业篮球联赛（NBA）未来 4 年的电视转播权，这个转播合同的总价值达到 26.4 亿美元。同时，这也宣告了 NBA 与 NBC 长达 12 年转播合作的终结。3 家公司每年要向 NBA 交纳 6.6 亿美元的转播费，其中 ABC 和 ESPN 联合交纳约 4 亿美元，而时代华纳下属的特纳体育电视网则支付 2.6 亿美元。

2002 年 1 月，NBA 同 TNT、ABC、ESPN 公司续签了为期 6 年价值 46 亿美元的电视转播合同，几乎把所有 NBA 比赛都归入有线电视转播行列。NBA 跟 TNT 公司签订的有线电视合同，从 2002—2003 赛季至 2007—2008 赛季 6 年 22 亿美元；NBA 跟 ABC、ESPN 签订的网络电视合同，从 2002—2003 赛季至 2007—2008 赛季 6 年 24 亿美元。三家共计 6 年 46 亿美元，新合同授权 3 家电视台不同的转播权限。NBA 同美国在线-时代华纳联手，在 2002 年秋天推出了全新 NBA 有线频道，每赛季转播 100 场比赛，已进入 3000 万户家庭，并预计 6 年内达到 8000 万户。

三、美国职业体育赛事电视转播权开发策略

（一）建立赛事竞争力平衡机制

体育赛事的成功依赖于举行充满悬念的比赛，观众对长期失败者，甚至对常胜将军也会很快失去兴趣。作为竞技体育联盟，要保持各球队均衡，维持比赛的激烈竞争程度；换句话说，给每个球迷希望，是联盟的生命力所在。因此，美国职业体育都通过各种手段来维护联赛的竞争力平

衡，其中最重要的是收入共享、工资帽、奢侈税、自由代理和选秀。NFL运作的宗旨是：使来自最小城市的球队拥有和来自最大城市的球队同样的夺冠机会。为了实现这一点，NFL制定了收入分摊和限薪制度两个协议。NFL将联盟的全国电视转播权以整体的形式出售，并将收益完全平均分配给每个球队。除了全国电视转播，全国性的赞助、三分之一的门票收入和12%的商品收入也要被集中分摊。这样的举措，使各个球队的收入差别不大，并不太受球市的影响，促进了各球队的实力均衡。此外，所有联盟都声称逆序选秀是保持竞争力平衡的关键，逆序选秀也被普遍采用。从理论上来说，那些排名最后的球队可以选择所能得到的最好的球员，并具有最好的改善球队的机会。

（二）电视转播权的整体出售

美国四大职业联赛都实行了电视转播权整体出售的方式，主要分为两种方式。NBA、MLB以及NHL三大赛事的全国转播权费用由联盟与转播网来谈判，地方的由各个球队与地方电视台谈判。NFL只出售赛事全国转播权，并且禁止当地转播网络在当地市场上播放比赛。与四大职业体育联盟不同，"纳斯卡"拥有比赛的所有权，但并不参与电视转播权出售的谈判，每个赛季可以根据自己的情况与电视台独立谈判，"纳斯卡"只获得全部转播费用的10%。由于受反垄断法的限制，职业联盟克服了重重障碍才获得了整体出售电视转播权的权力。整体出售电视转播权大大提高了联盟的议价能力，使得职业联盟在电视转播权的谈判中能起到主导作用，促进了职业体育赛事电视转播权开发的蓬勃发展。

（三）电视转播权联合购买机制

美国体育赛事电视转播费用的日渐增高，单独一个公司往往难以承受巨额转播费用。因此出现了多个媒体联合起来共同购买赛事转播权的趋势。相应的，赛事转播权又被细分为不同的产品类型由不同的媒体公司购买。如，2002年1月，NBA同TNT、ABC、ESPN公司续签了为期6年价值46亿美元的电视转播合同。电视转播权联合购买机制的建立，对于电视公司来说，分散了巨额投入带来的高风险，同时，又扩大了赛事传播的广度和深度，最终有利于电视市场的开发。

（四）电视转播方式多样化

美国职业体育赛事传播方式多种多样，免费的全国电视网、收费的有线电视以及卫星电视甚至是网络电视都可以根据协议参与赛事的转播。球迷可以通过全国性的电视网，就可以免费看到部分高水平的比赛；也可以通过收费的有线、卫星频道甚至是网络电视，收看更多、更深入的赛事报道。这样的话，就可以保证低收入阶层能免费收看到赛事以扩大赛事的影响力，又可以为高收入阶层提供更具商业价值的赛事取得更好的收益。如，NFL 是世界上电视转播权最昂贵的赛事，但天价的赛事转播竟然在全国电视网免费转播，只要拥有电视和天线，球迷就可以免费收看 NFL 的全部比赛。

第四节　个案剖析——NBA 成功运作的营销策略分析

“I Love This Game”，NBA 的电视促销广告让全世界的篮球球迷几乎都能脱口而出。NBA 也逐渐地从一项美国国内的职业篮球赛推广为具有全球影响的世界性赛事。在 1997—1998 赛季中，有超过 160 个国家和地区用 41 种语言向全世界转播 NBA 的比赛。NBA 现在已远远超出其本身的职业篮球联赛所赋予的含义，形成一种独特的美国篮球文化现象，成为全世界人民了解美国体育文化的重要窗口。NBA 在获得巨大的社会影响之时，其经济效益也非常明显，堪称体育产业成功经营的典范。如 NBA 在 1995 年的门票和电视转播收入达到了 9.246 亿美元，国内授权产品收入为 25 亿美元，国际授权产品收入为 3 亿美元，这还不包括各种赞助，仅此 3 项的收入总和就达到 37.246 亿美元。如果包括各个球队自己的经营和广告收入，NBA 总部和各球队在 1995 年的收入总和就在 130 亿美元以上。

一、全球化的市场战略计划，本土化的经营管理模式

战略计划是组织为实现自己的任务和目标制定的带有长期性、方向性

和全局性的规划，是在组织目标、资源和它的各种环境机会之间建立与保持一种可行的适应性的管理过程。世界著名的管理咨询公司 Mckinsey 认为,一个成功的组织就在于制定适当的战略以达到其目标，建立适当的组织结构以贯彻战略，并配备有效的信息系统、计划系统和控制系统。NBA 在战略计划过程中首先将这种国内联赛定位于全球化产品，实行全球化的市场发展战略。而在具体实施战略计划过程中，主要是依托于国内，实施谨慎的扩张发展，除在北美发展新球队外，在其他几个地区没有进行盲目的扩张。实际上，在战略计划的实施过程中，其战术运用带有明显的本土化特征，即立足于国内市场，开发国际市场。

NBA 在战略计划过程中首先将这种国内联赛定位于全球化产品，实行全球化的市场发展战略。具体表现为：

（一）包装球星。成功地包装了像“大鸟”伯德、“魔术师”约翰逊、“飞人”乔丹等篮球明星，使 NBA 的知名度和影响力在全世界范围内大幅提升。

（二）出售 NBA 注册商品，如球星卡。在 1981—1982 年赛季的 NBA 商品总值 1000 万美元，远远落后于全美美式足球联赛和棒球联赛；10 年后，1991—1992 年赛季的零售总值超过了 21 亿美元。

（三）扩大电视转播权。从过去的国内联赛发展到现在用 42 种语言在全世界 212 个国家和地区转播。

（四）扩大推广方式。建立了 NBA 有线电视、NBA 网站、NBA 城、NBA 商店、NBA 流动大巴等娱乐项目。

（五）培养海外市场。NBA 已经在日本和墨西哥等地举行过常规赛的比赛，在中国也举行了两场季前赛。

（六）倾力培养年轻人。通过与国际篮球联合会（FIBA）协作，推出一项名为“篮球无国界”的计划，旨在以各大洲举办 15~17 岁的国际青年篮球训练营的方式来增进友谊，推广健康生活方式以及通过体育运动达到吸引年轻人的目的。

（七）热衷公益活动。在印度洋海啸发生后，NBA 还号召联盟里的球星们用各种各样的方式为灾区进行募捐。在 NBA 球星们广撒人间关爱和亲情的同时，联盟形象无形中再次得到大幅提升。

二、以球迷消费者需求为中心，提供全方位的服务

现代与传统的营销观念的分歧就在于是否以消费者需求为中心，在营销过程中是否不断地满足消费者的需求。NBA 不论是从其“比赛过程产品”的设计、生产，还是对产品的包装，都充分体现了以消费者需求为中心的理念，并将这种理念贯彻于营销过程的始终。从市场营销的角度看，产品是一个整体，它包括三个层次。如果把 NBA 当做是一个整体产品来看待，那么比赛水平的高低、激烈对抗程度和技战术水平就决定了产品的核心，这也是消费者观看篮球比赛的利益所在。比赛的组织管理、场馆条件、安全保障、卫生条件等就构成了产品的形式，而比赛过程中抽奖、免费赠送等就构成了产品的附加。NBA 首先在产品的核心层次上根据观众的需求不断改革赛制，增加比赛的对抗程度。以一流的工资吸引一流的球员，使 NBA 的产品质量不断提升，NBA 成为全球最高水平的篮球联赛，这也是 NBA 能够吸引全球篮球迷的关键所在。在产品形式上，NBA 把比赛场馆视为球迷的“家”，在场馆设计方面，每位现场球迷都有一个舒适的坐椅，体育馆的中层设有包间和包厢，体育场内是大看台、小方阵、宽通道、多出口，而且在看台的出口处设有宽敞的公共活动区，使观众有一种到家的感觉。加上微笑式的保安服务，体育场成为球迷聚集和释放能量的开心乐园，人们来到现场感受激情的冲击，同时也用自己的激情去感染别人。在产品的附加上，NBA 更是独具匠心，比赛过程中穿插舞蹈、抽奖和免费赠送等活动。

NBA 产品的三层次的设计、开发都是以消费者需求为中心，为消费者提供全方位的服务。

NBA 一切从球迷角度出发的观点，自始至终贯穿着，为了球迷，NBA 甚至不惜改变赛制。因为球迷们反映比赛对抗性、激烈性差，NBA 将进攻时间由原来的 30 秒改为 24 秒，球过半场的时间由 10 秒改为 8 秒，将上下半场改为四节。为了提高观赏性，拯救球市，NBA 还出台了一项特殊的规定，那就是选秀制。每次选秀，都由球队成绩最差的球队率先选择，这样使得优秀的球员一部分被分配在了实力较弱的球队，平均了每支队伍的实力，每场比赛都有看点，提高了球队的号召力和影响力。

其中，一切以球迷需求角度出发表现得最为突出的就是全明星周末。在全明星大赛的直播中，插播广告的费用高达每分钟 60 万美元，但仍然十分抢手。对此，NBA 商业伙伴联盟的副总裁肯·德雷特认为："全明星周末的球票是一个赛季中最抢手的球票之一，有头脑的企业家不会浪费这次绝佳的广告机会。"为了更直接地满足球迷需要，全明星周末每次活动都会专门设立即席展区。每当这个时候 Nike、AT & American Online 以及 IBM 等数十家大公司的广告条幅淹没整个会场，有超过 9 万名球迷光临。比赛实况将在美国和其他 209 个国家和地区全程直播。

三、围绕 NBA 的品牌效应，加大其无形资产的开发

NBA 在开发其有形资产的同时，更加重视对无形资产的开发，使其无形资产不断升值。从 NBA 的收入结构中可以看出，1994 年，NBA 的门票和电视转播收入为 9.246 亿美元，而其国内授权产品的收入为 25 亿美元，国际授权产品收入为 3 亿美元，这还不包括赞助商广告收入。

NBA 对无形资产的开发主要是由 NBA 资产管理公司、娱乐公司和电视与新闻媒体公司负责。NBA 资产管理公司主要负责 NBA 电视节目和授权产品的授出、销售情况的监管和控制，以及各地区的公共关系联络和新闻简报的分发等公关事务。NBA 娱乐公司下设制片、摄制、计划和播出、图片及运动员与球星联络部，实际上是 NBA 的电视台和制片厂。目前在世界各地电视台播出的 NBA 内幕、NBA 集锦、NBA 总决赛专集、NBA 球星专集等都是由娱乐公司开发的。NBA 电视与新闻媒体公司主要负责电视、电脑和互联网以及电信行业中的新技术的跟踪与开发，通过现代高科技手段来开发 NBA 的无形资产。正是由于 NBA 运用多种多样的市场开发手段，加大对其无形资产的开发，使 NBA 的总资产不断增加，其每年的经营业绩保持比较稳定的增长。

NBA 在开发其有形资产的同时，更加重视对无形资产的开发，使其无形资产不断升值。就以广告推广为例：NBA 之所以能够受到如此高的关注度，与其成功的广告推广是分不开的。可以说，它对球队、球员的包装到了极致。建立了 NBA 有线电视、NBA 网站、NBA 城、NBA 商店、NBA 流动大巴等娱乐项目。为了让更多的球迷们接受球员，他们几乎是不惜成本

地宣传：大幅的海报、照片、宣传片，甚至在引进球员之前的数个月就开始运转了。

NBA 的广告收入也与日俱增。现在联盟的服装有阿迪达斯，运动鞋有耐克和锐步，饮料有可口可乐，食品有麦当劳，网络有 AOL，就连儿童玩具都有乐高公司赞助。早在 2002—2003 赛季，NBA 指定的赞助商就有 19 家，其他各种广告更是不计其数。

四、灵活的价格策略

在市场经济中，产品的供求主要受价格的调节，如何确定一个合理的价格是保证产品供求平衡的关键所在。产品的价格的确定主要取决于消费者的需求，如果某种产品具有一定的特质，那么它对价格的控制权就较大，产品定价时企业就拥有一定的自主权，反之，则只能由市场调控，成为市场价格的接受者。NBA 正是凭借其在消费者心目中的良好品牌形象和产品的特质，使其在价格的制定上具有较大的自主权，也就是说在一定程度上可以灵活地运用价格策略来调节市场的需求。如 NBA 比赛的门票可以分成季票、月票和普通票。同一场比赛还有包厢票、专座票、场边坐票和站票。票价根据各地球市而不同，同一场比赛最便宜可以是 5 美元，最贵的场边票高达 1500 美元。在出售电视转播权也是如此，其付费方式既可以资金支付，也可以是广告相抵方式。如 NBA 与 CCTV 所签订的转播合同就是广告相抵的方式。

五、进行多角度的促销

NBA 为了保证其国际化、全球化发展战略的实施，在提高其比赛质量，满足球迷观众需求的同时，通过各种手段向全球促销。为了保证其全球推广战略的实施，首先 NBA 在机构上在各大洲和国家设置了办事处或分支机构；其次，积极公关，使 NBA 从国内职业比赛走向世界，如从 1992 年组建第一支“梦之队”，与国际篮球联合会共同举办 2 年一次的“麦当劳世界俱乐部公开赛”，组建 NBA 全明星队，各球队也进行全球性表演、巡回赛等，促进了 NBA 在全球的影响。第三，借助于现代电视传媒，大力宣传、推销 NBA。NBA 作为一种服务性产品，它本身也需要促销。为此，NBA 也设计了许多大众喜爱的广告词在全球播放。

六、在保证 NBA 联盟整体利益的条件下，注重各俱乐部利益的开发

NBA 联盟与各球队俱乐部之间的关系是由 NBA 的决策机制所决定的。NBA 的董事会是由 30 支球队的所有者或者所有者的指定代表组成的。董事会决定 NBA 的总裁及重大事项，董事会每年 11 月举行一次固定的会议，如遇重大事件，也可召开临时会议。因此，NBA 联盟与各球队的利益在本质上都是一致的，不存在根本上的利益冲突，它们都是为了致力于在保证 NBA 联盟整体发展的条件下，使各球队得到充分的发展。但是，为了调动各球队在市场开发过程中的积极性，NBA 联盟允许各俱乐部在各自所属的地理区域范围内进行经营。如 NBA 的电视转播权的出售有两种：一种归总部所有的全国和国际电视转播权；一种归球队所有的地方电视转播权。地方电视转播权按照各队所在地的经济发达程度的地理环境的不同，确定各球队的电视转播范围，当地的地方电视台与球队直接签约，所得收入归球队所有。在赞助广告、NBA 授权产品等方面，NBA 联盟与各球队之间也存在各自的经营范围，任何球队都无权使用各种 NBA 的标志性产品。但是，NBA 联盟的整体经营是为了保证各球队的利益，因为联盟所获得各项收入，最终还是要返还给各个俱乐部。实际上，联盟在经济上对各俱乐部的收入起到再分配的作用，这样就能使各俱乐部的业绩得到保障，从而确保 NBA 联盟的稳定性，也使各俱乐部能够投入较多的精力致力于俱乐部的长远发展。

七、灵活的“双低”策略

NBA 的一个成功经营在于采取了“双低”政策：一低是球队薪水；二低是门票价格。

尽管 NBA 不乏大牌球星，但它的工资开支则相对较低，例如战绩不错的马刺队 2004 赛季只有 5400 万美元的工资开支，工资最高的尼克斯只有

8000万美元，卫冕冠军活塞也只有4200万美元。何以NBA会如此的开源节流呢？NBA采用特殊的工资制度，每个球员按照上场的时间、表现好坏给工资。只有在场上打球，打得好才有钱赚，如果被停赛，则一分钱也拿不到。这样不仅促使球员认真打好每一场球，而且给球队减轻了支出压力。NBA不是没有奖励，但他的奖励多半是精神而非物质的。例如，每年度结束后的总冠军都会获得一枚总冠军戒指，每个NBA球员都以一生能拥有一枚戒指为荣。但戒指本身并没有什么价值，既不是黄金的，也不是白银的。不仅如此，NBA的门票的价格低廉也是十分出名的。湖人球迷场场爆满，他们的平均门票价格为71美元，是NBA最贵的。快船队采取了低门票价格，虽然只有平均40美元，但这对那些学生球迷有着巨大的吸引力，所以他的上座率仍有近90%。不仅如此，NBA还推出了年度套票、月度套票，购买套票的观众不仅可以享受更多的优惠，还可以免费乘坐车或者地铁。事实证明，门票低收入盈利战略是成功的。

八、多种经营策略

出售NBA注册商品开辟多种经营是每个成功球队的必由之路。其中最为方便的就是建立优秀球星的球衣、运动用品的体育用品商店。在美国，一件正版球员的服装价格相当昂贵，每个球队只要成绩好，服装和相应的体育产品就会十分抢手，球队开设专卖店，不仅可以免费取得球迷梦寐以求的签名，还可以确保物品的货真价实，使得许多球迷们买着放心，用着得意。

在1981—1982赛季的NBA商品总值1000万美元，远远落后于全美美式足球联赛和棒球联赛；10年后，1991—1992赛季的零售总值超过了21亿美元。

许多NBA球队另一项收入来源是房地产。很多俱乐部在经营NBA球队的同时，还在富有的社区旁边廉价购买房产，投入少量资金，长期持有。有家评估机构的评估报告显示，小牛队当初投入球队的1250万美元资金，现在已经升值为2.05亿美元。

九、引进高水平的外援

将国际球员引入联赛，加强联赛在不同国家的“本土化”，是NBA全球市场推广的另一利器。从1989年金州勇士队选中立陶宛后卫马休里奥尼斯以来，联盟中已经拥有了来自37个国家85名球员的“国际纵队”。2003年10月10日，孟菲斯灰熊队前往西班牙城市巴塞罗那，在与迈阿密热队进行了两场比赛后，也与队中头号球星西班牙选手保罗·加索尔的母队巴塞罗那队进行了比赛，仅此一场就为NBA带来了300万欧元的出场费与200万欧元的电视广告和转播收入。截止2003—2004赛季，NBA比赛以43种语言在205个国家中播放，联盟独有的数字电视频道NBATV在美国本土拥有1800万用户，市值由原来的1500万美元猛增到3亿美元。旗下各支球队平均年收入从1.18亿美元暴涨到30亿美元，其中电视转播权年收入达到765亿美元，是1984年时的130倍。

NBA能够有空前繁荣的今天，其最大的成功就在于独特的经营方式。倾力开拓国际市场；利用品牌效应，加大无形资产的开发；灵活的价格策略；以球迷需求为中心，提供全方位的服务；多种经营策略；引进高水平的外援等是其取得成功的方式。

第六章 美国职业体育联盟的竞赛制度

第一节 NFL赛制

美国国家橄榄球联盟现有32支队伍。有时这些队伍也被称为特权会员队，因为他们均为私人投资、按照公司模式运作。NFL是美国最著名的职业橄榄球联盟，拥有最多的球迷，其他联盟也试图和NFL竞争，但都没能像NFL这样取得如此巨大的成功。

NFL把每支球队按所属联合会和分赛区分组。竞逐NFL的32支球队被划分为两大联合会：美国橄榄球联合会（American Football Conference. 简称AFC）和国家橄榄球联合会（National Football Conference，简称NFC）。每个联合会有16支队伍，又分为4个分赛区：东部、南部、西部和北部。每个分赛区有4支队伍（详见图4-37、图4-38）。

NFL常规赛每队每赛季仅打16场比赛，8主8客。采取的是不平衡赛制。不平衡赛制的两大特点是：强调赛区内争夺和强调重点对抗。

赛程具体安排为：每支球队和本分区的其他3支球队主客各赛一场，共6场。就这6场而言，赛制对赛区内的各支球队是公平的。然后，和本联盟某一个分区的4支球队各打1次，2主2客共4场。再和另一个联盟某一个分区的4支球队各打1次，2主2客共4场。最后，和同一联盟剩余两个分区的各1支球队1主1客共赛2场。这两场比赛的安排自由度很大，对同赛区的球队而言，这最后两场比赛的对手是不同的。

通过这样的安排，每个队的16场比赛有相当数量是赛区内的比赛，和同赛区球队的成绩对能否进入季后赛作用最大，强调了赛区内的争夺。虽然是不平衡赛制，对于同赛区的球队还是尽可能做到了平衡，实力强的

美国橄榄球联合会	国家橄榄球联合会
东 部	
Buffalo Bills 水牛城比尔队	Dallas Cowboys 达拉斯牛仔
Miami Dolphins 迈阿密海豚	New York Giants 纽约巨人
New England Patriots 新英格兰爱国者	Philadelphia Eagles 费城老鹰
New York Jets 纽约喷气机	Washington Redskins 华盛顿红皮肤
南 部	
Houston Texans 休斯敦得克萨斯人	Atlanta Falcons 亚特兰大猎鹰
Indianapolis Colts 印第安纳小马	Carolina Panthers 卡罗莱纳黑豹
Jacksonville Jaguars 杰克逊维尔美洲虎	New Orleans Saints 新奥尔良圣徒
Tennessee Titans 田纳西泰坦	Tampa Bay Buccaneers 坦帕湾海盗
西 部	
Denver Broncos 丹佛野马	Arivona Cardinals 亚利桑那红雀
Kansas City Chiefs 堪萨斯城酋长	San Francisco 49ers 旧金山 49 人
Oakland Raiders 奥克兰袭击者	Seattle Seahawks 西雅图海鹰
San Diego Chargers 圣迭戈电光	St. Louis Rams 圣路易斯公羊
北 部	
Baltimore Ravens 巴尔的摩乌鸦	Chicago Bears 芝加哥熊
Cincinnati Bengals 辛辛那提孟加拉虎	Detroit Lions 底特律雄师
Cleveland Browns 克利夫兰布朗	Green Bay Packers 绿湾包装工
Pittsburgh Steelers 匹兹堡钢人	Minnesota Vikings 明尼苏达维京人

图 4–37 NFL 赛区划分

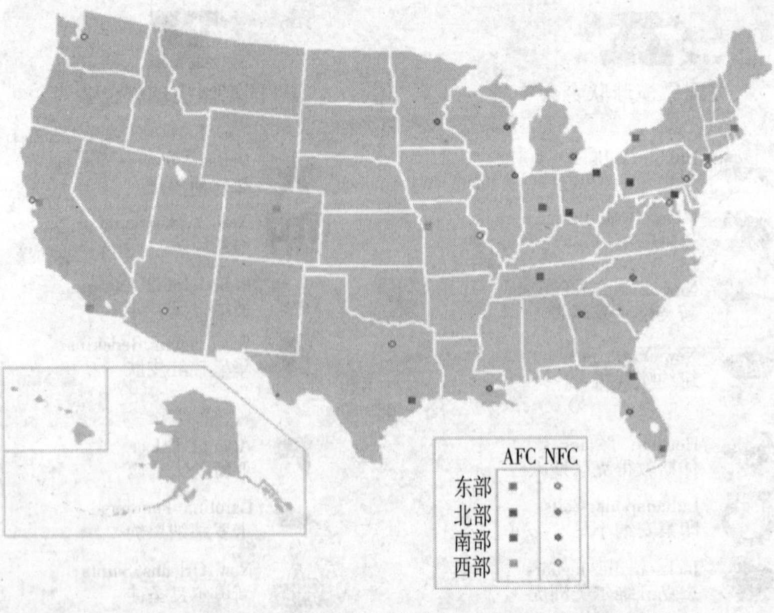

图 4-38 NFL 赛区分布图

队就能赢得赛区。强调赛区内的争夺的好处在于，将竞争集中再 4 支球队的小范围，激化矛盾，提高关注程度。同时，保证较弱赛区也有球队进入季后赛，可以保持球迷的积极性和关注。

比赛安排：NFL 赛季前的日程一般安排在 8 月初。正式的 NFL 赛季从 9 月初开始，共 17 个周末左右。常规赛结束后就开始季后赛，决赛从 1 月初开始，一直继续到超级碗。超级碗通常在 1 月底举行。

每个赛季，NFL 各支球队为争夺打进超级碗而进行的 32 场比赛都牢牢抓住美国观众的眼球。超级碗不仅是一场冠军球赛，而且是一次文化盛事。超级碗是在美国橄榄球联合会（AFC）的冠军队和国家橄榄球联合会（NPC）的冠军队之间进行的一场橄榄球锦标赛，是每年美国观众期待的一场运动赛事之一。

超级碗（Super Bowl）是美国国家橄榄球联盟 NFL 一年一度的总决赛，这是美国最有影响力的体育赛事，“超级碗”冠军是美式职业橄榄球的最高荣誉。同样是总决赛，与 NBA 总决赛 7 场 4 胜制不同的是，“超级碗”的比赛是一场定胜负，不过与 NBA 总决赛有些相似的是，参加“超级碗”

的两支球队分别是来自 NFL 的两个联盟———美国联盟（AFC）和国家联盟（NFC）的冠军。第一届“超级碗”开始于 1967 年 1 月 15 日，地点是在洛杉矶市，当时它的名字并不叫“超级碗”，而是叫做“美国国家橄榄球联盟冠军赛”，从 1969 年第三届开始才正式更名为“超级碗”。目前超级碗比赛已经举办了 41 届。

常规赛赛季中，每个联合会的球队会同另一个联合会的某个分区中的四支球队各比赛一场。但季后赛则是在两个联合会内分开进行。

NFL 季前热身赛一般从 8 月初开始，一共四周。常规赛季从 9 月初开始，共 17 周。

NFL 常规赛一般在 9 月 7~13 日之间的星期日开赛。每个球队将在 17 个比赛周里进行 16 场比赛（因为第 3 周到第 8 周，所有球队都可以轮流休息一周）。一般来说，所有比赛都是在下午 1 点和 4 点进行的，而每周固定有一场比赛在周日晚上进行。由 NBC 电视台独家转播，称为 NBC SUNDAY NIGHT FOOTBALL。这场比赛一般来说必定是当轮重头戏。每周还有一场比赛固定在周一晚上进行，有 ESPN 转播，称为 MONDAY NIGHT FOOTBALL。这场比赛也是比较引人关注的。在常规赛最后几周里，主要是在 NCAA 橄榄球常规赛结束后，NFL 也会将一些比赛安排在周四和周六晚上进行，以增加收视率。

常规赛结束后，立即开始三周季后赛，决定两个联合会的冠军来争夺超级碗。然后通常休战一周，再进行超级碗决赛，时间通常在一月底或二月初。

NFL 季后赛每个分区冠军都可晋级。每个联盟均有 2 张外卡，发给成绩最好的 2 个球队。所以，每个联盟有 6 个球队晋级季后赛。季后赛采取一场定胜负的规则，比赛地点为常规赛战绩好的球队的主场（超级碗在中立城市进行）。此后进行 NFL 超级碗比赛，这也会成为本年度最后一场比赛（图 4-39）。

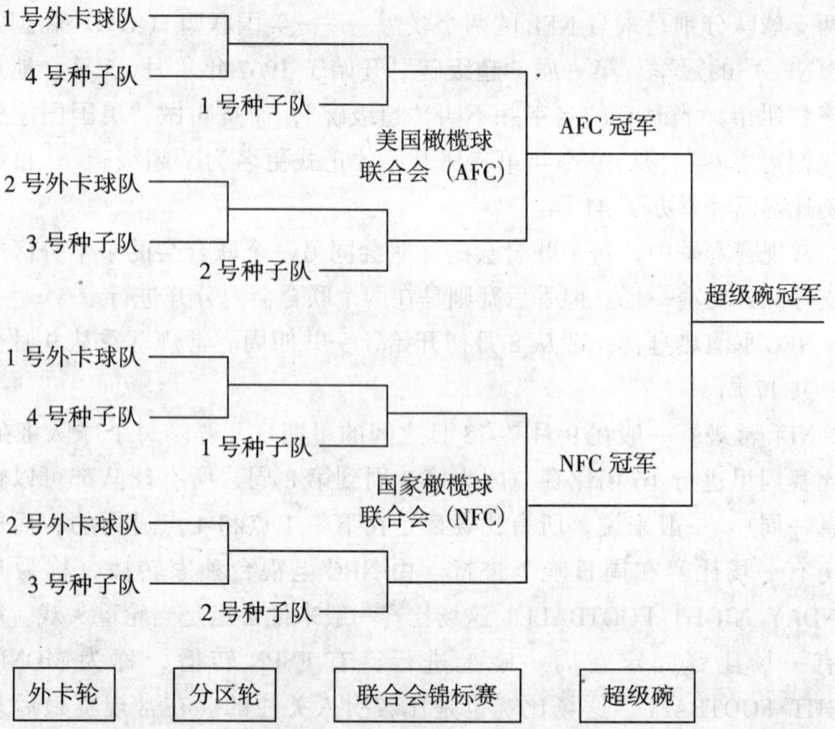

图 4-39　NFL 季后赛及后续赛次对阵图

注：每个联合会有六个队进季后赛：分别为各联合会四个分区冠军和除分区冠军外常规赛成绩最好的两支球队（称为外卡球队）。分区冠军按常规赛战绩分列 1~4 号种子。2 支外卡球队按常规赛战绩分列 1 号外卡球队和 2 号外卡球队。季后赛单场定胜负，种子排名高的球队打主场。在任何一轮季后赛中，排名最高的球队始终对阵排名最低的球队。第一轮是外卡轮（Wild card round）：1、2 号种子免赛，休息一周。外卡球队 2 做客 3，外卡球队 1 做客 4（即使外卡球队的常规赛战绩优于分区冠军，外卡球队还是打客场）；第二轮是分区轮（Divisional round）：相当于赛会半决赛。从外卡轮晋级的两支球队，排名较低的做客 1，排名较高的做客 2；第三轮是联合会锦标赛（Conference championships）：分别决出两个联合会的冠军。排名较低的球队做客排名较高的球队，胜者晋级超级碗，告负的球队的主教练为全明星赛（Pro Bowl）主教练。联合会锦标赛结束后两周是超级碗总决赛。

第二节　MLB 赛制

美国职业棒球大联盟现有球队 30 支，分为国家联盟和美国联盟，其中国家联盟（National League，NL）有 16 支球队，美国联盟（American

League，AL）14 支，而 2 个联盟下又各分为东部赛区、中部赛区和西部赛区 3 个赛区。职棒大联盟的全部 30 支球队中，有 2 支来自邻国加拿大（蒙特利尔博览会队和多伦多蓝鸟队），其余 28 支悉数为本土球队（图 4-40、图 4-41）。

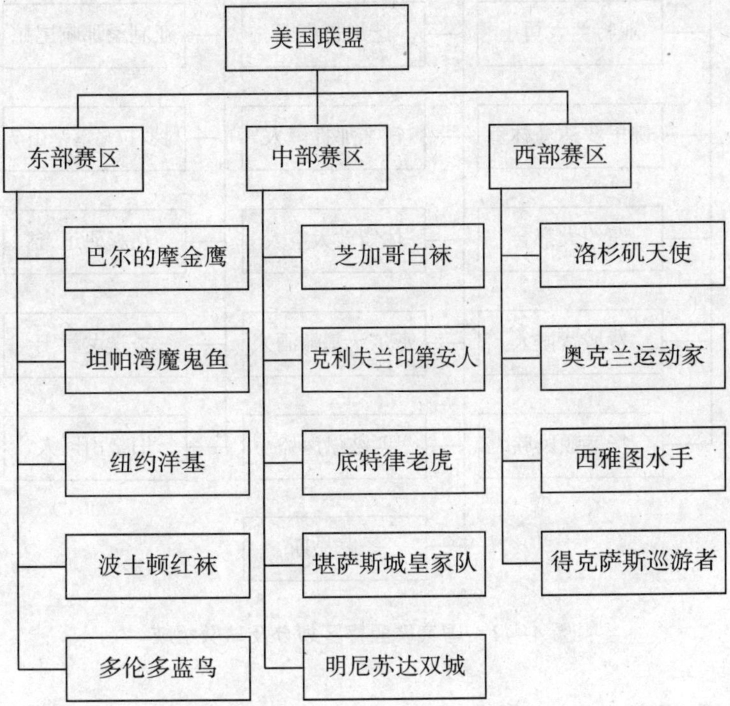

图 4-40　美国联盟赛区划分及球队组成

赛制分为常规赛和季后赛，赛季时间通常为每年 4 月到 10 月，2000 赛季有几场常规赛移到美国本土之外的日本进行，这是职棒大联盟为了开拓职业棒球已经相当发达的日本市场，同时也开辟潜力很大的亚洲市场。期间，大联盟球队除了进行本身的常规赛，还同日本全明星队打了表演赛，取得了巨大的商业成功。世界系列赛（世界大赛）（World Series）由美国联盟和国家联盟的联盟冠军进行七场四胜的总决战，冠军便加冕为美国职棒大联盟的最终冠军。

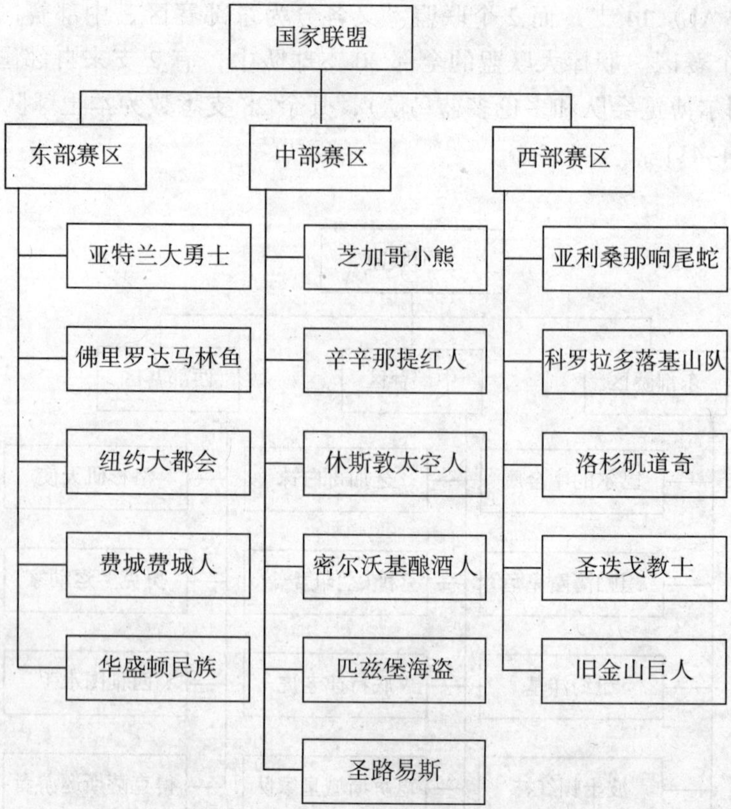

图 4-41　国家联盟赛区划分及球队组成

——常规赛

一般情况下，30 支球队每队每个赛季要进行 162 场常规赛。1997 年前，国家联盟和美国联盟的球队互相不进行交锋。1997 年后，联盟之间开始了“跨联盟比赛”。每队每个常规赛季均有 15 场跨联盟比赛。

——季后赛

1. 赛区系列赛（季后赛第一赛次）（Division Series）：两个联盟各产生 4 支球队。其方式是：根据 162 场常规赛的战绩，联盟下的 3 个赛区的冠军直接进入赛区系列赛。第 4 支球队持“外卡”（Wild Card）参赛。而此支球队是联盟成绩最好的赛区第 2 名。所以，经常出现这样的情况：持“外卡”球队有时比赛区冠军的战绩要好。四支球队两两捉队厮杀。联盟中战绩最佳的球队对阵第四名球队，第二名迎战第三名。采取 7 战 4 胜制，产生两支胜队。

2. 联盟冠军系列赛（联盟冠军战）（Championship Series）。季后赛第一赛次的两支胜队进行七战四胜的联盟冠军争夺战，胜方是美国联盟或国家联盟的冠军。

3. 世界系列赛（世界大赛）（World Series）。美国联盟和国家联盟的联盟冠军进行 7 场 4 胜的总决战。冠军便加冕为美国职棒大联盟的最终冠军。

第三节　NBA 赛制

NBA 成立时拥有 17 支球队，分成三个赛区比赛。从 1954—1955 赛季起，NBA 经自然淘汰只剩下东部联盟和西部联盟两大赛区。现有球队 30 支，分属东部和西部两个联盟。详见图 4-42、图 4-43。

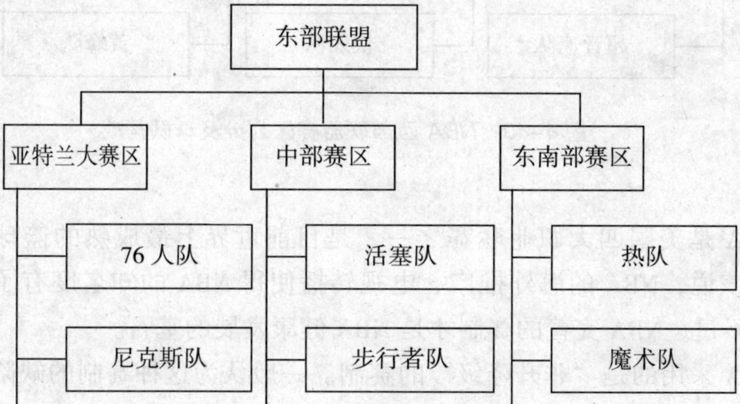

图 4-42　NBA 东部联盟赛区划分及球队构成

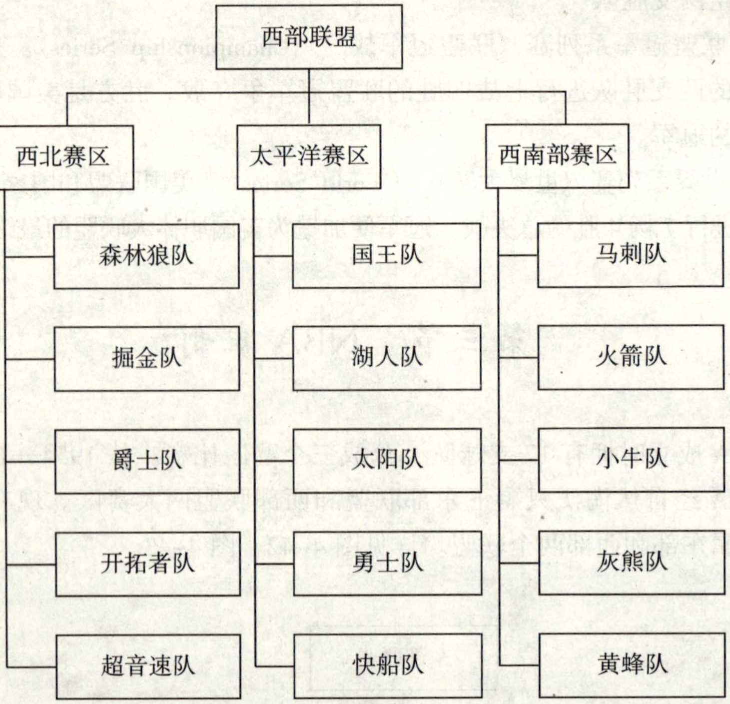

图 4-43　NBA 西部联盟赛区划分及球队构成

NBA 是美国四大职业联赛之一，是目前世界上最成熟的篮球联赛之一。应该说，NBA 的海外推广、电视转播使得 NBA 的知名度有了极大的提升。不过，NBA 完善的赛制才是 NBA 健康发展的基石。

NBA 采用的是“非升降级”的赛制。一般认为这种赛制的缺陷是没有悬念，但是 NBA 通过季后赛弥补了这个缺陷。“非升降级”赛制的好处显而易见，容易培育相对稳定的球迷和电视市场，也有利于当地赞助商进行长期的投资。

NBA 比赛系统包括季前赛、常规赛、季后赛和总决赛。

在整个常规赛开赛之前，由于一些球队要进行人员的调整，为便于磨合球队，NBA 通常都会安排一些季前赛，相当于我们所说的热身赛，季前赛成绩不计入球队常规赛季的成绩。

季前赛是 NBA 独特的比赛系统，是各支球队在 NBA 常规赛季开始前进行的热身赛。

NBA 季前赛一般有三大功能：

第一，磨合阵容、丰富打法及检验新老球员的竞技状态。

第二，预热 NBA 常规赛。最初，季前赛是免费对球迷开放的，近几年来，也开始对外售票。

第三，宣传 NBA，扩大海外影响。2005—2006 赛季 NBA 把火箭队与国王队的两场季前赛放到了中国，并且引起了极大的反响。

每个赛季 NBA 正常的比赛人们通常称之为“常规赛”，每支球队共有 82 场常规赛。NBA 共有东西两个半区，每个半区又分为 3 个赛区。同一赛区每两支球队要打 4 场比赛，分别是两个主场和两个客场。同一半区的两支球队要打 3~4 场比赛，这由 NBA 总部视比赛的看点来决定。例如马刺队和湖人队虽在西部同一半区，却分属两个不同的赛区，这两支球队就可能碰到 3 次或 4 次。不同半区的两支球队打两场比赛，分别是一个主场和一个客场。例如西部的马刺队和东部的活塞队，在常规赛季就只打一主一客两场比赛。

在常规赛之后，每个半区的前 8 名再进行季后赛，季后赛采用 7 战 4 胜制，分别由 3 个赛区的第 1 名和常规赛成绩较好的其他 5 支球队分别进行季后赛，直到决出东西部冠军，最后再由东西部冠军进行总决赛。

NBA 季后赛首先在东西部的联盟内各自进行。联盟内的 3 轮季后赛采取淘汰制。1984 年以来第一轮淘汰赛一直采用的 5 场 3 胜制，从 2003 年起 3 轮季后赛全部采用 7 战 4 胜制。这样，总冠军球队比以前至少要多打 1 场比赛，夺得冠军至少要打 16 场比赛。对于那些第一轮淘汰的季后赛球队来说，7 场 4 胜制保证他们至少有 2 个主场的比赛，对球队的商业运营非常有好处。7 场 4 胜制的淘汰赛根据 2，2，1，1，1 的原则排定主客场，即常规赛排名靠前的球队获得 4 个主场，并先打 2 个主场。这种赛制打满 7 场要更换 4 次主场，使得比赛更加富有悬念。当然，同一联盟之间的比赛一般来说距离比较近，允许这种来回的“折腾”。

总冠军比赛采用 7 战 4 胜制，主客场则根据 2、3、2 原则排定。如果打 6 场或打满 7 场，只更换 2 次主场。采取这种赛制也是有原因的。一是到了总决赛，一支球队一般打了 100 场左右的比赛，身心比较疲惫。二是东西部两支球队一般来说地理区隔比较远，频繁更换赛地不利于比赛的精彩程度。三是到了总决赛，前来采访的记者和电视转播大大超过常规赛和季后赛前 3 轮东西部联盟内淘汰赛，采取 2、3、2 的赛制利于 NBA 的新闻报道和海外推广。

NBA 全明星赛始于 1951 年 3 月 2 日，每年举行一次。该项比赛是每年由观众投票选举出全美最优秀的 24 名职业篮球运动员（东部联盟、西部联盟各 12 名），组成东部队和西部队进行对抗。NBA 全明星赛比赛时双方球员轮流上场，以充分表现当选的每个球员的球技，对胜负要求不大。因此，该项赛事开办以来，吸引了世界广大的球迷观赏。

NBA 的成功与其各方面合理运作有着千丝万缕的联系，其中看似不仅合理，而实际内含深刻机缘的取消升降级赛制有着直接的联系。在许多人看来，无升降级的联赛显然是没有激情的、缺乏活力的和平淡的比赛。然而，回避升降级的 NBA 却从未给人这样的印象。

职业体育最早形成于欧洲，欧洲当初即在一些球类赛事，特别是足球联赛中，实行了升降级制度，以确保比赛的高水平，激发运动队的斗志，从而让比赛充满激情与悬念，吸引更多看客到现场观看。升降级制在欧洲取得了极大的成功，时至今日，欧洲的大型联赛如英超联赛、意大利足球甲级联赛等，仍基本沿用升降级制。然而，美国职业体育中却将该制度弃置一旁，NBA 亦是如此。而恰恰美国的美式橄榄球、棒球、NBA 均在运作中十分成功，这与其特定的经营理念与运作方式有关。

剖析升降级制的实施，虽然能使得比赛更为激烈，悬念丛生，但是球队与球员在升级、降级过程中的利益并不完全一致，球队不愿意降到下一级联赛的根本原因在于经济利益，而如若没有经济利益的驱动，相当一部分球员会丧失进取心。如欧洲联赛中的保守比赛、协议比赛等，同样会使比赛的水平大打折扣。NBA 回避了升降级制度，但将球队的战绩与其能否打入季后赛和季后赛的对阵形势直接挂钩，而这两者都意味着球队和个人能否获得巨额的奖金，从而很好地解决了球队与球员利益非同步的问题，使得个人与集体，乃至与资方利益协调统一，从而确保 NBA 比赛越往后越见高水平，越赛越富有激情与悬念，观众到场率与电视观众越多。这样，处于 NBA 运作各个环节的利益，甚至包括 NBA 球迷自身的利益，均得到相应的保障，赛事也由此被纳入了良性循环。

另外，升降级必然要优胜劣汰，不可避免的影响球队的区域布局，最终往往是经济实力强大者得以生存。

美国的国土面积与中国接近，前苏联解体后，美国更是成为唯一的超级大国。如果球队分布不均匀，将会对整个职业联盟的开发造成不利影响。不实行升降级制度，球队所属资方就可以大胆地对基础建设作巨额投入与长远的规划。如：每个 NBA 比赛场馆的建设费用高达数亿美元，没有升降级使得资方敢于拿出巨额资金，筹建合格的 NBA 赛场，并放心地期待获得丰厚的回报。否则一旦球队降级，所有场馆投入必然是打了水漂。这反过来又推动整个 NBA 市场的开发，也就避免了 NBA 球队只能集中于部分经济发达的大城市的格局。在目前 NBA 阵营里,既有位于纽约、洛杉矶等国际大都市的球队，也有位于密尔沃基这样中小城市球队。近年来，NBA 还把覆盖面扩展至加拿大，两支加拿大城市球队成为 NBA 新成员，带动了北美地区的职业篮球发展。NBA 自然因此生力军的加盟而有了更多的利润增长点。这一步，使得 NBA 已走出了美国本土，她还会迈向何方，这已成为全球体育界、经济界关注的焦点。应该看到回避升降级，使得 NBA 运作得更加得心应手，这似乎也成为 NBA 成功奥秘之一。

第四节　NHL 赛制

1893 年，以加拿大总督洛德·斯坦利冠名的“斯坦利”杯被第一次授予加拿大业余冰球联合会蒙特利尔业余体育联合会冰球俱乐部。1910 年，加拿大全国冰球联合会（NHA）成为第一家向获胜球队颁发“斯坦利”杯的职业协会。1917 年，英国作家兼体育记者弗兰克·考尔德赴加拿大开辟足球运动，但却将精力转移到了冰球上，他在 NHA 的原有组织结构的基础上进行了改革，成立了新的联盟，并改名为 NHL，自任联盟主席。当时的联盟拥有 4 支球队，每个赛季举行 22 场比赛，冰球被当成了加拿大的国球。1925 年，美国的波士顿熊队加盟 NHL，NHL 的触角由此到了美国。此后一直到二战爆发，由于加盟队频繁的出出进进，NHL 一直处于无组织状态。

1967 年，6 支美国球队先后加盟 NHL，使得 NHL 实现了联盟的大扩张，走出了多年来只有少数球队入盟的尴尬境地。1979 年，NHL 吸收了其长期竞争对手世界冰球联合会，使球队总数增至21支，然而多年来，美国人一直认为冰球是加拿大的东西，对此项运动热情不高，兴趣不大，而且运动本身粗野和暴力非常突出，使得冰球运动在美国的发展非常缓慢。1992年，NHL开始实施新规则，强调运动的速度、技术和风格，减少比赛中的暴力因素，打造运动本身全新的健康形象，取得了成功，使NHL在美国真正赢得了市场。

NHL30支球队分为东部和西部赛区，每个赛区有15支球队，分别来自美国（24支）和邻国加拿大（6支）。

东部赛区分为：大西洋赛区、东北赛区和东南赛区；

西部赛区分为：中部赛区、西北赛区、太平洋赛区。

NHL每年的常规比赛时间为10月至次年4月左右，5月则进入季后赛。常规赛30支球队都有主客场相互较量的机会，每队比赛82场，东西两赛区成绩最好的16个队（东西各8支）进入季后赛，先决出分区冠军，然后争夺总冠军，赢取最高荣誉——斯坦利杯，季后赛均采取7战4胜制。

NHL最高荣誉是每年一度的总冠军奖杯——“斯坦利杯”（Stanley Cup），相当于NBA总冠军。“斯坦利杯”的争夺仅在1919年因发生流行性传染病而被取消过一次，此外即使是二次世界大战期间也从未间断过。NHL联赛是世界同类项目比赛中水平最高的联赛，NHL的明星们也分成东西部，在每个赛季的中期（约在2月份）进行全明星赛。

作为世界上最出色的冰球联赛，NHL集中了北美地区及欧洲，尤其是北欧地区众多一流球星。

第七章　美国职业体育联盟的特殊制度

第一节　选秀制度

业余运动员选秀绝大程度上是根据前赛季名次的逆序进行的，给名次靠后的俱乐部优先挑选运动员的机会。联盟设置这一政策的目的是增强竞争平衡。

选秀的起源可以追溯到1934年，当时两只NFL球队——老布鲁克林道奇和费城鹰队为明尼苏达大学的全美运动员克斯塔克相互竞标，“投标战”把工资推向令人难以置信的5000美元。接下来的联盟聚会上，费城鹰队的业主贝尔提出一个独特的方法以避免将来出现这种冲突。他建议通过允许球队拥有挑选与未签约运动员自由签约的权利，赋予球队对这些运动员的垄断权。最差的球队在选秀名单中最先选择的事实——这个导致所有联盟将选秀作为保持竞争性平衡的关键方式的特征，源于贝尔的鹰队当时是处于最末的球队。

业主辩论说需要选秀来维持竞争性平衡，而运动员则视其为对他们自由选择雇主的进一步限制。运动员宁愿将他们的服务卖给出价最高的雇主，而不愿在进入职业联盟之初就被联盟的这个垄断权利所左右。从联盟方面考虑，当保留条款通过合同将运动员长期束缚到某个球队时，还没有签约的运动员仍然是自由人。对未签约运动员的竞争给了他们在自由市场上运作一次的机会。联盟最终通过制定一个球队挑选合格运动员的年度选秀活动填上了这个漏洞，从而把它们的垄断力量扩张到那些从未参加过职业联赛的运动员身上。

附：NBA 选秀制度简介

为了保证联盟各支球队的实力水平不致太悬殊，从而增加比赛的精彩激烈性和可看性，在每年的总决赛之后，NBA 都会在 6 月下旬举行一年一次的“新人选秀大会”。参加“选秀”的新人一般是全美各大学的学生，他们通常是 NCAA 全美大学生篮球联赛上的佼佼者。最近几年来，受功利思想的影响，很多大学没有毕业，甚至还在上高中的球员也纷纷参加“选秀”。譬如 1995 年首轮第五位被森林狼队选中的凯文·加内特，1996 年首轮第 13 位被选中的科比·布莱恩特，都是以高中生的身份直接进入 NBA 的。

对参加选秀的年轻球员，NBA 根据他们在大学期间（或高中阶段）的比赛表现打分排名。然后，各球队按照本年度常规赛中的胜率排名，从成绩最差的球队开始，依次挑选球员，每队每一轮只能选一个新人，通常选秀进行 2 至 3 轮。

为了更好的体现公平原则，首轮前三位的选秀权次序和战绩相同的球队之间的选秀次序都要通过抽签决定。列常规赛成绩最差的球队中首选权的几率是 25%，以下依次类推。

附：NFL 选秀制度简介

每年 4 月，NFL 队伍都会通过选秀的方式来把应届大学橄榄球毕业精英带入自己的球队。

与 NBA 不同，NFL 选秀不需要通过抽签的方式来决定顺位。选秀的顺序永远是成绩最差的拿第 1 号，第 2 差的拿第 2 号，超级碗冠军拿 32 号。如果战绩相同，则参照相互间比赛成绩，分区成绩，联盟成绩来区分，越差的拿到越前的选秀号。

选秀总共有 7 轮，1～3 轮在选秀周的周六进行，4～7 轮在周日进行。如果队伍没有在规定时间内做出选择，将会被认为自动放弃而被延后选择顺序，直到他们做出选择为止。球队之间可以交易选秀权也可以将挑选来的新秀进行立即交换。

第二节　收入分享制度

竞争平衡主要决定于联盟俱乐部财政力量的对比。俱乐部收入主要来自门票销售和电视转播费，主要成本是运动员工资、场馆租赁或建设费用、管理费用。观众人数主要决定于市场（城市）规模和俱乐部比赛以往记录（Noll89，1974）。既然俱乐部都是位于特定城市中，其前途就部分依赖于其位于那个城市，以及联盟怎样在俱乐部之间进行收入分配。北美四大职业体育联盟中，篮球和冰球，主场球队得到所有的门票收入，棒球的门票收入在主客场球队之间的分配比例大致是 85 / 15（NL 是 90 / 10，AL 是 85 / 15），而橄榄球的比例大约是 60 / 40。全国范围的电视转播收入在四大联盟的各个俱乐部都是平均分配的。支持收入分享的人，认为此规定可以使市场份额小或较贫穷的俱乐部财政得到改善，提供和富有俱乐部竞争的能力，维护了联盟的竞争平衡。而且，既然没有客场球队比赛无法进行，支持收入分享的人主张地方电视转播收入也要在联盟内分享。反对收入分享的人认为，联盟不应该惩罚可以挣更多钱的球队，恰巧位于大城市（市场）的球队没有理由受到处罚。而且，收入分享还会引起“搭便车”行为，既然收益相差不大，俱乐部没有动力向强的俱乐部努力。

附：NFL2002 年收入分配

- 25 亿美元（52%）——网络和有线电视合同。32 支球队均分，每队 7800 万美元；
- 11 亿美元（22%）——票房收入。其中 3.5 亿美元作为客队资金进行平均分配。每队得到 100.9 万美元；
- 10 亿美元（22%）——地方赞助、豪华包厢、转播、泊车和特许权。俱乐部自留；
- 2 亿美元（4%）——Direct TV 周日票房收入、商品、NFL 联合球队实力的制片费和赞助费。平均分配，每队得到 620 万美元。

第三节　工资帽与奢侈税制度

工资帽与奢侈税既是联盟针对俱乐部的行为，也是联盟针对运动员的行为。工资帽首先是作为NBA中自由代理的平衡物于20世纪80年代出现的。NBA和NFL有工资帽的规定，MLB和NHL没有。工资帽是对俱乐部可以支付给运动员工资的最高数额做出的限制，据说有利于保持联盟的竞争平衡。如果没有工资帽，富有的俱乐部可能将联盟自由转会运动员全部买走。如果球队薪水册上数额没有超过工资帽，球队可以和一名自由转化运动员签约，这就使富有球队和较穷的球队机会均等了。工资帽有"软帽"和"硬帽"之分。NFL的工资帽是"硬帽"——没有任何理由可是让俱乐部薪水册的数额超过最高限额。NBA的工资帽是"软帽"——俱乐部可以在某些情况下超过最高限额的规定。工资"软帽"的基本意图是保护自由运动员停留在目前的球队中。一名自由转会运动员长期服务于一支球队，得到球迷喜爱，他自己愿意在这个球队打球，俱乐部也愿意保留他，但就是不能提供给他一个大额的雇佣合同——因为工资帽的原因。针对这种情况，工资"软帽"就允许俱乐部与自己的自由代理运动员续签而无需考虑工资帽。工资帽的这个例外是在1983年的协议中提出来的，当时波士顿凯尔特人队薪水册上的资金不得不用来续签它的超级明星拉里·伯德（Larry Bird）。对工资帽的修正就以"拉里·伯德例外"而著名。NBA1998—1999赛季的罢工后，运动员接受了新的工资帽，它给球队设定了限制，也为所有个人运动员根据服务期设立最高和最低工资。

NFL的工资帽的规定，是在1993年运动员取得自由代理权以后。最早，NFL有一个几乎和棒球一样的保留条款。当在拉多维奇（Radovich）案例判决认为NFL的保留条款违反反垄断法以后，俱乐部业主们私下订立"君子协议"，不再相互争夺运动员，限制运动员的流动。但随后当巴尔的摩小马队签走另一个球队的运动员后，协议打破了。罗泽尔（Rozial）总裁立即提出了新的规定，允许运动员在合同期满后与任何球队签约，但是，失去该运动员的球队有权从签走运动员的球队活动补偿，典型的方式是签走该俱乐部的运动员。如果球队对赔偿有异议，总裁可以施以"近似水平”的赔偿。罗泽尔规则很成功地阻止了运动员的自由转会。

NBA 工资帽最早实施在 1984—1985 赛季，数额是 360 万美元。其后到 1994—1995 赛季 1596.4 万美元，大约每个赛季增加 100 万~200 万美元。在 1995—1996 赛季，由于和 NBC 签订了一个大额的电视转播合同，工资帽增加到 2300 万美元，1997—1998 赛季又增加到 2690 万美元（表 4-29）。2002—2003 赛季和 ABC 以及 ESPN 签订了为期六个赛季的价值 46 亿美元的电视转播合同，要少于 2001—2002 赛季和 NBC 签订的合同，所以 2002—2003 赛季 NBA 的工资帽数额第一次下降。NFL2003 年的工资帽 7500 万美元。

表 4-29　NBA 工资帽

赛季	规定工资帽	实际工资帽	附带契约规定
1998—1999	3000 万美元	3000 万美元	没有
1999—2000	3400 万美元	3400 万美元	没有
2000—2001	48.04% of BRI*	35500 万美元	没有
2001—2002	48.04% of BRI*	42500 万美元	55% of BRI
2002—2003	48.04% of BRI*	40271000 美元	55% of BRI
2003—2004	48.04% of BRI*	43840000 美元	55% of BRI
2004—2005	48.04% of BRI*		57% of BRI

Soulce：http://www.usatoday.com/sport/nba/stories/2001-2002-salaries-was. htm#pay

*BRI=篮球相关收入（Basketball Related Income）

奢侈税（luxury tax）的规定是这样的：附带契约规定（escrow system）用来保证运动员的总工资不超过篮球相关收入（BRI）的指定比例，如果运动员的工资超过了制定比例，他们的部分工资（不超过 10%）就要归还给业主；但是，当运动员工资过高，附带契约规定不能将联盟范围内工资控制在制定范围时，部分俱乐部就要向联盟缴税，也就是所谓的奢侈税。当联盟范围内运动员工资和津贴超过 BRI 的 61.1%（2004—2005 年是 63.33%）时，奢侈税机制就被触发；当联盟范围内运动员工资和津贴超过这个比例时，没有球队需要交纳奢侈税，不论单个球队的薪水册数额有多高。当奢侈税被触发后，所有超过奢侈税规定数额的球队都需要缴税。通常各个俱乐部做出的运动员雇佣决定以后的几个月，联盟才能够制定奢侈税限制。为了不使俱乐部最终的运动员工资数额刚刚超过奢侈税限制，联盟有一个“预警规定”（Cliff. Provision），预警的上限是 BRI 的 65%。如果俱乐部超过奢侈税上限但低于预警的上限，所受的惩罚比超过预警上限的俱乐部要轻得多。预警规定在决定联盟奢侈税的分配中被应用。联盟奢侈税的分配是这样的：低于奢侈税上限的球队可以分享完全的份额（1 / 29）；高于预警规定上限的球队得不到任何联盟奢侈税资金；超过奢侈税上限但低于预警上限的球队获得的金额介于 0 美元到完全份额之间，要根据其在奢侈税上限和预警上限之间的比例决定；并且，不是所有联盟奢侈税资金都按照上述公式分配。这些规定说明，NBA 采用奢侈税的基本原理是，既然花销多的球队要为运动员高薪负责，那么它们就有责任补齐差异。

附：NFL 工资帽制度

- NFL 球员工资不包括其他收益以及保险，只包括基本工资和一次性支付的签字费。
- NFL 球员的合同均为非保障合同。只有该队员在队中才能拿到工资，如果该名队员由于被裁或退出等原因离开了球队，他的合同自动作废。
- 工资帽就是每队每年最高的工资支出额度，像 NBA 和 MLB 一样。但是 NFL 有一点不同，他们拥有一个 HARD CAP，意思就是任何队伍都不能以任何理由超过工资帽限度。
- NFL 有着美国职业体育联盟所共有的一整套严密制度，这是几十年职业化的深厚积累，而与其他三大联盟不同的是，NFL 是唯一设定了硬性工资帽的大联盟，这也让 NFL 球员的工资水准停留在一个健康的水准，远远低于 NBA，虽然后者年收入还不到前者的三分之二。
- NFL 为球员设立了最低工资线，工资线随球员的球龄增加而不断上升（图 4-44）。

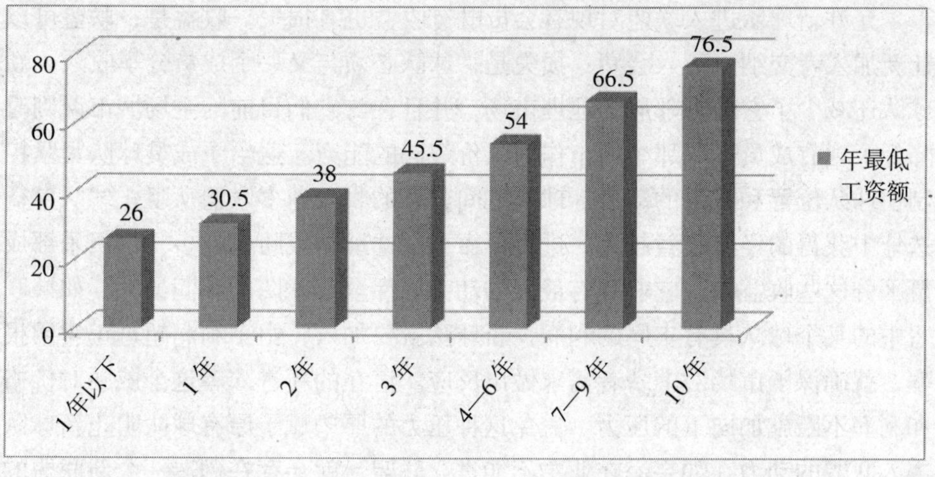

图 4-44　NFL 球员年最低工资额（单位：万美元）

第四节　准入制度

联盟对俱乐部的数量是有限制的。在北美，通过两种途径可以拥有联盟内的俱乐部。一种途径是，购买联盟内已经存在的特许经营俱乐部。这需要支付俱乐部价值和前投资者的成本。如蒙特利尔冰球队的价值是 1.91 亿美元，转卖是的价格却是 2.0 亿美元。另一种途径是，购买联盟扩张的球队，需要支付给联盟现有的俱乐部入会费，取得和它们比赛竞争的权力。NFL 的扩张费用是，1998 年克利夫兰队加入时交纳 4.76 亿美元，1999 年休斯敦队加入时交纳 7 亿美元。

限制球队的数量和地理位置赋予业主们一个可靠的门票收入和媒体收入来源。联盟通过设定区域半径来实施领地独占权，在半径以内，联盟的任何其他成员都不能占有。比如 NFL 的每个球队都被赋予了对一块以其主场体育馆为圆心，半径 75 英里的区域的独占权。职业体育联盟的独占权并不是绝对排除其他球队，但是一支球队进入另一支球队的领地，就必须支付给现有球队补偿金。例如，1984 年 NBA 洛杉矶剪刀队支付给洛杉矶湖人队 600 万美元，因为它在没有联盟准许的情况下从圣迭戈迁移到湖人队的领地中。

允许新球队进入联盟对现有会员既有收益也有损失。收益是，联盟可以让新加入者交纳一笔入会费；损失是，球队必须与又一个成员分享收入。新球队还减少了它最近邻居的地理市场，并且在与它们目前的主场城市谈判时降低了现有成员运用那个城市作为议价筹码的能力。这给予成员球队紧紧控制住球队位置和数量的动力。球队之间分享的收入越多联盟从阻止球队自行选址中获得的经济收益越大，进行可靠重新选址的威胁就越多。当俱乐部成员平分这些收益时，它们具有最大的动力确保全部球队的利润最大。如果联盟中的某个球队具有丰厚的利润，新球队就要加入，由于利润超过正常回报率，就确保了市场对消费者需求做出反应。潜在的新进入者这个威胁对价格和利润不断施加向下的压力。避免这种压力的愿望赋予原有球队阻止新球队进入联盟的动力。如果潜在业主不能进入联盟，就会存在创造一个新联盟的动力。20 世纪 60 年代许多美国橄榄球联盟球队最初的业主就是一些不能购买到 NFL 球队的富人。新建立的联盟和原有联盟会展开激烈的竞争，导致所有俱乐部的利润下降。最终的结果，往往是一个联盟失败，而幸存的联盟会引进消亡联盟原有的部分球队。总体的结果就是联盟规模的扩张，导致全体俱乐部利益和各个俱乐部利益新的均衡。

联盟还限制俱乐部的重新选址，其实也属于联盟限制进入行为的范畴。MLB 由于享有反垄断豁免，能够做到；其他三个联盟则做不到。所以近几十年 NBA、NFL、NHL 重新选址的球队很多，而 MLB 却只有几支球队改变地址。

第八章　美国职业体育联盟发展的新趋向

第一节　建立广泛的战略联盟

由于美国职业体育联盟的发展采用的是典型的商业化发展模式，因此，需要联合自身发展必需的联盟外资源以结成战略联盟来实现资源互补，互利双赢的发展格局。美国四大职业体育联盟的主要企业战略合作伙伴包括媒体、赞助伙伴等。下面以联盟与媒体的关系进行简要说明。

综观美国四大职业体育联盟的商业化运作，与媒体的紧密结合是其发展战略的重要组成部分，与媒体的关系已经形成了事实上的战略联盟关系。体育联盟与媒体企业通过签订长期协议，建立起了共同的媒体体育传播体系。对此，有专家早就指出，媒体与体育的婚姻是一场你情我愿的结合，然后就变成出于便利的结合；而到了今天，随着（全球）电视的出现，变成了一种基于金钱的结合。①

20 世纪 30 年代，广播电台第一次实况转播了 1934 年 NFL 感恩节的一场比赛，从而开创了美国广播电视转播比赛的先河。1939 年，电视转播美式橄榄球也被 NBC 变成了现实，从此美式橄榄球进入了成千上万普通美国家庭。1941 年，NFL 第一次出售其冠亚军决赛的转播权，这是世界上最早的出售体育赛事电视转播权的记录。美国国会于 1961 年通过《运动传播法案》，使职业运动转播权交易免于反托拉斯的规范，使得联盟转播权行为合法化。

1961 年的职业运动联盟托拉斯行为解禁之后，NFL 成为第一个将转播

① 杰·科克利. 体育社会学［M］. 管兵，等，译. 北京：清华大学出版社，2003：462.

权打包卖给电视网的职业体育联盟。这个具有里程碑意义的商业举动，开创了美国职业体育的电视时代，引发了三家电视网之间的电视转播权竞争，宣告转播权交易中卖方市场的成形，也随即吹响了美国职业体育赛事电视转播收入第一波飙涨的号角。运动项目的观众群主体为富裕年轻男性，因而吸引了众多的广告商，是三家电视网相互竞争电视转播权的主要原因。除此之外，运动转播带来的品牌形象，也是电视网不惜血本、砸下重金争取职业体育电视转播权的重要因素之一。由于运动节目广告量的持续增加，三大电视网从电视转播中取得了可观的收益，因此，美国职业运动联盟的电视转播收入在1960~1980年间持续成长。

上世纪80年代早期，电视转播市场首显疲态。其中，最受瞩目的NFL转播，在1985年与1986年使三大电视网合计每年损失超过4500万到5000万美元。尽管由于转播合同的保证，各个赛事的电视转播收入并没有受太大的影响，但收视率的下降，造成了这一时期的电视转播收入增长比较缓慢。

在上世纪80年代后期到90年代，美国职业体育转播权经历了第二次成长。在上世纪70年代末进入美国电视市场的有线与卫星频道，在上世纪80年代晚期茁壮成长，改变了三大电视网垄断电视转播的状况。1987年，有线频道ESPN首度取得了NFL的部分转播权。日益壮大的第四家全国电视网FOX与ESPN、TNT及TBS等有线频道，在上世纪90年代带来了更激烈的竞争。1994年，FOX从CBS手中以每年高达11亿美元的代价，抢走了NFL的四年转播合约，开始了90年代中期的NFL转播之战。1998年CBS卷土重来，结果由CBS、FOX、ABC及ESPN等四家媒体，以180亿美元的天价，买下NFL的8年的转播权，这是美国电视史上金额最大的一笔交易。2004年，四大电视网和NFL续约，转播金额飙升15%，再创新纪录。平均下来，每支NFL球队仅电视转播费，每年能分到近8000万美元的收入。NBA的电视合同是6年总值46亿美元（每个队每年分到大概3000万美元）。MLB的电视合同是5年价值35亿美元，这只是全国性的电视合同，各球队和地方电视网络还有其他合同，这是MLB的特色。NHL的电视合同最低，也达到了5年6亿美元。

2002年12月，NFL与全美最大的卫星电视运营商DirecTV与Dire签了2002—2005年的独家卫星电视直播合同，价值20亿美元。2004年，NFL与DirecTV续签了5年35亿美元的“Sunday Ticket”一揽子合同。

2003 年 12 月，Sirius 卫星广播公司与 NFL 签署了价值 2.2 亿美元的协议，涉及 2004 年开始的职业联赛转播。在这项为期 7 年的协议中，NFL 将获得 1.88 亿美元现金和 3200 万美元的 Sirius 股票，还获得了再购买额外 500 万股票的权利保证。Sirius 则获得了对所有常规赛季比赛和部分预赛及友谊赛的全国广播权。Sirius 建立了一个“职业橄榄球联赛广播网”的体育频道，滚动报道最新的 NFL 比赛、专题和分析。该协议将橄榄球赛加入到 Sirius 的体育报道范围，Sirius 已经覆盖了对 NBA 和 NHL 的报道。Sirius 同时成为了 NFL 的指定卫星广播商。

2002 年 1 月，NBA 同 TNT、ABC、ESPN 公司续签了为期 6 年价值 46 亿美元的电视转播合同，几乎把所有 NBA 比赛都归入有线电视转播行列。NBA 跟 TNT 公司签订的有线电视合同，从 2002—2003 赛季至 2007—2008 赛季 6 年 22 亿美元；NBA 跟 ABC、ESPN 签订的网络电视合同，从 2002—2003 赛季至 2007—2008 赛季 6 年 24 亿美元。三家共计 6 年 46 亿美元，新合同授权 3 家电视台不同的转播权限。NBA 同美国在线-时代华纳联手，在 2002 年秋天推出了全新 NBA 有线频道，每赛季转播 100 场比赛，已进入 3000 万户家庭，并预计 6 年内达到 8000 万户。

从联盟与媒体的关系看，已经结成了事实上的战略联盟关系，而且这种战略联盟关系具有长期性，美国四大职业体育联盟通过与诸如媒体之类的企业通过契约结成了广泛的战略联盟关系，这对于保证联盟的稳定发展至关重要。

第二节　实施全球扩张战略

全球扩张已成为当前美国四大职业体育联盟发展的战略之一。全球扩张的精神已经使 NFL、MLB、NBA、NHL 的球队在墨西哥、日本、英国、法国、德国和许多其他国家举行比赛。MLB、NBA 已经在许多加拿大城市取得了特许权，NFL 已经协助建立了世界橄榄球联赛，并资助了英国的一个橄榄球联赛，[①] 并计划在一些国家推广腰旗式橄榄球。

① 杰·科克利. 体育社会学［M］. 管兵，等，译. 北京：清华大学出版社，2003：461.

1995—1996 赛季中，NBA 球队首次扩大到美国以外的地方，共有两支加拿大球队多伦多猛龙队和温哥华灰熊队加入 NBA 赛场。MLB 于 2000 赛季将几场常规赛移到美国本土之外的日本进行。NFL 在稳固了美国国内的龙头老大地位之后，已经在日本、欧洲数国、北美的加拿大和墨西哥多次举行了季前赛。2005 年更是首次将一场常规赛挪到墨西哥进行，显示了全球化扩张的态势。

联盟中国际球员的数量的增长也反映出各大联盟的全球化扩展计划。如，NBA 在初创的 1946—1947 赛季，联盟中只有 5 名国际球员。此后长达 37 年时间里，NBA 的外籍球员数目增长极为缓慢，到 1984—1985 赛季，也仅达到了 10 人。不过纽约律师出身的大卫·斯特恩在 1984 年接替奥布莱恩出任 NBA 历史上第 4 任总裁后，开始加快 NBA 国际化的步伐，一些球队也开始把选秀的视野和触角投伸到美国本土以外，萨博尼斯和佩特洛维奇等欧洲球员成为第一批被 NBA 通过选秀方式获得的海外球员。而随着 NBA 全球化战略的日益推进，联盟中外籍球员的数字的攀升速度也乘上了“高速列车”，2001—2002 赛季已经猛增到 52 人；2002—2003 赛季 67 人；2003—2004 赛季 72 人；2004—2005 赛季，根据 NBA 官方的统计数字，联盟中外籍球员的数字已经达到了创纪录的 77 人，来自 34 个国家和地区，占联盟球员总数的 17.1%，NBA 庞大的“外籍军团”已经形成(图 4–45)。

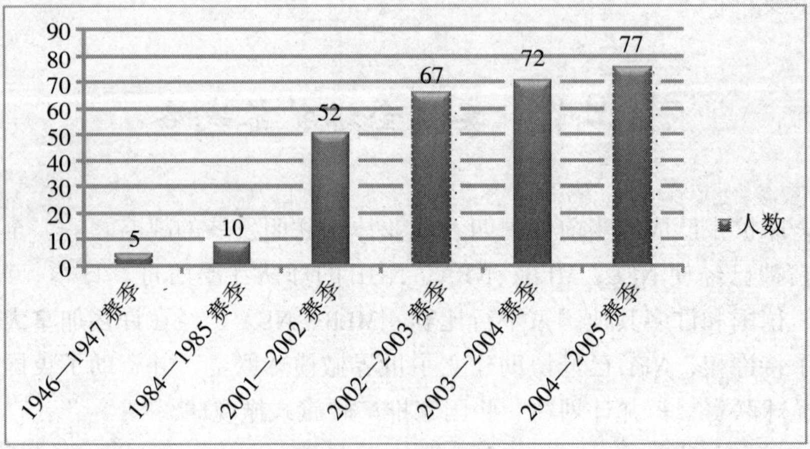

图 4–45　NBA 国际球员情况

2004 年 NBA 在中国举办了季前赛，巩固了中国市场。近些年来，NBA 的足迹踏遍了五大洲。专门为青少年儿童以及篮球教练组织的篮球训练营、与各国国家队以及俱乐部队进行交流比赛、季前赛以及常规赛、NBA 嘉年华，不同地域的球迷通过这些活动近距离地接触到 NBA 球星，增加了对 NBA 的了解，随之也对 NBA 产生了更为浓厚的兴趣，甚至是依赖。

1987 年，NBA 与国际篮协共同创办了麦当劳锦标赛，为全世界最顶级篮球联赛的冠军球队提供了一个交流的平台。

1990 年，NBA 在西班牙萨拉戈萨举办了首次全球教练训练营，数百名欧洲教练参加了此次训练营。

1990 年，NBA 球队菲尼克斯太阳与尤他爵士在东京大都会球馆进行了两场常规赛，这不仅是 NBA 首次在美国之外进行常规赛，也是美国职业体育联盟首次在海外进行正式比赛。此后，日本球迷每年都可以在本土欣赏到 NBA 常规赛。

1993 年和 1994 年，斯特恩亲率 NBA 球员和教练访问非洲，在南非举办了教练及儿童训练营，为非洲篮球提供援助。

2003 年，NBA 分别在墨西哥城、巴黎、波多黎各和巴塞罗那举行季前赛。同年，NBA 嘉年华在中国、加拿大掀起了热潮。

2004 年，篮球无疆界活动同时在世界各地展开，而 NBA 季前赛也踏上了中国大地。除了向外扩张，NBA 还招徕了全球最优秀的篮球运动员，以此吸引他们身后数量惊人的球迷。

历数斯特恩上任后的 20 多年，NBA 在国际化方面取得了惊人的成就，这也为 NBA 带来了巨大的品牌价值以及市场。截至 2003—2004 赛季，全球有 212 个国家、超过 30 亿的观众通过 151 家电视机构观看 NBA，NBA 全球利润达到 30 亿美元，NBA 商品在全球的零售额达到 28 亿美元，有超过 100 个国家的球迷可以买到 NBA 授权的产品，NBA 旗下的品牌也扩展至 WNBA、NBDL、NBA.NBA 网站以及 NBA City。

可以预见，美国职业体育联盟的全球化扩张步伐不会减缓，这也是商业体育发展的一种必然趋势。

第九章 对我国的启示

新中国成立后，我国体育事业有了较大的发展。特别是党的十一届三中全会以后，体育事业进入了发展最快、最好的历史时期。但随着国家改革开放的逐步深入，在计划经济体制下多年形成的传统的体育体制越来越与人民日益增长的体育需求及体育自身的发展不相适应，为此，国家体委经过长时间的酝酿讨论和调查研究，于1986年4月15日做出了《国家体委关于体育体制改革的决定草案》。这个决定首次把体育改革提到了体制改革的高度。1988年，国家体委选择了足球、武术、登山、棋类、桥牌、网球等12个运动协会进行实体化改革试点。采用的名称为："办公室"，如足球办公室、网球办公室等，其办公地点仍在司内，重大事宜报司审批。1992年初又决定把足球改革作为运动项目管理体制改革的突破口，积极推行协会实体化，在管理体制和运行机制等方面做了大量的改革尝试，逐步使各级足协实体化，把俱乐部作为足球运动基本组织形式，逐步实现职业化。1993年5月24日，国家体委在总结五年改革经验基础上，做出了《国家体委关于深化体育改革的意见》，提出了"加快单项运动协会实体化步伐，建立具有中国特色的协会制"，要求到20世纪末争取各运动项目基本实施协会制。1994年又扩大范围，此次采用的名称是"运动项目管理中心"以下简称中心。合并成立了射运中心、自摩中心和水上中心。将乒乓球、网球、拳击划出成立了乒乓球中心、网球中心和拳击中心。至此，共成立了14个运动项目管理中心，使实体化协会达到41个，共占全部协会的65.1%。各中心既是独立的事业单位，又赋予管理本项目的行政职能，同时又是协会的常设办事机构。1997年11月24日，国家体委在总结近十年协会实体化试点经验之后，决定全面推开。撤消了训练竞赛一、二、三司和综合司，将其管理职能合并成立了竞技体育司，将管理项目的具体职能划出，调整成立了6个中心，即篮球中心、排球中心、田径中心、游泳中心、体操中心，将摔跤、柔道等项目按项群理论原则与拳击中心合并成立了重竞技中心。至此，共成立了20个中心，结束了运动项目管理的双轨制，以政事分开、管办分离为目标的运动项目管理体制改革取得了阶段性成果。

随着我国体育管理体制和机制的改革，相继出现和建立了足球、篮球、排球、乒乓球、羽毛球、网球等职业体育俱乐部或半职业俱乐部。但从总体上看，目前我国职业体育俱乐部仍处在初创阶段，各地区、各项目的发展状况相差较大，很多项目的职业体育俱乐部还处在“翻牌子”“卖牌子”阶段，只有足球、篮球等少数职业体育俱乐部开始步入“创牌子”的阶段。①

因此，分析目前我国行政主导型职业体育联盟存在的问题对于提高我国竞技体育职业化水平，完善职业体育管理具有重要的现实意义。

第一节　我国职业体育发展存在的问题

我国职业体育在短短的十几年的发展过程中，取得了一定成绩，迈出了竞技体育职业化、社会化、市场化的可喜一步。但存在一些矛盾和问题也是不争的事实。综合专家访谈和问卷调查的专家意见，目前制约我国职业体育联盟发展的主要因素集中在以下三个大的方面。

一、产权关系不明晰——难以形成利益共同体

对于我国职业体育联盟的基本性质，王庆伟②在其研究中认为是一种政府垄断型的职业体育联盟，最主要缺陷就表现为利益异体化，即联盟内部存在多个利益主体，协会（中心）、官办俱乐部、民办俱乐部等，在没有形成利益统一体的前提条件下，其运行机制表现出了诸多缺陷。同时，在我国建立市场垄断型职业体育联盟还缺乏相应的良好的法律政策来支持

① 鲍明晓. 体育产业——新的经济增长点［M］. 北京：人民体育出版社，2000：256.

② 王庆伟. 我国职业体育联盟的理论研究［D］. 2004.

和保护，主要体现在俱乐部产权还没有依法理顺，协会章程中某些内容与国家法律法规相抵触，缺乏专项职业体育立法等。

有研究表明，我国职业体育俱乐部的组建方式有二：一是政府与企业合办俱乐部，二是企业主办俱乐部。第一种方式中，政府拥有职业竞技体育人力资本的产权和场馆的所有权，作价入股，企业出资，出资企业将拥有职业竞技体育无形资产的部分产权，如冠名权、场地广告权等。第二种方式中，企业单独拥有俱乐部产权。无论是第一种，还是第二种方式，两种方式都存在俱乐部所有权安排不当的一些问题。第一种方式中，问题产生的根源在于：政府以拥有国家运动员人力资本的产权为借口，成为俱乐部的大股东，控制俱乐部的大部分资产，经营职业竞技体育俱乐部活动，造成新的政企不分。①

“权力的界定是市场交易的前提。”② 职业体育人力资本作为一种特殊的人力资本，没有合理的关于权力的初始界定，就无法发展关于职业体育人力资本转让和重新组合的交易。因此，职业体育人力资本产权的界定和再界定是整个职业体育生产效率提高的重要前提条件，产权改革应当是我国职业体育制度改革的重点所在。

从项目管理中心（协会）与俱乐部间的关系看，职业联赛的产权关系混乱。由投资者（俱乐部或地方协会）出钱举办联赛，却不拥有所有权，当然也不拥有管理权和经营权。而项目协会由于受其组成机制的制约，不能代表俱乐部的整体利益。这样，导致我国职业联赛的经济效益与国外联赛存在巨大差距。

（一）俱乐部内部产权关系不明晰

在推广职业化之前，我国的俱乐部基本上属于非经济实体性质，大部分由企业赞助并冠名，仍按运动队形式由体委实行行政管理，产权关系没有变化。但在俱乐部实行实体化以后，特别是企业每年向球队投入巨额资金的时候，俱乐部的产权问题就变得日益突出了。体委与企业合作产生的

---

① 杨年松. 论职业体育俱乐部产权结构与制度安排［J］. 成都体育学院学报，2003,（1）：26–29.

② 科斯. 企业的性质［M］. 上海：上海三联书店、上海人民出版社，1994：360.

俱乐部的所有权及相关权益的归属问题成为俱乐部组建后普遍存在的问题。由于产权不清晰，没有法人财产权，就会出现产权主体的虚置和缺位。所以当资产流失、经营活动失败时，责任就无法落实到具体的单位和个人，由此出现“人人都负责，人人都负不了责”的怪圈。只有产权清晰了，经营者获得法人产权所有者的身份后，产权主题虚位的问题才得以解决。

有研究认为，甲A10年，足球俱乐部一直是多种所有制共存，其包括代表政府意志的国有（垄断）资产，和政府关系密切的民营企业，以及几乎不能从政府那里换取任何好处的民间资本。目前，国内职业足球俱乐部的组建模式主要有两种：一是企业买断俱乐部的冠名权，体委或足协以原足球队的运动技术和队名所有权作价投资组成俱乐部的政企联办型；二是企业出资入股，体委或足协以原足球队的技术和队名等无形资产作价入股组成俱乐部的股份制公司型。这两种俱乐部都有一定的缺陷，主要问题有：(1) 基础不稳定。更多的企业明知麾下的球队不具雄厚的实力，却也不愿轻易放弃扬名的方式，在入不敷出的情况下扛了一年又一年；(2) 产权不明晰；(3) 组织结构不合理；(4) 经营机制不完善。我国目前的甲级足球俱乐部队中还有一部分是由政府部门与企业合办的，由于在创办时合作双方缺乏严格的投资份额估价，因此造成产权归属不明晰、职责分工不清楚，不能按照现代企业制度运作，合作双方常常发生权利冲突。而国际足坛职业俱乐部建设的基本模式是多家企业联合入股买断冠名权，独立经营，自负盈亏，实行真正意义上的政企分开。[①]2004年有学者的研究表明，中国职业篮球俱乐部的产权制度特征是：国家事业单位参股明显，离产权主体人格化还有一定的差距，投资者控制明显：俱乐部的所有权形式主要是企业与国家事业单位合作的形式，占58.3%；个人或企业所有的占41.7%；委托代理层级繁多，代理成本较高；治理结构初具雏形，尚须完善。中国职业篮球俱乐部都不拥有自己的球馆，绝大多数俱乐部与场馆方采用固定租金的形式进行合作。从法律上讲，中国篮球管理中心与各俱乐部之间的关系是平等的法人之间的关系。中国篮球管理中心成为中国职业篮球的所有者的制度安排与不完全合同理论、产权残缺理论和风险补偿原则相悖。[②]

① 黄坚雄. 对中国足球10年改革的理性思考［J］. 体育科研，2005（1）.

② 杜丛新. 对职业篮球产权制度的研究［D］. 2004.

（二）职业联赛产权不明晰

理论上讲，职业体育向社会提供主要产品是“竞赛”，而“竞赛”产品是由俱乐部生产和提供的（俱乐部是通过雇佣运动员、教练员和其他管理人员以及购买其他生产要素来组织生产的），但是体育“竞赛”产品的生产具有特殊性，俱乐部自身无法独自提供“竞赛”产品，不同俱乐部之间必须合作和协调才能生产出来“竞赛”这种产品。俱乐部在对抗与合作中实现产品的生产经营，要求各俱乐部之间建立起协调、合作、制约的关系，[①]并通过制定一系列的规章制度来约束彼此的行为，这就形成了职业体育联赛组织（在我国为各项目协会）。因此，项目协会理论上应是“职业联赛”产品生产活动的协调者和“游戏规则”的制定者和监管者。由此可见，俱乐部才应该是“职业联赛”产品的所有者和产权主体。但实际上，项目协会（或项目运动管理中心）以中国职业体育联赛的发起者的身份，依靠其行政权力和长期在计划经济体制下形成并沿革下来的权威与经验等，控制着我国职业联赛的“所有权”，[②]成为我国职业联赛实际上的产权主体，并享有“剩余控制权”和“剩余索取权”。这种产权主体上的“错位”和对“剩余控制权”与“剩余所有权”的控制，便导致了我国职业联赛产权关系混乱的现状。俱乐部法人独立产权缺乏保障，从现实来看，我国职业体育俱乐部的法人独立产权以及其相应的权益没有得到很好的保障。例如，某些体育俱乐部在人事、场地设施等方面仍在很大程度上依附于体育局，法人产权独立地位没能得到完全保障。

在一些项目中，职业体育联赛的“剩余索取权”和“剩余控制权”主要控制在项目协会手中。例如，职业联赛的冠名权、场地广告收入等基本上由项目协会采用计划的手段来分配，同时要求俱乐部承担大量的义务。这在很大程度上限制了俱乐部的经营活动空间，也严重损害了俱乐部的经济利益，进而在很大度上影响了俱乐部投资者的积极性。

---

① 张林，徐昌豹. 现代职业体育俱乐部的本质与特征［J］. 上海体育学院学报，2001，(3)：1-6.

② 杨铁黎. 职业篮球市场论［M］. 北京：北京体育大学出版社，2003.

（三）俱乐部产权交易频繁

目前，我国职业体育产权交易主要是球队“壳资源”的转让。十年职业体育联赛，俱乐部产权交易十分频繁，产权转让虽然属于俱乐部企业的经营行为，但是产权频繁转让也在一定程度上影响了我国职业体育的稳定发展。[①]

二、公益目标与企业目标的冲突——难以形成共同的价值取向

实现利益均衡、追求社会公正是目前我国社会发展要直面的重大课题，也是全面建设小康社会和构建社会主义和谐社会要重点建设和解决的现实问题。改革必然会带来各方利益格局的变化和调整，实现资源的重新配置。必定会带来暂时性的“阵痛”，付出改革的“代价”。在奥运会等国际大赛中为国争光是每一位竞技体育工作者的光荣使命和神圣职责，特别是在计划经济条件下的“举国体制”运行模式内，这成为业内人士的普遍共识和社会人士的基本期望。

20 世纪 90 年代，随着我国市场经济体制的逐步建立，旧有的体制框架和资源配置方式发生了根本性变革，这种变革波及到各行各业，体育领域自然也概莫能外。于是就有了以足球体制改革为突破口的我国体育管理体制的变革之旅。时至今日，改革的号角已吹响十年有余，其间大量的体育系统外资本涌入竞技体育领域，职业俱乐部、职业联赛相继出现，在许多运动项目上，由过去的政府包办模式被国家办和社会办的结合模式所取代，并使我国的体育社会化、产业化、市场化程度在较短的时间内有了较快和较大发展，为我国竞技体育的可持续发展带来了新的活力。也可以说在竞技体育发展上的多元化利益格局已经初步形成，只是在各方力量的对比上还存在较大悬殊。

在我国竞技体育诸多领域进行变革背景下，诸如运动项目管理的事业

① 韩开成，王健．我国职业联赛产权关系和法人治理结构之研究［J］．山东体育学院学报，2005.

型、协会制、实体化改革等，奥运备战的基本模式却依然维持了“举国体制”的基本框架。这必定有其存在的必然性。首先，在奥运会赛场上摘金夺银是在国际社会树立中国形象的大舞台。200 多个参赛国家和地区云集举办国，同场竞技，相互交流，是一个难得的对外宣传机会。因此，国家利益的需求直接保证了我国奥运备战模式得以保留原有的基本制度安排，并能够以国家财政拨款的方式解决资金来源问题。其次，“举国体制”框架内的奥运备战“中国模式”经实践检验是一条发展竞技体育的高效路径。我国参加奥运会的历史已经无可辩驳地昭示了该观点。在目前的发展阶段，似乎没有其他哪条发展道路可以保证我国竞技体育的高速发展。

在多元化利益格局的共存和博弈中，必然要出现利益的协调问题。从国家与地方的关系看，国家利益更多表现在实施奥运战略上，而地方的着力点主要在全运战略；从项目管理中心与俱乐部的关系看，俱乐部是以追求利润最大化为基本目的，而项目管理中心是以保证国家奥运战略为核心；从集体与个人角度衡量，运动队要求运动员个人利益服从队伍整体利益，而个人则会要求集体利益在某些情况下为个人利益服务。因此，如何协调与平衡各种利益关系，形成利益共享、风险共担的格局至关重要，这关系到我国竞技体育现有模式的可持续发展问题。

在市场经济条件下，职业竞技体育俱乐部作为职业竞技体育人力资本产权交易的契约组织，是自主经营、自负盈亏的经济实体。国家作为其中的一个大股东，难以避免既当运动员又当裁判员的现象。国家一方面制订各种制度、规章和规则，安排职业竞技体育服务的产量、生产时间和地点，另一方面又干预职业竞技体育俱乐部的具体经营活动，致使无法真正履行好自己的职能。特别是职业竞技体育俱乐部的剩余控制权由政府和投资企业共同所有，由于政府的目标是追求比赛的名次和奖杯，而企业的目标却是通过职业竞技体育服务营销提高企业知名度，增加广告效应，二者难以统一。一物多主，使得职业竞技体育俱乐部无所适从，最后往往不欢而散。①

近年来，甲 A 各俱乐部与中国足球协会的矛盾，以及各篮球职业俱乐部与篮球项目管理中心的矛盾，实质上都是利益上的矛盾。②

① 杨年松. 职业竞技体育的经济学分析 [D]. 2003.

② 鲍明晓. 体育产业——新的经济增长点 [M]. 北京：人民体育出版社，2000：257.

发达国家职业体育起到提高市场力量、市场绩效的有力措施，实际在我国的收效甚微。具体表现在以下几个方面：[1] 1）国内联赛为国际赛事让路，导致联赛不稳定；2）联赛规模的改变依托于行政指令；3）信息交流不对称，导致职业体育市场的逆向选择和道德风险；4）关联俱乐部的产生有利于社会资本的融资，无利于职业联赛的发展；5）获胜最大化的激励机制导致运动员薪水的高速增长；6）忽视需求市场的培养导致门票、广告、转播、特许经营等联赛开发的艰难；7）俱乐部与协会未能形成利益一致的联合体……

在奥运备战“中国模式”的体制和机制下，要求地方、集团、个人利益要服从和服务于国家利益，但在同时也会引发一系列的思考，如：该备战模式建立的基础是什么？是动员行政，还是依法行政？再如，当公益化目标与职业化目标发生冲突，俱乐部在服从国家利益条件下本身利益受损时，有无相应的诉求和合理的补偿机制？运动员的无形资产界定问题等等。在现有奥运备战运作模式下诸如此类的问题是影响其高效运作的扰动因素。因此，在备战过程中建立健全各方利益的均衡机制是一个应引起各方高度关注的重要现实问题。[2]

三、体育市场发育不成熟——难以提供发展的市场空间

我国职业竞技体育市场尽管在近些年有了长足发展，但与发达国家相比，总体水平仍然较低。在职业竞技体育市场的微观主体看，作为职业竞技体育市场自主经营、自负盈亏的经济实体和经营组织还没有真正拥有独立的产权，难以对市场信号做出准确、灵敏的反应，普遍存在短期化行为。而企业由于存在盲目追求广告效应和短期回报，缺乏正确的投资理念，还没有真正成为职业竞技体育的投资主体。因此，从我国职业体育发展外部环境看：

（一）职业竞技体育市场体系及结构不完整。无形资产交易市场刚刚萌芽，体育服务产品生产要素市场，如人才、市场、信息市场、技术市场

[1] 郑芳. 美国职业体育制度的起源、演化和创新［J］. 体育科学，2007（2）.

[2] 苗向军. 我国备战奥运会组织管理的理论与实证研究［D］. 2007.

尚处于初创阶段，经纪人市场刚刚启动。市场作为职业竞技体育资源配置的基本手段，大多处于观念状态，没有真正发挥作用。

（二）职业体育市场发展存在不平衡性，主要表现为真正能够进入市场的也只是足球、排球、篮球、乒乓球、网球、拳击、围棋等几个热点项目，而众多的竞技体育项目仍然徘徊于市场之外。

（三）现行体育法规制度不健全、不配套、可操作性差。“制度提供了一种经济的刺激结构,随着结构的演进,它规划了经济朝着增长、停滞或衰退变化的方向”[①]。有效的制度安排使得亚当-斯密所谓“看不见的手”在资源配置、收入分配等方面的功能得以充分发挥。可以说，没有适当的制度，任何意义上的市场经济都是不可能的。尽管在市场经济制度改革不断深入的影响下，我国职业体育制度的改革也取得了一定进展，但由于我国职业体育的制度改革是在尽可能避免直接触动既得利益格局的前提下进行的，属演绎式的增量型改革，现存的职业体育管理制度仍具有高度集中的计划管理制度的结构特征，很大程度上约束着我国职业体育的制度创新与发展。入世后，我国的各种制度环境正在发生巨变，这种变化必将对我国职业体育制度调整产生影响。能否抓住机遇，实现我国职业体育制度的创新与发展则显得尤为重要。[②]

第二节　完善我国职业体育联盟的对策

根据专家访谈和问卷调查的专家意见，结合课题研究人员的认识，解决目前我国职业体育联盟存在的问题，应从以下几个方面入手。

一、发展和完善我国职业体育法律制度建设

“契约”是职业体育俱乐部与职业体育市场的共同表现形式。但就契

① 谭崇台. 发展经济学的新发展 [M]. 武汉：武汉大学出版社，1999：235.

② 丛湖平，陈冀杭，田世昌. 关于我国职业体育制度问题的研究 [J]. 北京体育大学学报，2005（7）.

约本身的完备性而言，职业体育俱乐部则是一种不完备的契约，而职业体育市场可以说是一种完备的契约。在职业体育活动中，围绕职业体育服务的生产、分配、交换和消费需要建立和完善的具体法律制度包括：如运动员转会、劳资谈判、租借，教练员、经营管理人员和专职律师的聘用，赛事委员会和参赛队伍关于赛事的安排及组织，赛事的策划和经营的全权或部分代理，职业体育组织或团体与电视、广播和报纸等媒体关于转播报道权的交易，联赛委员会与企业赞助商关于特许经营权的协商，职业体育服务和用品的销售及购买，收入的分配方案，运动员人身权利的维护，比赛规则的执行，职业竞赛管理等。

尽管职业体育合约制度形式多种多样，就其本质而言，是不同的产权主体之间部分或全部转让产权的表现。因此，所有关于职业体育合约制度建设无外乎关于两个方面的内容：一是职业体育服务参与者之间的收入分配，二是职业体育资源使用的条件和范围。

当前我国职业体育法律法规建设的主要工作，一是完善职业体育俱乐部运动员转会合同制度，二是尽快建立重大体育比赛有偿转播合同制度，三是建立职业体育知识产权保护制度。

二、理顺和完善我国职业联赛法人治理结构及产权关系

法人治理结构是关于企业所有权配置的制度安排，它是企业剩余索取权和剩余控制权安排的具体化，[①]它是企业纵向的财产负责关系与横向的职权限定关系而构成的激励与约束机制。[②]法人治理结构的核心是解决因所有权与经营权分开而产生的代理人问题，要确保委托人的利益在委托—代理关系下不受到侵害，需要从制度上做出对与法人财产相关各方面的责、权、利的安排。

我国职业体育联赛市场中，理论上各职业体育俱乐部是委托人，各项

① 杨年松. 论职业体育俱乐部产权结构与制度安排［J］. 成都体育学院学报，2003，（1）：26-29.

② 刘家贵，程厚思. 经济理论与经济史研究［M］. 北京：社会科学文献出版社，2003.

目协会（或运动项目管理中心）为代理人。那么，各项目协会应该代表各职业体育俱乐部的利益来经营职业联赛。然而，由于各运动项目管理中心实际上把持着职业联赛的所有权、经营权和部分收益权。理论上应该由各俱乐部代表及项目协会代表组成职业联赛的董事会，并由董事会成员选举董事长和任命总经理。但是我国项目协会（或运动管理中心）的领导却是由行政机关任命的，在职业联赛经营机构中既没有各俱乐部的代表，联赛经营者也不是由各俱乐部聘用的。因此，作为委托人的各职业体育俱乐部对职业联赛的权利缺乏保障和不可避免地会受到侵害。

造成我国职业联赛产权关系混乱的重要原因，就是联赛初期的匆忙上马，未在事前划分和明确其产权归属和关系，而各运动管理中心依靠其行政权力长期把持了联赛的产权。根据产权的排他性和可分性特点，职业联赛的产权必须进行分割并明确其归属。因此，要通过对各职业联赛进行资产评估，进一步明晰职业联赛各产权主体的产权份额和产权边界，坚持“谁投资、谁所有、谁负责、谁收益”。只要这样才能真正理顺职业联赛产权关系。为此，职业体育政府管理部门要“更新观念、转变职能”，按照市场经济规律和原则，重新确认和理顺我国职业联赛的产权关系，确保职业联赛的所有权归属明确，各产权主体的行为边界清楚，确保职业联赛法人产权独立，不依附于行政权等其他权力，建立“归属清晰、权责明确、保障严格、流转顺畅”的现代企业制度。

事实证明，美国职业体育联盟确立的一些基本原则和运作模式是一种行之有效的发展职业体育的成功路径。我国也应该在理顺联赛产权关系的前提下，健全和完善职业联盟体制，首先要由各职业体育俱乐部及项目协会等职业联赛产权主体各方代表共同组成职业联盟董事会，使职业联盟董事会代表职业联赛产权主体各方的利益，由董事会任命职业联赛经理层，并用制度来规范和理顺各方权、责、利关系，以完善职业联赛法人治理结构。这样既能实现职业联赛的所有权和经营权相分离，依靠职业联盟专业化的经营管理，促进职业联赛的高效运转，又有利于保障职业联赛产权主体的各种权益，规范职业联赛治理秩序。

要进行俱乐部产权制度的改革，首先必须是产权关系明晰化，严格界定投资各方的产权归属，并以契约或法律形式确定所有者和经营者，以及各自的责、权、利。这一步是实现俱乐部管理中政事分开、政企分开的关键，同时也是体委转变职能，从办体育向管体育转变的必然要求。其次是产权交换的市场化，即俱乐部产权进入市场交易，形成产权市场，这有利于促进体育资源的优化配置。①

三、培育和完善我国职业体育市场

职业体育服务市场、资本市场和人力市场是职业体育市场体系的三大支柱，离开三大市场，职业体育生产活动就无法展开。它们是职业体育市场体系建设的重中之重。而职业体育技术市场、信息市场、产权市场、无形资产交易市场和用品市场则是形成上述三大职业竞技体育市场的服务保证，也应及时配套。现有的制度安排在相当程度上限制了我国职业联赛市场的发展，而各种激励措施的推行都需要外部制度的创新。为此，体育行政管理部门应该转变职能，使职业联赛由市场机制来调节和运行，并从制度和法律上来规范职业体育与业余体育、群众体育的关系，并将职业联赛的部分收入用来补助其他体育事业的发展。另外，还要建立和完善职业联赛的其他相关市场，如职业联赛资本市场、经理市场等，以加速我国职业联赛市场的发育和进步。

职业体育俱乐部是职业体育市场的微观组织，应当尽快把具有市场发展潜力的职业竞技体育运动项目的运动队，通过产权改造，建成符合现代企业制度要求的职业竞技体育俱乐部组织。按照我国《公司法》的要求，条件成熟的，可以申请上市，发行股票，拓宽融资渠道，真正建立职业竞技体育社会化的多元主体投资机制。

通过职业体育协会实体化和政府股权变债权改革，真正确立政府不再干涉职业体育俱乐部经营管理的产权基础；另一方面，职业体育俱乐部与政府脱钩以后，将真正成为自主经营、自负盈亏的法人组织，其所有工作人员的工资待遇，由职业体育俱乐部自己负责并承担相应风险。

政府首先必须要转变职能，要由微观管理变为宏观管理，由直接管理变为间接管理，采用法律、经济和必要的行政手段进行管理。如运用经济手段，在金融方面，通过资金流向和利率杠杆，支持或抑制体育项目的建

① 莫君晶. 对我国体育职业俱乐部产权问题的审视 [J]. 体育科研，2001 (1).

设。国家体育总局把职业体育项目的经营管理权交给该项目协会，该协会成为责、权、利相统一的法人组织，全权负责属下各俱乐部的工作。其董事会主要由各职业竞技体育俱乐部的法人代表组成，总经理由董事会聘任，全面负责职业竞技体育项目的经营和管理。

四、认识和领悟体制改革的迫切性和艰巨性

在制度经济学看来，许多体制变革问题，不属于“帕雷托改进”的范畴，而是一种“非帕雷托改变”，因为在这一过程中可能无法做到在不使任何人不蒙受损失的情况下使另一些人受益。任何一种制度选择或变革道路的选择，都可能不单单取决于当时的统治集团的偏好，而是社会各种利益集团“公共选择”的结果，取决于各种利益集团的相对势力及其“合力”。无论社会选择了什么，在它的背后都存在着一系列的利益冲突，并且不会因做出了某种选择而马上使这些利益冲突得以平息，它们将在制度变革中继续下去，甚至会随着制度变革的进展而激化起来，并将继续影响着下一步的改革进程。

在相似的制度起始条件下，不同社会中的不同的利益结构，某些社会集团的不同的偏好体系，会导致改革道路的重大差别，虽然改革道路的差别可能还取决于其他种种原因。就现实的改革策略问题来说，启发在于“抓住改革时机”，历史时间是“不可逆的”，如果我们在“第一轮选择”时不抓住历史的机会进行改革，时过境迁，通过渐进的改革实现体制过渡的希望就可能落空，到头来可能不得不走上“剧变”的道路，社会就要蒙受更大的损失和痛苦。[①]

中国的体制改革中碰到的最大障碍来自传统的计划经济及与之适应的文化（人民的习惯性行为及在计划方面积累了几十年的知识等），企业被“推向”市场，没有事先周密地如同资本主义企业在进入一个新市场之前必须要做的那样，准备应付大量的不确定性事件，更没有长期积累的市场经验，结果多数企业仍然按照习惯行事。市场于是成了对计划体制的补

---

① 樊纲. 公共选择与改革过程［G］// 盛洪. 现代制度经济学［M］. 北京：北京大学出版社，2004：169.

充，即科尔奈的“双重依赖”。对于此现象，制度学派的看法是，改革只能从原有习惯的“边际”开始。虽然政治上的考虑往往要求“突破性”的改革措施，但制度就其基本性而言是无法突变的。[①]

在建立和完善我国职业体育管理体制及机制过程中我们要充分认识到改革的紧迫性和艰巨性，抓住机遇，迎难而上，同时要充分借鉴美国职业体育联盟的成功经验和教训，并结合我国基本国情，走出一条具有中国特色的职业体育发展道路。

---

① 汪丁丁. 制度创新的一般理论［G］//盛洪. 现代制度经济学［M］. 北京：北京大学出版社，2004：211.

第五篇 结语

第一章 美国竞技体育系统的优势

第一节 减轻国家负担

西方许多国家都有一个专门的政府机构来管理竞技体育，他们从财政中拿出相当比例的资金投入到竞技体育中。在西欧，大多数国家的体育投入都超过 GDP 的 1%。瑞士的体育和娱乐投入更是达到其财政预算的 4.3%，而美国政府坚持有节制地参与竞技体育，美国竞技体育不从政府财政中直接获得资助，但这不是说美国政府不重视体育，相反，政府在竞技体育发展中起着不可替代的作用。美国的联邦政府、各州和地方政府通过其他的方式来利用公众的资金支持竞技体育：

1993 年起，他们利用税务优惠政策（preferential tax policies）来间接地提供经济支持。凡是资助体育的个人、企业将享受这一特权。1993—1996 年，50%的奥委会财政来自这一领域。同时，美国联邦政府、州政府也为美国的奥林匹克训练中心提供地产、房屋、人力等支持和服务。在美国本土举行的奥运会中，联邦政府也将大量的资金用于赛事的组织和安全等方面。以 1996 年亚特兰大奥运会为例，尽管这届比赛是由私人资助完成，但政府也在安全、交通等领域投入了 2.27 亿美元。其中，仅佐治亚州就在基础设施方面投入了 1.5 亿美元，亚特兰大和其他当地政府也在与奥运会相关的 4 个项目上花费了近 9000 万美元。

第二节　与社会其他领域建立互利互惠关系

一、与媒体的关系

随着科学技术的快速发展，大众传媒已经渗入到人们日常生活的各个方面，在竞技体育领域，它也在扮演着越来越重要的角色。目前，电视体育节目已经成为人们现代生活的一种重要的娱乐形式，同时也成为一种竞技体育和大众传媒重要的收入来源，并使电视台、赞助商、体育组织及运动员等多方收益，实现多赢的局面。

（一）媒体对竞技体育的影响

大众传媒已经成为社会上最有力的公共力量，它把文字和视觉的信息传递给公众。媒体的体育报道能够借助体育明星的魅力吸引更多的青少年参与到体育运动中来，同时，吸引更多的观众走进运动场，了解更多的比赛规则和方法，提高球迷对运动员或运动队的忠诚度。最明显的例子就是“梦一队”，它极大地促进了篮球运动在世界的影响，同时也使赞助商更加钟情于篮球运动，更多与篮球有关的商品也随之畅销。

体育产业也随着与媒体的合作逐步兴盛起来，创造了更多的体育财富。例如，1998 年 NFL 与某电视台签订了 8 年 176 亿多美元的转播合同，球队 65%的收入来自于此。

（二）竞技体育对媒体的影响

在 1960 年以前，人们在谈论竞技体育与媒体的关系时只是关注媒体对体育单方向的影响。但是，在上个世纪 80 年代，随着体育成为电视的重要节目形式以来，体育对大众传媒的影响越来越受到人们的关注。对于报纸和杂志来说，体育报道可以增加它们的销售量。对于电台和电视台，体育节目可以吸引更多的听众和观众，而体育节目的生产者——各种体育组织可以出售电视转播权给电台、电视台。大众传媒的首要目的就是利润，而广告是创造利润的最佳手段。电视台买下某个赛事的转播权以后，再通过出售广告时间来从各个企业手中获得利润。例如，NBC 在转播 1996 年亚特兰大奥运会时广告收入就超过了 6.8 亿美元。

简言之，媒体与体育是一种双赢的关系。体育的大部分观众来自于媒体，体育组织的大部分收入也来自于媒体；相反，媒体也是通过体育赛事来增加产品销售量，获得广告收入等收益。

二、与企业的关系

美国的体育商业赞助发展迅猛，并已成为美国体育的重要资金来源。在商业领域，产品广告的最直接目的是提高产品的销售量。但是，赞助体育对一个企业的销售到底有多大的提升效果却是很难准确评价的。体育赞助商一般不能直接为一个具体的产品做广告，因此，产品销售的快速增长很难发生。商家赞助体育的目的常常是提高企业的知名度以及对顾客的亲和力。例如，一个保险公司通过赞助一项朝气蓬勃、健康向上的体育项目来得到顾客的认可并进而购买他们的服务。特别需要注意的是，体育赞助商大都是跨国的企业和公司，像 Coca-Cola、IBM 和 McDonald's 等等。体育赞助能够使多方面受益：首先，它是对美国正在实行的"通过体育来提升美国政治经济地位战略"的一个巨大支持；其次，体育赞助能够提升赞助企业的知名度、树立企业形象，进而相应地促进产品的销售。当被赞助的运动员或运动队在世界各地参加比赛时，赞助商的形象也得到了广泛的传播。因此可以这样讲，只要我们承认消费者的行为与广告有关，那么跨国企业的收益就会随之增加。

体育赞助行为一般通过以下几种途径来起作用：

一是通过重大比赛来宣传企业；

二是通过著名运动员来宣传企业；

三是通过某支运动队来宣传企业；

四是通过积极参与青少年体育培训来宣传企业；

五是通过青少年体育奖励项目来提升企业的形象。

少儿体育、中学体育和大学体育是美国业余体育的基本骨架。尽管他们是业余体育，但是他们与资本生产力也是紧密联系的，而且近些年发展速度极快。过去，只有棒球和橄榄球项目的青少年比赛可以得到企业赞助，而如今，已经有包括游泳、摩托车等超过 25 个以上的青少年比赛获得赞助，6 岁以上的少年儿童都有机会竞争国家冠军。

举办世界大型比赛可以促进举办城市体育基础设施的建设。1976 年的蒙特利尔奥运会共斥资 14 亿美元，而收入只有 400 万美元。但是，奥运会的商业价值只是在 1984 年洛杉矶奥运会举办后才得到广泛的认同。洛杉矶奥运会是 1896 年奥运会创办以来首次由民间承办的奥运会，既无政府补贴，又不能增加纳税人负担，加之美国法律还禁止发行彩票，一切资金都需要自行筹措。尤伯罗斯通过与企业集团订立资助协议，出售电视广播权和比赛门票，压缩各项开支，充分利用现有设施，尽量不修建体育场馆及招募志愿人员为大会义务工作等措施和手段，在仅仅花费 4.69 亿美元的情况下，创造了收入 6.19 亿美元的惊人业绩。洛杉矶奥运会商业运作的成功结束了奥运会亏损的历史。而这种转变来自于一些国际著名跨国企业集团的赞助，从而使得现代奥运会成为当今世界上一项最壮美的景观。同时这种转变还带来了场地、器材、设施的改善，竞赛质量的提高，运动员待遇的提高以及更多的观众。

因此，如果体育赛事能够吸引更多的观众，它就具有广泛的商业价值，并且使各种媒体尤其是电视从中受益。商家通过体育赛事来直接提高其产品销量，或者通过体育赛事来提升其企业或产品的认同度。体育的商业赞助促进了体育赛事的举办，使更多的电视台转播赛事，公众的兴趣被激发起来，社会对体育的需求增加了，反过来，体育赛事更加繁荣，更多的赞助商踊跃加入。

三、与举办城市的关系

在美国，许多城市都有自己的体育委员会，这些组织大部分是社会团体，当然也有一些是半官方性质的组织，它们在吸引和引进业余体育、职业体育赛事以及一些体育会议中扮演着重要的角色。但在以前情况却不是这样，在 1984 年洛杉矶奥运会前，举办奥运会已经成为一块“烫手的山芋”，蒙特利尔奥运会财政赤字已经严重地影响到奥运会的生存能力。但是，这种现象却给其他城市申办奥运会提供了难得的与 IOC 谈判的机遇。洛杉矶奥运会为这种大型比赛（mega-event）的承办提供了一个良好的范例。他们的收入来源主要有以下几方面：企业赞助、电视转播权、门票以及奥运纪念币。

经济全球化、联邦资助方式的改变以及洛杉矶奥运会的成功，使得举办大型体育赛事成为美国各城市寻求经济发展的重要策略。经济对体育的促进也带动了其他相关领域的发展。大型体育赛事能够为当地带来实质性的发展：全球的电视转播为举办城市或国家提供了一个良好的展示平台；外地观众促进了当地的旅游、服务、商业等事业的发展，进而促进了当地的消费。1996 年的亚特兰大奥运会就该城市增加了近 10%的游客和 42 亿美元的经济影响。大型体育赛事也能获得更多的联邦基金支持。美国联邦审计署办公室［The U.S. General Accounting Office（2000）］报告：美国各联邦机构给 1984、1996 和 2002 年三个奥运举办城市的资助达到了近 20 亿美元。其中，仅给盐湖城的资助就达到 13 亿，亚特兰大 6.09 亿，洛杉矶 7500 万。这些钱用来建造交通设施、改建公园以及加强安全等。

体育的缺失对城市的经济发展会带来负面的影响。体育是人们生活中的组成部分，因此，它也必然成为展示城市市场形象（marketing image）的一个重要元素。城市通过树立特有的形象来吸引游客和投资商。从球队的角度看，威胁离开某一城市被认为是一种与所在城市谈判的重要武器。1982 年，NFL 的奥克兰袭击者队（Oakland raiders）就给我们展示了这一戏剧性的一幕。他们从奥克兰迁到了提供豪华比赛场地的洛杉矶，这一搬迁彻底改变了运动队与城市之间关系的本质。袭击者队的拥有者——Al Davis 不仅成功搬迁了球队，还从 NFL 获得了 4200 万美元的“安家费”，并使这种现象得以蔓延。5 支球队追随袭击者队搬迁到新的城市，而其他没有搬迁的球队也通过这种“威胁”获得了新的体育场馆。当地政府，为了留住球队，不得不提出一些优厚的条件：建立专门的比赛场馆、免收部分税费、发行体育彩票等。从 1993—1996 年，美国的纳税人为这些职业球队体育设施的花费超过了 10 亿美元。

到上世纪 90 年代末，92%的职业棒球联盟（MLB）比赛场馆、93%的职业橄榄球联盟（NFL）场馆、50%的 NBA 球馆和 50%的北美职业冰球联盟（NHL）的比赛场馆是由公共基金建造的。在 1998 年，就有 44%的职业运动队正在寻找或建设新的比赛场馆。

四、与大学教育的关系

在美国的大学校园里，大众体育与竞技体育同样实现了双赢。

从 1952 年的第一场由哈佛和耶鲁大学之间的划船比赛开始，美国大学的竞技体育得到了迅猛的发展。目前已成为美国各大学的重要收入来源。美国的竞技体育体制给美国的大学提供了广泛的财源，同时也使许多具有运动天赋的贫困学生获得接受良好教育的机会。

第三节　大学竞技体育与职业体育有机衔接

以北美四大职业联盟为代表的美国职业体育之所以能长期引领世界大部分职业体育项目的时代潮流，其中的主要原因在于他们有一支庞大的后备军，有一个完整、严密、层层衔接的人才培养选拔体系。各大职业联盟每年通过选秀从 NCAA 选出相当数量的高水平大学生运动员，定期为自己注入新鲜血液，使其可健康持续发展。美国职业体育运动员的来源有两个：国际和国内。四大职业联盟中除冰球由于地理气候原因半数左右球员来之加拿大之外，其余三大联盟的运动员大部分来自美国本土，小部分是来自国外的国际球员。而其国内球员又有两个来源：高中和大学，其中高中所占的比例非常小（现在 NBA 已经禁止高中毕业生直接参与选秀），绝大部分来自大学联赛——NCAA。美国职业联盟选择运动员的唯一标准就是竞技水平，他们从来不会考虑球员的国籍或其他。由于 NCAA 的竞技水平非常高，完全达到各职业联盟的要求，所以 NCAA 是各职业联盟主要的人才储备库和孵化园，两者之间通过一年一度的选秀形成了非常自然而紧密的衔接关系。一方面，美国的竞技体育与教育完全结合，在学校体系之外没有竞技体育的存在，在体制机制上决定了其所有竞技人才只能在学校培养，所以美国职业联盟在本土所招球员只能出自大学或者高中；另一方面，由于 NCAA 的各种制度设置、人力资源和保障体系保证了其竞技水平在世界范围内的高度，使其具备作为各职业联盟主要人才输送基地的实力。

下面以篮球项目为例对美国大学竞技体育与职业体育之间的联系做具

体分析。

美国是篮球的发源地，也是世界头号篮球强国，这是因为她拥有世界上水平最高的NBA联赛，而NBA之所以成功，则是因其有着坚强的后备人才培养基地——NCAA（图5-1）。

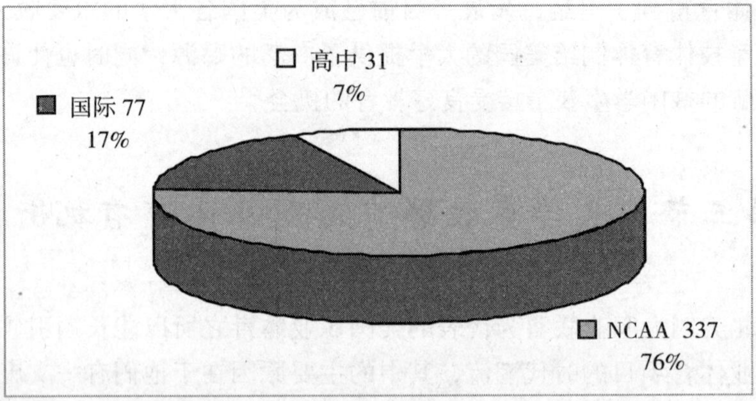

图5-1　NBA球员来源构成（2007年数据，总445人）

从图5-1中可以看出，现役NBA球员，76%来自NCAA篮球联赛，7%来自高中，17%来自国际。

表5-1　NBA近3年新招球员构成

赛季	总人数	NCAA	%	高中	%	国际	%
2005—2006	62	50	80.6	7	11.3	5	8.1
2006—2007	67	56	83.6	0	0	11	16.4
2007—2008	59	50	84.7	0	0	9	15.3
年 均	62.7	52	82.9	2.3	3.7	8.3	13.2

数据来源：根据NBA官方网（http://www.nba.com/）相关资料整理得出

从表5-1中可以看出，NBA每年新招球员主要来自于其大学联赛NCAA，年均82.9%。

NBA为什么能长盛不衰，球星辈出，美国伊利诺伊州大学教授罗伯特·麦特卡夫先生道出了它的真谛，那就是美国拥有世界上最多的篮球人口和一个最完整和合理的篮球人才培养体系。其篮球人才结构如同一个金字塔，塔基（三线队伍），包括中小学篮球运动员 200 多万人；塔身（二线队伍），包括大学生运动员 5 万人；塔顶（一线队伍）由 NBA 职业运动员 450 人左右组成；从 NBA 队伍中选出的“梦之队”12 人，可以说是镶嵌在塔尖上的钻石明珠。现役职业选手与大学篮球运动员的比例为 1∶144；大学与中小学篮球运动员比例为 1∶40。他们从小学到中学直至大学都有各自的训练和联赛，每一级别的联赛按照年龄特征和运动能力所处的阶段都制定了不同的竞赛规则和竞赛办法，自成体系，各级之间相互衔接。既注重系统训练，又有频繁的实战磨炼[①]。

同时，NCAA 与 NBA 两个联赛间的彼此认同和相互尊重也是保证两个体系有效沟通和联系的基本前提。进入职业联盟是大学生球员的最高目标，职业联盟也视 NCAA 为最重要的人才基地。作为美国篮球运动最高水平的 NBA 历来非常认同 NCAA 联赛的价值和作用，一方面，他们绝大多数的球员来自 NCAA，另一方面，NBA 的许多教练员也出自于 NCAA，如小牛队前任主教练埃弗里·约翰逊，湖人队主教练菲尔·杰克逊，前任火箭队的中锋教练员帕特里克·尤因等，都有执教 NCAA 的经历。

虽然 NBA 的全球影响力巨大，但对美国人来说，至少是在每年的三月，NCAA 才是篮球的第一品牌。细心的球迷则可以发现，NBA 常规赛赛程中，只有一天是不安排任何赛事的，而这正是 NCAA 总决赛的那一天。这是 NBA 在认同 NCAA 的前提下所表达的一种尊重。

另外，从美国橄榄球运动的强盛也可以看出学校体育与职业体育这种良好的层次关系。在美国，无论是大学，还是中学，甚至小学，橄榄球运动一直是青少年最喜爱的项目，而他们都属于业余性质。目前，仅在 NCAA 就有 621 支高水平的橄榄球队，运动员人数达到 56500 人。在高中也有 983600 名橄榄球运动员（表 5-2）。如此雄厚的后备人才基础和“金字塔”状的人才结构为 NFL 的发展提供了源源不断的新鲜血液，保证了橄榄球运动始终成为美国最受欢迎的运动项目之一。

---

① 张炳祥. 中国职业篮球和谐发展的制约因素及对策研究［D］. 2007.

表 5–2　美国业余橄榄球运动员数量统计

级别	运动员人数
高中	983 600
高中毕业生	281 000
NCAA	56 500
NCAA 每年招收	16 200
NCAA 每年毕业生	12 600
NCAA 每年进入职业队	250

资料来源：李卫平，米靖，等. 美国国家橄榄球联盟（NFL）的发展进程及启示[1]

[1] 李卫平，米靖，等. 美国国家橄榄球联盟（NFL）的发展进程及启示［J］. 北京体育大学学报，2006（12）.

第二章　美国竞技体育系统存在的问题

由于体育产业的繁荣，美国的许多运动项目在世界上处于领先地位。但是，就像硬币的两面一样，任何事物都有其两面性，在总结美国竞技体育快速发展的经验时，也要善于发现其存在的问题，只有这样才能使我们的认识更加全面，才更有利于我们借鉴和学习。

一、政治化倾向

体育与政治从来都不是割裂开的。一方面，体育离不开政治。正如国际问题专家沈丁立所说，脱离了政治，脱离了国家，别说奥运会正常的训练、比赛无法保障，就连运动员最基本的衣食住行都成问题。没有一名运动员能做到仅仅代表自己参加比赛，而必定是某个国家或地区的代表。赛场上运动员的表现与国家、地区的形象密切相连，已成为民族认同感的象征。另一方面，政治有时也需要体育。正如英国布莱顿大学苏格登教授和美国康涅狄克大学严纳奇斯教授在著作中指出的，体育运动中的政治化分为四个层次：一国急待通过运动成就建立国家声望；主办国希望主办运动会作为工具以展示其文化及政治的意识形态；以运动竞技为工具来表现对某些国家是否承认；以运动会为工具，强制一个国家改变其政治或军事行动。因此，在一定程度上，政治和体育是相互影响，相互制约的，体育离不开政治，政治也需要体育的支持。但是，过分渲染体育的政治功能却给体育带来了负面的影响，甚至是毁灭性的打击。

二战之后的冷战时期，一些国家尤其是美国、苏联和民主德国仍利用奥运会和其他一些国际赛事来宣传他们政治、经济体制的优越。作为政治宣传的工具，频繁的曝光和过分的渲染使竞技体育畸形发展。这些过分强调竞技的政治功能造成了1968年墨西哥奥林匹克运动会骚乱、1972年慕尼黑奥运会期间阿拉伯极端分子杀害以色列运动员事件，以及许多国家抵制莫斯科奥运会和洛杉矶奥运会的丑恶现象。在美国，竞技体育作为政府的宣传工具也逐渐成为媒体曝光的焦点，同样对于体育的发展产生了不良影响。

二、性别不平等

一直以来，美国竞技体育的重心倾向于男子。在各种体育组织中，男人一直占据的统治地位，而女人的社会地位和经济地位相对较低。

在美国，有许多专门的法律、规章（Title X，Civil Rights Restoration Act 等）用来保障和促进女子体育的健康发展，并产生了一些实际的效果。比如，与20世纪90年代初相比，在NCAA中，无论是女子参与比赛的人数，还是女子项目所得到的经济收入，以及在组织结构中女性管理者的比例都有了实质性的增加。但这距离真正的男女平等还差得很远，女子体育的重视程度、设施条件、电视转播覆盖率等都急需得到改善和加强。如著名的高尔夫“大师杯赛”就一直拒绝让女子运动员参加比赛，且该赛事的举办者奥古斯塔高尔夫球俱乐部在70多年的历史上从不接纳女性会员。

这种不平等现象既有传统的性别歧视等观念层面的原因，也有女子体育精彩程度、收视率低等客观原因。各种媒体担心在女子项目上投入过多，会造成收视率、销售量及广告合同的下降和减少。另外，在体育系统，无论是职业体育组织、业余体育组织还是学校体育组织，男人始终占据着管理层的统治地位。当然，这种性别差异也存在于社会的其他领域。

三、种族歧视

美国黑人在体育领域展现出非凡的才能，在整个体育领域，黑人运动员占所有运动员人数的12.2%，NBA黑人运动员更是占据75%的比例，NFL黑人运动员的比例也达到了63%。在NCAA Division I会员院校中，27.5%的体育奖学金给予了黑人运动员。尽管与以前相比，黑人运动员的地位已经得到明显的改善，但种族歧视却一刻也没有停止。在高尔夫、体操、击剑等项目上黑人运动员的机会远远低于白人运动员。

与黑人运动员在橄榄球、篮球、棒球等项目上的杰出成就形成鲜明对比的是，在这些体育组织中黑人组织者、管理者却寥寥无几。如表 5-3 所示，在 NFL、NBA、MLB 中黑人教练员的数量和比例都很低。

表 5-3　1999 年美国三大职业体育联盟黑人教练员数量、比例表

组织	NFL	NBA	MLB
黑人教练员数量	4	7	3
所占比例	13%	24%	11%

在 NCAA 会员院校的体育管理者层面，黑人也处在从属的地位。如表 5-4 所示，从 1995 年到 2002 年，尽管黑人管理者的比例有所增加，但是真正处于管理高层，具有决策权的黑人管理者却很少。产生这种差异的原因主要是美国社会对于黑人存在严重的种族歧视，他们普遍认为黑人的智力低下，缺乏领导才能。一个极端的例子是职业棒球联盟前辛辛那提红人队拥有者 Marge Schott 的一段话，在 1992 年，她公然说："在我的接待办公室，我宁愿雇用一个经过训练的猴子而不是一个黑鬼。"

表 5-4　NCAA Division Ⅰ 院校黑人体育管理者比例表

职位	Division Ⅰ 院校		
	1995—1996	2001—2002	变化
运动系主任	10.1	9.8	–0.3
运动系副主任	9.1	8.7	–0.4
运动系主任助理	9.5	10.1	0.6
学术顾问	22.8	26.4	3.6
所有体育管理者	9.0	11.1	2.1

数据来源：The NCAA Minority Opportunities and Interests Committee's Biennial Study of the Race Demographics of Member Insititutions' Athletics Personnel, 2002

另外，美国的媒体对于白人和黑人运动员也存在明显的种族歧视。如表 5-5 所示，在 NBC2000 年悉尼奥运会的报道中，无论是文字和图像，白人都是重点报道的对象。

表 5-5　2000 年悉尼奥运会媒体报道的种族差异表（%）

种族	文字报道	图像报道
亚洲人	7	5
黑人	35	20
白人	55	74
其他人种	3	1

数据来源：Andrew C.Billings and Susan Tyler Eastman，“Selective Representation of Gender，Ethnicity，and Nationality in American Television Coverage of 2000 Summer Olympics”，International Review for the Sociology of Sports37（3-4）（2002）368

总之，与社会其他领域的黑人一样，美国黑人运动员一直在努力争取合法的权利和地位，但是这种斗争的道路却漫长而艰辛。

四、大学生运动员的学训矛盾

在当今的美国大学里，大学生运动员最关心的事情就是他们的体育特长是否能够换成他们将来工作的通行证——学位。不幸的是，他们获得学位的比例远远低于普通的大学生，尽管比普通大学生学习年限更长，但学到的东西却很少。1998 年的一项调查表明，NFL 中 211 名来自于大学的运动员，只有 13 人获得了学位。1999 年高等教育年鉴（The Chronicle of Higher Education）显示，NCAA Ⅰ的橄榄球和男子篮球运动员毕业率分别只有 51%和 41%。尽管该年鉴没有评估大学生运动员所获得学位的质量，但是，从大学生运动员所获得的学位类别看，大多是管理或者娱乐类的，其学术含量很低。这种培养模式也是一种无奈的选择，因为大学生运动员不得不参加长时间、高强度的训练和比赛，这必然导致他们所获得的教育远远少于普通大学生。Notre Dame 大学的一项研究表明，大学生橄榄球运动员承受的身体和心理负荷与职业运动员是一样的。

对于一名想获得良好教育和学位的大学生运动员来讲，大学竞技体育的强度和结构使得他们很难在学业和运动成绩之间作出一个准确、恰当的选择。

五、兴奋剂滥用

兴奋剂使用一直是美国体育难以根治的毒瘤，无论是职业体育还是大学体育，对于运动成绩以及随之而来的财富和地位的追逐，使得运动员屡屡铤而走险。

运动员之所以选择使用兴奋剂来自于他们对兴奋剂的判断和认识：一是他们认为兴奋剂在增加力量、提高兴奋性、治疗伤病、控制体重方面的确有效；二是认为被查处的几率相对较低；另外，许多运动员主观认为小心地使用不会给身体带来伤害。这种认识加之教练员、其他运动员、社会的影响，以及自身的信念缺失，使得兴奋剂的滥用广泛存在于美国各年龄阶段的运动员中。仅在美国田径界，被查处的服用兴奋剂以及涉嫌服用兴奋剂的运动员名单可以装成一箩筐：短跑名将蒙哥马利、运动员杰罗姆·扬、美国 4×400 米跑奥运冠军阿·哈里森、女子 100 米短跑运动员爱德华兹、著名运动员卡尔·刘易斯、世锦赛冠军女子短跑运动员怀特、世界铅球冠军亨特、环法自行车赛新科冠军美国人兰迪斯、百米飞人加特林、男子 200 米跑运动员米奇·格利姆斯（Mickey Grimes）、110 米栏运动员拉里·韦德（Larry Wade）、女子 1500 米室内世界纪录创造者雅各布斯、田径世界总决赛女子 100 米冠军盖因斯、前世界冠军琼斯等等。

2003 年 4 月，美国最大的体育杂志《体育画刊》刊出了前美国奥委会负责药物检查的一名黑人医生长达 3 万字的来信，信中详细透露了美国体育界掩盖美国运动员服用兴奋剂的真相。信中称，在 1988—2000 年期间，有超过 100 个美国运动员服药的案例，但只有很少数的运动员被禁赛。而那些服药却没有受到任何惩罚的运动员在这段时间里赢得了 19 个世界冠军，其中包括著名的田径运动员卡尔·刘易斯。这些事实足以说明美国竞技体育兴奋剂问题的严重程度。

六、过分强调取胜的意义

美国大约有2500多万孩子参加各种有组织的体育竞赛。这些体育竞赛为提高少年儿童身体健康水平，增进友谊，培养自尊、自爱，活跃业余生活起到了重要的作用。但是，这些计划距离完美境界还差得很远。在某种程度上，孩子是在家长和成年人公然或间接地逼迫和误导下从事这些活动的，其中的某些内容或行动会给他们的身体和精神带来伤害。

赢得胜利是美国人追求的重要价值观。作为一种独有的社会文化现象，体育领域同样受其他政治、经济等各种因素的影响，把追求胜利作为重要的奋斗目标。对于青少年运动员来说，势必造成过分追求胜利而忽视青少年身心健康发展的误区。

在这种社会背景下，美国青少年体育联盟也就成了像NFL、NBA等职业体育联盟的缩影。以美国小棒球联盟为例，在1939年成立的初期，其规模非常小，协会利用为男孩子提供设备、场地、器材、服装等条件，吸引更多的人参加；1949年，协会发展到11个州共300余人；而到了1974年，美国国会修改草案中甚至增加了女子运动员也可以参与棒球比赛的条款，足见其联盟的影响程度。许多其他青少年体育联盟也盲目追随职业联盟的理念，举行全明星比赛，迎合孩子们的口味以招纳更多人。很多美国家长也盲目地认为这种有组织的各种体育竞赛，会给孩子指引一条通往职业运动员生涯的道路，而完全忽视了孩子的兴趣以及体育运动的其他功能。事实上，近三十年以来，对于美国家长或者教练员这种过分追求极端的体育参与态度，批评声不绝于耳，很多人对竞技第一，娱乐或教育功能退其次的做法是不支持的。

青少年运动员对竞技体育活动的态度也有很大的差异，有时甚至会表现出某种病态，通常有三种情况：首先是为了避免老师、家长或同学的批评或轻视，一些儿童干脆逃避或者远离体育运动，厌恶体育活动中所表现出来的竞技性，这一点很多研究中也得到了证实；还有一种是对运动的过分狂热和痴迷，产生过度训练、伤病或者其他心理疾病，这极有可能损害青少年运动员身心健康的全面发展；第三是追星热，它有别于前两种症状，会带来许多生活或学习中的负效应，产生消极影响。

事实上，少年儿童结交朋友、开拓思维、进行富有创造性的体育活动，以少年儿童为中心的锻炼模式，能够调动少年运动员的内心潜能，激发兴趣，比一味追求成功更有意义。

七、对大学生运动员的“剥削现象”

正如所有的企业剥削员工的剩余劳动价值一样，大学里的竞技体育不可避免的沾染上了商业气息，大学生运动员与校方同样存在着利益冲突或者说被剥削的现象。和电影、流行音乐一样，最成功的大学体育运动，无论从足球还是到篮球，每一名有天赋的运动员都在他们的领域里受过专业的训练，让观众享受到视觉、听觉和心理上的巨大冲击和满足，但是大学体育却不能与上述提及这些活动相提并论：电影、音乐等表演活动有正规的商业组织结构，并有明确的市场走向，雇员都有最低限度的工资，也可以自由的要求提高报酬。而大学生运动员却不能获得上述的报酬，与此相反，作为大学体育的大型赛事组织者——运动员管理人员、教练员和其他各种各样的工作人员却都有很好的待遇，一旦他们对薪金不满意，还可以自由的选择其他的工作。有些管理人员和教练每年的收入超过 50 万美元，如果加上电视合同，装备经费，发言费，有的人甚至能高达 100 万美元。这与大学生运动员形成了鲜明的对比。

大学生运动员不能获得直接的薪水，取而代之的是运动奖学金，1998 年，每名大学生运动员每年的运动员奖学金是 10000 美元，这就存在极大的经济纷争漏洞，即不付给学生运动员薪金的理由是因为他们已经获得了运动员奖学金，而这些奖学金对于运动员的吃、住或者其他开销相比，常常显得捉襟见肘或杯水车薪。

美国的大学生运动员“养活”了一个很大的群体，如媒体、广告商等。究竟什么原因能让美国这种所谓的民主大国的经理人能够顺利给大学生运动员洗脑，使他们无怨无悔地接受这种剥削呢？一个深层次的内在原因就是公众的影响，由于受到同学或者同伴推崇和自身对这个项目的热爱，大学生运动员能够沉浸于自我成就感和自我满足感之中，而很少顾及其他事情。NCAA 的承办者，以及公众都认为大学生运动员必须是业余运动员的身份。在最近几年，法院也有“大学生运动员不许有法律上的劳工合同”等类似的判决。所以，NCAA 的执行总裁、教练员、大学的主管部门，都希望大学生运动员延续目前这种报酬分工现状，而他们尽可以坐收渔利。

综合以上论述，美国的竞技体育系统固然有其结构精简、职责明晰、运作高效等优势和特点，但是，我们也应看到他们在价值观念、种族问题、兴奋剂使用等方面的缺陷和不足，只有辩证地看待这种优势和劣势，才能真正达到“取其精华、去其糟粕”的学习目的。

参考文献

[1] Stephen K.Figler and Gail Whitaker. *Sport and Play* [M]. Wm.C. Brown Publishers, 1991.

[2] National Association for Intercollegiate Athletics (NAIA). Home page: http: //www.ncaa.org.

[3] Ming Li. *Sports in the Global Village: A Comparative Study of Intercollegiate Athletics in China and the United States* [M]. West Virginea, 1994, 405.

[4] Dean Purdy (ed). *Sport and Student Athlete* [M]. ARENA Review 11, No. 2, 1997.

[5] *NCAA Student-Athlete Insurance Program National Collegiate Athletic Association.* Home page: http: //www.ncaa.org.

[6] *Academic and Social Achievement National Collegiate Athletic Association.* Home page: http: //www.ncaa.org.

[7] *Student Athlete Eligibility and Recruiting National Collegiate Athletic Association.* Home page: http: //www.ncaa.org.

[8] NCAA Championship Administration National Collegiate Athletic Association.

[9] *NCAA Student-Athlete Insurance Programs National Collegiate Athletic Association.* Home page: http: //www.ncaa.org.

[10] *Human Resources NCAA Mission, Values and Goals National Collegiate Athletic Association.* Home page: http: //www.ncaa.org.

[11] The National Federation of State High School Associations Handbook 2007~2008 [M], Indianapolis, Indiana.

[12] David J. De Villiers. *SPORT AND TOURISM TO STIMULATE DEVELOPMENT* [J]. Olympic Review, XXVII -38, APPIL -MAY, 2001, 9-12.

[13] Holger Preuss. *Rarely Considered Economic Aspects of Cities Hosting the Olympic Games*.

[14] CHARLES A. BUCHER. *MANAGEMENT of PHYSICAL EDUCATION and ATHLETIC PROGRAMS* [M]. U.S.A., Mosby College Publishing, 2000.

[15] Jim Airol, Dr. Steven Craig. *The Projected Economic Impact on Houston of Hosting the 2012 Summer Olympic Games* [M], 2000.

[16] Richard W. Pound. *The XVIII Olympic Winter Games in Nagano: global broadcast* [J]. Olympic Review, XXVI-21, 1998, 31-32.

[17] *Sydney 2000 Olympic Games Marketing Programmes* [EB]. www.Olympic.org.

[18] Chis Gratton.The Peculiar Economics of English Professional Football.The Future of Football, First published in 2000 in Great Britain by FRANK CASS PUBLISHERS, pp.11-12.

[19] Coase, R.H.1937, The Nature of the Firm, Economica, Nov.1937, P.388, P404-405.

[20] Williamson, O.E., 1985, The Economic Institutions of Capitalism, Free Press, New York, P.52-56.

[21] Pauld.staudohar "playing for dollars", 1996, cornell University Data P57-63, P93.

[22] Elias, N., and E. Dunning. A History Overview of How Sports and Leisure are Linked to the Civilizing Process in Western Societies. Quest for Excitement. New York: Basil Blackwell. 1986.

[23] Lever, J., and S. Wheeler. Mass media and the experience of sport. Communication Research. 1993, 20 (1): 125-143.

[24] Lisa Pike Masteraleris, Carol A. Principles and Practice of Sport Management, Aspen Publishers Inc, Gaithershurg, Maryland. 1998.

[25] Badaracco J., The Knowledge Link: How Firm Compete Through Strategic Alliance. Boston, MA: Harvard Business School Press, 1991.

[26] Beltina &Bchel. Framework of Joint Venture Development Theory-

building Through Qualitative Research. Journal of Management Studies, July, 2000: 637.

[27] Bennis, W., Using our Knowledge of Organizational Behavior: The Improbable Task, Handbook of Orgnization Behavior, J.W.Lorsch, ed. Englewood Cliffs, NJ: Prentice-hall Inc., 1987.

[28] Badenhausen, K. (2000). Name games. Forbes, 166 (15), 132-135.

[29] Badenhausen, K., Fluke, C., Kump, L., & Ozanian, M. K. (2002). Double play. Forbes, 169 (9), 92-94.

[30] Badenhausen, K., & Sicheri, W. (1999). Baseball games: Revenue sharking has struck out. So why does Bud Selig want another inning? Forbes, 163 (11), 112-117.

[31] Barnett, S. (1990). Games and sets: The changing face of sport on television. London: BFI Publishing.

[32] Bodley, H. (1998). Disparity in team payrolls is alarming: Fans know without high priced talent, hopes for title are slim.
[33] USA Today, Friday November 20, 1998.

[34] Carter, D. M. (1996). Heeping score: An inside look at sports marketing. Grants Pass, OR: The Oasis Press.

[35] Funk, D. C. (1997). Economics of professional sport franchises: Luxury seating's impact on construction and renovation of sport venues in North America. Paper presented at the 12th Annual North American Society for Sport Management Conference, San Antonio, TX.

[36] Gorman, J., Calhoun, K., & Rozin, S. (1994). The name of the game: The business of sports. New York: John Wiley & Sons, Inc.

[37] Hoffma, D., & Greenberg, M. (1989). Sportsbiz: An irreverent look at big business in pro sport. Champaign, IL: Leisure Press.

[38] Howard, D., & Crompton, J. (1995). Financing sport. Morgantown, WV: Fitness Information Technology.

[39] John, A. S. (1998, October). Baseball's billion-dollar question:

Who's on deck? American Demographics, 20 (10), 60-69.

[40] Ozanian, M. K. (1994). The $11 billion pastime: Why sports franchise values are soaring even as team profits fall. Financial World May, 1994.

[41] Rader, B. G. (1999). American sports: From the age of folk games to the age of televised sports (4th ed.). Upper Saddle River, NJ: Prentice Hall, Inc.

[42] Rosentraub, M. S. (1997). Major league losers: The real cost of sports and who's paying for it. New York: A Division of Harper Collins Publishers, Inc.

[43] Sage, G. H. (1998). Power and ideology in American sport: A critical perspective (2nd ed.). Champaign, IL: Human Kinetics Publishers.

[44] Shropshire, K. L. (1995). The sports franchise game: Cities in pur suit of sports franchise, events, stadiums, and arenas. Philadelphia: University of Pennsylvania Press.

[45] Worsnop, R. L. (1995). The business of sports: Are greedy owners and players hurting pro leagues CQ Researcher, 5 (6), 121-144.

[46] Zimbalist, A. (1992). Baseball and billions. New York: Basic Books.

[47] Kahn L. The sports business as a labor market laboratory. Journal of Economic Perspectives, 2000, 14, (3): 75-94.

[48] Rottenberg, S., The Baseball Players Labor Market. Journal of Political Economy, 1956: 242-258.

[49] Fort R.and Quirk J. Cross Subsidization, Incentives and Outcomes in Professional Team Sports eagues. Journal of Economic Literature, XXXIII.1995, 3: 1265-1299.

[50] Depken. Wherein Lies Benefit of the Second Referee in NHL 2000.

[51] Duane W.Rockerbie. The Economics of Professional Sports. Lethbridge, Alberta, 2003.

[52] Sloane, P.J.Sport in the Market Institute of Economic Affairs. London. 1980.

[53] Rob Beamish.Not just a game: essays in Canadian sport sociology. University of Ottawa Press, 1988.
[54] Gratton&Chris. First published in 1985 by E.and RN.Spon Ltd.
[55] Hall S., Szymanski S.and Zimbalist A.Testing causality between team performance and payroll: the cases of Major League Baseball and English soccer.Journal of Sports Economics, 2002, 3 (2): 149-168.
[56] Forrest D.and Simmons R.Team salaries and playing success in sports: a comparative perspective, Zeitschrift für Betriebswirtschaft. 2002, 72 (4).
[57] Dyer, J. H., &Nobeoka, K. .Creating and managing a high-performance knowledge-sharing network: The Toyota case, Strategic Management Journal, 2000, 21: 345.
[58] Schifrin, M., Partner or perish, Forbes, 2001, 21: 26-28.
[59] John J.Guthrie, Frank P.Jozsa.Relocating Teams and Expanding Leagues in Professional Sports: How the Major Leagues Respond to Market Conditions. Publisher: Quorum Books.Place of Publication: Westport, CT.Publication Year: 1999.
[60] 朱志凯. 逻辑与方法 [M]. 北京: 人民出版社, 1995.
[61] 章士荣. 认知科学导论[M]. 北京: 人民出版社, 1992.
[62] 中国高校体育改革回顾与展望[M]. 北京: 北京体育大学出版社, 2001: 124.
[63] 新世纪体育科学学科展望[M]. 北京: 北京体育大学出版社, 2000: 274.
[64] 胡鞍钢. 我国体育改革与发展的方向[J]. 体育科学. 2000 (2): 1.
[65] 孙汉超, 秦椿林. 体育管理学[M]. 北京: 人民体育出版社, 1999: 212.
[66] 钟秉枢, 等. 职业体育——理论与实证[M]. 北京: 人民体育出版社, 2006.
[67] 李秀梅. 中华人民共和国体育史简编[M]. 北京: 北京体育大学出版社.

[68] 张林. 我国职业体育俱乐部发展前景. 国家体育总局体育发展战略研究会. 全国体育发展战略研讨会论文汇编. 1998：394.
[69] 亚当·斯密. 国富论［M］. 北京：商务印书馆，1972.
[70] 秦斌. 企业战略联盟理论评述[J]. 经济学动态，1998（9）：63–66.
[71] 徐本力. 运动训练学[M]. 济南：山东教育出版社，1990.
[72] 余继英，等. 我国体育产业发展战略研究[J]. 中国体育科技，2002（3）：3.
[73] 刘志民. 我国竞技体育可持续发展的人力资源研究[J]. 上海体育学院学报，2000（4）：6.
[74] 过家兴，等. 运动训练学[M]. 北京：北京体育学院出版社，1986：31~32.
[75] 刘建和，等. 运动竞赛学[M]. 成都：四川教育出版社，1992.
[76] 伯尼·帕克豪斯. 体育管理学——基础与应用［M］. 秦椿林，等，译. 北京：清华大学出版社，2003.
[77] 李立研. 竞技运动新论[M]. 北京：人民体育出版社，1992.
[78] 杨小凯. 经济学原理[M]. 北京：社会科学出版社，1998.
[79] 建能. 科学方法论新探[M]. 北京：中共中央党校出版社，1995.
[80] 侯亚非. 社会调查研究原理与方法[M]. 上海：华文出版社，1998.
[81] 田麦久. 论运动训练过程[M]. 成都：四川教育出版社，1988.
[82] 田麦久，等. 运动训练科学化探索[M]. 北京：人民体育出版社，1988.
[83] 张林. 职业体育俱乐部运行机制[M]. 北京：人民体育出版社，2001：80.
[84] 卢元镇. 中国体育社会学[M]. 北京：北京体育大学出版社，1995.
[85] 鲍明晓. 体育产业——新的经济增长点[M]. 北京：人民体育出版社，2000.
[86] 王庆伟. 我国职业体育联盟的理论研究[D]. 2004.
[87] 杨铁黎. 关于职业篮球市场的基本理论和我国职业篮球市场的现状及对策研究[D]. 2001.
[88] 张剑利. 职业体育联盟相关法律问题研究[D]. 2004.
[89] 张文健. 职业体育组织的演进与创新[D]. 2004.

[90] 王庆伟. 我国职业体育联盟的理论研究 [D]. 2004.
[91] 石磊. 国外体育动态 [DB]. 北京：国家体育总局信息中心，1998.
[92] 樊纲. 公共选择与改革过程 [G]. // 盛洪. 现代制度经济学 [M]. 北京：北京大学出版社，2004：169.
[93] 汪丁丁. 制度创新的一般理论 [G]. // 盛洪. 现代制度经济学 [M]. 北京：北京大学出版社，2004：21.
[94] 刘家贵，程厚思. 经济理论与经济史研究 [M]. 北京：社会科学文献出版社，2003.
[95] 苗向军. 我国备战奥运会组织管理的理论与实证研究 [D]. 2007.
[96] 谭崇台. 发展经济学的新发展 [M]. 武汉：武汉大学出版社，1999：235.
[97] 杨铁黎. 职业篮球市场论 [M]. 北京：北京体育大学出版社，2003.
[98] 李景林. 劳动法学 [M]. 北京：北京大学出版社，2000：6.
[99] 迈克尔·利兹，彼得·冯·阿尔门. 体育经济学 [M]. 杨玉明，蒋建平，王琳，译. 北京：清华大学出版社，2003.
[100] 科斯. 企业的性质 [M]. 上海：上海三联书店、上海人民出版社，1994.
[101] 韩太祥. 企业成长理论综述 [J]. 经济学动态，2002 (5).
[102] 陈郁. 企业制度与市场组织——交易费用经济学文选 [M]. 上海：上海三联书店，1990：54.
[103] 迈克尔·波特. 国家竞争优势 [M]. 李明轩，等. 译. 北京：华夏出版社，2002.
[104] 阿弗里德·马歇尔. 经济学原理 [M]. 廉运杰，译. 北京：华夏出版社，2005.
[105] J.A. 熊彼特. 资本主义、社会主义和民主主义 [M]. 北京：商务印书馆，1979.
[106] 奥利弗 E. 威廉姆森. 反托拉斯经济学 [M]. 张群群，黄涛，译. 北京：经济科学出版社，1999.
[107] 保罗·萨缪尔森，威廉·诺德豪斯. 经济学 [M]. 萧琛，等，译. 北京：华夏出版社，1999：162-165.

[108] 夏普·雷吉斯特·格里米斯. 社会问题经济学（13版）[M]. 郭庆旺，等，译. 北京：中国人民大学出版社，2000：236.

[109] 王克达，等. 对试办高水平运动队现存问题的剖析 [M]. 中国高校体育改革回顾与展望. 北京：北京体育大学出版社，2001.

[110] 朗效农. 关于中国足球职业化改革的基本认识 [G]. // 国家体育总局：市场经济与体育改革发展论文集，2002.

[111] 周毅. 中国职业足球的产业化经营与对策 [J]. 天津体育学院学报，1999（3）：5.

[112] 刘可夫. 论体育市场构成及运行特征 [J]. 体育科学，1998（3）：21.

[113] 梁建平，等. 我国篮球职业化改革的思考 [J]. 北京体育大学学报，1999（2）：24.

[114] 金玉. 美国大学校际体育竞赛管理的启示 [J]. 体育科学，1997（1）：23.

[115] 鲍明晓. 竞技体育在两种经济体制下运行特点分析 [J]. 体育科学，1998（1）：6.

[116] 于振峰，等. 我国普通高校办高水平运动队的现状及发展对策 [J]. 体育科学，1998（3）：24.

[117] 钟赋春. 美国大学校际体育 [J]. 国外体育科学，1997（1）：55.

[118] 余中. 制约高校体育可持续发展的因素及对策 [J]. 武汉体育学院学报，2000（5）.

[119] 郭敏. 对培养体育后备人才中各种矛盾的哲学思考 [J]. 中国学校体育，1997（5）.

[120] 孟刚. 我国体育后备人才危机的成因分析及对策探讨 [J]. 贵州体育科技，1997（3）.

[121] 丁玲娣. 谈我国高校高水平运动队竞技体制模式改革 [J]. 武汉体育学院学报，2000（2）：7.

[122] 唐宏贵. 中外体育俱乐部管理结构 / 经营方式等的比较 [J]. 上海体育学院学报，1998（4）：21.

[123] 马志和. 我国职业足球俱乐部的现状与发展对策 [J]. 上海体育学院学报，1996（3）：1.

[124] 高雪峰. 论优秀运动员文化教育体系的改造与重构 [J]. 武汉体育学院学报, 2000 (3); 6.
[125] 虞重干. 我国竞技体育可持续发展的现状与存在的问题 [J]. 上海体育学院学报, 2000 (2): 8.
[126] 张春华. 对我国竞技体育可持续发展的外在因素之思考 [J]. 武汉体院学报, 2000 (1): 1.
[127] 柳柏力, 张岩, 等. 我国体育竞赛市场的发展现状及存在的问题分析 [J]. 贵州体育科技, 1998 (4).
[128] 张江南, 唐宏贵. 对我国未来竞技体育管理体制与赛制的研究 [J]. 武汉体育学院学报, 1999 (2).
[129] 马铁. 国际竞技体育的发展趋势及对我们的启示 [J]. 天津体育学院学报, 1999 (6).
[130] 杨国庆, 等. 我国优秀运动队竞技体系与教育体系管理模式的初步研究 [J]. 体育与科学增刊, 1991.
[131] 栾开封. 我国优秀运动队目前存在的若干问题及其对策 [J]. 体育文史, 1997 (4): 20.
[132] 宋继新. 论我国高水平竞技运动与高等体育教育的新结合 [J]. 体育科学, 1997 (6): 8.
[133] 戴湘浦. 泛论我国高等教育与高水平竞技运动的结合 [J]. 成都体育学院学报, 1998 (3): 90.
[134] 卢先吾, 等. 我国优秀运动队竞技体系与教育体系结合体制的研究 [J]. 体育与科学增刊, 1991 (1).
[135] 陈立基. 试论体育市场的若干理论问题 [J]. 体育科学, 1998 (4): 29.
[136] 张立, 等. 体育赛事电视转播权的研究 [J]. 体育科学, 1999 (6): 5.
[137] 赵炳璞. 体育产业政策体育研究 [J]. 体育科学, 1997 (4): 1.
[138] 田克敉. 我国体育产业的发展及其可行性分析 [J]. 北京体育大学学报, 2000 (3): 308.
[139] 韩勇. 我国体育俱乐部研究状况综述 [J]. 天津体育学院学报, 2000 (3): 29.

[140] 王波. 中美高校高水平运动队管理因素比较研究 [J]. 体育科学，2000 (4)：15.
[141] 杨明华. 我国体育商业化略论 [J]. 体育科学，1990 (2).
[142] 叶国治. 略论竞技体育职业化的社会条件 [J]. 体育科学，1990 (4).
[143] 凌平. 控制和管理美国体育产业和体育市场运作的主要法规条例 [J]. 山东体育学院学报，2000，16 (4). 24–29.
[144] 凌平，冯宇超. 略论美国体育管理法规的立法形式和司法程序对我国体育法制建设的借鉴价值 [J]. 浙江体育科学，2003，25 (3)：4–7.
[145] 席玉宝. 美国职业运动联盟与卡特尔行业垄断 [J]. 北京体育大学学报，2004，27 (4)：462–463.
[146] 骆秉全. 浅议美国四大职业体育联盟的经营发展及特点 [J]. 体育文化导刊，2005 (10)：26.
[147] 尹海立. 我国建立职业体育联盟的可行性分析 [J]. 上海体育学院学报，2005，29 (4)：45–46.
[148] 陈树华. 我国建立职业篮球联盟的探讨 [J]. 浙江体育科学，2003 (1).
[149] 马樟生. 中国职业化足球发展环境与对策 [J]. 体育科学，2001 (3).
[150] 张吉龙. 论中国足球产业化 [J]. 体育科学，2001，21 (1).
[151] 赵芳. 我国体育产业立法的必要性分析 [J]. 首都体育学院学报，2001，13 (4) 1–5.
[152] 阎旭峰，等. 我国体育市场法制建设研究 [J]. 体育科学，1999 (1). 11.
[153] 张杨. 商业性体育比赛中基本民事法律关系分析 [J]. 天津体育学院学报，2000.15 (4)：52–54.
[154] 谭建湘，邹耀明. 我国足球职业俱乐部法律规范问题分析 [J]. 体育科学，1999 (2).
[155] 岳宝爱. 法制化是体育俱乐部发展的必由之路 [J]. 山东体育学院学报，1999，15 (1)：15–17.

[156] 戴晨. 中国职业足球俱乐部公司化无形资产界定研究 [J]. 体育科学，2001，21 (4) 35–37.

[157] 赵芳. 我国职业体育俱乐部若干法律问题研究 [J]. 成都体育学院学报，2002，28 (2)：17–20.

[158] 周进强. 我国职业体育俱乐部经营中的若干法律分析 [J]. 天津体育学院学报，2000，15 (4)：11.

[159] 杨年松. 论职业体育俱乐部产权结构与制度安排 [J]. 成都体育学院学报，2003 (1)：26–29.

[160] 黄坚雄. 对中国足球 10 年改革的理性思考 [J]. 体育科研，2005 (1).

[161] 张林，徐昌豹. 现代职业体育俱乐部的本质与特征. 上海体育学院学报，2001 (3)：1–6.

[162] 韩开成，王健. 我国职业联赛产权关系和法人治理结构之研究 [J]. 山东体育学院学报，2005.

[163] 郑芳. 美国职业体育制度的起源、演化和创新 [J]. 体育科学，2007 (2).

[164] 丛湖平，陈冀杭，田世昌. 关于我国职业体育制度问题的研究 [J]. 北京体育大学学报，2005 (7).

[165] 莫君晶. 对我国体育职业俱乐部产权问题的审视 [J]. 体育科研，2001 (1).

图书在版编目(CIP)数据

竞技体育发展之路——走进美国 / 池建著. -北京：
人民体育出版社，2008（2010.4 重印）
ISBN 978-7-5009-3513-1

Ⅰ. 竞…　Ⅱ. 池…　Ⅲ. 运动竞赛-研究-美国
Ⅳ. G817.122

中国版本图书馆 CIP 数据核字(2008)第 121366 号

*

人民体育出版社出版发行
三河兴达印务有限公司印刷
新　华　书　店　经　销

*

787×960　16 开本　23.5 印张　382 千字
2009 年 1 月第 1 版　2010 年 4 月第 2 次印刷
印数：1,001—3,000 册

*

ISBN 978-7-5009-3513-1
定价：45.00 元

社址：北京市崇文区体育馆路 8 号（天坛公园东门）
电话：67151482（发行部）　　邮编：100061
传真：67151483　　邮购：67118491